文人群体与现代天津的文化空间

The Literati Group and Culture
Space of Modern Tianjin City

黄育聪　著

图书在版编目(CIP)数据

文人群体与现代天津的文化空间/黄育聪著. —北京：北京大学出版社，2020.10

国家社科基金后期资助项目

ISBN 978-7-301-31623-8

Ⅰ.①文… Ⅱ.①黄… Ⅲ.①文人—人物研究—天津②城市文化—研究—天津 Ⅳ.①K825.6②G127.21

中国版本图书馆 CIP 数据核字(2020)第 177332 号

书　　名	文人群体与现代天津的文化空间 WENREN QUNTI YU XIANDAI TIANJIN DE WENHUA KONGJIAN
著作责任者	黄育聪　著
责 任 编 辑	延城城
标 准 书 号	ISBN 978-7-301-31623-8
出 版 发 行	北京大学出版社
地　　址	北京市海淀区成府路 205 号　100871
网　　址	http://www.pup.cn　新浪微博：@北京大学出版社
电 子 信 箱	pkuwsz@126.com
电　　话	邮购部 010-62752015　发行部 010-62750672 编辑部 010-62756467
印 刷 者	天津中印联印务有限公司
经 销 者	新华书店
	965 毫米×1300 毫米　16 开本　16.75 印张　301 千字 2020 年 10 月第 1 版　2020 年 10 月第 1 次印刷
定　　价	58.00 元

未经许可，不得以任何方式复制或抄袭本书之部分或全部内容。
版权所有，侵权必究
举报电话：010-62752024　电子信箱：fd@pup.pku.edu.cn
图书如有印装质量问题，请与出版部联系，电话：010-62756370

国家社科基金后期资助项目
出版说明

后期资助项目是国家社科基金设立的一类重要项目,旨在鼓励广大社科研究者潜心治学,支持基础研究多出优秀成果。它是经过严格评审,从接近完成的科研成果中遴选立项的。为扩大后期资助项目的影响,更好地推动学术发展,促进成果转化,全国哲学社会科学工作办公室按照"统一设计、统一标识、统一版式、形成系列"的总体要求,组织出版国家社科基金后期资助项目成果。

全国哲学社会科学工作办公室

《都市想象与文化记忆丛书》总序

陈平原

美国学者 Richard Lehan 在其所著《文学中的城市》(*The City in Literature*, University of California Press, 1998)中,将"文学想象"作为"城市演进"利弊得失之"编年史"来阅读;在他看来,城市建设和文学文本之间,有着不可分割的联系。"因而,阅读城市也就成了另一种方式的文本阅读。这种阅读还关系到理智的以及文化的历史:它既丰富了城市本身,也丰富了城市被文学想象所描述的方式。"(第289页)在某种程度上,我们所极力理解并欣然接受的"北京""上海"或"西安",同样也是城市历史与文学想象的混合物。

讨论都市人口增长的曲线,或者供水及排污系统的设计,非我辈所长与所愿;我们的兴趣是,在拥挤的人群中漫步,观察这座城市及其所代表的意识形态,在平淡的日常生活中保留想象与质疑的权利。偶尔有空,则品鉴历史,收藏记忆,发掘传统,体验精神,甚至做梦、写诗。关注的不是区域文化,而是都市生活;不是纯粹的史地或经济,而是城与人的关系。虽有文明史建构或文学史叙述的野心,但更希望像波特莱尔观察巴黎、狄更斯描写伦敦那样,理解北京、上海、西安等都市的七情六欲、喜怒哀乐。如此兼及"历史"与"文学",当然是我辈学人的学科背景决定的。

谈论"都市想象与文化记忆",必须兼及建筑、历史、世相、风物、作家、作品等,在政治史、文化史与文学史的多重视野中展开论述。若汉唐长安、汉魏洛阳、六朝金陵、北宋开封、南宋临安、明清的苏州与扬州、晚清的广州与上海、近现代的天津与香港及台北,以及八百年古都北京,还有抗战中的重庆与昆明等,都值得研究者认真关注。如此"关注",自然不会局限于传统的"风物记载"与"掌故之学",对城市形态、历史、精神的把握,需要跨学科的视野以及坚实的学术训练;因此,希望综合学者的严谨、文人的温情以及旅行者好奇的目光,关注、体贴、描述、发掘自己感兴趣的"这一个"城市。

关于都市的论述,完全可以、而且必须有多种角度与方法。就像所有的回忆,永远是不完整的,既可能无限接近目标,也可能渐行渐远——正是在这遗忘(误解)与记忆(再创造)的巨大张力中,人类精神得以不断向前延伸。总有忘不掉的,也总有记不起的,"为了忘却的记念",使得我们不断谈论这座城市、这段历史。在这个意义上,记忆不仅仅是工具,也不仅仅是过程,它本身也可以成为舞台,甚至构成一种创造历史的力量。

既然我们对于城市的"记忆",可能凭借文字、图像、声音,乃至各种实物形态,今人之谈论"都市想象",尽可八仙过海各显神通。无言的建筑、遥远的记忆、严谨的实录、夸饰的漫画、怪诞的传说、歧义的诠释……所有这些,都值得我们珍惜,并努力去寻幽探微深入辨析。相对于诗人的感伤、客子的怀旧或者斗士的抗争,学院派对于曾流光溢彩的"都市生活"的描述与阐释,细针密缝,冷静而客观,或许不太热闹,也不太好看,但却是我们进入历史乃至畅想未来的重要通道,必须给予足够的理解与欣赏。

本丛书充分尊重研究者的眼光、趣味与学术个性,可以是正宗的"城市研究",也可以是"文学中的城市";可以兼及古今,也可以比较中外;可以专注某一城市,也可以城城联姻或城乡对峙;可以阐释建筑与景观,也可以讨论舆论环境或文学生产;可以侧重史学,也可以偏于艺术或文化。一句话,只要是对于"都市"的精彩解读,不讲家法,无论流派,我们全都"虚位以待"。

2008 年 7 月 22 日于香港中文大学客舍

目 录

导 论 ·· 1
 一　天津物质空间的形成与演变 ··· 1
 二　从"沽"到"津"：天津城市意象的形成 ······································· 9
 三　现代天津文化空间的形成与文人群体的集结 ························· 17
 四　"双城"视野与"天津性" ·· 21

第一章　雅集、城南诗社与传统文化空间的重整 ······························· 31
 一　城南诗社与盛大的雅集 ·· 32
 二　城南诗社的历史资源及其独特性 ··· 40
 三　乡土认同融入现代城市中的自我调适 ···································· 50
 四　传统空间的现代转化 ·· 62

第二章　南开新剧团与新文化在城市里的别样展开 ··························· 69
 一　"勇可嘉而识与技均不足"的学校剧团 ···································· 71
 二　剧本内外：描绘人情世态与模拟知识者 ································· 82
 三　小舞台与大世界：剧场与话剧观念更新 ································· 94
 四　功能转换：话剧的期待与被期待的学校剧团 ······················· 107

第三章　《北洋画报》与天津娱乐空间的分化 ··································· 115
 一　"地位"与"趣味"相交织的"同人"画报 ································· 117
 二　"以艺术之眼光"与"以兴趣寄托精神" ··································· 126
 三　舆论引导的手段与得失 ·· 137
 四　城市阶层与文人群体的共识：被选择的京剧 ······················· 153

第四章　通俗小说家与天津城市底色 ··· 163
 一　城市空间与小说题材 ·· 166
 二　"天津"的确立与立场的选择 ··· 175
 三　描摹市井娱乐与风土习俗 ·· 186
 四　表现市民生活的贡献与局限 ·· 194

第五章　"双城记"里的文人与天津的文化定位 …… 204
  一　面目模糊背后的"畿辅心态" …… 204
  二　"雷雨"天津与"故都"北平 …… 209
  三　"田园城市"："物质建设方案"里的精神内涵 …… 221
  四　"津味"的余韵流传 …… 230

结　语 …… 244

附录一 …… 248
附录二 …… 249
参考文献 …… 251

导　论

不同的城市有不同的特质,有的受地域文化的影响,有的与传统文化联系较紧,有的则受西方文化冲击较大,而城市之间也会互相影响。在华北城市里,天津是一个有鲜明特点的城市,它商业发达,是华北的经济重镇;拥有租界,形成城内有城的空间格局,经济上与上海遥相呼应。天津与北京关系最为紧密,古代天津的建城与发展都依赖北京,到了近代以后"京津"城市地位有所调整,两者间互补多于对抗的关系也保留下来。城市内部的双城结构、平津相关的城市关系、津海相似的互相影响,成就了天津独特的城市气质。

虽然特点鲜明,然而,天津却一直给人"面目模糊"①的印象,这既与天津本地文人群体形成较迟、书写城市意象较少有关,也与受北京影响有关。古代天津长期依附于北京,文人群体虽然塑造出"沽""津"等城市意象,但往往是站在天津而遥望北京,因此难免对它有所轻视。这种情绪蔓延到城市里,成为一些文人乃至大部分城市居民们的普遍心态。进入近代以后,随着商业的发展,加上租界设立、教育制度完善、北洋新政以及民族工业的起步,天津越来越显出其重要性。特别是迁都后,天津开始在经济、文化上发挥出华北中心城市的作用,文人群体由此摆脱"畿辅心态",通过不同的途径寻找天津的文化定位。他们活跃于城市之中,既被城市所影响,也参与、塑造着城市意象,两者的积极互动,构成了现代天津的别样风景。

一　天津物质空间的形成与演变

古代天津的地理位置并不理想。它位处九河下梢,河运虽然便利,但也因此带来一个困境:河道众多,又是平原,非常容易发生淤积,一到雨季各河暴涨,四处改道,造成土地支离破碎、洼淀遍地,难以保持一个完整而稳定的

---

① 陈平原:《作为文化双城的京津》,《北京观察》,2012年第2期。

生活居住地。"据不完全统计,从元末到解放前夕五百八十年间,海河流域共发生水灾三百八十七次,平均不到二年便有一次。人们生命财产得不到保障,成为生产开发的严重障碍。天津平原的农业生产直至明清时期才得以逐步确立,完全是由于洪水灾害频繁的缘故,使平原的历史显得十分短暂。"①在古代,人们改造自然的能力较差,难以抵抗的水患是天津建城较迟的一个重要原因。而且天津周围土地"长期处于低湿的近海碱性环境,受洪涝盐碱的威胁,农业开发利用较困难,所以在元明以前,本区开发的重点仍在山前平原地带,以后逐步向东向南扩展"②。土地无法大规模种植,天津就没办法因农业而聚集人口,兴起为行政中心式的城市。天津能够发展起来与北京有着直接的联系。金元时期,首都设在北京,一方面出于拱卫北京的需要,另一方面首都的粮食主要依靠山东、河北的支持,因此天津河运的中转优势得以发挥,城市建设得到初步发展。金朝所设的"直沽寨",首要目的是军事防御,其次则是担负保障漕运顺畅的任务③。可以说直沽寨是天津城市的雏形。至元代时期,北京的需要进一步增加④:"元都于燕,去江南极远,而百司庶府之繁,卫士编民之众,无不仰给于江南。"⑤因此,元大都大力发展漕运,促进了天津在商业的发展,政治地位也随之提升。1386年元改直沽为海津镇,"命右卫副都指挥使伯颜往镇遏之"⑥。元代除了漕运外,还发展起海运,而这两者的交汇点就在三岔口,海津镇因而成为商品集散地,开始有城市的模样:"八月壬子,霸州大水,民乏食,下其估粜直沽仓米五千石。"⑦不过金元时期,由于河道经常堵塞,航行并不方便,城市单一的功能决定了此时居民较少,规模不大,受北京兴衰的制约非常明显。现在较为公认的天津开始成为一个城市的时间,始于1404年的建"卫":

> 学士李东阳《修造卫城旧记》载:"我朝太宗文皇帝兵下沧州,始立兹卫,命工部尚书黄公福、平江伯陈瑄筑城浚池;立为今名,则象车驾所

---

① 郭蕴静等编:《天津古代城市发展史》,天津:天津古籍出版社,1989年,第4页。
② 中国科学院地理研究所经济地理部编著:《京津唐区域经济地理》,天津:天津人民出版社,1988年,第5页。
③ 金代为保证漕运设有靖海县、柳口镇、直沽寨兼管漕运。柳口镇即今杨柳青,《金史》所涉及直沽寨语焉不详,有学者认为仅出现两处,可能是天津以"直沽"为名的最早来源。脱脱等撰:《金史·地理志》,北京:中华书局,1975年,第601页。
④ 元大都在中统五年(1264年)为4万户,14万口;到了至正九年(1349年),20.85万户,83.4万口。城市人口的急剧膨胀,要求南方更多的粮食通过漕运进入北京。韩光辉:《北京历史人口地理》,北京:北京大学出版社,1996年,第83—84页。
⑤ [明]宋濂等撰:《元史·食货志一·海运条》,北京:中华书局,1976年,第2364页。
⑥ [明]宋濂等撰:《元史·志第四十七》,第2537页。
⑦ [明]宋濂等撰:《元史·世祖纪十二》,第325页。

渡处也。"程敏政《天津重修涌泉寺旧记》载:"我文皇入靖内难,自小直沽渡跸而南,名其地曰'天津';置三卫以守,则永乐甲申也。"1961年我市发现的明嘉靖二十九年(1550)四月立石的《重修三官庙碑》,也记曰:"我朝成祖文皇帝入靖内难,圣驾由此济渡沧州,因赐名天津。"清康熙十四年(1675)纂修、现存天津志书中最早的《天津卫志》,多处记述赐名之说。如该志卷一记载:"明文皇靖内难,驻兵于兹。及即位,永乐二年筑城,三年调官军守之。文皇渡此,赐名曰天津";乾隆《天津县志》,也记载了此说。

至于朱棣赐名时,是否考虑与天津有关的星、河、关等因素,那是另一回事。①

但按此表述,这只是"天津"这个名字的来源,城市形成的另一个重要标志在于明朝的"筑城"。明成祖朱棣定都北京,加强了天津的军事功能,首设三卫并逐步完善设施。据《天津县志》载:"按《明一统志》,天津卫、天津左卫、天津右卫,俱在静海县小直沽,永乐二年(1404)筑城,三年调天津卫并天津左卫,四年复调天津右卫以守备。则设卫在前,筑城、守备则在永乐二年后。"② 三卫的设立使城池的修筑成为必然,由此天津城初步形成:

> 最初建成的天津卫城呈矩形,城垣周长9里13步,高3丈5尺,开设四个城门,城门上均有城门楼。城的位置选定在既靠近三岔河口又靠近运河的地方,东边距离海河220步,北边距离南运河也就是卫河200步。③

城的布局不大,而且因为河流的关系使城址设在河的南面。河南面并不利于防涝,但因北面地方狭小,又被三条河流所分割,且"按风水之说城址也不能选在那里"④。所以只好选择在河流南面。城里布置得像"算盘",城门分别命名为镇东、定南、安西、拱北,有意思的是正门设置:"四门以北为正门,最尊。凡举行丧仪者,虽将相之尊,灵柩不得入。"⑤这在北方城市较少见,从中可以看出河流给城市带来的决定作用。明代在天津设卫主要目的在

---

① 来新夏主编,郭凤岐编著:《天津的城市发展》,天津:天津古籍出版社,2004年,第42页。
② [清]张志奇、朱奎扬总裁:《天津县志》,乾隆四年(1739年),天津市地方志编修委员会编:《天津通志·旧志点校卷》(中),天津:南开大学出版社,2001年,第46页。
③ 刘海岩:《空间与社会——近代天津城市的演变》,天津:天津社会科学院出版社,2003年,第35页。
④ 陈雍:《明清天津城市结构的初步考察》,《城市史研究》,第10辑,第27页。
⑤ 戴愚庵:《沽水旧闻》(1934年),天津益世报馆出版,天津:天津古籍出版社,1986年,第1页。

于军事防御,但很快北京的粮食需要使天津成为漕运的重要节点。筑城前为满足对北用兵的军粮,"平江伯陈瑄督海运粮四十九万余石,饷北京、辽东"①。天津漕运因军事初步兴盛,迁都北京后,漕运为满足京城需要而成长为天津的重要经济支柱之一。天津的另一个支柱性产业是盐业。元代,天津盐业就为人们所关注,长芦"滩面宽平、盐卤涌出"②,元朝曾设有熬煎办,但产量不高。明代时,"每户不过年产10000斤左右",但"万灶沿河而居",吸引了许多人前来,拓展了天津的经济来源。及至清代,由于产盐技术改进,"每户产盐20万斤,产量较明代提高了20倍"。清初盐税"70余万两,大约要占当时清王朝全部盐课的1/10"③。清朝的天津盐商逐渐成为城市里的重要影响力量。

清朝同样定都北京,天津获得进一步发展的机会。薛柱斗在《重修天津卫志·序》描述道:"天津为卫,去神京二百余里,当南北往来之冲,京师岁食东南数百万之漕,悉道经于此,舟楫之所式临,商贾之所萃集,五方之民之所杂处,皇华使者之所衔命以出,贤士大夫之所报命而还者,亦必由于是;名虽为卫,实则即一大都会所莫能过也。"④漕运带动了商业,盐业的推动,加上拥有出京入京的必经码头,天津人口大幅增长。清政府数次提高天津的行政设置⑤,天津开始以"大都会"的面目出现在帝国版图里。雍乾时期的天津因功能不同开始分化为城内与城外两个差别较大的空间。城内主要集中了官衙、寺庙与教育机构:"镇、道、府、县及长芦运使皆驻城内,余文武大小公所十有四,庙三十有一,大街四,小街四,街巷一百有六。"⑥城内布局是传统的中国城市构成。而城外靠近东、北门的地带则聚集着盐商与各地商人:"商旅辐辏,屋瓦鳞次,津门外第一繁华区也。"⑦因为这里地势较高,而且正好处三岔口,加上此处设有运河码头,商人们在这里陆续开辟了侯家后中街、估衣街、锅店街、单街子等,从街道名字就可以看出城外特点。由于各色人群对餐饮、

---

① [清]张廷玉等:《明史》,北京:中华书局,1974年,第2115页。
② [明]王鹗:《三义沽创立盐场旧碑》,《天津卫志》,康熙十四年(1675年),天津市地方志编修委员会编:《天津通志·旧志点校卷》(上),天津:南开大学出版社,1999年,第216页。
③ [清]罗澍伟主编:《近代天津城市史》,北京:中国社会科学出版社,1993年,第62、84页。
④ [清]薛柱斗:《重修天津卫志·序》,《天津卫志》,第6页。
⑤ [清]陈弘谋:《天津府志·序》:"天津……雍正间由卫州,递升为府,分间所属县隶之,一切规模制度俱囊时所未备,则郡之宜有志以传也亟矣。"[清]李梅宾、程凤文修,吴廷华、汪沆纂:《天津府志》,乾隆四年(1739年),天津市地方志编修委员会编:《天津通志·旧志点校卷》(上),天津:南开大学出版社,1999年,第95页。
⑥ 《津门保甲图说》,道光丙午年(1846年),天津市地方志编修委员会编:《天津通志·旧志点校卷》(下),天津:南开大学出版社,2001年,第435页。
⑦ 《北门外图说五》,《津门保甲图说》,第439页。

沐浴、休闲的需要,在城外侯家后地区逐渐发展起各式娱乐。清道光年间的四大名园在这里就有两个:协盛园与袭胜园。袭胜园可以容纳数百观众,每日演出京剧与河北梆子。伶人寓居于此的有五十余家①。侯家后还兴起各种茶楼、酒肆、落子馆、书场、妓院。清文人崔旭②就曾写出侯家后的繁华:"市声若沸鱼虾贱,人影如云巷陌通。记得销金锅子里,盛衰事势古今同。"③城外聚集地演变成供天津人交易、休闲消遣的商业、娱乐中心。

明清时期的天津,由于城市定位于拱卫北京和漕运的中转点,自身缺乏农业基础与良好的自然环境,虽然成长很快,但却未在帝国城市里有重要影响。"近代以前,天津不过是一个府、县的治所,与之同等地位的城市,在当时全国有近二百个。近代以后,全国先后有107个城市被开辟为通商口岸,然而在这些被迫开放的城市中只有北方的天津,在几十年的时间里上升为仅次于上海的全国第二大城市。"④由此可见1860年天津开埠对城市发展的重要影响。作为通商口岸的天津发生了整体性变化,城市开始其现代化进程,许多影响中国历史的政治、经济、文化事件开始在这个城市上演,城市的人口、空间都得到急剧的扩展,城市功能也从服务于北京的京畿重镇开始向重要的地区城市转变,到民国以后,天津逐渐成为了华北地区的经济中心:"如果说19世纪末和20世纪初天津在清政府支持和封疆大吏主持下,政治地位迅速上升,在全国鹤立鸡群的话,那么20世纪以后天津城市的经济功能得到充分的发挥,迅速发展成为中国北方的经济中心。"⑤功能的转变给带来城市全方面的改变。

开埠给天津带来最直观的巨变在于城市区域的扩张。古代天津由于主要以漕运为主,海运因安全等各种原因被明清两朝所弃,造成天津实际上只发挥了运河码头的功能。西方入侵中国后,发现天津的海运码头同样重要。早在1850年,西方人就注意到天津作为海运码头的区位价值。传

---

① [清]崔旭:《津门百咏》,《梓里联珠集》(1897年),华鼎元辑,天津:天津古籍出版社,1986年,第156页。
② 崔旭(1767—1846),字晓林,号念堂。直隶庆云(今河北盐山)人。自少好学,尤喜诗歌。受业于张船山,学益进,诗益富。与天津文人学子交往甚密,并与梅成栋等结为至友。著有《念堂诗草》(收入《晚香唱和集》第五册)、《津门百咏》(即《津门竹枝词》)、《津门杂记》等。资料引自梁淑安主编《中国文学家大辞典》(近代卷),北京:中华书局,1997年。
③ [清]张焘:《津门杂记》,光绪十年(1884年),丁绵孙、王黎雅点校,天津:天津古籍出版社,1986年,第2页。
④ 罗澍伟:《近代天津城市史散论》,《近代史研究》,1991年第4期。
⑤ 张利民:《从军事卫所到经济中心——天津城市主要功能的演变》,《城市史研究》,2004年,第22辑。

教士丁韪良①就预见到:"天津位于大运河与白河的会合处,不仅是京城的货物集散地,而且是整个华北地带的商业中心。"②他已看到了天津作为运河交界处的"华北中心",而列强更为重视天津能沟通海洋、内河、运河的三重区位效应。1860 年英国照会清政府:"欲永租津地一区,为造领事官署及英商住屋、栈房之用。"③由此拉开了各国在天津设立租界的序幕。租界使原本统一于三岔口附近的城市开始裂变为两个截然不同的区域。此后,法国、美国沿用英国先例,在天津城东南紫竹林以下沿海河一带,划出了总共约 851 亩地方设立租界。随后德国、日本、俄国、意大利、奥匈帝国和比利时等租界纷纷设立。与此同时,英、法趁机多次扩充租界范围,各国租界历经多次扩张,最后总面积为 23350.5 亩,是天津老城区的八倍④。

租界的设立对于天津有着非常重要的意义,一方面是领土分割、权利丧失,导致天津长期处于市政无法统一设计、建设的尴尬中;另一方面,由于西方文明的引入与商业化发展,带动与刺激了天津的现代化。租界本身的道路铺设、欧式建筑、照明引水、电车邮局等市政设施的兴建,使天津呈现出新面目。租界的法律为天津的报业发展提供了一个较好的外部环境,特别是北洋政府时期,北京的言论受到压制,而天津的报业反而迎来了繁荣发展时期。租界的新式教育也带动了天津教育发生变化。到了 1920 年代,由于华北动荡不安,特别是军阀年年混战,租界成为了华北富人、政客、名流的首选避难地。天津的商业、娱乐中心也随之转移,城市的核心区域发生重要变化。1924 年在法租界开业的天祥市场成为天津当时最大的商场。随后,租界商场迅速兴盛。1927 年,在天祥市场的对面,泰康商场落成开业。1928 年,劝业商场开业,标志着租界商业中心的形成。劝业场集百货、游艺、文化、展览于一体。一、二楼租给了各商户经营的店铺或货摊,多为日用百货、绸缎布匹、针棉织品、搪瓷玻璃器皿、钟表、照相机等。三楼设为珠宝古玩估衣等店。四、五、六楼主要是剧场、影院、茶社等游艺场所,即所谓的"八大天",包括天华景戏院、天纬台球社、天纬地球社、天宫影院、天露茶社、天会轩剧场、天乐戏院、天外天屋顶花园。其中的天华景戏院可容纳一千四百人,共三层,戏台

---

① 丁韪良(William Alexander Parsons Martin, 1827—1916),字冠西,美国北长老会教士,印地安那州人。1850 年来华,在宁波传教。第二次鸦片战争时,任美国公使列维廉的翻译,参与起草中美《天津条约》。资料参考自廖一中主编《义和团大辞典》,北京:中国社会科学出版社,1995 年。
② 〔英〕雷穆森:《天津——插图本史纲》(1925 年),许逸凡、赵地译,《天津历史资料》,1964 年第 2 期。
③ 《总理衙门档——英人为天津租地往来文一组》,咸丰十年(1860 年),天津档案馆、南开大学分校档案系编:《天津租界档案选编》,天津:天津人民出版社,1992 年,第 6 页。
④ 数据来源自天津档案馆、南开大学分校档案系编《天津租界档案选编》。

布景都可以转动;天宫影院可容纳一千一百人,设计精致,非常符合电影院的要求。① 这些大型商业娱乐中心的形成,表明了天津城市开始分化与整合。刘海岩在分析天津租界融入城市的过程时指出:"近代城市空间结构的形成导致城区功能分工的明显化。"英租界成为了金融区,英、法、日租界靠近老城一带的发展成商业区,意租界成为了上层住宅区,俄租界则因铁路和水上交通便利成为了工业区和批发商业区②。而随着六个国家的租界被渐次收回,到了1937年,英、法、日租界其实已经被包围在城市内核里,老城与租界之间沟通增加,市政计划也在规划两者对接的可能,可惜历史没有给予天津进一步整合的机会。

租界的设立还刺激了天津华界出现新的变化。1901年袁世凯接任直隶总督兼北洋大臣,因老城区范围狭窄无法大规模开发,他在老城区东北侧、海河北岸设立了河北新区,开展洋务运动。新区面积为6.534平方公里,约为老城的四倍。③ 1903年袁世凯审定了工程总局制定的《开发河北新市场章程十三条》,是为新城区发展的整体规划。袁世凯的施政使河北新区得以迅速发展,如设立了直隶总督署、直隶劝业道等行政设施;开办北洋大学、直隶高等工业学堂、北洋女子师范学堂、北洋师范学堂、直隶水产学堂等新式教育大学,附设考工厂、实习工场等配套实习机构;开办恒源纱厂、华新天津纱厂、北洋银元局等工厂。通过这些努力,河北新区成为天津商业与工业发展的一个新热点。而且,袁世凯在市政上也与租界看齐,如设立公园;整理道路与照明;引入了方格网状的路网格局,设立经、纬路;开办自来水厂;等等,使华界出现了跟租界一样的市政新面目。

开埠也对老城区产生了重大冲击。如为架设电车,拆除城墙,以方便城内外交通;传统商业中心受到冲击,娱乐业开始大幅衰退;运河码头地位下降导致城区活力不足等。但开埠使天津的商业得到整体性飞速发展:"天津开埠通商至20世纪初,最突出的是对外贸易繁荣,近代工业兴起,标志着城市经济开始向近代经济的模式发展。"④逐渐开发的内外贸易,使天津开始成为真正的华北商业中心。从天津的海关收入就可以体会这种强劲的发展:"1902年为8947海关两,1906年为一亿海关两,1911年达到11653.6万海关两。1921年上升到22477.9万海关两,1931年达到35022.9万海关两。1931

---

① 记者:《行将落成之天津劝业场》,《北洋画报》,第238期,1928年11月1日。
② 参见刘海岩《空间与社会——近代天津城市的演变》,第94页。
③ 资料参考自李德崇主编、天津市河北区地方志编修委员会编《河北区志》,天津:天津社会科学院出版社,2003年。
④ 张利民主编:《解读天津六百年》,天津:天津社会科学院出版社,2003年,第47页。

年与 1902 年相比增长了近 3 倍。"①这些数据并不是全部由老城区的商业所取得,特别值得注意的是 1928 年迁都后的数据,1931 年天津的收入依然获得增长,表明老城区商业也摆脱了依附于北京而生存的历史,天津开始转变成现代商业与工业聚集的大型城市。此外,租界与河北新区的设立也刺激老城区有所改变。像教育方面,林墨青等人在西贡院内创立义塾,私立新式学堂首次在天津萌芽。1904 年严修将严氏家馆和王氏家馆合并成立私立中学堂,南开学校初具雏形。1906 年,"私立南开中学堂"在南开洼建成新校舍,促进了天津新式教育的发展。1919 年,严修和张伯苓一起开办了私立南开大学,成为了天津新文化运动的中心。在城市设施上也尽量有所调整,如严修借鉴欧美市政,提议改水西庄为公园,以微薄之力推动老城的更新。整体而言,由于老城区地窄人多,政府关心不足,经济力量又最弱,所以虽有变化,但并不明显。

历经开埠、设租界与洋务运动之后,现代天津逐渐演变成三个风格相异的"拼凑"式的现代都市。三个城区在清末民初都得到较快发展。这点从天津的人口急剧膨胀就可以看出:"1903 年比 1840 年增加了 81.6%,而 1906 年至 1928 年,天津人口增长了 164.37%,平均每年净增人口 31721 人。"②城市的面积也急剧膨胀:"市区面积自 1902 年的 16 平方公里、1919 年的 33 平方公里发展到 1933 年的 54 平方公里。"③但是三个城区发展并不均衡,老城区虽然有着较坚实的基础,但 1900 年八国联军的入侵,使其遭到重大损失。八国联军抢劫了旧城区内的衙门、银库、商店、当铺、钱庄及大户人家,随后纵火:"城内但见死人、满地房屋无存,城外大街虽未十分毁坏,然已十去其四。"④河北新区在袁世凯执政时期得到迅速发展,但后劲不足,并因与老城区同遭 1912 年的"壬子兵变"⑤,使新区发展一再受阻。而同一时期,由于华界战乱与兵灾频繁,商人纷纷向租界区及南市区转移,这使租界和毗邻的"南开"城区得到迅速发展。从人口的数量可略见一斑:"1906 年天津市区每平方公里人口密度为 25692 人,其中中国城区高达 53987 人,租界区仅为

---

① 张利民主编:《解读天津六百年》,第 48 页。
② 张利民:《论近代天津城市人口的发展》,《城市史研究》,1991 年第 4 期。
③ 韩俊兴:《近代天津行政区划沿革》,《天津史志》,1986 年第 3 期。
④ 天津社会科学院历史研究所:《天津简史》,天津:天津人民出版社,1987 年,第 204 页。
⑤ 1912 年,袁世凯的北洋陆军驻天津部队将领张怀芝统率的巡防营、督署卫队和北段巡警,一哄而起,大肆对这里的商家实施抢掠烧杀,但不扰租界,不伤外国人。灾后计算造成天津损失通共银一千二百八十八万六千八百六十四两零五分三厘,"被焚毁的仅天津城内就有店铺三百多家"。商家遭灾、市场混乱、物资奇缺、哄抬物价等给老百姓带来的灾难则无法统计。参见周利成《"壬子兵变"档案史料》,《民国档案》,1997 年第 1 期。

6827人。"而到了1920年代之后租界迅速发展起来:"1930年英、法、日、意、比五国租界共有131068人,全市均每平方公里人口密度为19077人,其中中国城区为19794人,租界区为15311人,租界区的人口密度已大体与中国城区持平。"①从资料里可以知道租界的面积比起老城区面积要大,而人口密度能持平这点就可以看出一消一长之间各自不同的发展速度。

大体而言,民国时期的天津就是由这三个城区结构而成,它受到河流的影响,也受到历史变迁的影响。城市的物质空间、地理、建筑、景观与历史塑造了人们的体验与感知,而人们的感知也会反过来影响城市的物质空间,特别是如果个体的感知被普遍认同并频繁使用,那么就会构成城市意象,进而影响人们对城市的定位,最终影响到城市的发展与物质建设,因此城市意象如何形成与演变也必须加以认真考察。

二　从"沽"到"津":天津城市意象的形成

城市意象是地理学科在城市研究基础上,结合社会学、心理学等不同学科发展而来②。凯文·林奇③的研究使"城市意象"这个概念成为地理学、规划学科"研究感知环境的一个切入点"④。在凯文·林奇看来,"人"的感觉会对城市产生重要影响,他提出:"自古以来,感知并构造我们的周围环境十分必要,这种意象对于个体来说,无论在实践上还是情感上都非常重要。"⑤而且"观察者在感知世界过程中应该充当能动的角色,在形成意象的过程中有创造性的成分,应该能够有能力依需要去改换意象"⑥。与物质化、固定化

---

① 以上数据均引自周俊旗《民国天津社会史》,天津:天津社会科学出版社,第19页。
② "早在1960年代初期,罗文索就提出了感知研究的方法。"顾朝林、宋国臣:《城市意象研究及其在城市规划中的应用》,《城市规划》,2001年第3期,第70页。
③ "美国率先确立了'城市设计'的新概念、新学科。当代城市设计的确立是以哈佛大学20世纪60年代设置专业为标志,其中以凯文·林奇为代表。林奇不仅是一位著名的规划理论家,而且还是一位杰出的教育家,他一生致力于对城市规划与设计的理论研究、实践和教育,论著很多。其中,1960年出版的《城市意象》一书,已再版了16次,至今仍是世界上许多学校城市设计课的主要参考书之一。1957年,美国建筑师协会设立'城市设计委员会',两年后出版《城市设计——城镇中的建筑》一书;1959年,哈佛大学研究生院设立城市设计专业。1967年,凯文·林奇在纽约乔纳森·巴奈特创立了全美第一个城市设计机构——城市设计工作小组……"参见曹伟、杨俊宴、王彦辉编《城市规划设计十二讲》,北京:机械工业出版社,2009年,第12页。
④ 顾朝林、宋国臣:《城市意象研究及其在城市规划中的应用》,《城市规划》,2001年第3期,第70页。
⑤ 〔美〕凯文·林奇:《城市意象》,方益萍、何晓军译,北京:华夏出版社,2001年,第3页。
⑥ 同上书,第4页。

的城市外在物质呈现不同:"意象的聚合可以有几种方式。真实的物体很少是有序或是显而易见的,但经过长期的接触熟悉之后,心中就会形成有个性和组织的印象,找寻某个物体可能对某个人十分简单,而对其他人如同大海捞针。另一方面,那些第一眼便能确认并形成联系的物体,并不是因为对它的熟悉,而是因为它符合观察者头脑中早已形成的模式。"他注意到城市意象会因为人的年龄、性别、文化程度、职业、性情等不同而产生差异,"但在同一组的人群中,成员之间的意象似乎能基本保持一致"①。因此,在他看来,意象是某一群体共识的体现。他的研究发现了意识层面的"感知"与物质层面的城市相互联系,还强调了意识对城市的建造、重塑作用。因此,探讨天津城市意象的演变过程其实也是在探讨它在不同历史阶段、不同阶层中形成的"共识",这对于加深理解"天津"很有帮助。

天津早期的城市功能单一,所形成的意象也较简单。与漕运相关的意象是较早形成并获得较多共识的印象。元朝诗人描绘天津:"晓日三叉口,连樯集万艘。"②体现了漕运驱动下,"直沽"的市场中心意象。"东吴转海输粳稻,一夕潮来集万船"③,或者"一日粮船到直沽,吴罂越布满街衢"④,这些诗都描绘了当时天津因"中转"而繁华的场景。而像《直沽客行》《直沽谣》⑤《直沽口》⑥等诗,则反映了诗人们从元大都送人至此,感物伤情:"高秋客未还,何处望乡关。"⑦"二水赴沧海,客行殊未休。"⑧这些诗虽然未正面描写天津,却点出天津的特点。不管是"直沽寨","沽云者,小水入海之名也"⑨,或者改名为"海津镇"⑩,"寨"与"镇"都体现了古代天津只是偏僻小城。明朝时期,天津的"中转"作用更为突出:"北近京师,东连海岱,天下粮艘商舶鱼贯而进,殆无虚日。"⑪更由于有文官进驻管理城市,城市意象有所丰富。明

---

① [美]凯文·林奇:《城市意象》,第 5 页。
② [元]张翥:《代祀天妃庙次直沽作》,《天津府志》,第 569 页。
③ [元]王德:《直沽》,《天津府志》,第 582 页。
④ [元]张翥:《读瀛海喜其绝句清远因口号数诗示九成皆寔意也》,《蜕庵集》(四部丛刊续编本)卷五,第 25 页。
⑤ 以上两首诗的作者分别为[元]黄镇成和[元]臧梦麟,《天津府志》,第 564 页。
⑥ [元]袁桷:《直沽口》,傅若舟:《直沽口》,《天津府志》,第 569 页。
⑦ (金)张斛:《峭帆亭》,《天津府志》,第 569 页。
⑧ [元]袁桷:《直沽口》,《天津府志》,第 569 页。
⑨ [明]李东阳:《修造卫城旧记》,《天津卫志》,第 72 页。
⑩ "改直沽为海津镇",《元史·仁宗·二》,第 572 页。
⑪ [明]吕盛:《天津卫志·旧跋》,正德十四年(1519 年),《天津卫志》,第 15 页。

朝描绘天津的诗词,逐渐增多,影响较大的当为李东阳①的《八景》,他的诗常被当成古代天津的历史资料和城市方位图,其诗曰②:

拱北遥岑

百尺高楼拱帝廷,北山秋望入空冥。太行西带城烟碧,碣石东连海树青。吟客放怀朝挂笏,使游翘首夜占星。监司正属埋轮地,一夜朝天梦几醒。

镇东晴旭

五夜城头听早鸡,海东红日上云梯。飞鸟晓飑朱帘影,舞燕晴翻画栋泥。千里帆樯天远近,万家村市屋高低。客来不用愁风雨,无数风光入品题。

定南禾风

层轩南向坐薰风,极目平畴远近同。万里黄云吹不断,一天翠浪卷还空。阜财正借驱烦力,饱士新成偃武功。殿阁微凉天上句,拟将余兴续坡翁。

百沽平潮

海门晴雪浸金鳌,百道沽来涌暗涛。望极远空知岸阔,卧欹残梦觉船高。遥疑梦泽相吞吐,不似胥江柱怒号。时有海舟随下上,往来沙口不辞劳。

李东阳的《八景》诗,有些是歌功颂德的台阁体(如《天骥连营》),有些并

---

① 李东阳:"明代文学家。字宾之,号西涯。茶陵(今属湖南)人。天顺末进士,选庶吉士,授编修。弘治间入文渊阁预机务,官至礼部尚书兼文渊阁大学士。受顾命辅佐武宗,立阁中疏草。刘健等以欲诛刘瑾致仕后,独留阁中,依违刘瑾,补救时政。与修《宪宗实录》《通鉴纂要》《孝宗实录》等。以文章领袖缙绅。为诗宗法杜甫,以音调、法度为主,为茶陵诗派首领,擅写文章,典雅流丽。著有《怀麓堂集》。谥文正。"资料引自冯涛等主编:《二十六史大辞典》(中),北京:九州图书出版社,1999 年,第 1301 页。
② 其他四首为:"《安西烟树》安西门外碧参差,绿树层烟晓更宜。缥缈不知天尽处,霏微疑是雨来时。林间暝色闻钟杳,野外寒光见日迟。睡起钩帘看午霁,一川花鸟正离离。《天骥连营》龙媒昔在渥洼川,寄牧三沽近九天。目莹月精悬夹镜,毛分云锦动连钱。千金骨市燕昭日,九逸歌城汉武年。好把车功献真主,周宣不费四时畋。《海门夜月》海门东望极空明,月里山河影乍晴。万里沧波天一色,数声灵籁夜三更。水精宫阙鱼龙冷,白玉城高鹳鹤轻。不用扁舟泛寥廓,且看奇绝尽平生。《吴粳万艘》盛朝供奉出三吴,白粲千钟转舳舻。欸乃声连明月夜,参差帆指紫云衢。万年壮丽留畿甸,千里清香上御厨。圣主尤勤先稼穑,子来应未有稽逋。"其中《吴粳万艘》收于《天津卫志》,第 69—70 页。在《李东阳集》里此诗为:"长江西上接天津,万舰吴粳入贡新。漕卒啸风前后应,篙师乘月往来频。千年国计须民力,百里山灵护水神。桔桰古来先甸服,方方无处不尧仁。"[明]李东阳:《李东阳集》(1),周寅宾、钱振民校点,长沙:岳麓书社,2008 年,第 335 页。

非描绘景物或因景生情。但从四门景象出发,描绘出天津"千里帆樯天远近,万家村市屋高低"的景象,概括出了天津意象的主要特点,明代诗人也因此常有书写①,如潘榛(万历年间)的"鱼歌随棹远,帆影过墙来""舸舰宁千万,纷纷此地过"②,同样表达天津"殆无虚日"的"千里帆樯"意象。李东阳更注意到天津漕运之外,还有"一天翠浪卷还空"的景象,使天津平添一番江南景色,但在明代尚未能得到人们的普遍认可。

明代天津除了漕运外,还承担拱卫帝京的军事重任,因此"卫"也是频繁出现的城市意象。曾棨的《过直沽》曾说:"近海严烽戍,孤城雉堞雄。"③申用懋登天津城,感叹的却是:"不尽天风吹堕帻,何来云气上征衣。瞻天莫谓长安远,直北关河是帝畿。"④然而因为"卫"所,军队作风容易渗透民间,再则军队与居民相处,也容易频现各种军民冲突。明代文人们深觉这个"卫"重武轻文、民风"好斗"。李东阳评价道:"卫既武置,无州县,承平之余,故习未改,则肆为强厉,讼狱繁起,越诉京师者殆无虚月……"⑤看来除了漕粮"殆无虚日"运到北京外,天津人还"殆无虚月"地越级到北京告状。汪来⑥作为天津人,却同样批评家乡:"官不读书,皆武流,且万灶沿河而居,日以戈矛弓矢为事,兵马倥偬之际,而欲其和辑小民,不亦难乎?"⑦明代的《天津卫志》里所记的集体印象甚至流传至清代。清朝时期天津的军事功能已大为减弱,但官修的地方志对天津的"好斗"印象多有描述。乾隆时修的《天津府志》记录:"天津之屯种在焉,军民错处,悍骜难驭;东为旧高乐,田多白壤,木棉之产颇饶,好鹰狗;东南为饶安西鄙,碛沙少获,骄狂喜斗;南为旧临津,土窄人稠,勤于耕作,弦诵力穑外,无他技巧。"⑧虽然介绍了四地情况,但忍不住批评居民"好鹰狗"或"狂喜斗",呈现了民众难以控制的一面。到了光绪年间,天津整体环境已有较大改变,但说到民俗风气,地方志还是认为"好斗"之风不改:

---

① 其他类似的诗还有:[明]张维新(万历年间)《登静海城楼》"帆正入窗来";[明]倪敬《过独流浅》:"独流清晓发,高下乱帆樯";[明]赵完璧(嘉靖年间)《晚泊长芦》"酒尽空明里,诗成欸乃中",以上均见:《天津府志》,第570、571页。

② [明]潘榛:《过陈叔旸际槎杆二首》,《天津府志》,第570页。

③ [明]曾棨:《过直沽》,《天津府志》,第570页。

④ [明]申用懋:《登拱北楼》,《天津县志》卷之二十二,《天津通志 旧志点校卷》(中),第238页。

⑤ [明]李东阳:《修造卫城旧记》,《天津卫志》,第72页。

⑥ 汪来,明天津卫人,字君复,嘉靖进士,官庆阳府知府,有《北地记》四卷。据邱树森主编《中国史学家辞典》,石家庄:河北教育出版社,1990年。虽然他是天津人,也不直接管理天津,但身为文官,其立场并没有差别。

⑦ [明]汪来:《天津整饬副使毛公德政去思旧碑》,《天津卫志》,第78页。

⑧ 《南皮县志》,《天津府志》之卷五,引文与《南皮县志》略有差别,《天津通志·旧志点校卷》(上),1999年,第136页。

"然民间风气强劲,以义气自雄,而械斗之风遂炽,加以通商而后,商贾辐凑,盗贼因以生心,既有淮勇、练军各营环镇于外,又立保甲、守望各局周巡于内,而窃劫之案不能悉泯,此其由来久矣。刑律载有天津锅匪专条,附以备考。"①由于军事卫所与民风强悍,在码头等商业设施工作的人们为生存往往拉帮结派,加上盐商、盐贩本身也不正派,城市文化显示出北方强劲民风的一面。这些现象在历代文官眼里百般不是,颇多指责。近代以后,强悍的民风也未能为受过西式教育的报纸文人们所接受,但不同阶层里对城市的感知有所不同,"好斗"的民风成为通俗小说家们津津乐道的主题,更是孕育"北派"武侠小说的土壤。

天津人对河流是又爱又恨,因它才有漕运,却也因它而遭受许多灾难。古代诗文里有许多反映天津因河流冲决成为泽国的景象。如鲁之裕的《津门苦雨行》里说:"百川汇海襄大陵,千里滔天没封堠。天津市廛万灶沉,兼旬百谋一薪樵。天子命下官祈晴,秋朔金乌晃然觏。哉生魄后复倾盆,屋倒墙敧径苔绣。"②清代由天津诗人组成的"梅花诗社"也对水灾体验深切。如"去年河水涨,河西秋稼伤。严冬寒且饥,老幼多死亡。"③"念年风鹤叹频惊,水旱交侵逼一城。"④但当河流平缓时,它又滋养了天津的土地,使其显出江南气象。明朝汪必东说:"小借江南留客坐,远疑林下伴人来。"⑤写出文官在天津城里建筑江南式园林的得意。胡忠桢在《过西沽戍台》里写道"太平无戍角,牧笛入清秋"⑥,军事色彩减弱,已有江南田园风味。在清代,由于河道的治理与土地改良,使天津农业有较大发展,再加上洼淀遍地,更具备了江南城市风景的样子。朱彝尊的"千里三沽使,倾筐异味传。……重马愁官吏,香粳忆野田。江乡好风物,罢酒数归年。"⑦表现了天津稻香与海产同丰盛的好年景。清代文人们对此多了一份欣赏和得意:城墙被夸为"从今不数赛淮安"⑧,即使跟江南成片稻田相比逊色得多,但也要夸说天津"津邑虽在畿南,

---

① [清]沈家本、荣铨等修,徐完亮、蔡启盛纂:《重修天津府志》,1898年,天津市地方志编委会:《天津通志·旧志点校卷》(上),1999年,第1024页。
② [清]鲁之裕:《津门苦雨行》,《天津府志》,第565页。
③ [清]崔旸:《饥民行》,《津门诗钞》(下)(1832年刊刻),[清]梅成栋纂:《津门诗钞》,天津:天津古籍出版社,1993年,第786页。
④ [清]梅宝璐:《竹枝词》,《津门杂记》,第117页。
⑤ [清]汪必东:《浣俗亭诗》,《天津卫志》,第70页。
⑥ [清]胡忠桢:《过西沽戍台》,《天津府志》,第574页。
⑦ [清]朱彝尊:《云中客舍曹武备自津门以筐蟹银鱼见寄赋谢二首》,《天津府志》,第572页。
⑧ [清]汪沆:《津门杂事诗》(1739年),《梓里联珠集》,第33页。

颇有江南风景"①,城外农田"唤作小江南也称"②。最能体现文人们得意的是"二分烟月小扬州"③,直接将天津比成扬州。清代天津两个前后相承的文学群体"遂闲堂"与"水西庄"都有将天津比成江南的诗句。如张霔诗:"万象影出没,孤城势蜿蜒。微闻欸乃声,不辨鱼盐船。……星月复何赖?一路渔灯连。客久倦行役,到家胜登仙。"④张坦也有诗描写天津:"津门烟柳春风暖,遥望征帆北雁还。"⑤如果不提示"北雁还"的话,很难从诗里看出是在描写一个北方城市。同样,"水西庄"的查曦有诗:"绿杨阴里来佳客,红藕香中列绮筵。"⑥一派江南物产。查为仁则有"红菱正美喜分甘,采采新从碧玉潭。莫讶乡心又撩乱,果然风味是江南"⑦。围绕在查氏家族周围的诗人们也与之应和,写出天津的江南意象。如"京南花月无双地,蓟北繁华第一城。柳外楼台明雨后,水边鱼蟹逐潮轻"⑧,或者是"十里津桥闲骋望,云帆江店小金阊"⑨。"江南"意象成为较有认同感的本地文人一直追怀的意象。

不管是"沽""津"还是"卫",这些都沉淀成古代天津的城市意象。因漕运、盐商而兴起的商业,使天津逐渐成为了人们心目中的"商业之城"。只是古代传统文人颇不喜欢天津的商业气息。如《天津卫志》里记载:"迩来五方杂处,逐末者众,讼狱繁兴,习尚奢靡。"⑩从作者看来,"讼狱繁兴"和"习尚奢靡"的原因显然是"逐末者众"所致。清朝杨一崑在《天津论》同样认为因商业发达而败坏了城市风气:

> 天津卫,好地方,繁华热闹胜两江。河路码头买卖广,看风光,人疑是广积银两,那知道内里空虚皆无实在项。不种田,不筑厂,亦⑪手空拳即可把钱想。第一是走盐商,一派纲总更气象。水晶顶,海龙裳,大轿玻璃窗儿

---

① [清]华鼎元:《梓里联珠集·序》,《梓里联珠集》,第33页。
② [清]汪沆:《津门杂事诗》,《梓里联珠集》,第36页。
③ [清]张船山:《怀天津旧游》,《津门杂记》,第118页。
④ [清]张霔:《望津门晚烟》,《津门诗钞》,第154—155页。
⑤ [清]张坦:《秋夜寓斋招咏雪、叔才、省云、赤抒、书宣、颖儒小酌,时叔才南旋赋别,分得年字》,《津门诗钞》,第193页。
⑥ [清]查曦:《游水西园,同钱幼邻先生、典三族弟、菊所族侄作》,《津门诗钞》,第211页。
⑦ [清]查为仁:《莲坡诗话》(中)(1741年),《丛书集成》,2593,北京:中华书局,1895年,第22页。
⑧ 乾隆年间朱岷受查为仁邀请到天津,后定居天津,朱岷:《初到津门》,《续天津县志》卷十九,[清]吴惠元总修,蒋玉虹、俞樾编辑:《续天津县志》,(1870年),天津市地方志编修委员会编:《天津通志 旧志点校卷》(中),天津:天津社会科学院出版社,2001年,第475页。
⑨ [清]高景光:《天津杂咏投查莲坡先生》,潘超、丘良任、孙忠铨等主编:《中华竹枝词全编》(1),北京:北京出版社,2007年,第309页。
⑩ 《天津卫志·卷二·风俗》,第26页。
⑪ 应为赤,原文如此。

亮,跑如飞蝗,把运司衙门上。……其次粮字号买手最吉祥,年深也把船来养,一年四趟,锦州牛庄,荒年一载大沽光,只一只可赚三只粮。……

杨一崑还详细列举了各种天津的市民形象,像洋货杂货行和当铺的职员、放高利贷者、混混等。在他笔下商人们都过得风光无比,相比之下读书人却困窘非常:"最可悲的是教书匠,命苦作何商?"读书人既不会经营又不肯当讼棍,只落得"只可吃糠,半饥半饱度时光。家有三担粮,不作孩儿王"。最后他长叹:"如何是长方?如何是长方?"①商业发达确实引发了一系列奢侈之风,特别是"出大殡"这种由商人带起的恶俗,让文人们非常反感。清王韬徽描绘:"不论商贾与平民,每遇婚丧百事陈。箫鼓喧阗车马盛,衣冠职事一时新。"后代文人也大都对此反复批评:(出大殡)"一切费用,恒有糜千金者。殷富之户尚不足深惜,其左支右绌、东挪西移者,亦难以屈指计,……狐钻獾穴,触目凄然,是皆当年出大殡者也"②。甚至到了近代,这种不良风气还在延续。清末《大公报》曾刊登大量文章批判这种风俗,如《论天津殡仪之奢侈》③《天津戒浮华略说》《祝寿奇闻》④。1910年,《大公报》"白话"一栏登"改良风俗俚言",批评的还是"这样的阔殡,总算是穷奢极欲"⑤。直到民国时期,各大报依然不断痛斥"出大殡"等奢侈行为。商人聚集与斗富确实导致了某些不良的风俗与习性,不过这种情况在各个商业城市皆然。早期的扬州、上海同样有"出大殡"习俗,一样被批评奢华过度,只不过这背后有民间习惯因素与习俗原因,而且也不是单纯的商业发达所致。城市意象在古代主要由掌握着文化权力的文人来书写,他们从儒家观念出发,不喜欢商业活动,更不喜欢商人那种炫富式的行为,即使天津文人里有盐商出身的张氏家族,但他们同样遵守传统文人的审美习惯,所以很难看到天津传统文人对城市繁华的赞赏,更难看到"华北商业城市"的正面形象。

"华北商业城市"的意象主要由西方外来者所建构。西方人拜访天津,往往被其物资集散地的景象所震惊。如英国人第一眼看天津,就被巨大的盐坨所震惊:"走近天津城,我们注意到无数堆积如山的麻袋布盐包,其数量大约足够3000万人一年的消费。"⑥又如1858年奥利芬笔下的天津:"第一眼看到的景象是非常令人惊异的:大约两三百个巨大的盐坨在城市下面大约几

---

① [清]杨一崑(无怪):《天津论》,引自[清]张焘《津门杂记》,第101—105页。
② [清]张焘:《津门杂记》,第40页。
③ 《大公报》,1904年6月10日。
④ 《大公报》,1908年10月12日。
⑤ 《大公报》,1910年1月15日。
⑥ [英]约翰·巴罗:《我看乾隆盛世》(1804年),李国庆等译,北京:北京图书馆出版社,2007年,第59页。

百码地带的河岸上排列着。"①观察者以侵略的眼光发现了天津位置的战略重要性,认定天津是"威胁京城的基地"与"阴谋的巢穴"②。1860年,侵略者要求在天津设立租界,其目的非常明显,一是由此威胁北京,二则打开进入华北广大腹地的窗口。当然,租界的设立,也为天津新添了一个城市意象。1900年,俄国人震惊于天津租界的市政先进:"人力车在美丽的维多利亚大街上走过。这条街也和天津其他欧化的街道一样:笔直,宽阔,铺砌整齐,两旁种着杨树,有煤气灯光照明。……还有花园,风景秀丽的维多利亚公园,盎格鲁-撒克逊混合式的漂亮房屋,以及俱乐部、邮政、电报、电话、下水道、煤气照明。以'霍尔霍尔茨公司'为首的几家琳琅满目的大商店,里面各色物品,应有尽有,凡是一个娇生惯养的欧洲人所需要的一切,这里都出售。"③可一到天津华界,俄国人立刻注意到市政设施的差别:"人力车把我们带到'光明楼'。这家饭馆座落在中国地界口的一条昏暗的胡同里,是一座两层楼的中式房子,铺面暗黑肮脏。楼下是为普通欧洲人、水兵和士兵开设的食品杂货店和酒店,楼上是中西混合餐厅。"④英法租界的先进市政设施,也让日本人觉得佩服,夸赞天津"宛然成为欧美式的小都市"⑤,"那条街道——是天津市区中最气派的一条街,非常漂亮,走在那里仿佛置身欧洲都会"⑥。开埠改变了天津,而租界改变了人们对天津的认识,虽然早期的河北新区还未发展起来,但通过这些描述已经可以略窥在向现代化城市蜕变过程中的天津新意象。

从以上的天津意象梳理里,可以清晰地看到物质空间对于人们感觉起到的决定性作用,城市意象的命名有一定的随意性,但基本遵循城市发展规律,这些意象代代相传,成为后来者感觉、认知"天津"的基础,影响了人们对城市的判断。因此,本研究将通过考察文学作品如何展现城市物质空间,反映城市人心变化,同时,注重揭示不同的文人群体如何按知识结构、认识设想与

---

① 〔英〕雷穆森:《天津——插图本史纲》,《天津历史资料》,1964年第2期。
② 1858年在签《天津条约》时,美国使节刘维廉 William B. Reed 记录:"对天津末(未,原翻译如此)成为通商口岸感到高兴;因为一旦开放天津,那末,除了会给欧洲列强一个足以威胁京城的基地以外,天津还将会成一阴谋的巢穴。"引自〔英〕雷穆森《天津——插图本史纲》,《天津历史资料》,1964年第2期。
③ 〔俄〕德米特里·扬切韦次基(Д. Янчевецкий):《八国联军目击记》(1900年),许崇信等译,福州:福建人民出版社,1983年,第28页,第29页。省略号为笔者所加。
④ 〔俄〕德米特里·扬切韦次基:《八国联军目击记》,第47页。
⑤ 日本中国驻屯军司令部编:《二十世纪初的天津概况》(原名《天津志》,1909年9月在日本出版发行),侯振彤译,天津:天津市地方史志编修委员会总编辑室,1986年,第1页。
⑥ 《一个漂泊者的身影》(1918年),《谷崎润一郎全集》,第6卷,东京:中央公论社,1967年,第475页。

未来预期,以建构其心目中的新"天津",最终影响到天津的物质空间与城市精神结构。

三 现代天津文化空间的形成与文人群体的集结

大凡移民城市都被称为"五方杂处",但居民来源却不尽相同。北京的"杂处",是以本地居民为核心,加上外乡的求官、求学者和底层人民,增添了这座城市的多元色彩①。上海的"杂处",则以江浙民众为主体②,并没脱离江南文化的底蕴。古代天津的"杂处",主要以华北农民为主体,加上商业的南来北往,主要特点是"土著"稀少。《津门保甲图说》统计本地居民仅有740户,占全城总户数的2.28%③。开埠至清末,天津人口急剧增长,从1860年的20万左右增长到1911年的60余万,直到1928年112.2万人④,增长如此迅速显然不是一个城市正常人口繁衍的结果。近现代天津人口增长的主要原因一为天津工业、商业发展,提供了大量的工作机会;另一则因华北频发的战乱和灾荒,导致周边民众大量涌入。这些移民分成两个截然不同的阶层,而进入天津后也选择不同的城区居住,少数由军阀、政客、商人等有经济、文化实力组成的人群迁入租界,绝大部分华北农村的赤贫民众则在天津老城区周边安定下来,形成包围城市贫民窟⑤。在这种人口背景下,加上被河流分割的城区结构,导致天津很难以某一种地域色彩来描绘——说它有华北文明的特色,实则有"江南"身影;说它有运河城市特有的码头文化,但开埠后海运文化也十分亮眼。

现代天津的移民特点与物质空间相结合,形成了特有的文化空间。老城区继承了传统文化,虽然城墙被拆,但思想依然保守。传统文人成长、生活、工作于老城区,自然关注老城的点滴发展。作为新城的租界,则受西方文化影响较大,发展出各式新式传媒与娱乐。如《大公报》开办于法租界,后搬入日租界,"新记"接手后又搬回法租界;《益世报》先设于南市的荣业大街,但

---

① "据1929年市政统计公报19期统计,内外城人口共计919887人,北京市籍贯人口只386075人,不及全市人口总数的弱,其他人口都是他省迁来的客民。"梅松主编:《走近北京》,北京:首都师范大学出版社,2008年,第350页。
② "上海的人口中外籍移民占多数,而其中江苏、浙江最多。1934年,上海市本地人口只占25%,江苏籍的却占了39%,浙江籍的为4%"。惠子编:《海上风情——上海文化》,沈阳:沈阳出版社,1997年,第29页。
③ 数据引自《县城内图说第一》等,书里称之为"土住",《津门保甲图说》,第435—441页。
④ 数据源自张利民《论近代天津城市人口的发展》,《城市史研究》,1991年第4辑。
⑤ 参见周俊旗《民国天津社会史》第二章"天津市区人口"。

印刷等设施随后很快搬入意租界;《天津商报》《庸报》《北洋画报》均开办于法租界。报界文人充分利用租界的政治优势与稳定环境,同时也是因应租界的消费特点和文化需求,从而形成重要的文化空间。在老城与租界之外,则散布着河北新区里的新式教育与"南市""三不管"这种具有代表性的贫民区。新式学堂是新文化人主要的活动空间,贫民区则受众多、分布广,以其"俗"文化影响着天津,成为城市的"底色"。三种不同城区的文化互相交织、互相影响,成为现代天津丰富而多元的文化空间。

　　城市的物质空间决定了城市意象的内容,但要产生重要影响却有赖于文人群体的努力。在凯文·林奇看来,城市意象的基础是个人感知,需要某一群体的理解与认同,并长期、反复地被一部分群体使用,最后才能形成"公众意象"①。所以本研究重点关注的将是群体性的认识和感知②,使用"群体"而不用"团体""群落""派别"等,主要是考虑到天津的文人们较为松散,他们缺少明确的宣言、坚定的组织、固定的"同人"刊物,也没有创作出代表流派性质的作品,因此,用"群体"更能概括这些在社会层面上松散聚合的文人们。

　　按林奇的观点,群体要形成城市意象,还需要在城市里有熟悉而稳定的社会交往网络,应具备对城市物质世界的充分感性体验与对其历史的相关认知,并在此网络与认识之上形成对城市共有的"知识"与"情感"。以此标准看来,在天津,既能创造文化意象,又能为人们所广泛接受的,这样的群体只能是天津本地文人群体。然而要如何认识"本地"?这里的"本地"不是指以"天津"籍贯为标准,挑选下来的文人群体。首先,城市的"土著"稀少,以此标准衡量,能入选者寥寥无几。再则,以往研究已显示以籍贯为标准的局限,如天津的现代文学研究③,到底严复、梁启超要不要算是"天津文人"?当代

---

① 〔美〕凯文·林奇:《城市意象》,第5页。
② 必须指出文人群体研究并不是完全排斥个体研究,而是强调个体与群体之间的合作:"在一个社会文明的发展过程中,个别人和少数人的文化创造性以及多数人的模仿是其发展的主要动力;反之,它的衰败原因是少数人失去了创造性、多数人也不再模仿他们,继之作为一个整体的社会丧失了它的社会统一性。"周尚意等编:《文化地理学》,北京:高等教育出版社,2004年,第267页。
③ 天津文学研究长期以来并没有引起重视,主要的文学研究也集中于改革开放之后的新时期。2000年后研究者才慢慢注意到晚清及民国时期的文学著作。主要研究论文有张宜雷《天津近代文学与公共文化空间》,《天津社会科学》,2006年第6期;《走向宽松与开放之路——建国60年天津文学环境的变迁》,《理论与现代化》,2009年第3期;《报馆、学堂与天津近代文学》,《天津大学学报》,2011年第5期。王之望《"不创前未有,焉传后无穷"——振兴天津文学刍议》,《天津社会科学》,2002年第4期。林霆《天津小说三十年的文学史观察》,《小说评论》,2008年第4期。孙爱霞一系列有关"天津文学史"的研究《遂闲堂文人创作论》,《理论界》,2011年第6期;《明代天津文学发展概论》,《理论界》,2010年第7期;《论桐城派对天津文学的影响———以王又朴为例》,《社会科学战线》,2010年第8期。王云芳《漫谈当代天津文学的地域性》,《理论与现代化》,2009(转下页)

天津文学研究试图以"区域文学"①的设想突破籍贯的限制,但许多文人虽住在天津而能全国闻名,籍贯上却不属北方区域。因此,以籍贯为标准,将无法展开"天津文人"群体研究。这个问题,在民国时期修过天津方志的高凌雯就提出相应的看法:

> 《敬乡笔述》以旧志及《津门诗钞》《津门征献诗》皆收外籍,谓为借重于人,攻之甚力,作(遂闲堂张氏、于斯堂查氏考)。余尝签其上云:张氏由明宇迁天津,查氏由天行迁天津。鲁庵、莲坡辈,实皆生长兹土,无异乡人。籍贯之说,用以限制应试士子,防其侵冒,不妨从严。至于桑梓仪型,义主观感,苟其人久居里党,有事可传,虽不入籍亦当以乡人视之。况天津更无所谓土著耶?又云:铁云为莲坡子,莲坡宛平,而铁云天津,是父子异籍矣。春庭为憩亭孙,憩亭天津而春庭宛平,是又祖孙异籍矣。盖查氏分占两籍,实属一家,可必如是断断也。②

在高凌雯看来,只要是"久居里党、有事可传"即应该算为天津文人。这种认识确有见地,特别是近现代以来,移民城市与分割城区决定了天津文人不应以籍贯为标准来划分。只要是那些熟悉天津,在天津形成本地社会群体的"久居"者,对天津有所影响、有"事""可传"者就应该被看成"天津文人"。当然,如果在"久居"与"有事"之上,还有认同感与归属感,那就更属"本地"了。

然而,因历史、地理、经济等原因影响,天津本地文人的集结时间较晚:"建卫四十三年始有举人,又十九年始有进士,自有明以迄清初,寥寥不数觏也。改县以后,文运日启,获第渐多。迨至光绪庚子以前,登乙榜者几占全省

(接上页)年第 3 期。张元卿《历史社会学视野下的文学研究与城市文化建设——以天津文学研究为例》,《理论与现代化》,2010 年第 4 期。闫立飞《论新时期天津文学的发展轨迹》,《理论与现代化》,2011 年第 4 期。著作有:房良钧、王之望主编《回眸与前瞻 天津文学面面观》,天津:天津社会科学院出版社,2001 年。王之望主编《天津作家论》,天津:天津社会科学院出版社,2002 年。孙玉蓉、王之望主撰《天津文学新论》,北京:大众文艺出版社,2007 年。孙玉蓉《天津文学的历史足迹》,北京:大众文艺出版社,2007 年。张元卿、王振良主编《津门论剑录 民国北派武侠小说作家研究文集》,上海:上海远东出版社,2011 年。王之望、闫立飞主编《天津文学史》(四卷本),天津:天津人民出版社,2011 年。

① "天津文学作为区域文学,既是中国文学地图的有机组成部分,也有着特有的发展脉络与历史架构。"王之望、闫立飞:《天津文学论略》,《天津师范大学学报》,2012 年第 4 期。

② 高凌雯辑:《志余随笔》(1936 年),天津市地方志编修委员会编:《天津通志 旧志点校卷》(下),天津:南开大学出版社,2001 年,第 709 页。高凌雯:"(1861—1945)字彤皆,天津人。1893 年光绪癸巳科举人。曾任国子监候补博士、学部普通司主事。早年留意兴学。"文史资料研究委员会编:《天津近代人物录》,第 311 页。

中额十分之二,甲榜者占全省中额四分之一。科名之盛,亦云极矣。"①另据《续天津县志》载,自乾隆至同治年间,天津有进士 12 人、举人 836 人、拔贡 40 人、贡生 130 人、武进士 52 人、武举 258 人②。虽说"科名之盛,亦云极矣",但是历朝历代都未曾出过科举状元,对一个自以为拥有"畿辅"之便的城市未免不太好看。随着清代天津的发展,以梅成栋、李云湄等人组成的"梅花诗社",扎根天津,整理乡土文献,投身文化教育事业,努力传承天津诗歌传统,成为天津本地文人较早的一次集结。

进入近现代以后,本来人数很少的天津本地文人被大量外来人口所稀释,加上城市的现代化,导致直到清末民初天津文人才再次大规模集结,主要体现在两个事件上,一是 1902 年《大公报》的开办;另一则是 1904 年严修在天津创办私立中学堂,后转变成南开学校系列③。1902 年,英敛之主持的《大公报》从参与立宪、强国、自治的角度切入到天津的制度建设上,在文化上努力"开风气,牖民智;挹彼欧西学术,启我同胞聪明"④。这些活动都显示了报人们开始对天津有自己的判断。必须承认初期大量开办的天津报纸更关注国家兴亡,而忽略天津⑤,然而正是因为报人们关注国家与民族未来,文人才得以集结在新兴舆论工具周围,形成相当的文化力量,1920 年代开始逐渐影响天津的城市文化。1904 年,在严修与张伯苓的努力下,老城区里的私立学塾演变为南开学校,并很快形成了从小学到高等教育的完备教育体系,吸引众多天津文人的积极参与。南开学校是天津文人们在报纸之外,以学校为中心实现的另一个重要集结。这两个事件标志着天津文人群体因现代城市发展而集结,也因各自理想不同而分化,同时也标志着文人群体开始酝酿新的城市意象。

1928 年的迁都,使天津文人又迎来一次重要的集结。失去首都地位的北京,在经济上"衰败",文化上对华北诸城的影响力、控制力明显下降。而从经济上看,天津未随迁都而衰落,城市里出现一批具有较高知识、有消费能

---

① 高凌雯纂:《天津县新志》(1931 年),天津市地方志编修委员会编:《天津通志·旧志点校卷》(中),天津:南开大学出版社,2001 年,第 608 页。
② [清]吴惠元总修,蒋玉虹、俞樾编辑:《续天津县志》(1870 年),天津市地方志编修委员会编:《天津通志 旧志点校卷》(中),第 354—371 页。
③ 这里的南开学校主要指 1904 年由严修与张伯苓创办的中学,即"私立中学堂",后逐步发展为"第一中学堂""南开中学",至 1919 年成立大学部,形成南开大学。1923 年迁入八里台新校址。同年 9 月成立南开女中部,1928 年成立南开小学。1937 年 8 月被日本炸毁,后与北大、清华组成"西南联大"。本文所用南开学校是南开中学、南开大学、南开女中、南开小学的统称,时间下限为 1937 年。资料参考张伯苓《四十年南开学校之回顾》,崔国良编《张伯苓教育论著选》,北京:人民教育出版社,1997 年,第 310—315 页。
④ 《大公报序》,《大公报》,1902 年 6 月 17 日。
⑤ 《大公报》的本埠新闻从 2025 号才独立设为一栏。严复的《国闻报》等则较少提及天津。

力的阶层,文化市场能量进一步受到人们的重视;政治上则因升格为"特别市"①后,首次与北京平起平坐。这些变化影响及文化上,一是增强了天津文人的文化自信,二是增强了天津的文化吸引力。据1931年统计,天津31种报纸里,有45%是1928年后创办的②。陈平原所说:"天津不仅是拱卫京师的大门,还是北方最重要的通商口岸、洋务中心,很长时间里,其工商业及消费水平均比北京高。至于文化建设方面,学校、报业、戏剧、曲艺等,也不比北京逊色。"③这段话所指的天津,实际上是专指1920至1930年代时的天津。这时期的天津重要性急剧上升,天津文人再一次大规模集结,传统文人利用城市市政更新而出现在舞台上,新文化人的话剧引起城市娱乐业的关注,报人们更是引导新阶层形成自己的独特审美标准,多种文化力量纷纷亮相,争夺在城市中的发言权与主导权。

现代天津的"面目"在不同的文化空间里被塑造,然而言说的权力始终掌握在文人群体手中。关键的问题在于哪个文人群体才能成为言说天津的主要群体?而为何选择这样的文人群体?判断的标准不在于籍贯,也不在于文化影响力,而在于是否具有"天津性"。

四 "双城"视野与"天津性"

本论题设想受陈平原《触摸历史与进入五四》及其一系列城市研究著作④

---

① "在抗日战争爆发前的十年中,先后设置过8个特别市,它们是青岛、南京、上海、汉口、北平、哈尔滨、天津、长春。……1930年国民政府公布《市组织法》后,规定取消'特别'而一律称'市',改称院辖市,受行政院管辖。"凌霄:《民国时期的特别市》,《钟山风雨》,2009年第3期。
② 罗澍伟:《近代天津城市史》,第610页。
③ 陈平原:《另一种"双城记"》,《天津日报》,2010年12月17日。
④ 陈平原自述其研究始于:"十年前,一个偶然的机缘,我写了篇短文《'北京学'》,日后被广泛征引;而2001年秋,在北大开设'北京研究'专题课,算是我'都市文化研究'的'破题儿第一遭'。"陈平原:《文学的都市与都市的文学———中国文学史有待彰显的另一面相》,《社会科学论坛》,2009年第3期。其相关著作与编著有:陈平原《都市灵魂的悸动——舍弃"戏剧性"而来的反讽与自嘲》,《当代作家评论》,1989年12月;《"都市诗人"张岱的为人与为文》,《文史哲》,2003年第5期;《想象北京城的前世与今生——答新华社记者刘江问》,《北京师范大学学报》,2005年第4期。陈平原、王德威《北京 都市想像与文化记忆》,北京:北京大学出版社,2005年;《城阙、街景与风情——晚清画报中的帝京想象》,《北京社会科学》,2007年第2期;《北京记忆与记忆北京》,北京:三联书店,2008年。陈平原、王德威、陈学超编《西安 都市想像与文化记忆》,北京:北京大学出版社,2009年。陈平原、郑勇主编《北京读本》,上海:华东师范大学出版社,2010年。在北京、西安、香港、开封四个城市分别举办了"都市想象与文化记忆"国际学术研讨会。

的影响。研究试图包含三个大内容:文人群体、现代天津与文化空间。有关天津城市的研究成果①给予本书许多启发,这些研究从历史学学科上对物质空间与制度层面进行细致的考察;从文学研究来看,则或者强调天津文学的地域性,或者强调"天津"作为一个整体在文学里所呈现的"意象",较少谈及城市的内部差异,更少以不同城市之间的沟通、交流来看待现代天津文化空间的形成。

如何探讨城市与文人,国外的城市文化研究②提供了许多有益的借鉴。从西方的城市研究来看,受西美尔③影响,以罗伯特·帕克为首的芝加哥学派首先建立了城市社会学,推动了人们对城市的理解④。他们认为城市不再

---

① 天津社会科学院创刊于1989年的《城市史研究》,从1—27辑基本上均有关天津历史、政治、经济、城市建设的论文。而日本在研究天津城市方面更是起步较早,有日本中国驻屯军司令部编《二十世纪初的天津概况》(1909年),侯振彤译,天津市地方史志编修委员会总编辑室,1986年。此后,也有不少学者参与到研究中,像吉泽诚一郎《天津の近代:清末都市における政治文化と社会统合》,名古屋:名古屋大学出版会,2002年。早期研究的主要成果集中于对天津概况式的整体描述,像李洛之、聂汤谷编《天津的经济地位》(1948年),天津:南开大学出版社,1994年;来新夏主编《天津近代史》,天津:南开大学出版社,1987年;天津社会科学院历史研究所编《天津简史》,罗澍伟主编《近代天津城市史》,1993年。1990年代后,受到西方"新史学"的影响。城市空间的变化与日常生活方面也得到关注,相关著作有尚克强、刘海岩《天津租界研究》,天津:天津人民出版社,1996年;刘海岩《空间与社会——近代天津城市的演变》,天津:天津社会科学出版社,2003年;周俊旗主编《民国天津社会史》。但对天津文化方面的研究则较少,像《城市史研究》到第10辑也就是1995年,才出现侯杰的《略论近代天津城市文化》,此文注意到城市不仅是由物质构成,也要重视它的文化结构。但是此后这种研究状况并没有得到较大改变。《城市史研究》直到第15—16辑才有关天津城市文化的专门讨论。2009年为了纪念天津建城四百年编成的有较高学术要求的《天津史研究论文选辑》,所选255篇论文里,大部分是政治、经济史,有关文化研究的论文所占比例较低,文学更是只有寥寥数篇。刘志强、张利民主编:《天津史研究论文选辑》,天津:天津古籍出版社,2009年。
② 有关城市文化研究的书较多,既有整体研究也有具体城市研究,近来翻译的有关伦敦、巴黎、维也纳城市的成果有瓦尔特·本雅明《巴黎:19世纪的首都》,刘北成译,上海:上海人民出版社,2009年;[美]卡尔·休斯克《世纪末的维也纳》,李锋译,南京:江苏人民出版社,2007年;[美]彼得·盖伊《施尼兹勒的世纪——中产阶级文化的形成,1815—1914》,梁永安译,北京:北京大学出版社,2006年;等等。
③ 格奥尔格·西美尔(Georg Simmel,1858—1918),德国古典社会学大师,"生命哲学"的代表,被称为"第一位现代性思想家"。在历史哲学、社会学、伦理学、美学等均有建树,开启了现代学术小品的写作,主要作品有《货币哲学》《生命直观:形而上学四章》《金钱、性与现代生活风格》《论宗教》等。参见[美]科塞《社会思想名家》第5章,石人译,上海:上海人民出版社,2007年。
④ 帕克认为:"城市是一种心理状态,是各种礼俗和传统构成的整体,是这些礼俗中所包含,并随传统而流传的那些统一思想和感情所构成的整体。换言之,城市绝非简单的物质现象,绝非简单的人工构筑物。城市已同其居民们的各种重要活动密切地联系在一起,它是自然的产物,而尤其是人类属性的产物。"[美]R.E.帕克等:《城市社会学》,宋俊岭等译,北京:华夏出版社,1987年,第1、2页。

是一个简单的人类聚集地或者物质空间,而是与人们的感觉、习俗紧密相联。思想、感情、风俗开始被视为构成城市结构的重要因素。这点启发了本研究从文学角度探讨天津的物质结构、人事变迁如何被文学呈现,着重探讨文学如何"建构"居民的感觉、风俗与思想。在芝加哥学派之后,"空间"成为了西方城市研究的一个重点。法国哲学家列斐伏尔结合马克思主义与地理学,重新认识了空间背后的政治意义。他揭示了看似"中立"的空间背后是阶级对立与权力的分配与斗争①。福柯则揭示了空间与权力的关系②。虽然他们的"空间"理论对象是高度现代化的城市,但对于本研究认识城市空间结构及权力分布有启发作用。基于以上理论,本研究提出"文化空间"这个概念。它可以宽泛地理解为在城市里具有文化意义的空间、分布的实体及其相关信息的总和。显然,这个概念结合了布迪厄的"场域"理论③,即文化空间内存在商业资本、社会资本和象征资本,而各阶层利用其手中的商业资本与社会资本,通过一定手段将其转化为象征资本。文化空间还包含这样的理解:文人群体在一定的物质空间基础上进行文化交往,但通过流动可以打破物质空间的限制,在城市较广范围内形成"共识"。文化空间就是天津文人群体们活动的物质空间与交往的社会空间,是思想意识与物质空间的重叠。

而许多城市与文学关系的研究也给予本研究许多启发。中国的城市研究④主要有两个特点:1. 古代城市与文学关系的研究⑤较多。2. 上海研究成

---

① "社会空间总是社会的产物"和"空间里弥漫着社会关系;它不仅被社会关系支持,也生产社会关系和被社会关系生产"。〔法〕亨利·列斐伏尔:《空间:社会产物与使用价值》,王志弘译,薛毅编:《西方都市文化研究读本》,第三卷,桂林:广西师范大学出版社,2008年,第25页。
② "对福柯而言,空间乃权力、知识等话语,转化成实际权力的关键。"〔美〕戈温德林·莱特、〔美〕保罗·雷比诺《权力的空间》,包亚明主编:《后现代性与地理学的政治》,第29页。又参见〔法〕米歇尔·福柯《不同空间的正文与上下文》,包亚明主编:《后现代性与地理学的政治》,上海:上海教育出版社,2001年,第18—28页。
③ 〔法〕布迪厄:《艺术的法则——文学场的生成与结构》,北京:中央编译出版社,2001年。
④ 此类著作较多,有些是论文集形式,但基本上视线都集中于中国古代都城:〔日〕石田干之助《长安之春》(增订本),日本:平凡社,1967年;〔日〕平冈武夫编《唐代的长安与洛阳》,上海:上海古籍出版社,1991年;〔美〕施坚雅主编《中华帝国晚期的城市》,叶光廷等译,北京:中华书局,2000年;〔法〕谢和耐《蒙元入侵前夜的中国日常生活》,刘东译,北京:北京大学出版社,2008年;〔日〕久保田和男《宋代开封研究》,郭万平译,上海:上海古籍出版社,2010年。
⑤ 李孝悌编:《中国的城市生活》,北京:新星出版社,2006年。刘勇强:《西湖小说城市个性和小说场景》,《文学遗产》,2001年第5期。冯保善:《明清小说与明清江苏经济》,江苏社会科学1999年第3期。杨子坚:《南京与中国古代文学》,《南京大学学报》,1995年第3期。陈燕妮:《城市与文学:以唐代洛阳建筑景观与唐诗关系为中心》,苏州大学毕2009届博士论文,未刊稿。葛永海:《古代小说与城市文化》,上海师范大学2003届博士学位论文,未刊稿。

果突出①。特别是有关上海与现代主义作家的研究成果较多②。这些研究按其思路可以分成两种不同的范式,一种即"文学如何表述城市"。这类研究主要探讨文学如何描写城市,特别是如何描绘城市的物质空间,进而强调城市文学与乡村文学的区别③,认为城市文学是一种全新的文学类别,是一种书写文学史的新方法④。另一种研究方法则将重心放在城市文学所呈现出的"人"的情感方式、生活形态和价值取向上,通过揭示城市人心变化,进而寻找民族文化心态和模式⑤等内容。这两类研究均帮助了本研究重新认识"城市文学""理想城市"等概念,特别注意到文学往往表现文人的独特感受,而不是群体性共识,避免将部分文人的想象替代成全体城市

---

① 影响较大的如〔美〕罗兹·墨菲《上海——现代中国的钥匙》,章克生等译,上海:上海人民出版社,1986年。另,《海外上海学》"附录 海外上海学著作目录、论文目录、英文博士目录"(1870—2004)数量分别为:230、256、323。从数量上看确实"显示出上海卓然脱群的独特地位"。熊月之、周武主编:《海外上海学》,上海:上海古籍出版社,2004年,第427—530页。

② 1985年严家炎提出"新感觉派"小说,引起研究界对上海文学和现代性的关注。李欧梵早期也关注新感觉派,见《现代性的追求》,北京:三联书店,2000年。此外还有吴福辉等人的相关研究,如吴福辉《都市漩流中的海派小说》,上海:复旦大学出版社,2009年。在通俗文学上则有魏绍昌、范伯群等人,如范伯群《礼拜六的蝴蝶梦 论鸳鸯蝴蝶派》,北京:人民文学出版社,1989年;《中国现代通俗文学史》,北京:北京大学出版社,2007年。此外还有相关的如左翼文学与都市、作家(如张爱玲、邵洵美等人)与都市的研究。

③ 例如在概念上定义城市文学,往往是将其看成是一种与传统乡土描写不同的题材:"(什么才是中国现代都市文学?)是作家,也即描述者,必须以现代文明范畴中的都市意识——大工业文明基础上的新的价值观念、思维方式、审美准则——去描述都市生活,这样,文学作品才能具有真正的都市文化精神。"张鸿声:《都市文化与中国现代都市小说》,开封:河南大学出版社,1997年,第14页。其他著作虽然表述不一,但基本认同于城市文学必须是描写城市,反映现代精神,甚至有些还强调描写现代物质空间的新题材。蔡益怀:《想象香港的方法——香港小说(1945—2000)论集》,北京:中国社会科学出版社,2005年。张英进:《中国现代文学与电影中的城市》,秦立彦译,南京:江苏人民出版社,2007年版。尹莹:《小说中的重庆——国统区小说研究的一个视角》,华中师范大学博士2009年毕业论文,未刊稿。

④ 例如在处理香港文学里,研究者就指出:"本书的兴趣在于观看香港想像及叙述的本身,并尝试从小说与都市的互动关系中提出自己叙述香港文学的框架。"赵稀方:《小说香港》,北京:三联书店,2003年,第13页。

⑤ 如赵园《北京:城与人》所述:"能找到理想的'人'的城想必是自觉幸运的。并非任何一个历史悠久富含文化的城,都能找到那个人。他们彼此寻觅,却交臂失之。北京属于幸运者,它为自己找到了老舍。同样幸运的是,老舍也听到了这大城的召唤,那是北京以其文化魅力对于一个敏于感应的心灵的召唤。从此,北京之于他成为审美创造中经常性的刺激,引发冲动的驱力,灵感的不竭之源。"赵园:《北京:城与人》,北京:北京大学出版社,2002年,第7页。

群体的想象①。

由于不满足于"文学"被动地反映城市,有些学者试图揭示文学与城市互相建构的关系。他们的研究以跨学科视野,重新审视城市空间与文学的关系。如李欧梵的《上海摩登》,他以描绘上海的现代建筑入手,利用百货大楼、咖啡厅、舞厅、亭子间等建筑,重绘都市物质对文化的冲击;此外,还观察施蛰存、"新感觉派"等具有"现代性"的作家。"通过这两部分来显示物质生活上的都市文化和文学艺术想象中的都市模式的互动关系,来说明它们从不同的层面再现,就是 represent,或者说重构了上海的现代性。"②这种研究方法是从物质空间的"文学化"来看城市与文学的关系。灯红酒绿、新式建筑、西式娱乐确实提供给作家们以新的感觉与素材。不过,正因强调物质空间的特殊性与"现代性",其背后的逻辑是城市的"现代"进程将会在各个中国城市里普遍扩展,上海才成为了"现代中国的钥匙"③"现代化中国城市的象征"④。虽然由于机械复制带来工业化与同质化,城市的现代化进程呈现相似特点,但在现代中国,每个城市所面临的问题和困境与上海并不一样,上海太过特殊,它的经验并不是普遍性经验,没办法代表中国其他现代化进程中的城市。

从以上各类研究中获得启发,本研究试图关注文学如何描写天津,同时也关注文人群体如何想象天津,通过引入"文化空间",力避文学史视野的限制与地域性因素的困扰,从而试图利用文学这个工具看到"城"与"人"之间如何关联与互动。此外,本书还引入"双城"视野。现代城市不是单独、封闭式的地域结构,它们之间存在着对峙,也存在着交流、互补。利罕在《文学中的城市》里说:"狄更斯笔下的伦敦,是在城市的商业本质上赋予一种戏剧性而形成的;乔伊斯笔下的都柏林,则是在城市的商业本质上赋予一种普遍性、平凡性而形成的。"⑤国内学者也从文学对于城市的不同展示入手,特别是研

---

① 吴福辉在谈到城市文学研究时指出:"现代都市居民的构成经济文化等情况,都是多元的、分层的,市民应当是都市的主体。而以往我们正是缺乏自下而上研究都市的眼光。比如不注意收集研究中下层市民的经济文化教育、政治的材料,尤其是不注意他们的日常的物质生活、街市广场提供的交流、娱乐和休憩的方式、节日庆典或口头创作等非物质文化的形态,以了解中下层市民的都市究竟是个怎样的都市。"吴福辉:《关于都市、都市文化和都市文学》,《上海师范大学学报》,2007 年第 2 期。
② 〔美〕李欧梵:《上海摩登:一种新都市文化在中国(1930—1945)》,毛尖译,上海:上海三联书店,2008 年,第 353 页。
③ 〔美〕墨菲:《上海:现代中国的钥匙》,上海社会科学院历史研究所编译,上海:上海人民出版社,1986 年。
④ 熊月之主编:《上海通史·总序》,上海:上海人民出版社,1999 年,第 5 页。
⑤ 〔美〕理查德·利罕:《文学中的城市:知识与文化的历史》,吴子枫译,上海:上海人民出版社,2009 年,第 140 页。

究古代小说对"双城"的描写①。近年来,因上海城市研究深入,出现了上海与香港、上海与台北等对比研究。其实,除了差异性双城对比,另一种互补性"双城"同样值得注意。陈平原提出:"之所以需要'平津'这样的'双城记',一是当初本就多有合作与互补,二是便于互相发现。在天津阅读北京,在北京观看天津,当然更包括将平津视为一体做综合论述,这都是拓展学术视野的绝佳途径。"从这个角度出发,重新审视"双城"的研究方法,可以发现从沪津对比、京津一体等角度出发对重新理解天津有着特别作用与意义。

对于天津而言,"双城"还是一种内在的观察视野②,即城市内部存在着截然不同的"双城"现象。中国城市的现代化与国外城市有着截然不同的发展路径,较为典型的是开埠给中国城市发展带来巨大影响。1842年《南京条约》被迫五口通商,准许英国人携带家眷在五处"寄居",但对居于何处没有规定。1843年《虎门条约》规定了:"在万年和约内言明,允准英人携眷赴广州、福州、厦门、宁波、上海五港口居住,不相欺侮,不加拘制。"③虽说是"不加拘制",但清政府在划地时,显然有意将西方居住者与老城相隔离,如福州,北面是鼓楼老城,而在南面的台江、仓山等地则由列强建立了领事馆、海关、洋行、学校、教堂以及住宅区。在老城与仓山等中间地带是未开发的空地,老城与仓山还被闽江所分隔,形成了明显的"内双城"模式。再如宁波虽未设租界,但却形成余姚江北岸与老城并置的格局。上海开埠即以浦西和浦东为不同的发展路径。而这种模式渐渐成为了后来开埠的模板。汉口形成四官殿的旧商业区与沿江而设的租界区"双城"④。天津开埠后,其新城位于海河西岸,占据入海口处,而老城则占据运河口,中间以河相隔。而且由于《虎门条约》还规定:"英国管事官每年以英人或建屋若干间,或租屋若干所,通报地方官,转报立案;惟房屋之增减,视乎商人之多寡,而商人之多寡视乎贸易之衰旺,难以预定额数。"⑤清政府允许英国人建屋或者租屋,但并没加以限

---

① 孙逊、葛永海曾总结:"汴州和杭州作为故都和现都,分别代表了不同的意象,反复出现在宋元至明清四代的小说描写之中,形成为一种绵延不绝的'双城'文化传统。"
② 注意到天津"双城"现象并分析的是李永东《"两个天津"与天津想象的叙事选择》,《文学评论》,2016年第4期,第65—72页。但他提出的"双城"书写重点在于新时期文学,而未涉及现代文学。此外,类似"内双城"视野对城市文学进行研究的还有于相风、李永东《半殖民中国应对西方文明的姿态——〈文明小史〉解读》,《福建论坛》,2017年第1期,第132—139页。
③ 《五口通商附粘善后条款》(即《虎门条约》),王铁崖编:《中外旧约章汇编》,第1册,北京:三联书店,1957年,第35—36页。
④ 以上城市演变参考武进《中国城市形态:结构、特征及其演变》,南京:江苏科学技术出版社,1990年。
⑤ 《五口通商附粘善后条款》(即《虎门条约》)王铁崖编:《中外旧约章汇编》,第1册,北京:三联书店,1957年,第35—36页。

制,西方列强正是利用这点,以"难以定数"为由,慢慢扩展其租界与领地,随之在租界里实施西方的法律、卫生管理与交通规划等,经济繁荣后带动文化的发展,由一个暂住地,慢慢成为城市的中心,由此形成了"内双城"的独特发展格局。

然而天津租界,并未如上海那般对城市发生整体性影响。刘海岩在考察了天津城市历史变化时指出:"当戈登在纸上绘出英租界第一张规划图的时候,欧洲城市的空间模式就被引入天津了。到了19世纪80年代,英租界的建设已端倪初现。以中央大道为主轴的道路网、港口码头、位于租界中心的教堂、市政厅和公园,形成了一个与中国传统城市迥然相异的城市空间。它没有众多官僚机构组成的权力中心,也没有对空间秩序和市民行为实行控制的城墙、城门等。"①但实际上正是由于租界的"异质感"如此强烈,使其对天津的整体影响反而较小。有学者就指出受河流影响,一般近河城市是单岸式的核心城,即城市只位于江河一边。开埠后租界的设立,使这些传统城市变成了城中有江、两岸一城、跨江发展的"双岸城市",如图0-1②:

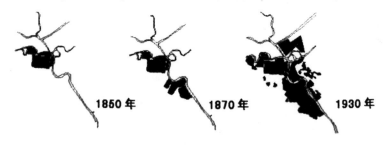

图 0-1 天津城市演变过程示意图

从图0-1可以看出,天津租界的发展与老城区并不甚紧密,甚至到1930年代,两区还是断裂的。跟上海比起来,天津租界的特点尤为明显③。

从图0-3可以清晰地看到,上海的老城区与租界基本隔路相望,没有一点缓冲地带,而且相邻的是法租界,再隔不远就是英租界,其中的现代性建筑与生活方式对老城区的影响显而易见。而我们看图0-2,天津老城区与租界或以河流分隔,如意租界与老城虽然距离较近,中间却隔着河。或被贫民区所分隔,古代天津有"北门贵、东门富、南门贫、西门贱"的说法,而"贫"与

---

① 刘海岩:《租界、社会变革与近代天津城市空间的演变》,《天津师范大学学报》,2006年第3期。
② 王列辉:《近代"双岸城市"的形成及机制分析》,《城市史研究》,第24辑,第3页。
③ 图1-2是1929年绘制的《天津特别市街市全图》,天津规划局和国土资源局编:《天津城市历史地图集》,天津:天津古籍出版社,2004年。图1-3是1925年绘制的《最新上海全埠地图》,葛绥成制,许仁生绘,中华书局出版,引自张伟等编《老上海地图》,上海:上海画报出版社,2001年。

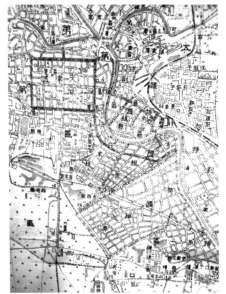 

图 0-2　天津特别市街市全图　　　　图 0-3　最新上海全埠地图

"贱"的南门与西门正好是与租界相通,是早期城市著名的贫民区:"最早形成的'南开'窝铺区,原被称为'南开洼',是老城以南一片低洼地。"①加上日租界开发缓慢,实际上现代的生活方式并没有迅速渗透至老城。

　　天津的物质空间、城市位置、"双城"外围影响与"内双城"现象,都在塑造天津城市的特殊性,也即所谓的"天津性"。"天津性"内容非常复杂,它不像上海,一提及上海,人们意识里浮现的城市意象是"现代",而提及北京,人们的城市意象是"帝都"。天津在传统与现代的变化中,呈现出多变的城市意象,很难判断哪个时间段的哪个意象可以成为天津的代表性意象。特别是进入近现代后,城区的纷乱与分割,导致"天津性"更加难以捉摸,因此很难给予一个清晰的定义。但从物质空间与"双城"视野出发,再以是否对天津存在文化认同,大致可以找到以下几个影响较大的群体:城市底色是由涌入天津的华北各地农民所组成的底层民众所决定,因此,天津显出较为浓重的"俗"色彩。如戏曲艺术在天津的兴起就是一个典型,天津向来有"曲艺之乡"的美誉。不过《中国戏曲志》概括说:"天津的戏曲活动有个明显特点:天津虽然是个人烟密集、百业辐辏的城市,也有一些地方的民歌、小曲,但却没有本地产生的戏曲剧种。然而另一方面,河北梆子和评剧的成熟、发展,京剧

---

① 刘海岩:《近代华北自然灾害与天津边缘化的贫民阶层》,《天津师范大学学报》,2004年第2期。

的发扬光大,又都与天津密不可分。"①清中期,天津主要流行的昆剧与弋腔,这些较为高雅的戏剧是由盐商、粮商等"蓄养"②在家,始终未能在城市流行。皮簧(京剧)出处不是天津,即使那些被称为"卫派"的梆子也来自于外地:"河北梆子是梆子腔系统的一个支派,曾有京梆子、直隶(今河北省)梆子、卫(指天津卫)梆子、秦腔之称。1952年定为河北梆子。它是山陕梆子自清代乾隆年间传入京、津、冀之后,经数十年音随地改的演变,于清道光年间逐渐形成的。在它衍变、形成和发展过程中,天津及附近郊县一直是它活动的中心。"③1920年代兴起的评剧,是由贫民乞讨时所唱的"莲花落"演变而来,在天津也被称为"蹦蹦戏"或者"落子"。天津成为各类民间艺术发挥魅力的良好平台。这种"俗",为天津通俗小说家们所捕捉,涌现出如戴愚庵、李燃犀、刘云若等作家,他们融入天津底层之中,爱好描写"南市""三不管"等贫民区,在他们笔下,津津有味地书写出天津的世俗风情与市井娱乐,展现天津底层民众的日常生活、习俗与心理状态。特别是刘云若塑造了一批有鲜明"津味"的人物形象,不仅使混混成为天津性的代表,天津人特有的"哏味"也被他淋漓尽致地描绘出来,丰富了天津文化。

在这些贫民区包围之中的是老城和租界,各自有不同的文人群体,发展出不同的城市意象。老城区文人秉承传统文化,批评城市商业炫富,批评底层流俗:"北方之唱莲花落者,谓之落子,即如南方之花鼓戏也。系妙龄女子登场度曲,虽于妓女外别树一帜,然名异实同,究属流娼。貌则诲淫,词则多亵。"④出于教化目的,他们努力追寻并建构天津的"雅"文化空间。以严修为代表的天津传统文人,通过追怀天津"高雅"文化的传统,形成较强的乡土认同。他们以"实用"观为指导,调适传统文化与城市现代的冲突,将有限的资源投入天津的现代化建设里,使传统空间在现代城市里发生功能性转变。天津的传统文人将乡土认同融入现代城市,对现代天津有着重要影响。

在租界居住的新兴阶层,对底层娱乐与传统"雅"文化均不感兴趣,但却需要通过文化资本来显示阶层特性,推动了天津娱乐空间的分化。以《北洋画报》为代表的新式报人,提出"以艺术之眼光"与"以兴趣寄托精神"的审美标准,试图引导中上阶层娱乐,通过塑造典雅、有知识的坤伶形象,树立起天津中上层娱乐的标准。文人群体的趣味、中上阶层需要、天津物质空间的变

---

① 中国戏曲志编辑委员会编:《中国戏曲志 天津卷》,北京:文化艺术出版社,1990年,第5页。
② 中国戏曲志编辑委员会编:《中国戏曲志 天津卷》,第4页。
③ 天津人民出版社编:《天津风物志》,天津:天津人民出版社,1985年,第53页。
④ [清]张焘:《津门杂记》,第101页。

化三者相结合,共同推动了娱乐空间的分化,其城市意象深入人心,影响至今人们对天津的认识。

新文化人则是散布于天津各学校的文人群体。受北京、上海新文化出版物的覆盖,天津新文化出版物并不发达。但新文化人寻找到一条与北京、上海不同的道路,即结合城市对戏剧的特别爱好,从话剧入手,勇于尝试,展开新文化的传播。早期南开话剧以描写天津的世态人情为主,以新颖的形式震撼观众。张彭春加入南开新剧团后,所创作的话剧反映了留学归来的知识者无所施展才华的痛苦,塑造了"用非所学"的留学生形象。南开新剧团还以礼堂为舞台,采用新式布景,严格要求演员,初步改变创作者、演员的话剧观念,培养出一批懂话剧、会欣赏、守剧场要求的观众。市民观众与南开话剧相互期待,塑造了新文化的传播空间。

除了以上提及的文人群体外,天津还有许多其他文人群体未被纳入视野。如左翼文人、各类戏曲艺术家、租界重要文化力量"寓公"①、女性报人及组织团体等。其原因在于相比起上面四个群体,他们或缺少组织与文化认同,如"寓公"们虽多,但没有组织,也不关心天津;或有组织与文化认同,但关注的是民族、国家,如类似"觉悟社"的团体和左翼文化人,缺少对天津的认同感与归属感。还有如自认为"遗民"的文人群体,虽然有组织、有共识、有活动、有能量,偶也会涉及天津,但他们更多是出于政治表达而不是对天津的认同,因此也不列入考察。"天津性"是一个既宽泛,但适用范围又较小的模糊定义,因此可能会有疏漏,但从现代天津的整体文化空间来看,本研究所选择的四个群体非常鲜明地代表着各自不同的文化品味与阶层趣味,又都参与到天津建设过程中,在天津的城市文化建构中起到重要作用。

本书将试图通过对天津四个文人群体的文本分析、文献梳理等方式,将文学的表现内容与外部因素相结合,展现文化力量复杂而纠缠的文化心理与不同的文化生产活动,进而探讨城市对文人群体产生的影响,也探讨文人书写与交往对城市产生的作用,特别是考察四个文人群体如何将其文化理想赋予天津,给天津带来独特的"神"与"味",展示出与北京、上海有所差别的城市意象。正是这些文人群体的设想与活动,参与建构了现代天津,改变了天津的空间构成,并影响今天天津的城市结构。

---

① "寓公是指赋闲在家,过着富有的生活而且有一定社会地位的居民。在上海租界以及大连和青岛都有一些从政治或经济舞台上退下来做寓公的人物,但为数不很多,也没有很大的社会影响。天津租界的寓公却不同,他们居住之集中,数量之大都是其他城市或租界无法相比的。他们对于天津租界的社会结构、社会生活、社会发展、住宅建设都有重大的影响。"尚克强、刘海岩主编:《天津租界社会研究》,天津:天津人民出版社,1996年,第212页。

第一章 雅集、城南诗社与传统文化空间的重整

1931年金钺在天津方志的题叙里说:"天津地处偏僻,昔非冲要。自与海外列国通商以后,于此为往来出入之门户。轮楫交驰,冠裳骈集,遂蔚然成一巨埠。而时局之推迁代谢,亦因以千奇百变,每出寻常想象之外,方诸往迹,迥不相同。故一切政治风俗,势皆不得不改弦更张,以随机应务矣!"①他说天津"地处偏僻""昔非冲要"其实并不符合事实,古代天津作为漕运中转地,已颇为繁华,但他强调1860年的开埠,使天津"蔚然成一巨埠"则符合事实。从当时清政府绘制的地图可以非常直观地看到天津开埠前后发生的"改弦更张"的情况。1846年《津门保甲图》中地标建筑主要以官署、城墙、寺庙、园林等为主,而1888年出版的《天津城至紫竹林图》②,它们已经被洋行、银行、保险公司、西药房、报馆、领事馆所取代。虽然不同的绘图主体会影响到地图的呈现,但同样由政府组织绘制,而且仅隔42年,却有如此巨大差异,表明了1860年的开埠对天津所产生的不仅是物质上城市扩大、居民增多,更重要的是西方文化借助租界进入天津,对城市文化产生了冲击,因此开埠对天津有着划时代的意义。

"决定地图的重要因素取决于文化观念。"③城墙、寺庙等尚还存在实体建筑④,却在地图上消失,直接表明了传统文化空间在城市里急剧缩小,原先掌握着文化权力的传统文人在被不断削弱。但缩小与削弱并不意味着传统文人们心甘情愿地退出历史舞台。以严氏家族为代表的天津文人士绅们,利用雅集与诗社团结在一起,既坚持中国传统又吸收西方知识,积极参与到城市化进程里,提供了一种既有别于全盘西化也有别于"中体西用"的

---

① 金钺:《天津政俗沿革记·序》,王守恂撰:《天津政俗沿革记》(1931年),天津:南开大学出版社,1999年,第5页。
② 两图可见于天津市规划和国土资源局编著《天津城市历史地图集》,天津:天津古籍出版社,2004年,第47、65页。详见附录一。
③ 叶凯蒂:《从十九世纪上海地图看对城市未来定义的争夺战》,《中国学术》,第3辑。
④ 例如天津的城墙是在1900年才被拆除的,而天后宫、玉皇阁等寺庙则一直存在。

新型应对方式,由此引发我们思考中国传统文化空间在城市现代化中的重新定位。

一 城南诗社与盛大的雅集

在现代白话文兴起后,面对现代城市的人际关系转变、现代教育体制的冲击与以白话文为主体的报纸传媒的影响,传统文人的诗词唱和逐渐从公共领域转向私人场合,许多诗词创作或者是自娱自乐,或者只在朋友、亲属、师生等小范围赠阅,并没有打算公开传播,而诗社、雅集等则因政治意图、网罗名士功能的消失而转为以文会友的松散团体。

城南诗社在现代天津兴起后,从私人集会逐渐转变成一个对城市文化空间有影响的团体。早期,城南诗社的集会主要是由严修招集的私人游戏,据王武禄所记:"林墨青庚申立存社,月课诗文。吴子通、王纬斋、李琴湘递膺冠军。公(指严修)顾而乐之,乃于次岁倡为城南诗社,声应气求,先后力社者颇众,今且逾百人矣。"①陈中岳在《蟫香馆别记》里出于表扬严修的愿望,将诗社成名时间推得稍早,认为:"林墨青庚申立存社,月课诗文。吴子通、王纬斋、李琴湘递膺冠军。公(指严修)顾而乐之,乃于次岁倡为城南诗社,声应气求,先后力社者颇众,今且逾百人矣。"②其所述的"逾百人"的诗社成员实际与事实有所出入。

早期"城南诗社",实际只是小范围的社交行为,没有社名更没有形成相应的聚会习惯:"按诗社始于三数人,文酒之谶,严范孙先生实倡之。嗣以迭为宾主,不胜其烦,乃改为醵饮之举,期以两星期一集,束则遍延,到否悉任其便,然每聚多则二十余人,少则十余人。"③这个说法比较合理。查《严修日记》,这时的诗社既没有像陈中岳声称定名为"城南诗社"④,也没像王武禄所说固定"两星期一集"。这时期的活动实际上只是严修与朋友们在闲暇之余的"游戏"。《严修日记》里仅记载了一次较大规模的聚会,即1922年的中秋节:"是日,蝴蝶会,到者十五人,冯依甫、林墨卿、谢履庄、杨味云、赵幼梅、顾寿人、李琴湘、郭芸夫、刘渐逵、王纬斋、吴子通、周支山、王息侯、云孙及余也。

---

① 王武禄:《城南诗社集序》(1924年),原文影印出自刘尚恒《天津查氏水西庄研究文录》,天津:天津社会科学院出版社,2008年,第164页。
② 陈中岳:《蟫香馆别记》(1933年),铅印本,第16页,蟫香馆即严修的书斋名。
③ 王武禄:《城南诗社集序》(1924年),第164页。
④ 陈中岳:《蟫香馆别记》(1933年),铅印本,第16页。

仁安饭后至,作诗钟至五钟前归。"①从这个记录里可以发现这次聚会基本齐聚了1936年雅集的骨干,但有记录的大型聚会仅此一次,而且时间不固定,重阳与其他节日虽见聚会,但并没有定名与定时。由此可见,陈中岳和王武禄其实都对"城南诗社"的正规化与组织化的评价有所抬高。

1924年,王守恂②整理了历年诗集,辑录成诗歌集《城南诗社集》,涵盖了从1921至1923年间63人的182首诗歌。特别是在该集的序里回忆了"城南诗社"的历史,并追加了名字的意义:"'城南'二字,故昉乎浴沂风咏之例,而尤以吾等集合地址界乎昔日天津城基之南。"③说"浴沂风咏"是追怀风雅,其实诗社里面基本为1860—1870年代出生的同辈,年轻一辈的身影极少,再加上聚会时间也不一定是春天,引用这个典故反而证明诗社命名的随意性。但这个诗集的出现标志着"城南诗社"的正式定名。这时的"城南诗社"俨然已成为天津传统文人重要社团。王揖唐在《今传是楼诗话》表彰"诗社"活动与诗歌创作:"津门城南诗社,范老实主之,吟侣甚盛,颇多旧识,报载《城南十子歌》,直可作小传读也。'范孙岿然鲁灵光,头白先朝旧侍郎,温柔敦厚诗教昌。(严范孙)乡人更有比部王,说诗每道范肯堂,淡语能真混宋唐'。"④但王揖唐也说:"孤桐、纕蘅、醇士均先后被邀入社,偶有觞咏,尚不寂寥。遐庵书来,以津门吟事方新,几复水西之盛,极致推挹,则又不免声闻之过云。"⑤外界注意到他们的活动,只是诗社要有较大影响还必须有固定的集会、强大的创作团体与固定的诗集出版。在1930年代之前,城南诗社虽然成立,但聚会不定,创作诗歌不多,影响不显。而作品也未能出版,除了1924年的《城南诗社集》外,其他雅集就未曾出版,1928年《城南诗钟》五卷未能刊刻,1930年《城南诗社集》只有个人手迹,甚至都没有抄正。

---

① 《严修日记》编辑委员会编:《严修日记》(四),1922年10月5日,天津:南开大学出版社,2001年,第2464页。
② 王守恂(1865—1936),字仁安,别号阮南,晚署拙老人,天津人。1898年光绪戊戌科进士,授刑部山西司主事。1905年巡警部成立,任警法司员外郎、郎中。1906年巡警部改民政部,王守恂任警政司郎中、总办兼掌印参议上行走。1910年出任河南巡警道。辛亥革命后,曾任内务部顾问兼行政咨询特派员、内务部佥事、考绩司第二科科长、浙江钱塘道尹。1920年任直隶烟酒事务局会办。早年即负有诗名,学问文章亦重于时,晚年与严修等组织城南诗社与崇化学会。著述有《王仁安集》一至四集、《天津政俗沿革记》十六卷、《天津崇祀乡贤祠诸先生事略》等。《天津近代人物录》,第22页。
③ 王武禄:《城南诗社集序》(1924年),第164页。
④ 王揖唐:《今传是楼诗话》(1933年),沈阳:辽宁教育出版社,2003年,第166页。
⑤ 同上书,第168页。

1933 年,诗社的接任者李金藻①更为积极地策划诗社活动。《癸酉展重阳水西庄酬唱集》显示此次雅集参与者 16 人②,成诗 14 首。这次雅集标志着"城南诗社"开始正规化活动:首先,确立了雅集以创作唱和诗词为主的传统,原本是宴余"游戏"的随意挑韵开始变成有主题、有仪式感的诗词创作。再则,城南诗社的活动开始固定化,每年均会挑选较为重要的节日,如"重阳"等传统节日进行雅集。据李金藻回忆:

> 重阳之会,吾乡严范孙先生于城南诗社提倡甚早,但非必年年作会,亦非必会会有诗。自乙丑聚于择庐成为例会,如是连续者十年,满壁诗笺,笼纱久矣。甲戌范老公子持约继成先志,以移会水西庄商之。余不欲打破十年成数,约以来年,乃议定早水西而晚择庐。是日分韵诗,各印一小册,名《甲戌重阳雅集》。……今乙亥矣,仍依持约,约由择庐移水西。是日与会者二十四人,分韵赋诗,大抵有蓄念故人之意,间及于范老之提倡风雅,并溯及于城南诗社有以也。诗成名《乙亥重阳雅集》,为《甲戌重阳雅集》之续。③

在他的回忆里,严修主持下的城南诗社只有"会"而无"雅集"。通过他的推动,从 1925 年开始,诗社才有了"例会",地点开始固定,成为一个每年在重阳节必然举办的大型诗歌唱和活动。从人数与结构上看,李金藻团结了一批原来与严修交好的朋友,增添了新的力量,最重要的一个转变,是"城南诗社"确立对天津"水西庄"的追慕,使其从一个私人交流信息与感情的小集

---

① 李金藻(1871—1948),字芹香,又署琴湘,别号择庐,天津人。18 岁入县学。1900 年后,任乔氏蒙养学堂、民立第一小学及师范讲习所教员。1903 年赴日入弘文学院师范科。归国后任直隶省学务处省视学与总务等课副课长。1908 年奉派以北洋会员名义参加在美国召开的万国渔业会,并游历欧美考察教育。1910 年受南洋劝业会之聘为专门研究员,并赴汉、沪、苏、杭各地调查学务。1912 年任直隶巡按使公署教育科主任,直至 1916 年辞职。1917 年再赴日考察,归国后任职直隶社会教育办事处,多所创举。1919 年奉派接管德国人在津创立的德华学校,改名大营门中学,出任校长。1920 年应聘为铁路扶轮教育会顾问、教育部编审员。1921 年出任江西教育厅厅长。1925 年辞职回天津。1929 年出任河北省教育厅义务教育委员,旋任教育厅主任秘书及广智馆馆长。后调任省政府秘书。1935 年改任河北省第一图书馆馆长、天津市教育局局长。1936 年任河北省政府委员兼教育厅厅长。抗战军兴,曾一度赴河南郾城为流亡学生筹立临时中学。晚年致力社会教育,改良戏曲,尤多创建。著有《择庐诗稿》《诗缘》《重阳诗史》《择庐联稿》《五雀六燕集》《天津乡贤赞》等。引自文史资料研究委员会编《天津近代人物录》,天津市地方史志编修委员会总编辑室,1987 年,第 161 页。
② 分别为:杨寿枬、王守恂、郭则沄、许以栗、高凌雯、陈中岳、李金藻、查耀、刘潜、严智怡、俞祖鑫、张同书、赵元礼、陈宝泉。
③ 李金藻:《乙亥重阳雅集·序》,政协天津市红桥区委员会、天津博物馆编:《水西余韵》,天津:天津古籍出版社,2008 年,第 248 页。

会,变成与城市息息相关的文化活动。诗社活动进一步固定化、仪式化,加上严智怡组织的"天津水西庄遗址保管委员会"需要定时召开例会,奠定了此后数年"雅集"能够稳定开展的基础。城南诗社年年在重阳召开大型"雅集",成为吸引天津文人的重要活动。

李金藻的另一个贡献在于力推城南诗社的诗词结集出版。按他回忆:"是日会者二十四人,分韵得诗,大抵有蓄念故人之意,间及于范老之提倡风雅,并溯及于城南诗社有以也。诗成名《乙亥重阳雅集》,为《甲戌重阳雅集》之续。"①两个"雅集"的作品均有刊刻,使诗社作品有较为规范的文字传播。《甲戌重阳雅集》(1934年)现已无处可寻,《乙亥重阳雅集》(1935年)依然存到今天,可以看出出版对于诗社历史的保存作用。《乙亥重阳雅集》以《绝妙好词》所收吴琚作《浪淘沙》词的前半阕:"岸柳可藏鸦,路转溪斜,忘机鸥鹭立汀沙。咫尺钟山迷望眼,一半云遮。"27字分韵,辑录了城南诗社24个人的作品。可以说,通过1930年代持续不断的这几次雅集与宣传,并辑录成册,使"城南诗社"和重阳雅集开始产生较强的号召力,由此,1936年城南诗社才能在天津召开前所未有的盛大聚会。

1936年9月《益世报》登出《复兴水西庄文物槐厂落成》消息,预告将在"水西庄"召开"雅集":"西院槐厂,昨始建成,其工料系由邑绅严智开宅捐助,巍峨壮观。兹悉阖津名士,定于本年重阳节(下月二十三日)正午,在水西庄槐厂雅集。"②随后《大公报》也相应跟踪了这次活动,23日"雅集"那天,《大公报》登出报道:

> 地点:城西水西庄 时间:正午十二时
> (本市消息)距津市三里、南运河畔、水西庄遗址,前由津绅陈宝泉、李金藻、陈中岳、吴象贤、俞品三、姚品侯等,组织复兴委员,擘画复兴水西庄文物事宜。所有芥园东查慕园别业,业已整顿一新、西院槐厅,亦已建成,其工料系由邑绅严智开宅捐助,巍峨壮观。兹悉阖津名士,如华世奎、赵元礼、陈宝泉、姚品侯、陈中岳等,特定于今日(重阳节)正午,在水西庄槐厂雅集,饮酒赋诗。昨日陈宅特派人将新种菊花百余盆、运往水西庄,以资点缀清兴,届时必有一番盛况云。③

虽然《益世报》与《大公报》关注的是整理"文物"与"赏菊",并未登载诗词创作,但显然可见其活动的影响力。

---

① 李金藻:《乙亥重阳雅集·序》,第246页。
② 《益世报》,1936年9月26日。
③ 《今日重阳节 士绅雅集》,《大公报》,1936年10月23日。

与《益世报》《大公报》关心的不一样,诗社关心的是"雅集"里的"饮酒赋诗"。田维蓝用诗记下了"雅集"的具体活动:

> 姚侯最先至,犀轴光莹炷。众宾如缄縢,文采相委属。于役赴津南,薜苕适良晤。故人欢在颜,绸缪见情素。纵酒涤尘襟,赏花压凡俗。豹叟饮尤豪,巨斗不能酗。张陈两醉翁,翻使庐陵妒。酒半激高怀,诗兴涓涓注。宁祇洪都宾,秋水长天赋,万仞既游心,八极恣驰骛。轩然一笑间,珠玉联翩吐。乃有逋租人,重阳辍佳句,吾儒贵解脱,得失奚暇顾。扰扰九衢尘,眼花看成雾。姚侯陈古义,旧雨堪四沂,分赠秋吟篇,不厌至百读。赏奇复奚疑,交嘲讼亦互,极宴适娱心,渊明讵独步,酒酣睪然望。斜阳已在树,宾客唱言旋,曲诘辨归路,沉吟聊自坐,诗俟捱于痼。操瑟立竽六。愧对箫韶护。寄语谢诸贤,明朝挂帆去。①

这首诗大体描绘了"雅集"的起因与经过,指出了"东道抑如故"的"择庐"是这次雅集的关键人物。"择庐"是李金藻的号,他时任河北省政府委员兼教育厅厅长,虽然有官位在身,但"雅集"并不具明显"结党"的政治意图与效果。诗里还展示了雅集的详细进程,像姚彤章最早到,当场挥毫作诗;豹叟酒量大,诸位纵酒高谈,还描绘了"赏奇复奚疑,交嘲讼亦互"的热闹而富有"雅趣"的场面。如果不是注意到1936年的背景,实在难以分辨其所处朝代。

此诗展示诗社聚会热闹的场面,而在其他留存诗里,则展示了参与者的人数与身份。高凌雯的诗里透露:"水西旧诗窟,群贤思续武,集者卅四人,履綦接堂庑,词翰满壁间,旧典一一数,陈詹二点缀,移花自老圃,当筵傲霜姿,摇曳晚芳吐。"②又可见:"是时草枯天已霜,万绿代以黄花黄,二十四人集一堂,璀璨四壁皆琳琅,快哉一咏复一觞……但冀明年身更强,以菊为枕萸为囊,振衣陟彼千仞岗,重话人间沧与桑。"③而从留存的照片来看,有33个人,而从分韵赋诗的情况来看,有28个人分到韵,再加上《广智星期报》上所发表的唱和诗作,参与人数应该超过了34个人。这些人的社会身份复杂,有政府部门官员,像李金藻、王人文④等;有家族式商人,像严氏家族的

---

① 田维蓝:《丙子水西庄重阳雅集分韵得数字》,《广智星期报》,1937年2月21日。
② 高凌雯:《丙子九日琴湘邀饮水西庄拈得五字》,未刊稿,藏天津博物馆。
③ 张同书:《丙子重九日择庐觞客水西庄分韵得客字》,未刊稿,藏天津博物馆。
④ 王人文(1854—1939),云南太和(今大理)人,字采臣,又作采丞。白族,光绪进士。历任贵州、广西等省知县、知府,广东按察使,陕西、四川布政使。1910 年末代赵尔巽暂护四川总督。四川保路运动兴起,曾据情呈文清廷,请予宽免,遭严旨申斥旋署川滇边务大臣。民国成立,任四川宣抚使。1913 年被选为参议院参议员。抗日战争期间,拒绝出任伪职,寓居天津。廖盖隆等主编:《中国人名大词典》(历史人物卷),上海:上海辞书出版社,1990 年,第 44 页。

严仁泽;有像陈实铭①、俞祖鑫②这样的学校老师;还有一些在企业工作的职员,像杨寿枬③、郭春畬④;同时也有像金梁⑤这样的遗老。在"分韵"表上具名的还有陈嵩若、章一山、程卓沄、马仲莹、张一桐、王什公、许琴伯、孟定生、韩补青、马诗癯、管洛声、杨子若、陈病树、杨协赓、张梅荪、方地山、高凌雯等人。从他们的身份与经历来看⑥,此次雅集网罗文人之多、范围之广确实是天津自清以来的诗会之最。受此盛会的鼓励,许多耆老们倍觉欢喜,诗词里不免流露出高昂的情绪:"但愿明年此日倘不死,拈韵勿再分九青。"⑦

如此众多"名士",又加上"水西庄"的复建,使众人对于此次"雅集"有着较高的自我期待:"斯会倘获百年长,家家雅韵传贤嗣。"⑧虽然语调平乏,但希望通过聚会将所谓的"雅韵"长久流传下去的愿望还是美好的。这还是比较含蓄的自我表彰,有些诗则直接将此次"雅集"提高到振兴天津文化的高度:"前贤未了事,吾辈莫敢遑,赓举重九会,意岂仅咏觞,文化赖以振,潜德赖以彰。"⑨如果从古代文人传统来看,他们说自己要担负起"文化赖以振,潜德赖以彰"的任务其实也没错。但这毕竟是在1936年,是在天津已经急剧现

---

① 陈实铭,字葆生,号踽生。清末拔贡。曾任湖南督军张敬尧秘书。民国初年,就任过山东费县和临朐县县令,后于南开大学任教授。
② 俞祖鑫,(1891—1980),直隶大兴(今北京市人),字品三。肄业于北京畿辅实业学堂。曾在河北第一博物院任职。同时,在天津美术馆任篆刻导师,从学者甚众,为天津传习篆刻之始。后任开滦矿务局文牍。曾主编《河北第一博物院画刊》。唐石父:《天津文教界收藏家述略》,《天津文史资料选辑》,1994年,第4辑,第47页。
③ 杨寿枬(1868—1948),字昧云,1891年杨寿枬应顺天乡试,中举人,1905年,杨奉命督率译员在法华寺翻译有关东西洋各国政治制度的论著,杨任总纂,编纂专书共六十余种。1918任天津纱厂经理。1923年任天津华新纱厂专务董事长。1937年,旧日僚属颇多挽他出山参加日伪组织,他拒不接见,不问外事。中国社会科学院近代史研究所中华民国史研究室合编:《中华民国史资料丛稿》(人物传记),第19辑,北京:中华书局,1984年。1948年12月7日病逝,终年80岁。有《云在山房类稿》《云迈漫录》等遗作传世。文史资料研究委员会编:《天津近代人物录》,第144页。
④ 据记载:"当经职局饬令考工厂管理员郭春畬等,约同高等工业学堂机器教员何贤楱,并洋工师克武利,前往考验去后。"推论他应该在企业任职,并与周学熙等人有业务上的往来。虞和平、夏良才编:《周学熙集》,武汉:华中师范大学出版社,1999年,第162页。
⑤ 金梁(1870—1960),号息侯,浙江杭州人,满族。进士,授编修。曾任京师大学堂提调、内城警察厅知事、民政部议参。民国后,曾任奉天全省清丈局局长、政务司司长、北洋政府农商部次长。积极参与宗社党复辟活动。溥仪寓居天津时,亦常有联系。"对复辟幻想最为强烈,因此在溥仪被逐出宫后也最感到痛心。"《天津近代人物录》,第248页。李世瑜:《遇变日记·前语》,《文史资料选辑》,1960年,第13辑,北京:中国文史出版社,第94页。
⑥ 人员经历与简要介绍情况请参见注解与附录二。
⑦ 韩补青《丙子重阳择庐水西庄雅集录·丙子重阳雅集择庐客于水西庄席外分韵得青字》,《广智星期报》,1937年2月28日。
⑧ 张念祖:《丙子重九水西庄秋禊分韵得植字》,未刊稿,藏天津博物馆。
⑨ 徐兆光:《丙子重阳琴香社长招饮水西庄分韵得留字勉成俚句敬呈》,未刊稿,藏天津博物馆。

代化的时代,是在"五四"新文化冲击之后的时代,是在新式教育、报纸等文化传播手段已牢固占据着主要位置的时代。如何利用"雅集"来"振"以及"彰"他们心目里的文化,作者徐兆光①估计也没有具体想法,所以只好"停杯且赏菊,宾主乐未央,摄影志雪鸿,佳话说重阳,少长列有序,剑珮何趋跄",无奈和无力的情绪在诗作结尾隐隐流露出来。

唱和诗自有其内在的形式和内容限制。一般而言"唱和"直接意思就是和韵,主要有"和古"与"和今"两种,"和古"即和前辈诗人诗作韵,"和今"即和社友或今人诗作韵。因此这种形式固定、内容限制的诗难有精彩的作品出现,才华横溢的诗人们如果不是出于交往需要很难喜欢这种创作方式。再加上此次"雅集"已弱化了其中的"社团"性质与政治色彩,又没有强制性的纲领与组织形式,能使天津传统文人们的多数到会并积极唱和,颇为难得。正是意识到这一点,加之又是重阳节,唱和诗里出现众多怀念故人的诗句也属正常。其中最经常被提及的就是严修及其儿子严智怡②,有诗人甚至将严氏家族与天津古代诗人查氏家族相并提,认为其对于天津的道德风气有着重要的意义:"吾津濒渤海,文化昔未昌,康乾有查氏,风雅冠一乡……严陵负硕望,思欲踵前芳,有志而未逮,继述有贤郎,复兴功未意,天命嗟靡常。"③这里的"严陵"即严修,而"贤郎"即严智怡,像张弧也有"零落山邱悼持约"等句子。严氏家族与复建"水西庄"、举办"雅集"都有着不可分割的关系。值得注意的是作为"召集人"的李金藻的诗④,也颇有意思:

择庐十载作重九,移会查园又二年,有酒有花循社例,蒿若送花,余备酒,前例也无风无雨肃霜天。今日为霜降节,天气晴和郑公置驿人斯盛,许佩璜赠

---

① 徐兆光(1872—1968),字景波,葛沽人。清末举人,严修挚友。民国初年曾任南开中学、南开大学讲师,后任直隶省财政局局长、天津县教育局局长、财政局局长等职。1930年与苏星桥等人创办葛沽保国民小学校,任名誉校长。解放后任天津市文史研究馆馆长。李忠诚主编、天津市津南区地方志编修委员会编著:《津南区志》,天津:天津社会科学院出版社,1999年,第856页。

② 严智怡(1882—1935),严修次子,民国初年教育家。字慈约、持约、芘玥。天津人。1907年毕业于日本东京高等工业学校。1913年任直隶商品陈列所所长、中华书局经理,后经营天津造胰公司。1915年出席巴拿马万国博览会,并考察教育及博物馆事业,任农商部司长。次年筹备天津博物院,1922年任院长兼天津公园董事长。1925年任天津广智馆董事,后兼董事长。1928年任改组后的河北第一博物院院长,并编印院刊。多次调查河北省各县古迹文物。曾任直隶省实业厅厅长、南开大学董事,1928年任河北省政府委员兼教育厅厅长。1935年3月病故于天津。《天津近代人物录》,第132—133页。政协河北省委员会学委会等编:《河北近现代历史人物辞典》,香港:亚洲出版社,1992年,第175—176页。

③ 徐兆光:《丙子重阳琴香社社长招饮水西庄分韵得留字勉成俚句敬呈》,未刊稿,藏天津博物馆。

④ 择庐:《丙子水西庄作重九来宾极盛分韵得年字》,未刊稿,藏天津博物馆。

莲坡句置驿郑南阳,嵩若备车送迎,郑公风也,去年到会者二十四人,今为三十四人滕阁催诗期不愆,此日此身及行乐,来朝一别复南旋。余来日视学去矣。

从这首诗及自注里可以看出,李金藻多有自我表彰,在他看来,虽然"重九雅集"首先由严修发起,但却是在他的主持下成为惯例。但说他"作重九"达"十载"则有所夸耀。唱和里面的人就写出了与他不同的记忆:"重九秋禊尾附骥,年复一年次凡四,前年微雨去年风,未克畅怀游胜地,天气今年爽且清,主人远自樊舆至。"①在他记忆里只有"四次",而并非十年。李金藻有意突出在他主持下"雅集"的历史与其任社长时的贡献,而且未提及严修家庭的另一个重要贡献,即对"水西庄"的复建。客观地说,天津传统文人能在城市急剧现代化过程中不至于被文化界所淹没、遗忘,确实要归功于发起者严修与"城南诗社"所起到的组织作用;再则,也必须肯定李金藻在继承了严修的社长之位后,通过持续不断的"雅集"活动,使得传统文人能在城市文化空间中牢牢占据一个位置。

1936年的"雅集"规模确实可以与天津清朝查氏的"水西庄"诗会相比,然而处于现代城市里的传统文人却面临着后继无人的困境。特别是从1935年"华北自治运动"②之后,处于冲突交界的天津能明显地感觉到战争的威胁。1936年,中国正处于日本全面侵华前夕,诗人们也不是两耳不闻窗外事,他们在赞赏此次盛会是历年来规模最大的同时,也敏感地意识到物极必反,流露出这次盛大"雅集"有可能成为绝唱的担忧。因此与历年"雅集"里其乐融融的场面不太一样,唱和里的"恶声"频出,特别刺眼:"老来犹乐厌苍凉,每话沧桑三日恶,悲秋况复悲故人,零落山邱悼持约,群公薄醉把茱萸,我对西风双泪落,古今万事若此庄,嘉会相逢宜痛酌。"③联系作者张弧④于次年逝世,还较可以理解其怀念故友而又自我悲伤的情怀,但下面这首则带着明显"恶意":"分韵赋诗竞拈字,摘句取自查莲坡,古人往矣不可作,忍冬酋暑留行窝,茱萸编插沿囊例……我笑长房太多事,人相我相皆风魔,自愧恶诗

---

① 张念祖:《丙子重九水西庄秋禊分韵得植字》,未刊稿,藏天津博物馆。
② "华北自治运动":"1935年4月间,即由关东军和天津军共同作出'华北自治'的决定。……根据这一决定,日本先以河北事件与察哈尔事件及所谓'何梅协定'与'秦土协定',达到了驱逐国民党中央势力于华北之外的第一个目的,此后则'在这一系列工作的基础上,开始了华北五省自治运动,即使华北脱离中国中央政府的活动。'"臧运祜:《七七事变前的日本对华政策》,北京:社会科学文献出版社,2000年,第178—179页。
③ 张弧:《丙子水西庄秋禊分均得莫字》,未刊稿,藏天津博物馆。
④ 张弧,原名毓源,字岱杉,浙江萧山人。1902年至1905年间代理福建布政使,兼省立高等师范学堂校长。"三任财政次长,两任财政部长"。1934年任"满洲采金会社"理事长。1937年死于北京。上海市政协文史资料委员会编:《上海文史资料存稿汇编 经济金融》(4),上海:上海古籍出版社,2001年,第1页。

负佳节,那有妙句同阴何,催租不到且高咏,多言喋喋圣所诃。"①由于诗里所透露的信息太少,很难体会为什么参与唱和多年,当初也是发起人之一的赵元礼②会觉得"长房太多事"。不过事后很快证明了他的不祥预感,随着李金藻的离津、严氏家族的式微,再加上日本的侵略,天津再也不可能有如此规模盛大的诗词集会。1939 年,不甘寂寞的赵元礼试图再一次召集聚会,但应者寥寥,许多人要么病逝要么远走他乡,他不禁感慨:"自从李君远游,遂尔中断……今岁重阳转瞬即至,插萸赏菊,风景不殊,四顾茫茫,而天时人事又不知变换如何也。"③国难中,唱和难行,倒是应验了他先前的恶声。

"文人雅集活动撇开它的文学性机能不说,但从它的社会性机能来看,它确实起到了强化集团统合和一体化的作用。"④从 1920 年代开始活动到 1936 年达到高潮,"城南诗社"用"雅集"形式团结了一批传统文人。早期诗社所选的社名虽略显随意,也没有形成严密组织,但它将一批有能力的传统文人团结在一起,到 1933 年诗社慢慢走向固定化、仪式化,使天津的传统文人能够在各层面展开交流,并汇集成一股力量,从而才有可能在承继传统、空间再造、介入城市方面有所发挥。

二 城南诗社的历史资源及其独特性

民国时期文人唱和"雅集"并不少见,像上巳修禊、重九登高均是"雅集"的好日子。各大城市均涌现出许多以"雅集"为名的旧体诗创作。如在北京前有梁启超发起的万牲园修禊题咏,后续有像 1930 年 4 月的中央公园上巳聚会,参与者有吴宓、王式通、曹经沅等八十余人⑤。在上海,则有希社、春音

---

① 赵元礼:《丙子重阳琴湘社长招水西庄秋禊分得何字》,未刊稿,藏天津博物馆。
② 赵元礼(1868—1939)字体仁,又字幼梅,号藏斋,天津人。十九岁入庠,为优廪生。屡试不第。二十岁起,就严修家馆。1902 年经严修推荐任工艺学堂管理、庶务长,以劳绩得保知县。1909 年任滦州矿地公司经理。1918 当选为直隶省国会参议员,此外,还担任过直隶省银行监理官、天津造胰公司经理、中国红十字会天津分会会长。1936 年迁入租界,闭门不出。《天津近代人物录》,第 266—267 页。刘炎臣:《赵元礼生平事略》,《天津文史资料选辑》,1997 年第 4 辑,第 333—337 页。
③ 赵元礼:《戊寅重九分韵诗存·序》(1939 年),转引自刘尚恒《天津查氏水西庄研究文录》,第 167 页。
④ 王标:《城市知识分子的社会形态:袁枚及其交游网络的研究》,上海:上海三联书店,2008 年,第 202 页。
⑤ 吴宓:《吴宓日记》,第 5 册,1930—1933 年,吴学昭整理、注释,北京:三联书店,1998 年,第 46—47 页。

社,及影响较大的沤社①,举办如1913年的"上巳日,周庆云与淞社同人修禊徐园。十一月,五十初度,赋自述诗,海内以诗为寿者古近体都百余首,其中,徐珂、费寅赋词祝寿。消寒第一集设宴晨风庐,周庆云出所藏邱边裒先生诗稿征题"。②此外,围绕在《青鹤》周边的传统文人也曾发起过数次雅集,像1927年10月"沪上文人集于华安高楼,举行重九登高会"③。主人为吴昌硕、周庆云、姚景瀛,参与者有张元济等人。在南京,雅集主要在中央大学:"1928年2月黄侃到南京时,他的同学汪东为中文系主任,南京也多旧好朋友。他到南京是'禊社'的主要组织者和参与者。4月3日(农历戊辰闰二月十三日)他与汪旭初等九人泛舟玄武湖看桃花时,引起极大的诗兴,并诱发了结社的兴趣,且得到同仁的响应。……从此,以黄侃为首的结社集会,分韵联句成为南京中央大学教授时常进行的文人活动。据《黄侃日记》和《黄侃年谱》所示,仅1928年在南京的这种活动有多次。"④在大学教授的带领下,南京的诗社也渐渐多起来,如潜社、如社、梅社、青溪社等。

  文人雅集在天津也并非城南诗社独此一家。在租界,有许多从北京退下来的达官显贵与名人遗老,他们经常结社唱和。如天津的《庸言》⑤上就发表过由梁启超组织的唱和。1913年第1卷第10号刊载《癸丑禊集诗》⑥,录了梁启超、顾印愚、易顺鼎、郭则沄、杨度等人的31首唱和诗。还有一些清朝遗老组织的唱和:"郭则沄(啸麓)与陈恩澍、章钰、樊增祥、林葆恒、胡嗣瑗、陈曾寿、杨味云、周学渊、徐芷升、查猛济、唐兰等词人、雅士在天津张园成立词社,因社友皆为年长者,故取名'须社'。经常参加活动的有20余人,每旬活动一次,至1931年春解散。后将社友们的作品结集,请朱疆村、夏闰枝删定,题词集名《烟沽渔唱》,刊印行世。"⑦他们的诗歌内容主要是抒发遗老们不满世事、怀念旧朝的情绪,与上海的雅集颇有相似之处。如郭则沄几乎年年都会参加"城南诗社"的唱和,雅集里他表达了对前贤的敬慕:"莲坡我神交,识

---

① 袁志成:《晚清民国词人结社与词风演变》,长沙:湖南师范大学出版社,2015年。
② 杨柏岭编:《近代上海词学系年初编》,上海:上海教育出版社,2003年,第235页。
③ 陈谊:《夏敬观年谱》,合肥:黄山书社,2007年,第119页。
④ 沈卫威:《文学的古典主义的复活——以中央大学为中心的文人禊集雅聚》,《文艺争鸣》,2008年第5期。
⑤ 《庸言》:"民国初年以政论为主的综合性刊物。1912年12月1日在天津创刊。半月刊。梁启超自任主编。1914年改为月刊,由黄远庸主持编辑。自称以'浚瀹民智,薰陶民德,发扬民力,务使养成共和法治国国民之资格'为宗旨。设'建言''译述''艺林'等栏目。表面持中间立场,实际主要反映亲袁世凯的进步党人的意见。此外,还对改革当时财政、经济、法律等问题发表意见。销数最高时达1.5万份,社会影响不小。1914年6月出至第30期停刊。"甘惜分主编:《新闻学大辞典》,郑州:河南人民出版社,1993年。
⑥ 《庸言》,1913年4月16日,第1卷第10号。
⑦ 孙玉蓉:《天津文学的历史足迹》,北京:大众文艺出版社,2007年,第23—24页。

自太鸿集。当时竹间楼,弦管秋风入。水木倏为墟,传者仅图什。……吾生江海人,性与埜鸥习,芥水倘可舟,相须一钓笠。"①诗里略显豪气,至少是隐士的洒脱情怀。但一到《烟沽渔唱》里,他的诗马上显出浓重的遗老情绪:"海棠风里卸吴绵,新寒今夜偏。春心剪碎不成烟,灯花红可怜。残酒后,晓钟前,更长如小年。梦魂便得到君边,知君眠未眠?"②其中不难读出其对帝王、前朝怀旧的心态。

除了遗老、寓公之外,与南京相类似的是一批受过新式教育的报人也曾组织过诗词唱和活动。如《大公报》主编何心冷③发起的"西沽桃花"唱和。天津不像北京、南京那般有众多的公园,春天一到要出门踏青的地方较少。北洋大学附近的西沽种了许多桃花,提供了春天踏青赏花的好去处。1927年刚刚改版的《大公报》在报纸上征集"西沽赏桃"的诗词唱和。4月14日,署"仲莹"的作者为"西沽桃花"赋一首《西沽寻春歌》,何心冷加按语赞赏并发表,此举一下子引来众多读者的兴趣。4月16日,署名"念希"的作者来信,说是受此刺激,特意寄一首词给编辑,题为《陪友人西沽看桃花作》。此后,纷纷有人来信赋诗、词,持续到5月9号。不过,新文化观念已在读者中普及,刊发这些古典诗词,特别还是形式大于内容的唱和诗,引起读者的不满。5月18日,《大公报》刊登出署名为"蘅皋女士"的《所谓陈腐不堪的——诗词》,宣称:"我觉得作诗词有兴趣,所以作,不是为供他人之赏鉴,博一个好名誉而作。我的作品是给懂得旧文学作者看,批评;没有研究过旧文学的,不懂的,就不配看,批评。我还有一个很大的希望,就是逆着潮流走,提倡众人所谓陈腐不堪的旧文学。以后若再有无价值的批评或攻击,一概置之不理。"④看起来像是在回击某些激烈的批评,可以从侧面看到读者、编者与作者间对旧体诗不同的意见。有编辑支持才可发表,但读者肯定有写信表示反对,所以才有"没有研究过旧文学的,不懂的,就不配看"这样激烈的反应。不过这个争议随着桃花消散,也没有深入开展。此后,只要每年西沽桃花盛开,《大公报》就会刊发各类的诗词、散文以记"盛况"。1928年刊发了4期,1929刊登了2首。1930年从4月8日起陆续刊发多首,题目有《清明西

---

① 郭则沄:《茞玥、诵洛二公议重葺水西庄,先于其故址招同人展秋禊,分得"习"字》,《癸酉展重阳水西庄酬唱集》,《水西余韵》,第244页。
② 郭则沄:《烟沽渔唱·阮郎归》,林葆恒辑:《词综补遗》(第2册),上海:上海古籍出版社,2005年,第3599页。
③ 何心冷(1897—1933),江苏苏州人。胡政之在上海创办国闻通讯社时,引为得力助手。《国闻周报》创刊后,任编辑,并经常撰写小说与文艺作品。1926年于《大公报》任副刊《小公园》主编,兼编《电影》等周刊等。后积劳成病,于1933年卒于天津。《天津近代人物录》,第183页。
④ 《大公报》,1927年5月18日。

沽赏桃》等。直至 9 月 8 日还登载顾随的《临江仙·西沽看桃花》:"疏疏落落两堤花,莫言花太瘦,只此已亏他。"这个唱和虽借助报纸力量进行传播,但由于文艺版编辑的何心冷既缺少像黄侃那般的学力与号召力,也没有组织起爱好古诗词的核心成员,所以当 1933 年何心冷去世,《大公报》文艺版再次改版,古体诗从此在该报上消失,"西沽唱和"也就没有持续下来。

通过这些民国时期影响较大的古体诗词唱和活动,重新来看城南诗社及其雅集活动可以看出它的长处与短处。城南诗社短处在于,创作的诗词水平不高,既没有挑战新文化的动机,也没有争取掌握文化权力的野心,更没有网罗名士、政治集会的功能。而从影响力来看,它在天津的文化号召力明显不如梁启超,传播范围不及《大公报》。与其他诗社相比,它的长处在于:通过对天津历史文化资源的追认与继承,形成固定的仪式与聚会时间,培养了强烈的本地认同,并通过持续不断的努力成功地在现代天津的文化空间里为传统文化争取到立足之地。

必须指出的是,城南诗社并不是一开始就自觉追认天津地方传统,建构本地认同。城南诗社早期的雅集接续的是中国传统文人唱和仪式,并非自觉带着地域认同。其转变的契机在于复建"水西庄"。"民国八年,(水西庄)亭圮碑断,高彤阶先生凌雯谋诸邓君振宇,以细绵土粘合,重树之。"①为了更好地复建"水西庄",高凌雯肯定与严修等人商量,城南诗社由此开始注意到"水西庄"这个活动空间:"严范孙先生尝思纠合同好,与复胜迹,以军事抢攘未果。二十一年十二月十五日,天津中山公园董事会,发起组织天津水西庄遗址保管委员会,经天津市政府立案,筹备进行。"②严修去世后,其子严智怡采取更为实际的行动,推动"水西庄"复建及向公园转化。严智怡说:"是水西一区,不唯骚人墨客所低徊叹慕,其于国计民生,亦不在瓠子宣防下也。"③通过他的号召与组织,"水西庄"的复建努力才得到城南诗社的重视。

随着城南诗社对"水西庄"的关注与复建,他们在雅集里也开始有意接续这个文化资源。1933 年,《癸酉展重阳水西庄酬唱集》的推出,标志着"城南诗社"正式以"水西庄"的继承人身份出现在天津诗坛上。《癸酉展重阳水西庄酬唱集》所和的韵是沈文和重游芥园诗:"客等习闻渔父唱,诗成妙付雪儿歌。"作为社长的李金藻更是第一次将"水西庄"与"城南诗社"的前后承继关系接续起来:

> 九日择庐一杯酒,天风吹起黄花浪。余兴遄飞五里遥,雅意远追千

---

① 《天津芥园水西庄记》,《河北省第一博物院半月刊》,第 49 期,1933 年 9 月 25 日。
② 同上。
③ 同上。

载上。蝉香小馆思古欢,抗手侠宽集诗将。四十年前我旧游,禅房花影增惆怅,当年盛会数眉洲,赏花吟到早梅放。今我举杯一俯仰,蔗塘集外有余望。城南名士水西来,此是先声第一唱(将来拟将诗社及重阳会于此地。又席间口占二绝,兹补录之)

小斋顾顾小山庄,种菊征题遍蔗塘。二百年来无此会,补诗补画补重阳。

三年前补重阳会,广雅余音属我家。此重阳宜再展,社吟继续到梅花。①

在李金藻的诗里,称"二百年来无此会"未免夸大,但也表明与天津相关的唱和确实稀少,而他诗里出现的"当年盛会数眉洲""蔗塘"等,则表明他有向查氏看齐的愿望。城南诗社开始摆脱"城南"这样随意无指向的命名,开始唤醒文化活动与园林之间的内在联系,强调自身的渊源与活动高雅性。1935年的《乙亥重阳雅集诗录》进一步强化了城南诗社与天津传统文化资源的联系,有诗人将雅集传统直追清朝时期的"遂闲堂"唱和。杨星耀说:"张氏名好客,辟园曰一亩。"②郭春畲有诗旁证:"莲坡先生流风长,名胜不亚遂闲堂。"③这里所提到"张氏""遂闲堂",即清时活跃于天津并建成较大型园林"问津园"与"一亩园"等私家园林的张霖家族。"遂闲堂""水西庄"是天津古典传统的代表。晚清诗人梅成栋④在追忆天津诗坛时,评价说:"大抵津门诗学,倡其风者,推遂闲堂张氏为首,继之者,则于斯堂查氏也。"⑤在他看来,正是得益于"遂闲堂"的先启作用,而后"水西庄"的发扬,使天津形成以私家园林为中心的唱和传统。而城南诗社正是在此基础上接续上了天津的传统文化,使诗词活动与地域认同融为一体。因此有必要梳理一下"遂闲堂""水西庄"的建设背景与历史脉络。

---

① 李金藻:《癸酉九月十九日大风,茈玥、诵洛作会于水西庄遗址之废寺,分韵得"唱"字》,《癸酉展重阳水西庄酬唱集》,《水西余韵》,第244页。
② 杨星耀:《乙亥重阳日择庐招饮水西庄分韵得"柳"字》,《水西余韵》,第247页。
③ 郭春畲:《乙亥重阳琴湘先生招饮水西庄分韵得"藏"字》,《水西余韵》,第248页。
④ 梅成栋(1776—1844),"字树君,号吟斋。天津人。嘉庆五年(1800)举人。后屡试进士不第。曾于道光间倡结梅花诗社,为同人推为领袖。又曾博搜津门前辈及同时诗人之作,汇成《津门诗钞》三十卷。生平好奖掖后进,注重文化教育事业。曾与邑绅创立辅仁书院,主讲十余年而不受一钱。后授永平训导,卒于任。人谓其诗发于性情之真,加以学力之富,无俗韵浅语,而感事托讽,与白傅(白居易)同揆。著有《欲起竹间楼存稿》《吟斋笔存》等"。《天津文史丛刊》,1985年第5期,第157页。其事迹另见徐世昌《大清畿辅先哲传》(下),北京:北京古籍出版社,1993年,第812—813页。
⑤ [清]梅成栋:《津门诗钞弁词》,《津门诗钞》(上)(1832年刊刻),[清]梅成栋纂:《津门诗钞》,天津:天津古籍出版社,1993年,第1页。

张氏一族始建"遂闲堂"于清康熙年间,后人评价"沽上园林之盛,张氏首屈一指。"①虽然有所夸张,但是如果按张霔②的描述,确实可想其繁华:

> 山无水不活,居无树不幽,居固不可不有树也。然居有因树而结者莫便于山林,树有因居而移者,莫不便于城市。遂闲堂别墅筑于人境,闲则闲矣,而不幽,无树故也。于是乎移柳。云树之中惟柳最贱,柳之中惟垂杨差贵,以津门甚少,少斯贵耳。其一扶疏池上而分映亭榭者,移自倩绿园也;其一近鹤院,一傍竹关,而两两交覆者移自问津园也。其画楼左右四株,参差环顾而高出墙垣者,移自高氏园也。其移法不一,或束缚其条而竟自门入,或门不可入而自屋上过之,至屋上亦不得过而破壁进之,总之于极不便之中而求至便之法,人力故不惜也,前后远近共得七株,津门之垂杨亦几几告尽,而遂闲堂之居亦无地可种矣。主人乃属作《七柳记》,志不更移也。③

张氏家族在天津建园,除了居住,其目的在于争取文化资本,提升社会地位:"园亭甲一郡,集江南北诸名士唱和其中。一时如姜宸英、梅文鼎、赵执信、吴雯、朱彝尊、徐兰、方苞皆主其家,文酒之宴无虚日。"④通过罗网文士,加上天津地利,张氏园林成为天津当时文化活动的重要场所。张霔还特别强调,建园时移植树木,虽然选择"差贵"的垂杨,却是"人力故不惜也",造成"津门之垂杨亦几几告尽",其把津门垂杨一扫而光的得意心理,其"炫耀"的目的,自是昭然若揭。此外,张氏还试图通过园林取得政治资本的可能,张霔之子张坦言建园林是因为"家大人备官郎署,捧檄萦怀,归养晨昏,请告获予,兴公遂初如愿"⑤,但取名叫"遂闲堂"⑥,本身就有抱怨成分。

---

① 高凌雯:《志余随笔》,第 738 页。
② 张霔(1659—1704),字念艺,一字帆史,号笨山、秋水道人,馆名绿艳亭。张霖从弟。幼敏悟,乡试累举不第,遂绝进取志,专肆力于诗。精小楷,取法钟(繇)王(羲之),草书得张旭神骨。著有《帆斋逸稿》《绿艳亭诗文稿》8 卷、《弋虫轩诗》1 卷以及《读汉书绝句》《读晋书绝句》等。资料据高凌雯:《志余随笔》,徐世昌:《大清畿辅先哲传》,第 913—914 页。
③ [清]张霔:《遂闲堂别墅移柳记》,转引自张磊《张氏遂闲堂考述》,《河北工程大学学报》,2011 年第 2 期。
④ 梁份:《秦边纪略》,西宁:青海人民出版社,1987 年,第 465 页。张霖曾试图赞助梁份出《西陲三书》,由于张在任时间太短,"未必能代为刻竟"而罢。
⑤ 张坦:《遂闲堂十首》,前序,《津门诗钞》,第 190 页。
⑥ "遂闲"背后当有被罢官后愤愤不平的内涵,张霖并不是纯然"以母老告归"。按王鸿绪的《密奏小摺》:张霖"居家豪纵","曾托庄头出名,借帑银七十万两,借此霸占诸人生意。"(《志余随笔》,第 710 页。)在"遂闲"间,张霖并没停止复官的活动。丁忧三年之后,张霖很快复官:"康熙三十四年(1695)升安徽按察使,三十七年(1698)迁福建布政使,三十九年(1700)以前在安徽失察属吏降官,寻授云南布政使,被劾落职,五十二年(1713)卒。"《天津县新志》,第 755 页。

此前,天津的园林只有如汪必东建的"浣俗亭"、薛柱斗建的"百岁园""虚心径"、巡盐御史莽鹄立等建的"环水楼"等①,但这些园林的主人均是外来官员,其诗词唱和也仅限于一种官员内部的交际,像汪必东的"小借江南留客坐,远疑林下伴人来。方亭曲槛虽无补,也称繁曹浣俗埃"②,其核心意象是官员的怡然自得,建筑也大多附庸于官署之中,未能影响天津文化。"遂闲堂"开启了以私家园林为中心的天津文人活动场所,成为重要的本地文化空间。但"遂闲堂"因为张氏家族被抄家而迅速破败,其鼎盛时间仅十几年,继之进一步发扬光大的是"于斯堂查氏"所建的"水西庄"。

在清朝时期,"水西庄"就已闻名全国③。"水西庄"的规模远比"遂闲堂"来得大,而且占据着城市较中心的位置,即使此后改名为"介园""芥园",依然成为天津的地标性建筑。学者刘尚恒曾详细地考证出"水西庄"的历史④:

> 水西庄是天津盐商查日乾于清雍正初年始建,后其子查为仁等于乾隆四年(1739)建屋南小筑,十二年(1747)建小水西。水西庄一名,始见于雍正六年(1728)查为仁的五古诗,其诗序有云:"天津城西五里,有地一区,广可百亩,三面环抱大河,南距孔道半里许。其间榆槐桧柳之蔚郁。暇日侍家大人过此,乐其水树之胜,因购为小园。垒石为山,疏土为池,斧白木以为屋。周遭缘以短垣,因地布置,不加丹垩。有堂有亭,有楼有台,有桥有舟。其间姹花袅竹,延荣接姿。历春绵冬,颇宜觞咏。营筑既成,以在卫河之西,名曰水西庄。"(《蔗塘未定稿·抱瓮集》)这里明确记载水西庄命名之由来。查氏父子招揽南北文人相聚于此,宾客中如钱陈群、万光泰、葛止笏等,亦时有称之为"水西园"者。

从查为仁《蔗塘未定稿》的自述里可以看出当年"水西庄"的面积远超"城南诗社"复建时的设想。查家建园与"遂闲堂"一样暗含一定的政治、文化理想。只是查氏本身的文学修养更好,在天津活动时间更长,所获得的称赞也更多。"水西庄"兴建后,查氏一族主要用来招揽进京文人驻留,参与唱和。杭世骏说:"莲坡先生耽嗜风雅,狎主齐盟,海内词人,靡不向风景慕。

---

① 以上园林均见记载于《天津县新志》,第1052页。
② 章用秀:《天津的园林古迹》,天津:天津古籍出版社,2004年,第6页。
③ 袁枚总结当年的盛况时将"水西庄"与江南著名的园林相提并论:"升平日久,海内殷富,商人士大夫慕古人顾阿瑛、徐良夫之风,蓄积书史,广开坛坫。扬州有马氏秋玉之玲珑山馆,天津有查氏心穀之水西庄,杭州有赵氏公千之小山堂,吴氏尺鬼之瓶花斋,名流宴咏,殆无虚日。许珮璜刺史赠云:'庇人孙北海,置驿郑南阳。'其豪可想。"[清]袁枚:《随园诗话》(上),扬州:江苏广陵古籍出版社,1998年,第50页。
④ 刘尚恒:《天津查氏水西庄研究文录》,第72页。

同时广陵马氏遥遥相望。"①说海内词人纷纷前来未免夸大，但是通过这种应酬与唱和，有利于将为数不多的本地文人集合起来，也有利于天津文人诗词水平的提高。古代天津的科举其实并不繁盛，文人数量与质量均不高："天津自开科至停科，历明、清两代，凡有进士百四十余人。其得鼎甲者，仅有邵玉清，然犹第三人也。"②而查为仁通过"水西庄"的活动，俨然成为了天津的文坛"盟主"："家伯查浦老人游迹遍天下……康熙庚辰辛巳间，来游天津，居吾家于斯堂，前后几及两载。时与赵秋谷、姜西溟、笪元彦、朱字绿、刘大山，擘笺飞斝，殆无虚日。"③此外，查氏通过园林活动与固定的诗词雅集，将文人唱和传统引入城市生活中，形成天津重要的文化传统。如"乙巳重九，家松晴（奕楠）种菊顾顾斋，招同鲁亮侪……和余韵。……十月初，余又邀诸公赏于澹宜书屋"。④ 在查氏的主导下，园林雅集与节气唱和得以持续举行，参与人数众多，因此"水西庄"的影响力更甚于"遂闲堂"。

　　文化需要相应的物质载体，与山川相比，要在变化多端的城市文化里留下影响，必须留存物质痕迹，记忆、想象、思考都会凝聚在物质载体里。这也是为什么城南诗社一旦追认天津的文化传统时，并不是首先追溯到"遂闲堂"，而是"水西庄"，毕竟"遂闲堂"已经成为废墟，而"水西庄"还有文物遗留，建筑依存。诗人们自然也容易关注"水西庄"。反过来，物质空间也需要相应的文化赋予。严修等人也注意到文化对于物质空间的重要作用："然无文人踪迹，则往往湮没无闻，敬亭山、浣花溪、香山社、快哉亭未必皆名区也。然有太白、子美、乐天、子瞻辈游居啸傲其间，则地与人俱传。"⑤正是意识到这点，所以李金藻等人会将雅集从不定地点固定到"水西庄"，以雅集的形式重新赋予"水西庄"以文化意义，为天津保留下一个可供各界参观、欣赏的文化空间，为传统文化在城市里争取了一块活动的场所。

　　与其他雅集、诗社往往通过借助已存的物质空间不一样，城南诗社为自己寻找并重建了一个传统活动空间，这是它的鲜明特点之一。而它另一个重要特点在于以雅集为中心，团结一批本地文人，通过仪式化的活动，形成本地认同。值得注意的是，城南诗社的地域认同是基于乡土认同，而又与乡土认同有所不同。传统的乡土认同其核心基础是籍贯，但对于移民城市天津来

---

① ［清］杭世骏：《〈铜鼓书堂遗稿〉·序》，查礼：《铜鼓书堂遗稿》，《续修四库全书》（1431册），上海：上海古籍出版社，2002年，第1页。
② 高凌雯：《志余随笔》，第732页。
③ ［清］查为仁：《莲坡诗话》（上），北京：中华书局，1985年，第8页。
④ ［清］查为仁：《莲坡诗话》（中），第14页。
⑤ 孙蓉图：《重阳谯集水西庄分韵得"忘"字有叙》，《乙亥重阳雅集诗录》，《水西余韵》，第248页。

说,"土著"着实不多,像严修、李金藻均原籍浙江,其他人基本也是从外地迁入。因此,很难以传统中国那种乡土认同来看城南诗社对天津的认同。而且同样是移民性质的"遂闲堂"与"水西庄"也没有提供太多的思想资源。张氏一族虽然关注天津、描写天津,但却未有表明对其认同。如张霖描写天津:"万家炊不止,烟起半天横。海气东来合,云林北望平。风寒疑作雨,月黑早关城。小艇归何急,渔灯一路明。"①整诗既有壮丽的景色描写,也有对渔人的温情关怀,但就是缺少"天津"。张霆也有描绘天津的诗:"万家影出没,孤城势蜿蜒。微闻欸乃声,不辨鱼盐船。……星月复何赖?一路渔灯连。客久倦行役,到家胜登仙。"②张坦同样有诗描写天津:"津门烟柳春风暖,遥望征帆北雁还。"③但张氏一族兴建园林的愿望并不是振兴天津文化,"遂闲"的意思摆明就是政治态度,他们与天津是疏远的关系。查氏家族的诗较能表现天津的独特魅力。像查曦笔下的天津较有人间烟火味:"至市满沽元石酒,供盘旋煮白河鳞"④,"轻纱细葛裁衣日,小市长廊卖扇时"⑤。同时他也喜欢宴饮聚会:"绿杨阴里来佳客,红藕香中列绮筵。"⑥围绕在查氏周围的诗人也将目光更多地投在城市上,如"京南花月无双地,蓟北繁华第一城。柳外楼台明雨后,水边鱼蟹逐潮轻"⑦,或者是"十里津桥闲骋望,云帆江店小金阊"⑧,但总体而言,这些诗表现的是文人高雅的情操,但对于眼前繁华的天津而言,能引起认同和归思之感的地方在别处⑨。

城南诗社对"遂闲堂"与"水西庄"主要继承其"重阳雅集"这样的传统活动内容,使祖籍不是本地的诗人们在天津得以延续"高雅"文化。不过,城南诗社精神上追慕的对象却是"梅花诗社"。杨寿枏较早提出此种说法:"梅花旧社亦苍凉,坛坫声华寂。陶尽前朝文采,翠滇翻、红桑历历。荒庄重葺,合

---

① [清]张霖:《瀛津晚烟》,《津门诗钞》,第141页。
② [清]张霆:《望津门晚烟》,《津门诗钞》,第155页。
③ [清]张坦:《秋夜寓斋招抱雪、叔才、省云、赤抒、书宣、颖儒小酌,时叔才南旋赋别,分得年字》,《津门诗钞》,第192页。
④ [清]查曦:《珠风阁同人雅集》,《津门诗钞》,第208页。
⑤ [清]查曦:《归里偶题》,《津门诗钞》,第211页。
⑥ [清]查曦:《游水西园,同钱幼邻先生、典三族弟、菊所族侄作》,《津门诗钞》,第211页。
⑦ 朱岷:《初到津门》,《续天津县志》卷十九,第475页。
⑧ 高景光:《天津杂咏投查莲坡先生》,第309页。
⑨ 有论者认为:"乾隆年间以张氏遂闲堂为中心以及以查氏水西庄为中心的文人交游网络仍然具有较强的流动性。首先,部分在文化上表现杰出的家族由于在天津定居的时间不长,根基尚浅,对津门文化尚未形成一种认同,更谈不上为津门文化的整合作出贡献。"必须承认张氏、查氏未将天津当成家乡,但是其对于天津文化的意义却也是值得重视,特别是对于天津"高雅"意象的形成与"文化传统"的形成都有重要贡献。许哲娜:《清中后期津门地域文化意识的自觉与士绅社会的成熟》,《天津社会科学》,2010年第4期。

让蟫香,仙龛配食(兴复水西庄之议倡自范孙丈,屺玥继承先志)。"①这里的"梅花旧社"就是指"梅花诗社"。除了"遂闲堂""水西庄"外,"梅花诗社"由此开始被城南诗社所频繁提举。

以梅成栋为首的"梅花诗社"②跟"遂闲堂"和"水西庄"雅集的诗人们不太一样,他们不再远望京城,而集中关注天津。如梅成栋写天津:

> 风吹骇浪打孤城,压地愁云贴水行。白昼鱼龙争出没,黄泉棺椁走纵横。三村畜牧同时尽,三辅疮痍何日平?对此茫茫思保障,高呼谁肯救苍生。
>
> 疑水疑烟远莫分,啼声匝地惨难闻。孤城类釜将沉雾,秋浪如山欲化云。人逐凫鸥归大泽,鬼惊鱼鳖穴高坟。堪怜茅塞纷纷议,涓滴何能熄野焚。③

而其他诗社成员也更为关注天津的民情与痛苦,如"去年河水涨,河西秋稼伤。严冬寒且饥,老幼多死亡"④,"念年风鹤叹频惊,水旱交侵逼一城"⑤。这里不能说是写"高呼""忧患"就更能体现诗人们对天津的感情,而是通过诗的比较,确实可以看出他们与天津感同身受的体验。而且"梅花诗社"诸位结社唱和的目的与张氏、查氏不一样,并不是为了介入政治,而是从乡土认同中努力投身于文化的教育与整理。梅成栋"数十年掇拾心劳"辑成《津门诗钞》的主要目的在于:"使览者知毓秀钟灵,人才荟萃,典型未远,庶服古人之心有所不起焉。"⑥其宣扬天津文化的用心自是良苦。他们历经辛苦写作出非官方的"天津县志"⑦,很好地搜集与系统整理了乡邦文献⑧,参加当地书院的人才培养⑨,投身于家乡教育,显示出他们与"遂闲堂""水西庄"不一样的乡土感情。

---

① [清]杨寿枏:《调寄烛影摇红》,《癸酉展重阳水西庄酬唱集》,《水西余韵》,第 243 页。
② "沽上梅花诗社,初名砚庐社,创始于道光四、五年间。开始是天津人梅成栋、李云湄同旅居在津的庆云崔旭、宝坻高继珩、钱塘陆凤钧……从道光七年至十年,历时九年之久,先后入社者多达四十余人。"刘尚恒:《天津查氏水西庄研究文录》,第 157 页。
③ [清]梅成栋:《欲起竹间楼存稿》(卷一),道光十二年(1832 年)刻本。转引自孙爱霞《嘉道津沽第一人——梅成栋研究》,《社会科学论坛》,2010 年第 11 期。
④ [清]崔旸:《饥民行》,《津门诗钞》(下),第 786 页。
⑤ [清]梅宝璐:《竹枝词》,《津门杂记》,第 117 页。
⑥ [清]梅成栋:《津门诗钞弁词》,《津门诗钞》,第 2 页。
⑦ 同治年间官方编写的《续天津县志》系以嘉庆年间由蒋玉虹私修的《天津县志》为底稿。《续天津县志》,第 257 页。
⑧ 如沈兆沄的《敬止述闻》、徐士銮编纂的《敬乡笔述》、郭师泰编纂的《津门古文所见录》、华光黼的《津门文钞》。
⑨ 梅成栋曾在辅仁书院担任主讲十余年。

因此,从诗文与行动方面看来,城南诗社的精神导向确实是"梅花诗社"。例如高凌雯数十年致力于整理乡邦文献,著有《志余随笔》,对于整理近现代天津的文化有重要意义;王守恂著有《天津政俗沿革记》十六卷,《天津崇祀乡贤祠诸先生事略》等。这些文献整理对于天津的文化与历史保护都有重要意义。另外,城南诗社诸君积极投身于天津教育。像高凌雯、林墨青等人投身社会教育、小学教育,其成绩在天津很受瞩目。徐兆光在1930年与苏星桥等人创办葛沽保国民小学校,任名誉校长。陈宝泉1930年改组河北大学,分设医、农学院于保定,而将其他科系并入天津河北省立法商、工业等学院。作为城南诗社核心人物的严修,1897年从贵州学政任满回津,即开办严氏学塾,1903年开办严氏女塾,1904年严修将家馆与王奎章合并成立私立中学,后改名南开中学。1905年开办保姆讲习所,培养幼师资源,并设蒙养院。1919年开办南开大学,1923年创办南开女中,1928年创办南开小学。"至此,一个包括幼儿园、小学、中学(包括女中、女子师范)、大学的学校体系在天津形成。以家宅为基地,从只有几个学生起步,发展到如此之规模,这在中国近代学校史中,实属罕见之事。"①以"梅花诗社"为精神导向,对城南诗社作用非常明显,它改变了城南诗社早期那种散漫式的诗词宴会,而将诗社转变成一群有相对共识,并形成较强本地认同的文人团体,由此在城市里展开系列活动,雅集的个性与特点因此显得更为突出。

通过以上分析,可以看出城南诗社的活动与其他雅集的不同,北京的雅集虽然经常在公园举行,却囿于经济能力与条件无法"复建"传统空间,当然他们也无意"复建"。上海雅集更多是遗老们的政治怀念,很少正视上海正在发生的巨变,与当时城市文化和生活更是疏离。由大学教授发起的南京雅集与其趣味有关,参与者虽众,但并未与城市发生关联。这三城市雅集追念的是古典文人大传统下的雅集,很少提及"当地",也少见本地文人参与,更不用说因此形成对城市的认同感。城南诗社以复建"水西庄"为契机,继承了"遂闲堂""水西庄"的源流,秉承"梅花诗社"对天津的感情,将乡土认同融入到城市里,介入到城市建设中,延续了天津古典文化的传统。

三 乡土认同融入现代城市中的自我调适

城南诗社的本地认同中的"本地"并不是指作为现代城市的天津,而是

---

① 赵宝琪、张凤民主编:《天津教育史》(上),天津:天津人民出版社,2002年,第174页。

古代文人对故乡认同的"乡土"。对于移民文人来说,"乡土"永远不在城市,而对于天津本地的文人来说,"乡土"就是现代城市,现代天津与传统乡土在物质上重叠成一个地方,由此也让天津"城南诗社"的文人们面临一个难题:文人应回报"乡土",然而"乡土"却是城市,如何去调适其中的心理落差是本节关注的重点。而且,现代化的天津同样对这些传统文人有所误解。与其他城市的传统文人不一样,天津本地文人并没有自动退出历史舞台,而是利用已取得的文化资本,继续发挥着重要作用。以严修为代表的天津传统文人,以"实用"为指导走出一条在城市急剧现代化过程中,兼顾自我、城市与国家的道路。

在中国传统文人眼里,城市是"万恶"的根源,诗文中很难看到城市生活的描绘,即使他们生活于天津,也尽量将其"农村化"。如清查礼笔下的"水西庄":

> 予家水西庄,在津城之西十里而近,面临卫水,背枕郊野,花竹环绕亭榭,一往清旷,于以适志怡情,致足乐也。丁巳七月,秋霖不止,七十二沽之水,云奔电激,会于三岔之口。昔之支流断港,丝分而缕析者,无不充塞洋溢,混茫浩渺,合为一水。于是水西之水,去庄数百步者,竟达于庄之墙下。登数帆台,一望弥漫。渔舟客艇,出没于烟波之中,亦一奇观也。①

查礼的"渔船烟波""前浦农歌""求仙之舟"都是表达文人对城市的故意无视和对乡土的亲近。然而清朝时的天津城已初有规模,"水西庄"即使在郊区也未必如诗中所描绘是纯然"乡村"意象。"梅花诗社"较为贴近天津,也有诗描写天津:"盘旋把火上危梯,万屋鳞鳞一望低。城郭如烟水如镜,清虚阁上夕阳西。"②但他转笔就着力批判城市的商业气息:"商贾竞趋盐荚利,优伶纷逐酒筵歌。笙箫聒得游人醉,未省津关暮气多。"③有诗人还试图以"书香"来抵抗城市商业的侵袭:"书香束手已堪嗟,铜臭扬眉气焰奢。安得西江一掬水,洗他风俗尚繁华。"④在《津门诗钞》中录《百咏》十四首,大都选择了"大悲院""大觉寺""问津园"等城市意象,少见城市日常生活。

城南诗社的诗词唱和里,继承了传统文人对城市的不满。有些诗人喜欢的是"乡土"感的天津:"水西庄坛坫共凭眺,河上樯帆惜坐驰,谁识秋暄有春意,绝殊风雨满城时。"⑤有些诗人则直斥现代化进程,批评"世风日下、人心

---

① 查礼:《题〈秋庄夜雨读书图〉卷子》,《津门诗钞》,第251—252页。
② [清]崔旭:《津门百咏》,《梓里联珠集》,第143页。
③ [清]崔旭:《津门杂咏》,《津门杂记》,第112页。
④ [清]梅宝璐:《竹枝词》,《津门杂记》,第117页。
⑤ [清]仁传藻:《丙子重九择庐招水西庄谦集得枝字》,未刊稿,藏天津博物馆。

不古",特别是直指白话文的推行:"如何沧桑后,文苑亦解纽,太学矜新体,令人三日呕。诗妖与人痈,真无奇不有。譬如黄钟毁,处处鸣瓦缶。文运关人心,国破谁之咎。明社未屋时,先有钟谭丑。世有欧阳公,茁轧当攻揢。须知锄禾人,责在除稂莠。贱子不自量,妄欲发其奅。长歌寄骚坛,助吾张目否?"①他夸张地说白话文"令人三日呕",不过在1935年白话文已取得全面获胜的地位时,再来谈"文运"事关"国运",显然不合时宜,其对现代进程的反感也可想而知。

城南诗社对天津的书写依然展现"乡野"气息,反映他们还是以"乡土"来看待现代天津。但对这些"落后"的观点,新式文人早已不以为然。在1920年代,现代城市里活跃的传统文人基本上都被五四一代批评为"倒退""顽固"。"城南诗社"诸君由于在文学上与新文化人交往较少,而且力量与影响均不入新文化人的视野,较少被正面批评。甚至他们努力振兴的传统文化空间的活动,也不被人们所理解。如《益世报》很少正面评价他们自我表彰的"雅集""教化"功能,而是关注兴建公园的活动:

> 津水西庄文物展览会昨日开幕……人事多变,地方士绅,先后倡议保存,但因循未果,及二十年冬,时局渐就承平,复经严智怡等提议,组织水西庄遗址保管委员会,一再筹备旋即成立,并设会址于城西广智馆。……其中所述泰半关于查氏之文采风流,以及咏觞酬唱之盛况,抚其遗迹,令人低徊慨慕,且查氏富于资而奇于才,流风所播,几遍海内,非惟闻津沽之风雅已也。②

《益世报》在宣传、报道城南诗社时,偶也提及城南诗社的雅集,或说"尤足启人高尚潜学之想"或表彰"以收易俗移风之效",但焦点最后总是落在复建"水西庄"公园速度缓慢。而对于新青年来说,他们的误解往往更深。1936年"城南诗社"活动最积极的时候,年轻人去"水西庄"游玩,却发出这样感叹:"'所谓水西庄就是这几间旧屋吗?我们看见报纸上说水西庄的风景很好啊!其余还有什么地方可以去观光观光?''没有了,水西庄本来没有什么意味。所谓风景就是这几间破屋子。'警长说话很幽默。"③"破屋子"的意象实在难与此前城南诗社唱和集里自我表述的"琳琅满壁"联系起来,其背后反映的是年轻人往往将雅集视为"复古"的代表。

城南诗社诸君心里应该也清楚内心期待与外界评价间的落差——一方

---

① 杨星耀:《乙亥重阳日择庐招饮水西庄分韵得"柳"字》,《乙亥重阳雅集诗录》,《水西余韵》,第247页。
② 《益世报》,1933年12月2日。
③ 《益世报》,1936年1月8日。

是自我期待颇高的复兴传统文化的希望,而外界却总报以"落后""陈腐"的嘲笑;一方是自我标榜"花隐庵非,数帆台空,重阳忽聚名流众"①,而新文化人甚至都懒得与这些文化权力集体衰落的诗人们论战。那么,在城南诗社文人们心中是如何去调适这种落差,又是通过何种手段将自己理想与现代城市相结合,这成为我关心的焦点。

　　五四新文化人早通过新式教育、报纸、创作奠定了白话文不可取代的地位,有论者从城市文化角度来认识这些传统文人与活动:"虽然旧文学在'五四'以后受到重创,但有些仍以旧体诗文为主要创作形式的遗老、名士们却能依然享有较高的社会声望,擅长古文写作的文人们鬻文卖字也还有市场。尤其在上海这样的地方,其商业化的程度某种程度上使得那种意识形态领域的激烈冲突转化为可以各自为战、并行齐驱的市场行为,这就为当时流寓上海的旧式文人们提供了一个文化意义上的生存空间。"②但这个判断适用于上海,对于天津文人来说,他们不仅享有较高的社会声望,而且还掌握着经济权力,也就是说,从文化领导权上来看,他们被天津文坛所忽视,但在政治、经济领域却依然活跃。如果注意到城南诗社诸位的履历,可以发现他们的经历丰富多彩。以1936年的雅集主体为例:社长李金藻(1871—1948),"十八岁入县学。1903年经严修派赴日本留学,赴日入弘文学院师范科。1936年任河北省政府委员兼教育厅长。晚年致力社会教育,改良戏曲,尤多创建"③。高凌雯(1861—1945),"1893年光绪癸巳科举人。曾任国子监候补博士、学部普通司主事。后全力从事天津文史方志工作"④。赵元礼(1868—1939),"十九岁入庠,为优廪生。二十岁起,就严修家馆。1902年经严修推荐任工艺学堂董理、庶务长,以劳绩得保知县。1909年任滦州矿地公司经理。1918年当选为直隶省国会参议员。此外,还担任过直隶省银行监理官、天津造胰公司经理、中国红十字会天津分会会长"⑤。徐兆光(1872—1968),"清末举人;严修挚友;民国初年曾任南开中学、南开大学讲师,后任直隶省财政局局长、天津县教育局局长、财政局局长等职;1930年与苏星桥等人创办葛沽保

---

① 陈宝泉:《丙子九月九日李琴湘厅长招赴水西庄作重阳会分韵得梦字近日读曲时多漫移太平清调一揆》,未刊稿,藏天津博物馆。
② 魏泉:《〈青鹤〉——三十年代上海旧式文人的生存和创作空间》,《中国现代文学研究丛刊》,2002年第1期。
③ 《天津近代人物录》,第161—162页。
④ 同上书,第310—311页。
⑤ 《天津近代人物录》,第266—267页。刘炎臣:《赵元礼生平事略》,《天津文史资料选辑》,1997年第4辑,第333—337页。

国民小学校,任名誉校长"①。

仅从1936年雅集参与者的几个例子②就可以看出"城南诗社"众人的身份特点。首先,从小均受过严格的古文训练,走科举道路,并有入仕的经历。因此,他们往往更认同传统文人的身份,有着与传统文人一致的责任与目标。王尔敏在总结传统文人自我认同时提出:"对于身份立场,他们的自我认识,是有几项原则的条件。认为必然属于知识分子行为的表征。也就是他们身份责任的自省。其一,有开拓并延续民族文化的使命。所谓'为往圣继绝学,为万世开太平'。其二,有担负国家政治的责任和过问政治的兴趣。所谓'学而优则仕'。其三,有谋致全民幸福乐利的抱负,所谓'穷则独善其身,达则兼济天下'。其四,有悲天悯人之情怀,淑世之热肠,所谓'先天下之忧而忧,后天下之乐而乐'。如此这般的有学识修养和思想能力的人,才可以说是传统的知识分子。"③虽然不能说"城南诗社"每个人都拥有以上的优点,都符合这四个要求,但从其与"遂闲堂""水西庄""梅花诗社"的承继关系、从其在天津的活动来看,他们大致上还是具备传统文人相关特点的。

其次,城南诗社诸君基本上都是出自商业世家,或者获得商人的支持,也就是说基本成长、生活于天津商业环境之中。传统文人往往轻视商人,所谓"君子喻于义,小人喻于利"。而进入晚清民国后,因科举取消,文人必须寻找新的出路,对于其他地方的文人来说,其身份转换较为痛苦。但从城南诗社诸君的履历来看,他们并没有过多地纠结于要选择文人还是商人的痛苦中。当科举取消之后,天津文人们很快由无望的仕途转入现代工商业,在民国初期,还进入政府、企业等各个领域,主导着晚清到民初较长一段时间内天津的政治、经济大局。

再次,因为他们保留着传统文人的趣味,如自幼培养起的文学审美与趣味,所以休闲时往往以"诗词唱和"等形式来表达自身苦闷。但他们又兼有商人、官员、教师等职业,必须积极介入现代城市建设,自觉投身于各项现代事业中——现代教育、现代金融、现代政治都有他们的身影,所以他们的认知其实不与现代文明脱节。因此往往造成感情与理性的分隔,这是地处天津给予他们的机遇,同时也是巨大的挑战。

传统与现代在城南诗社这批天津传统文人身上变成感情与理性的冲突,

---

① 李忠诚主编,天津市津南区地方志编修委员会编著:《津南区志》,天津:天津社会科学院出版社,1999年,第856页。
② 其他人员情况请参见附录二。
③ 王尔敏:《清季知识分子的自觉》,《中国近代思想史论》,北京:社会科学文献出版社,2003年,第87页。

从而发展出一套与北京、上海等地均不一样的文人心路历程。这其中最典型的代表是城南诗社社长严修。严修是"城南诗社"的发起人之一,推动了李金藻、陈宝泉等赴日本留学,可以说与李金藻等人有师承、赞助的关系。除了在诗词上交往外,城南诗社诸君在各种业务往来上与严修同样非常密切。严修同时还与清代以来就扎根天津的华氏家族有着深切的联系,两家同样经营盐业,不仅在雅集上有往来,在书法艺术上并称,在办学、慈善等公共事务上,两家也经常互相声援。严修的科举出身也为他带来较强的文化影响。在他身边聚集起一批受过严格的古文训练、走科举道路、并有入仕经历的文人,如张同书、陈实铭、杨寿枬等人。即使严修于1929年去世,他对"城南诗社"的影响仍存,历届唱和的组织者与参与者里也都有严氏家族的身影。城南诗社以严氏家族为中心,通过师承、交往、姻亲等关系形成一个有共识、有能力的本地文人圈,这也使城南诗社超越一般的诗社,成为一个松散但又能聚集一定能量的文人群体。可以说严修是城南诗社社会交往的发起点与中心点。在"城南诗社"的发展中,严修的思考与实践被"城南诗社"诸人所跟随或者模仿,并由此给天津留下较深的影响。因此,这里选择以严修为代表,试图揭示城南诗社如何思考与面对现代的挑战,从中得以自我调适并进而更深入地介入到城市建设中。

严修,"先生讳修,字范孙。原籍浙江慈溪,先世移居天津,遂家焉。父仁波先生,以好义闻于乡里。先生为其次子。前清壬午举人,癸未进士,历官翰林院编修、贵州学政、学部侍郎。民国以来,虽袁政府任以教育总长、参政等职,均不就。居津二十年,专心教育社会事业。年七旬,于民国十八年三月十五日卒于里第"①。《大公报》在他去世的第二天,特别用长篇"社评"较为持平地表彰了严修:"然就过去人物言之,严氏之持躬处世,殆不愧为旧世纪一代完人。而在功利主义横行中国之时,若严氏者,实不失为一鲁灵光,足以风示末俗。严氏其足为旧世纪人物之最后模型乎。"②还特别评价说:"论严氏在教育界之事业或不如范(指范源廉),在学术界之贡献亦或不如梁(指梁启超)。然冲谦淡泊,狷洁自爱,较诸范梁亦自有其特具之风格。"③从这两则去世之后的评论来看,虽然立场不一样,一个是站在旧式文人的角度,肯定他的官职、功绩,另一个则从新式报人角度来评价,强调其不党不私,专注教育、

---

① 陈宝泉于民国十八年三月三十一日(1929年3月31日)在严修追悼会上的讲话。陈元晖主编,璩鑫圭、童富勇编:《中国近代教育史资料汇编 教育思想》,上海:上海教育出版社,2007年,第552页。
② 《悼严范荪先生》,《大公报》,1929年3月16日。
③ 同上。

慈善，但从两个评价来看，以"事功"为主，而不提"立言"，反映了严修在"立言"上较为逊色的事实。

从存世的严修文稿看来，严修留下许多诗集、日记与别集①，但却少见出色的文章。虽然论者经常引用严修中年后所说："好争者必不直，好盟者必不信，好怒者必不威，好察者必不智，好服药者必不寿，好著书者必不通。"②以论证他并非无意于"立言"，而是有顾虑而不欲为之。但实际上，从他所留存的文字与文章看来，不是不"立言"，而是缺乏"立言"的能力。这有其个人的原因，事务繁杂无法专心书写，但可能也与天津城市文化环境有关。因为靠近北京，天津文人很容易接收到首都的各种新式思想的冲击，加上租界的存在使其能亲身接触、体验西方文化。多种文化、各路主义纷繁涌至，在他们思想中冲突、交织，导致有些天津文人在接受别人的思想上容易，但要进一步张扬出个体的自我思考却很艰难。在各类思想反复冲击之下，天津文人们反而难以形成系统而完备的知识理论，造成"立言"的困难。

严修身上集中地体现了天津文人的这一弱点。他早年求学受晚清"致用"的思潮影响极深③。摆脱科举应试之后，他开始按张佩纶的要求，通读许多"致用"的书，如从小学入手，读《尔雅》《经籍纂古》，史学上则选择《史记》《汉书》《通鉴》，为了"与时事相近"他还学习了《勾股举隅》《伤寒明理论》《格致入门》《天文启蒙》④。严修还将这种读书方法介绍给赵元礼："《说文》似须将全部九千余文尽数识之。再尽数解之。……《通鉴辑览》尤贵定为准课，排日为之，不可一日间断。"⑤在他为官的生涯里，"致用"成为他追求的一

---

① 严修的文稿众多，只是后人未曾整理出版："1929 年卒后，友人辑其诗得八百余首，厘为三卷，题曰《严范孙先生古近体诗存稿》。其余多为其手稿，藏于天津图书馆。这部分资料几乎全部是六十年代初先生后人所捐，其中包括长达五十余年的日记以及《严范孙先生自定年谱》《严范孙先生丛脞》《严范孙杂著》《严范孙先生手札》《严范孙先生信草》《严范孙先生函稿》《严氏家信原稿》《严氏家书》《严修自撰联语》《说文类钞》《孙子家语校勘记》《杂录》《寿诗挽联底稿》等。"季秋华：《严修和他的蟫香馆捐书》，《图书馆工作与研究》，2003 年第 1 期。这么多材料却未能出版，有经费原因，也与严修未能形成自己系统性、纲领性的看法有重要关系。
② 张晓唯：《旧时的大学和学人》，北京：中国工人出版社，2006 年，第 66 页。
③ 1884 年严修为应考留馆课拜访了张佩纶，张佩纶在谈话中指出："学人之精力，两事困之：一经学也，钩稽繁引，累世莫殚，虽通经实不足以致用；一词章也。又云：生今之世，欲治经学，唯《皇清经解》可资，宋元明书万不必看，乾嘉诸老，殚精覃思，无义不讨，今欲超乎诸家之外，别立一帜，断断不能，在乎博览而已。又云：经学以小学为入手，经学可以从略，小学则不可不讲。……若夫宜古宜今，有体有用，莫如读史。史以前《四史》为要，……《明史》宜读，但知其方舆、政制、人名，无须全记，为其与时事相近也。"《严修日记》(1)，第 94 页。
④ 严修：《严修日记》，第 349—381 页。
⑤ 严修自订，高凌雯补，严仁曾增编：《严修年谱》，济南：齐鲁书社，1990 年，第 29 页。

个目标:"衡文所弃取,则先器识而后文艺;场屋所进退,则轻著述而重躬行。"①所以有学者评论者以为他"学问思想始终未脱离张之洞的'中体西用'的窠臼"②,是有道理的。

但是在天津开埠与盐商世家的影响下,严修在实践中经常超越"中体西用"的束缚。在贵州任学政期间,他努力推行"致用"之学,并教育自己儿子:"训诂之学,金石之学,校勘之学,虽不学可也;骈文,古近体诗,不学可也;极而言之,时文、试帖、律赋,不学亦可也;字则小楷最为切用,求速求匀,而能事毕矣,篆隶不学亦可也。"③从严修这段话里可看出,他不再提倡"训诂、骈文"等,而是注重实用,像容易上手的小楷因"切用"而应学,其"致用"已明显变成更为追求效益的"实用"。1897年,严修在《奏请设经济专科折》中所拟定的选拔人才标准,其实也是以"实用"为标准:"词科之目,稽古为荣,而目前所需,则尤以变今为切要。或周知天下郡国利病,或熟谙中外交涉事件,或算学律学,擅绝专门,或格致制造,能创新法,或堪游历之选,或工测绘之长,统立经济之专名,以别旧时之科举。标准一立,趋向自专,庶几百才绝艺,咸入彀中,得一人即获一人之用。"④此后,他辞官回家,兴办家塾时,"实用"的观念得到更具体的实践:"在家宅设学馆,请张伯苓来教子侄五人……半日读经书,半日读洋书,有英文、数学、理化等科。"⑤与开给儿子的书目相比,显然给子侄们的书目"经"的分量大为减少,而实用为主的西方知识则大幅增加。严修主掌学部⑥期间,更是强调知识的"实用":"今中国振兴学务,固宜注重普通之学。""普通云者,不在造就少数之人才,而在造就多数之国民",所以要"全国之人,无人不学"⑦——知识应普及于民众,才能得到"实用"。在此思想指导下,严修创立"劝学所",推广"宣讲所","于京师设督学局,以统一

---

① 《严学使范孙去思碑》,《严修年谱》,第110页。
② 王芸生:《严修与学制改革》,《文史资料选辑》编辑部:《文史资料精选》(第1册),北京:中国文史出版社,1990年,第269页。
③ 严修:《严修年谱》,第89页。
④ 陈学恂主编:《中国近代教育文选》,北京:人民教育出版社,2001年,第84页。虽然梁启超称设"经济特科"为"戊戌新政之原点"(梁启超:《饮冰室专集之一》,《饮冰室合集》[4],北京:中华书局,1989年,第88页),但实际上与严修的关系并不大,除了此篇文章外,严修并未实际参与到"经济特科"的筹备当中,虽有首倡之功,但是将其设立看成结果,则未免夸大严修的作用。这也是为什么戊戌变法之后,严修虽有这样的奏折,却未被牵连的原因之一。
⑤ 严修:《严修年谱》,1898年11月28日,第127页。
⑥ 1905年冬,清设学部,以荣庆为尚书,熙瑛、严修为侍郎。实际上,荣庆并不懂教育,而熙瑛上任不久就病逝。所以可以说学部当时是以严修为主。
⑦ 严修语,天津市教育局《教育志》编修办公室编:《天津教育大事记1840—1948》(上册),1987年,第36页。

都下教育。设图书局,以编辑教科及参考各书。设京师图书馆,以搜罗故籍。设京师分科大学,以造就通材。提学司之制,亦公所手定者"。①

在这一系列的教育活动中,严修展示出与张之洞等不同的教育理念。张之洞谓:"外国学堂有宗教一门。中国之经书,即是中国之宗教。若学堂不读经书,则是尧舜禹汤文武周公孔子之道,所谓三纲五常者尽行废绝,中国必不能立国矣。学失其本则无学,政失其本则无政。……故无论学生将来所执何业,在学堂时经书必宜诵读讲解。"②在张之洞看来"中体西用"思想里,其"中学"地位不可动摇。严修实行的"中体西用"也是以救国图强为目的,从他推行的各项政策里,可以看出这种影响,但他往往更强调"实用"标准,至于中西学习内容的主次问题则较少考虑。严修所开"宣讲所""劝学所""图书局"其实是有助于普及"西学",对"中学"而言并无太多作用。在普及的方法上,他也设计得很"实用",即希望当地士绅更多地参与教育,在国家力量之外,充分发挥基层力量,使民众能够得到最多的普遍教育。再则,他设想采用"分科大学",实际上是利用"实用"的观念以理清"中学"与"西学"在体制上的纠缠。虽然"分科"看似倒退,实则增加了"西学"的学习时间,有助于实用性学科的普及。虽然严修与张之洞的"用"有所相似,内容上也有所重叠,但是取自于"实用"效果的"用"对于当时环境来说也很有实际意义。

梳理严修的"实用"观念,可以看出他实践多于论述,始终未能提出系统的表达,因此严修的教育观念往往被"中体西用""致用"等名词所覆盖,以至于很难发现它蕴含的特别之处。这种"实用"观必须通过考察严修的教育观与身份地位,加上其实际探索,才能把握其实质内涵——在有限资源面前,投入有限资源即要获得产出的"实利之用"。当然不能把这种追求效果的"实用"直接等同于商人追求利益的"实用",它里面包含着传统文人的入世关怀与道德情操,只不过跟张之洞等人的"致用"比起来,更注重实际效果和包容性。

这种结合传统立场与商人眼光的实用观,是天津传统文人在面临现代转换里发展出来的一大特色。说他们具有传统文人立场,除了雅集与诗社能证明外,在其他活动里,严修等人其实也表现出传统文人的衡量标准。像南开学校的开办,严修是从旧眼光来看:"余问:'人言,智日进则德日退,然乎?'

---

① 陈宝泉在严修追悼会上的讲话。陈元晖主编、璩鑫圭、童富勇编:《中国近代教育史资料汇编 教育思想》,第554页。
② 璩鑫圭、唐良炎编:《学制演变》,上海:上海教育出版社,1991年,第492页。

伯曰：'是大不然，是固兼进，无退之理。'与余私意极合。"①正是基于道德不会因教育程度的提高而"退"的思路，严修晚年才投入许多资金与精力去兴办南开："20世纪20年代，南开大学接受的几笔较大的社会捐款，都出于严修先生的声望和关系。据严氏日记及南开学校文献所载，南开学校自开办到1927年止，共得捐款120万元，对其扩建发展起了决定作用。"②正由于严修不顾私名，充分利用多年在天津累积的声望与家族势力，四处向军阀、政客募捐，才有私立南开大学的迅速发展，这是对金钱的"实用"。而他参与本地文化建设，出发点是以传统士绅应该奉献乡土、提倡乡土教化为重的认识，带动了天津的文化发展："严公第二次捐书是在清光绪末年。当时直隶公艺总局总办周学熙（字缉之，别号止庵），分天津玉皇阁楼台之半，创立天津教育品陈列馆，馆中附设图书室，内容包括大中小学及各类学校之教科书和其他图书，咸分类陈设，供众阅览。此为天津最早的官办公众阅览室。严氏捐书一千三百四十二种，并编有图书目录，附于所编的教育品分级编目之后。严公第三次捐书是在光绪三十三年（1907）……'先由郡绅严范孙先生将平生所藏书全数捐赠计一千二百余部。'"正是基于士绅回报乡土的热情，推动他带领与发动各界人踊跃捐书，从而"奠定了直隶图书馆藏书基础"③。

严修的实用观里包含商人眼光，可以体现在他的审美判断上。查《严修日记》可以发现这点，像他游览上海公园，感觉并不好，因为要花钱："徐园每入一人，付洋一角，仆役则无。奇园每入人，付二角，仆役减半。……虽终身不至可也。"④到了日本，游览公园时，他注意的是"国仇"而忽略美景："余游览才数处，琴平寺有北清战争图，而浅草园又有之，十二重楼则有照像镜矣。大凡繁胜之区，无不以此为点缀。伤哉，吾国之人其何以为心乎！"⑤在参观制纸、朝日新闻社、印刷厂⑥时，严修似乎对报纸的宣传功能并不在意，记得最详细的反而是如何采用原料、如何印刷、卖报份数，俨然以一个商人的视角来看待所谓的"宣传利器"。

1913年严修游历欧洲，注意到市政对于社会心理有可能产生的影响："来欧以后，恒与毓生论议，欲社会之进步，非讲求市政不可，政良则社会良，

---

① 严修访问早稻田大学创办人大隈重信时的记录。严修：《严修日记》（2），1902年10月6日，第1138页。
② 中国教育报刊社组编：《南开大学》，重庆：重庆大学出版社，2007年，第24页。
③ 季秋华：《严修和他的蟫香馆捐书》，《图书馆工作与研究》，2003年第1期。
④ 严修：《严修日记》（2），1898年3月8日，第1002页。
⑤ 严修：《严修日记》（2），1902年9月14日，第1126页。
⑥ 这些记录参见严修《严修日记》，第1106页，1902年8月17日、8月20日，第1110页，1902年10月7日，第1138页。

而国始有富强之望。近时言者最喜援法兰西之革命与吾国并论,则何为不举法兰西之市政与吾国一较量之。"①他在私人信件里将市政功能提到如此程度,并不是他真就这么认为,其目的主要是为了劝徐世昌出任天津市市长②。虽然也可以看出他开始理解现代设施有可能对人产生重要影响,但仔细考察他的市政定义,却又是极为狭窄,如他在欧游中非常赞赏的市政设施:"伯灵(指柏林)街市之整,道路之洁,出人意表,其新造之楼房皆五层,各街一律。路则莹洁如镜,人影可鉴。"③他将柏林与天津现状对比,希望振兴天津的市政建设:"写信给天津警察厅长杨以德,要求改变天津的路政和卫生状况,强调道路'乃百千万人所共由,非少数人所得侵占'。他呼请市政当局修治无障蔽之厕所,并严谕禁止在墙阴之隙地随意便溺,或随意填塞道旁之水沟,以便民利,顺观瞻。"④但是除了这些"实用"设施外,其他如公园等建筑并没有引起严修的注意,他看巴黎铁塔评说"俯视全城,渺茫如烟雾中"⑤,逛博物馆、参观现代工业展,均是寥寥数笔记过。同样游历过欧美的康梁⑥均对公园赞叹不已,但公园却丝毫未入严修"法眼",往往是"夜花园较在俄所游大"⑦或者"绕公园步行,濛濛小雨,清爽宜人"⑧一句概括,无更多的细节描写,也没有抒发感想。看来,他所谓的市政只是指"实用"的"路政"和"卫生"。简言之,在他看来不够"实用"的市政,都不值一提。

严修的这种看法落实到"水西庄"复建上,可以发现他实际上虽然首倡复建"水西庄",却始终未调动相关资源进行实际修复。以至于有人在雅集里讽刺说:"因循复因循,建设仍缥缈,画饼不充饥,笑人到花鸟,佳节年复年,朱颜首亦皓。"⑨从他的一贯审美思想来看,作为废墟的"水西庄",最好还是存在于诗文里,是个人情感的附着物,在现实中并不"实用",所以只需提

---

① 严修致陈宝泉的信,陈宝泉编:《严范孙先生手札》,北平:文化学社,1930 年,天津图书馆编:《严修手稿》,天津:天津古籍出版社,2012 年,第 17129 页。
② 在此文前面他写道:"菊老(指徐世昌)无意政界,以鄙见论之,似乎不必再入政界,为菊老计有最相宜最切要之一席,则天津市长是也。来欧以后……"《严范孙先生手札》,1930 年,第 17129 页。
③ 严修:《严修日记》(2),第 1831 页。
④ 梁吉生:《近代教育的先驱者严范孙》,中国人民政治协商会议天津市委员会文史资料委员会编:《近代天津十二大教育家》,天津:天津人民出版社,1999 年,第 13 页。
⑤ 严修:《严修日记》(2),第 1845 页。
⑥ 康有为在《瑞士游记》说:"瑞士非国也,欧洲之大公园也。"梁启超《新大陆游记》说华盛顿是"新大陆上一最闲雅之大公园"。康梁有关公园论述,参见林峥《梁启超的现代都市经验与构想》,《汉语言文学研究》,2011 年第 4 期。
⑦ 此为游历伦敦花园评语,《严修日记》(2),第 1835 页。
⑧ 同上书,第 1845 页。
⑨ 郭春畲:《丙子重九琴湘社长招饮水西庄分韵得小字》,未刊稿,藏天津博物馆。

倡,让众人知道天津曾有过的辉煌就可以,不必也无须采取真正的修复活动。严修去世后,"水西庄"有初步修补与严智怡重新从公园角度认识其"实用"性有关。

审美标准也许会因个体感性不同而有所差异,但办学思路上的选择则能从理性上直接体现严修等人的实用观。这里最值得分析的是他晚年所建的倍受批评的"崇化学会"。有论者从其为张之洞《广雅堂集》作注,发起存社征文等活动,认为其晚年"专心致志地走复古的道路了"①。按陈中岳描述中的"崇化学会"是:"戊辰(1928年)与华壁臣、高彤皆、赵幼梅诸君子立崇化学会,首假公室为之讲学之所,崇化云者盖取汉诏,崇乡党之化以历贤才之意。"②设立这一团体的主要目的在于:"鉴于国学日微,将有道丧文敝之惧。"因此,严修等人提倡与推崇"读经"并不是抵制新文化。以他的实用观来衡量,新文化也有可取之处,"我思宜并存,不必相丑诋",白话文"语体为通俗,补助功亦伟"。③但是考虑到文言文是"数十圣留贻,数千年积垒",不能轻易抛弃,特别是看到城市现代化进程中道德的崩溃,晚年的他又对现实状况不满意:"国要张四维,礼义与廉耻;人要守四勿,言动与听视;孔曾道忠恕,尧舜道孝弟;东西有圣人,此心同此理。"④值得注意的是这里所讲的"东西有圣人",可能在他看来只要能维护道德,"经"是来自于"东"或"西"并无所谓。这种"实用"观在此后的办学中均有贯彻。在他办"崇化学会"过程中,是以自家为"讲学之所",向各界募款,请章式之与城南诗社诸人讲习⑤。以他的影响和在南开的威望,完全可以利用南开学校的场所、学生资源,甚至可以干涉南开学校办学,改变南开学校的教育宗旨,或者通过李金藻影响天津教育的整体大局,然而从《日记》里却未曾见他有过这些举动。换言之,他另开炉灶的行为反映了晚年严修内心强烈认同读"经",以为此种教育可能有用于教化,然而他又清醒明白"读经"在救亡图存时的不实用。因此,虽然陈中岳高度评价"崇化学会"取得的教化效果,但他却未曾列出一位因受"崇化学会"教育而表现突出的学生,从中也可见严修晚年虽有所"倒退",但依然保持着清醒与自知。

以严修为首的城南诗社体现了天津文人受城市现代与文化传统的双重限制,也体现了他们的创造力,其道路很难用"冲击—回应"的理论模式或者

---

① 王芸生:《严修与学制改革》,《文史资料选辑》编辑部:《文史资料精选》(第1册),第283页。
② 陈中岳:《蟫香馆别记》,第16页。
③ 严修:《严范孙先生古近体诗存稿》卷一,陈诵洛编校,天津:协成印刷局,1933年,第8页。
④ 严修:《寿林墨青六十》,《严范孙先生古近体诗存稿》卷二,第26页。
⑤ 刘炎臣:《严范孙与崇化学会》,《天津文史资料选辑》,第38辑,第113—117页。

"中国中心论"式的理论加以解释。以往研究容易注意到西方文化进入后,传统文人所面临的精神困境,但却较少注意到地方文人所遭遇的普遍困境——如何利用有限的资源保存传统文化。有限的资源使严修等地方文人在选择路径上特别小心,因此才有"实用"观的判断标准,这点也成为"城南诗社"的共识。正是因为"实用"观的调适,使他们投身于教育、图书馆建设等方面时,表现得特别投入,甚至当仁不让;但在面对传统宣教时又很小心,将其严格限制在个人活动的范围之内,只以个人力量宣传、影响,极少使用他们的经济资源、社会资源。因此,他们在"传统天津"的提倡、保护上很用心,但未必用力;在"文明天津"建设上很用力,却未必从心里认同。在他们看来,提倡现代教育、参与现代建设与古代投身于乡土教化在"实用"上是一致的,由此才有可能安心放弃传统文化空间的重振,用心投身于现代事业中。

四 传统空间的现代转化

在古代天津,城市的地标建筑往往与文人活动联系在一起,像沈一揆的《游问津园》、陈元龙的《坐揽翠杆与天行述旧》、查慎行的《白庙》、鲁之裕的《登玉皇阁》、余懋檽的《冒雪游海光寺》、高尔修的《登津门稽古寺阁》等①,都是描写城市景观,赞颂城市景观。天津城市地标性建筑许多就是由士绅赞助或出资兴建。进入近现代之后,这些空间随着文化观念的变化、城市的扩张,逐渐淡出人们的视线。城南诗社的重新介入,使这些传统文化空间得以重新进入人们的视野。严修以其"实用"观念的指导,对天津建筑认真加以改造,比如建设学校、设立图书馆、成立博物院,在他们看来,这些都是传统文人服务于乡邦的理想实践,是复建传统文化空间的努力。但是实际上,所起到的作用却是推动了天津现代化的发展,使城南诗社诸君得以更深入地介入到城市建设中。而在参与现代进程时,城南诗社文人们也因此对传统思想有所调整,最明显的当属对复建"水西庄"前后认识的变化。

在严修看来,公园等不"实用",因此,他对复建"水西庄"兴趣不大。但他的儿子严智怡显然并不这么认为,在他的发起与带领下,"水西庄"的遗址开始向现代公园转化,《益世报》在1933年对此有详细的报道:

> 本市芥园南运河神庙一带,为清代文人查莲坡先生西庄别业故址,共地现为南运河河神庙,聚兴面店,贫民小学校,自来水公司分用。该处

---

① 以上诗见[清]李梅宾、程凤文修,吴廷华、汪沆纂《天津府志》,第575—580页。

遗址，今虽荒废，惟尚有故地可寻，遗碑可抚，如再弃置不顾，日久定必荒渺难稽。本市中山公园董事会，拟就其地加以建设，辟为公共游览之区，不但古迹得以永久保存，且可招致市民随时瞻览，爰即函请天津市政府，拟即先由该会组织天津水西庄遗址保管委员会，就现有状况，先行加以保管，嗣奉市政府函复，认此项建设有关本市文化，应准备案，该会接函后，随即提出第四十六次常务董事会议，讨论组织办法，当经决议，先行推定委员及筹备委员，计保管委员三十五人，兼任筹备委员六人，起草组织大纲，并办理筹备事宜，均由筹备委员办理。该会昨已抄送原函及各委员名单，分函各委员及机关知照。计保管委员查隽丞、高彤阶、高泽畬、华璧臣、齐斐章、赵幼梅、吴象贤、李琴湘、王仁安、刘竺生、刘云生、刘幼樵、乔亦香、杨子若、姚品候、华芷芳、华海门、陈诵洛、罗云章、刘云孙、张果候；天津县长徐仲辅、天津市长周二为、天津市公安局长宁向南、天津中山公园董事会常务董事严芷玥、邓澄波、陈筱庄、娄云青、时子周、李少轩、卞淑成、刘孟扬、王剑锋、张品题、俞品三等共计三十五人，并由该保管委员中，推陈筱庄、俞品三、高彤阶、吴象贤、李琴湘、严芷玥等六人兼任筹备委员。①

从报道里可以看到，在严智怡的带领下，"水西庄"复建的目标不再是私家园林，而是服务于社会的公共设施——公园。这个转变对于复建"水西庄"是关键一步，只有去除"水西庄"的私人性质与封闭性，才能让传统文人积极参与，在保留了"水西庄"的文化内涵时，又能使其适应现代城市的文化要求。

天津最早的公园在租界，华界本来就没有"公园"的概念。随着城市现代化进程，华界也开始对公园有了较大的需求。"袁世凯督直期间，为提倡实业，于光绪三十一年（1906年）在河北大经路东侧盐商张霖的莹地思源庄旧址，修建公园一座，内建劝工陈列所，因名劝业会公园。辛亥革命后，又经直隶省商业厅重修，先后改名为天津公园、河北公园，园内树木茂密，布置也颇具匠心，还豢养了一些禽兽。1928年，国民党政府又将该园改名为中山公园，这是近代天津由中国人自己建立的第一座公园。"②此后，华界的人们越来越发现公园的"有用"。1929年《大公报》呼吁："为民众健康计，公园之设，实为必要。不特民众有空气清鲜之地，足资休憩，有裨卫生。为效匪浅。即工余聚合，怡情乐性，于涵养民德，增进群充，亦大有裨补。"因此，《大公报》呼吁天津市政建设时应该特别注意公园的兴建："是以吾人以为欲增进

---

① 《查莲坡先生水西庄别业故址》，《益世报》，1933年5月10日。
② 天津社会科学院历史研究所编：《天津简史》，第464页。

天津市民之健康,提高其精神生活,舍多设公园外,别无捷径。"①但是,限于市政的财力,华界的公园其实并没有得到很好的维护,袁世凯离开天津后,公园的经费无所着落,结果迅速破败,导致华界的公园惨不忍睹:"查天津中国公园,只有河北中山公园一处,简陋狭小,本已不足比数,十年以来,迭经兵燹。破坏至不可言状。"②

严智怡很好地抓住这两点:一为现代天津的城市需要,二为传统文化急需保留物质空间。因此得以最大限度地团结、召集各方力量参与"水西庄"的复建。从上面《益世报》的名单可以看出严智怡的运作是很有效的。首先,利用雅集活动,召集城南诗社诸君,组成最基础的力量。通过李金藻的配合,使"水西庄"成为城南诗社活动的固定地点,既扩大了城南诗社的影响,也使传统文化充分在现实中复活。那些挂满墙壁的诗作,是传统文化与现代城市相贴合的最好证明。反观袁世凯将张氏家族的私家园林③改成劝工陈列所,目的并不是保护文化而是宣扬政绩,导致张氏家族的"雅"文化内涵荡然无存,《大公报》曾遗憾地评价说:"当年骚人觞咏之地,今成竖子游嬉之场。"④再则,严智怡充分利用市政建设吸引并团结政府官员及教育界人士。可以看到,天津的市长、县长、公安局长均名列"水西庄"复建名单中。南开学校的老师更是亲自参与并策划细节,再加上当时各大报纸的热心关注与及时报道⑤。这些力量在严智怡的组织下有力地推动了"水西庄"的实际性复建。

通过严智怡的努力与城南诗社每年雅集的展开,"水西庄"才从虚拟的文化意象慢慢落实在现代城市的物质空间里,重新成为天津城市里的文化地标。倘若严智怡以盐商身份重建私人化园林,相信城南诗社诸君不会如此努力,而若像袁世凯那般改造,则"水西庄"的文化将会被现代化所湮灭,其文化意义也将荡然无存。有严智怡的成功经验与推动,即使他不幸于1935年

---

① 以上引文均引自《大公报·社评》,1929年5月24日。
② 隽如:《张氏墓园 津门名胜》,《大公报》,1935年4月8日。
③ 思源庄是在问津园旧址上所兴建,是张氏一族的园林和墓地:"乾隆中叶,张霖曾孙张虎拜,复由进士历任内阁中书、翰林院编修,迁宗人府主事,张氏再度中兴。张虎拜字锡山,号啸崖,在官清正。他不忘先祖基业,复在问津园北侧建'思源庄',顾名思义,即饮水不忘思源,故名思源庄。封建社会,抄家不能祸及墓地。张虎拜尽管为官清慎,但伴君如伴虎,有曾祖之先例,不能不作狡兔三窟之想。因此,思源庄虽是园林,也是墓地。张虎拜把祖先坟墓瘗于此后,也在此聚会,赋诗酬唱,一如往昔,不过较问津园的规模小多了。"《清代文人荟萃的园林——遂闲堂和思源庄》,中国人民政治协商会议天津市河北区委员会文史资料书画艺术委员会:《天津河北文史》,第10辑,1998年,第35页。
④ 隽如:《张氏墓园 津门名胜》,《大公报》,1935年4月8日。
⑤ 经常关注"水西庄"复建的除了《大公报》《益世报》外,还有如《语美画刊》《天津商报画刊》《新天津画报》《天津市工务月刊》等。

去世,"水西庄"的公园化依然顺利进行,文化唱和与诗词雅集继续举办。这证明了传统空间通过一定的改造,并不会被抽干文化意义,它们可以顺利实现现代转化。可以设想,如果没有被日本侵略所打断,那么随着唱和传统的承袭,加上"水西庄"公园的建成,天津一定会在城市里留下这个"高雅"的文化空间。

除"水西庄"改造成公园外,严智怡还推动了其他文化空间的改造。严智怡虽然曾留学日本,并积极开办实业,但严修将其按传统文人来教育:"六龄从我往神京,塾课精严有定程。"①所以严智怡的文化趣味与理想还是较偏向传统文人。像他一手筹办天津博物馆,其目的实际上是以传统的"教化"为首要诉求。1918年在中山公园开办博物馆展览会,大获好评②,随后确定新址,"其组织形成均依靠日本产业博物馆之建制"③,并于1922年开馆面世④。他在博物馆自办刊物上自陈其因:"本院乃普通之博物院,而非专门之博物院,其天职,盖在阐明文化,发扬国光,以辅助学校教育社会教育之不逮,所负之使命至重且大也。夫欲文化之普及,非宣传不为功,欲广宣传,必以印刷品为唯一利器,本刊行之主恉,盖在普及文化教育,并以引起一般人士对于博物院之注意而已。"⑤观其言行,还是晚清教育思想的套路,强调"教化"与"文化普及",跟严修等传统文人的乡土认同有异曲同工之处。

传统空间通过"实用"改造而实现成功转化,除"水西庄"复建外,城南诗社诸君也有其他实践。如受严修影响而终身投身于社会教育的林墨青。早年跟随严修办学时就有将城市传统空间充分利用的案例:

> 在庚子年天津城陷落后的九个月间,林墨青即随同严范孙先生开办了"冬寄学社""严氏小社"、创立了"东一""东二""西一""西二""北一"各学塾。利用会文书院原址改办了民主第一小学堂,又用问津书院旧址改办民立第二小学堂,这就是天津建立民立小学堂的开始。清朝光

---

① 严修:《怡儿三十生日诗以赐之》,《严范孙先生古近体诗存稿》,卷一,第10页。
② 据回忆,展览会上的展品极为丰富,自然类1400余种、历史类2300余种。展览会还设有武术馆、游艺馆、演说坛和余兴部(演出杂剧),并附设茶社。展览会发行了临时日刊,吸引社会各界人士前往参观。此举果然奏效,陈列馆的参观人数达28900余人,游艺馆也有15000余人。刘泽华主编:《天津文化概况》,天津:天津社会科学院出版社,1990年,第306页。
③ 陆惠元:《天津博物馆事业的拓荒人——华石斧》,天津市文史研究馆:《天津文史丛刊》,第11期。
④ 也有资料说是1923年才向公众开放,参见王翁如《实业家严智怡》,《天津文史资料选辑》,第67辑,第119页;陈克《心向往集 献给天津博物馆成立九十周年》,天津:天津古籍出版社,2009年,第268页。
⑤ 严智怡:《河北第一博物院半月刊·发刊辞》,1931年第1期。

绪二十九年(1903年)先后在西门里、河北大寺、行宫庙、慈惠寺、药王庙、城隍庙、放生院、育德庵、玉皇庙、圣慈庵、葛沽等十七处办起官立小学堂。后来又在毗卢室、弥勒庵、准提庵、白衣庵、白寺、皇姑庵、堤头、狮子林、草厂庵、无量庵、谢公祠十一处办起了女子小学堂,并亲自担任这十一处女子小学堂的总董。还设立了公立、民立、私立小学数十处,又改良私塾百余处。同时,师范专习所、体操音乐专习班等也相继创办。以提高师资的教学质量、一时兴学之风大盛。①

与严智怡改造"水西庄"小心翼翼不太一样,林墨青对改造传统空间较为激进,推行速度很快,涉及范围更广,成果也很显著。林墨青在投身乡土教育上显得很大胆甚至有点无所顾忌,当然也因此承受着极大压力。高凌雯说他:"虽至猥屑身贬,抑而不辞,盖劳心瘁神,视兹事若性命者达三十年,至是而君已颓然老矣。当始莅事,其时人习故常,而忽有改弦易辙之举,闻者怀疑,当者腾谳,甚至僧寮道观,一见君则惴惴以为大祸将至。"②可以看出,林墨青激进地将寺庙改为小学教育,以至于僧人道人看到他都会害怕。林墨青除小学教育,还十分重视知识普及,像办宣讲所、广智馆均是他社会教育思想的体现:"办起了天齐庙、西马路、地藏庵、甘露寺(北大关)等四处宣讲所。每晚派人到那里宣讲(读报纸、讲故事、宣传好人好事),灌输科学知识。1921年天津社会教育办事处成立,林墨青出任总董,并创办了一份深受民众欢迎的《星期报》。"③1925年,在考察济南广智馆后,林墨青利用天津旧城西北角文昌宫东原社会教育办事处的房舍,成立了天津广智馆。"广智馆是一座具有文化馆性质的博物馆,它学习和吸收了济南广智院的陈列内容和陈列方式,但是摈除了宗教宣传的内容。"④只是与严智怡的改造不一样,林墨青的改造是将建筑的文化背景抽干,甚至消灭,但在当时有此勇气已经很难得,更不用说背后的无奈。

当然,并不是每个人都像严氏家族那般有经济实力,这也决定了其他人更多的是跟随或者在各自领域积极地参加到天津的建设中。如陈宝泉1928年从教育部退职回到天津之后,挑起了天津贫民救济院院长的职位。"天津贫民救济院是由市立游民收容所和市立贫民工厂合并而成的,陈宝泉上任前

---

① 谭凤岐:《林墨青与天津广智馆》,政协天津市红桥区文史委员会编:《红桥文史资料选辑》,第2辑,2001年,第130页。
② 高凌雯:《林君兴学碑记》,(1934年),嵌于天津广智馆,转引自谭凤岐《林墨青与天津广智馆》,第132页。
③ 谭凤岐:《林墨青与天津广智馆》,第130页。
④ 陈克:《心向往集 献给天津博物馆成立九十周年》,第269页。

两处矛盾甚深。陈宝泉上任后对该院进行了大力整顿,使贫民救济院由一个收容贫民的慈善单位,变成了一个养教并重的教育单位。"①而高凌雯早期致力于教育普及工作,"1901年(光绪二十七年)高凌雯、王世芸就稽古书院(城西北稽古寺内)旧址,设普通学堂,由美国人格林任总教习"②,但是高凌雯办校显然没有富余的财力支撑。1903年学校转由官办,即后来的铃铛阁中学——古代天津曾有三宗宝"鼓楼、炮台、铃铛阁",都是传统文化的代表,到了庚子之后,"鼓楼拆,炮台倒,大火烧了铃铛阁"③。高凌雯利用教育将其转变,虽然脱离了建筑的当初意义,但至少使"铃铛阁"不会像炮台那般在人们意识里被淡化。后来高凌雯还全力从事整理天津地方志方面的工作:"二三十年来,博览志乘文献、故家谱牒及文士所撰的碑记、行状、序跋,广访遗迹掌故、佚事坠闻,参校考证,对天津地方史事做了很多补缺匡谬、索隐阐微的工作。"④这些继承"梅花诗社"传统的整理文献工作,对于保留天津文化有重要意义,如修成《天津县新志》二十八卷;辨析地理、论述真假的《志余随笔》;整理了《天津士族科名谱》《天津文汇》《天津诗人小集》等。赵元礼除了曾任中国红十字会天津分会会长,投身于慈善事业,也大力支持和帮助成立天津私立达生助产学校。这些行为再次印证他们并不是"遗老",更不"顽固",他们是用自己坚持的乡土认同努力融入到现代城市里,其姿态和意义都值得尊重。

王汎森提到在近代知识分子从"士以天下为己任"到"四民皆士"的过程里,传统文人常常"自贬"和"自我边缘化"⑤。从严修等人的诗文里,可以看到这种自贬的浓重色彩:"秀才学究两无成,技类屠龙况未精,庠序莘莘人艳说,吾心功罪未分明。"⑥必须承认近代以后知识分子在政治权力上逐渐边缘化,也必须承认传统文人在五四以后言说空间大为减少,这种自贬是近代知识分子在转型过程中的普遍现象,天津的传统文人也不能幸免。但是将诗文里所呈现的心态与他们所处的社会地位、社会作用相等同则不符事实,用"边缘化"来描绘具有一定经济实力与社会影响的天津传统文人也不太符

---

① 赵宝琪、张凤民主编:《天津教育史》(上卷),天津:天津人民出版社,2002年,第348页。
② 来新夏主编:《天津近代史》,天津:南开大学出版社,1987年,第284页。
③ 李云冲:《天津卫三宗宝——鼓楼、炮台、铃铛阁》,《天津文史资料选辑》,第76辑,第30页。
④ 天津市地方志编修委员会编:《天津通志 基础教育志》,天津:天津社会科学院出版社,2000年,第729页。
⑤ 王汎森:《近代知识分子自我形象的转变》,《中国近代思想与学术的系谱》,北京:吉林出版集团,2011年,第277—304页。
⑥ 严修诗,引自《蟬香馆别记》,第14页。

合。一旦将这些所谓"边缘"并自认为"无成"的文人,放置于城市视野里,可以发现其自贬与所据有的身份、地位存在巨大落差。地方文人,特别是天津的传统文人在诗词上的社会影响力下降,是因为言说方式发生了整体性转变,但这不能说明他们放弃、退出了文化权力的争夺场域。他们在意识形态的建设性不足,是因为他们身处北京旁边,有创造力、有全国意义的思想家对他们产生了全面、覆盖性的影响,但这并不能说明他们就没有自己独特的解决方法。以严修为代表的传统文人,将对天津的乡土认同与城市建设相结合,以"实用"为检验标准,将那些"不实用"的"传统"收缩在个人情感里,虽然未能在诗文里创造出新的城市意象,但他们全身心投入到现代教育、社会教育、慈善等事业中,对创造与孕育"文明天津"做出了贡献。

第二章　南开新剧团与新文化在城市里的别样展开

1924年,潘公展在总结中国20世纪以来的国情时,高度评价"新文化运动":"新文化运动之在中国犹欧洲之有文艺复兴时代也。……新文化运动,以著名学者为领袖,以全国学生为中心,其传播之媒介则为出版物,为公开演讲,为组织会社;而其使用之惟一工具,则为白话文。新文化运动之目的乃是多方面的,政治、社会、经济等等,均有亟待改革之宣传;而其中心思想,则在打破一切因袭的传说,一切旧有的权威,一切腐败的组织,对于文物制度学说思想均一一重行估定其价值。"他认为"新文化运动之呼声一起,所以影响于全国者至大也"①。"新文化运动"参与者们自然乐观其成,但也意识到实际情况并不那么简单②,至少在不同城市不同媒介产生的传播效果是不一样的。潘公展所说"出版物、演讲、组织会社"三种手段里,以出版物的传播最为广泛。"五四"之后郑振铎概括说:"中国的新文化运动自发端以至于今,不过一年多,而其潮流已普遍于全国。自北京到广州,自漳州到成都,差不多没有一个大都市没有新的出版物出现,没有一个地方没有新文化运动者的存在。这个现象真是极可乐观的。中国的新文明,或者竟可实现了!"③郑振铎以乐观的情绪看到出版物在各个城市的传播,认为五四精神也随之传播到各地。但是从后续刊物发展来看,只有大城市的出版物才能坚持较长时间并得到广泛传播,那些小城市、小刊物或因为缺少经济、智力支持,或因现代邮政系统的覆盖而生存空间较为狭窄,以至于常常夭折。机械复制时代与现代邮政相结合,使刊物传播迅速,普及了五四精神,却压抑了中小城市的新文化刊

---

① 省略号为笔者所加。潘公展:《从世界眼光观察二十年来之中国》,《东方杂志》,1924年1月10日,第34—35页。
② 1919—1923年间出现了许多有关"新文化运动"是什么及怎么发展的讨论,显然都是意识到"新文化运动"在普及方面的局限性。有关当时讨论代表者及观点,参见郑师渠《"五四"后关于"新文化运动"的讨论》,《北京师范大学学报》,2010年第4期。
③ 郑振铎:《新文化运动者的精神与态度》,《新学报》第2号,1920年6月1日,《郑振铎文集》第4卷,北京:人民文学出版社,1985年,第34页。

物。即使得风气之先的上海,也没有产生能与《新青年》相抗衡的具有思想史意义的刊物,更不用说其他人才与新式教育更为缺乏的城市。

与北京邻近的天津,对新文化的接受情况较为复杂。天津学界一方面积极接受西方、北京的思想影响。如在 1860 年开埠之后就出现报纸与新式教育,特别是从幼教到高等教育体系完备①;但另一方面,却又表现出相对的保守性。如 1931 年胡适还批评《大公报》:"在这个二十世纪里,还有哪个文明国家用绝大多数人民不懂的古文记载新闻和发表评论?"②而对待五四学生运动,也表现出天津教育者的保守一面。天津学生联合会、中西女学校、南开学校、北洋大学等虽然也紧跟北京学生运动③,但落潮较快,其原因除军警镇压比北京来得严厉外,学校领导与教师不支持也是重要一方面④。南开学校更以"革退学生二十六名""当场议决学生全体退校,以转入山西大学"⑤为手段,逼使学生让步,虽有其特殊原因⑥,但毕竟压制了思想自由的风气。在天津,新文化刊物的出版情况也不尽理想。新文学期刊出现的数量不多,往往只存在一期或两期⑦。作为天津新文化运动中心的南开学校虽然比较活跃,但也不是非常繁荣:"据统计,1914 年底,该校共有各种社团学会约 20 余个……这些学会团体为了研究新思想和传播新知识,分别出版了《敬业》《励学》《青年》《南开思潮》及《英文学周刊》等宣传物。"⑧看起来好像数量不少,

---

① 天津报业发展较早:1886—1912 年间,天津共有报纸 55 种,1912—1937 间更多达 125 种。方汉奇:《大公报百年史》,北京:中国人民大学出版社,2004 年,第 109 页。天津教育也起步很早,"至辛亥革命前夕,天津兴办的各级学堂共达 147 所,蒙养院 3 处;为推广社会教育,还创办了宣讲所 4 处,……在河北公园,设立直隶图书馆 1 处。这时,天津的近代学堂不但层次完整,而且门类齐全"。罗澍伟主编:《近代天津城市史》,第 479 页。
② 胡适:《后生可畏》,《大公报》,1931 年 5 月 22 日。
③ 可参考中国社会科学院近代史研究所近代史资料编辑组编《五四爱国运动》(上),北京:中国社会科学出版社,1979 年。书里收"警厅拘留记""五四运动在天津""天津抵制日货的经过",对天津学生响应五四运动均有详细记载。
④ 南开学校的教师时子周、马千里积极参加了五四运动,但发挥领导作用的主要还是学生。以南开的马骏、高等工业学校的谌志笃、天津美术专科学校的沙主培、北洋大学的孙越崎等人为首。参见禾木《天津"五四"爱国学生运动领袖——马骏烈士》,中国人民政治协商会议天津市南开区文史委员会、人民政府文化办公室编:《南开春秋文史丛刊》,第 1 辑,1987 年,第 60—61 页;孙越崎《天津"五四"运动的回忆》,《孙越崎文选》,北京:团结出版社,1992 年,第 1—7 页。
⑤ 《南开校革退学生传闻》,《益世报》,1920 年 3 月 20 日。
⑥ 比如:南开学校是私立学校,其经费来源都是社会募捐,必须注意赞助者的反应;张伯苓对学生运动的态度;天津警察厅的强力镇压;等等。
⑦ 如 1922 年吕一鸣、赵景深、孔襄我编辑《微波》,仅出版一集。1923 年焦菊隐主编的文学季刊《虹纹》,仅出一期。绿波社主办的文学旬刊《诗坛》,该刊现存 4 期。1929 年符号、谢冰莹、蒋晓海编辑《星星》半月刊,仅出版一期。同年,《夜鹰》半月刊出版,也仅出一期。
⑧ 李运华:《周恩来与天津新文化运动》,《党史资料与研究》,1989 年第 2 期。

但这些社团只在小范围内活动,许多刊物是依据学校需要而不是学生自主开办的新文化期刊。所以南开学校师生们在小说、诗歌、散文等方面有所创作,但作品却未能在五四初期的文学史上产生重要影响。

虽然在刊物的发展上不如北京、上海,但天津有其独特资源和文化氛围,自会选择不同的接受与传播之路。天津的戏曲种类丰富,对外来戏剧较为宽容。1908 年,王钟声①将话剧引入天津市场,使民众较早就接触新式艺术形式。南开新剧团正是在这种氛围下,将话剧作为其主要突破点,在创作、理论、演出方面都有突出的表现。它不仅培养出了像曹禺这样的话剧大师,更重要的是它介入到城市文化建构中。每年的校庆演出,既让校内学生亲身体验话剧的魅力,培养学生们形成良好的欣赏习惯,也使来参与校庆的普通民众接触并了解话剧,两者最终形成天津城市市民中欣赏话剧的主体。从这点上看,南开新剧团不仅具有文学史意义,还有社会层面的作用。它用话剧这种形式来让天津民众了解、接受"新文化",形成城市里传播新文化的新空间。总结南开新剧团在实践中蕴含的经验与教训、成就与不足,超越专注剧本评价或偏重社会影响的研究思路,将会发现南开新剧团所蕴含的"各种变数"与"无限生机"。②

一 "勇可嘉而识与技均不足"的学校剧团

1912 年《大公报》注意到南开学校的演剧,并给予了高度评价:

> 天津南开私立中学校成效昭著,中外共闻。……由该校师生在礼堂合演文明新剧。先期函请各界,到者千余人。戏名为《华娥传》。此戏共为八幕。随幕布景,电灯之光色,亦随幕而变。扮演诸君牺牲色相,因事说法。至作演态度,无不合宜。而词句警雅,尤为可嘉。至悲惨处,观者无不落泪。其善于感化,有如此者,故拍掌声不绝。尤足惊异者,该剧

---

① 王钟声(1880—1911),名熙普,江苏上虞人。1898 年赴德留学,回国后曾任广西法政学堂监督及洋务局总办。旋辞职赴沪,于 1903 年参与组织春阳社,编演进步话剧。1911 年底,北上天津编演《官场现形记》《宦海潮》等剧,并谋运动军界为内应,事泄,被清政府逮捕杀害。资料参见章开沅主编《辛亥革命辞典》,武汉:武汉出版社,2011 年,第 41 页。
② 陈平原认为戏剧研究应该:"从书斋解放出来,牵涉历史场景、社会生活、文化传统、传播途径、宗教精神等,单是'文学性'与'演剧性'的纠葛还不够,还必须添上政治史、思想史及社会史的视野,方才使得作为学术领域的'中国戏剧研究',充满各种变数,孕育着无限生机。"陈平原:《中国戏剧研究的三种路向》,《中山大学学报》,2010 年第 3 期。本节尝试着从作品解读等方面进入,重新定位南开新剧团。

并无丝竹金革之乐,亦无皮簧、秦腔之唱,能使观者赞叹惊服,其精妙可知。倘能将此戏,介绍于各戏园,则于改良社会之效力,当不可以道里计也。①

这个短短的报道总结了南开演剧的几个特点:首先,它认为南开演剧与传统戏曲最大的不同在于无"唱"、"因事说法"和"词句警雅";其次,它对南开所采用的布景很赞赏,认为"电灯之光色"与换场都与传统戏剧差别较大。报纸很强调这种戏剧形式的宣传效果与感染力,认为通过"说"就使"千余人"感动到"落泪",确实不容易。所以,《大公报》以为对这种表演要求不高的戏剧,如果能充分推广,非常有助于改良社会。

同年6月11日,鲁迅到天津看"新剧"也就是话剧,在日记里记下对天津"新剧"的感觉:"夜仍至广和楼观新剧,仅一出,曰《江北水灾记》,勇可嘉而识与技均不足。"②与《大公报》对话剧备加赞赏不一样,鲁迅并不关注话剧的布景,只是表彰其"勇可嘉",但他更直指此时社会演出话剧的缺点"识与技均不足"。其实这也是早期学校话剧的长处与短处所在。学校话剧比起市场化的剧团来得更有"勇气",所以学校剧团首先将话剧引入中国,使国人了解并接受这种新的艺术形式。1914年,朱双云在总结新剧起源时说:"己亥冬十一月,上海基督教约翰书院,创始演剧。徐汇公学踵而效之。"③按此记叙,那么学生新剧演出应该至少开始于1899年。只是这时的话剧并不是公众演出,而是教会学校为了让学生更好地掌握英文的一种教学手段,所以"然所演皆欧西故事,所操皆英法语言。苟非熟谙蟹行文字者,则相对茫然,莫名其妙也"④。据考证,上海学校正式用汉语表演的话剧是《官场丑史》。汪优游回忆:"有一年的冬季,同学们邀我到梵王渡圣约翰学校去参观他们的庆祝耶稣圣诞节,听说晚上还有学生扮演的新戏。……开幕演的好像是一出西洋戏,我因为听不懂他们说些什么,没有感到什么兴趣,后来演的才是一出中国时装戏。剧名有些模糊了,好像是《官场丑史》一类名称,剧情却记得很清楚……"⑤但有学者考证后认为这个话剧是"子虚乌有"⑥。然而,不管

---

① 《本埠》,《大公报》,1912年10月28日。
② 鲁迅:《日记》,(1912—1926),《鲁迅全集》,第15卷,北京:人民文学出版社,2005年,第5页。
③ 朱双云:《新剧史》,上海:新剧小说社,1914年,第1页。
④ 同上。
⑤ 汪优游:《我的俳优生活》,《社会月报》1934年第1期,第92页。
⑥ 张军:《子虚乌有的早期话剧开山之作:〈官场丑史〉——兼论以南洋公学为中心的上海初期学生剧活动》,《戏剧》,2008年第3期。

是1896年的圣约翰学校的演剧,或者是南洋公学首次用汉语演话剧①,其实都体现了学校剧团对于新式艺术形式的吸收与大胆利用。有论者从革命性与现代性的角度出发评价学生演剧:"学生演剧之所以成为文明新戏的先驱,首先在于这批青年学生敢于冲破中国封建社会长期以来轻视戏剧、贱视优伶的传统偏见,热情地为'维新''救国'和'开启民智'而粉墨登场,这标志着戏剧的价值观念向现代化前进了一大步。"②这样的评价是较为准确的③。

学校剧团在以"勇气"引入话剧后,在社会上扩大影响的则要属于向大众演出的前期"春柳社"④与将话剧推入市场的"春阳社"⑤。"春柳社"具备明确章程、具体活动、革命思想并组织成有史可考的"春柳社演艺部",所以评论者往往认为其并不属于学校剧团。但它的组成、结构与经营实际上都是由留学生来承担的,也属于学生演剧的一种。在"春柳社"演剧从国外影响至国内后,"春阳社"则将话剧与政治相结合,推出市场化的"文明戏"。"春阳社"等"文明戏"剧团以上海为中心,使话剧在中国获得蓬勃发展。

"文明戏"在上海得到迅速发展并被观众热烈接受,但北方的"文明戏"

---

① 钟欣志:《清末上海圣约翰大学演剧活动及其对中国现代剧场的历史意义》,袁国兴主编:《清末民初新潮演剧研究》,广州:广东人民出版社,2011年,第33页。
② 陈白尘、董健主编:《中国现代戏剧史稿:1899—1949》,北京:中国戏剧出版社,2008年,第4页。
③ 对学生演剧持较高评价的还有如柏彬《中国话剧史稿》,上海:上海翻译出版公司,1991年;陈伯海、袁进《上海近代文学史》,上海:上海人民出版社,1993年;葛一虹主编《中国话剧通史》,北京:文化艺术出版社,1990年;等等。
④ 春柳社,1906年冬由中国留日学生组建于日本东京。创始人有李叔同(息霜)、曾孝谷,先后加入者有欧阳予倩、吴我尊、马绛士、谢抗白、陆镜若等人。春柳社的戏剧活动可分为前期春柳和后期春柳两个时期。前期春柳包括1907—1909年在日本东京的演出活动。其中,影响最大的两次演出,一次是1907年6月1、2日公演的《黑奴吁天录》,这次演出在东京引起轰动,其影响达于国内。1912年春,陆镜若邀集欧阳予倩、马绛士、吴我尊为骨干,成立了新剧同志会,开始了后期春柳的戏剧活动。1912—1915年,新剧同志会以上海为基地,先后在常州、苏州、无锡、长沙、杭州一带作巡回演出,保留剧目有《家庭恩怨记》《不如归》《猛回头》《社会钟》等,对新剧的发展起到了推动作用。1915年陆镜若去世,新剧同志会也随之解体。春柳社作为新剧初创时期自成一体的一大流派对于这一新兴剧种的形成、发展,起到了奠基作用。资料根据胡志毅主编《中国话剧艺术通史》,第1卷,太原:山西教育出版社,2008年,第21—29页。
⑤ 春阳社,光绪三十三年(1907年9月)在上海正式成立,主持人是王钟声。不久,从日本回国的任天知加入这个组织,带来了日本新派剧,使春阳社的表演艺术又提高了一大步。1911年王钟声被害,春阳社也随之销声匿迹。春阳社的主要演员除王钟声、任天知外,较有名的还有钱化佛、萧天呆、王培元等。演出的主要剧目有《黑奴吁天录》《迦茵小传》《猛回头》《爱海波》《孽海花》《宦海潮》《官场现形记》《新茶花》《秋瑾》《徐锡麟》等。春阳社活动的时间并不长,但对早期话剧运动和革命的宣传起到了很大作用。它是国内第一个成立的职业早期话剧社团,率先使用灯光布景,并到北京、天津等地演出,积极推动了早期话剧运动在全国的展开。资料根据么书仪主编《中国文学通典:戏剧通典》,北京:解放军文艺出版社,1999年,第833—834页。

却存在市场化不足的特点。王钟声等演出"文明戏","往往是加在旧剧班里去",实际上只是作为旧戏的点缀,不受人重视。受王钟声的影响,北京的夏金声也组织了新剧社,周铸民组织了"牖民社",不过很快就解散①。北方"文明戏"没办法兴盛有三个关键原因:一是政府高度警惕与革命思想宣传有关的话剧演出,不可能像在上海那般给予演出空间②;二是北方观众虽然对新颖的"文明戏"很好奇,但长期形成的欣赏习惯不可能马上改变;三是话剧的艺术形式还是较为粗糙,涛痕批评说:"今之自命为新剧家者,大抵未甚研究,在舞台上任意说话,三五分钟即为一幕,无一定之脚本。第一次所演,恒与第二次所演者不同,或增或减自由为之。……言词情节两茫然,何能讨好。"③因此,北方观众对此艺术形式并不是非常欣赏,"文明戏"在北方较难立足。

上海话剧演出由学校转入市场,而北方话剧演出却由市场转入到学校。北京的学生演剧在市场化戏剧与五四的影响下,逐渐兴盛起来。如始于1913年的清华学校演剧,虽然主要还是以英语演出为主,但其数量颇为可观。据1921年《清华周刊》自称:"本校十年以来,演剧共七十六次,这是指可以由清华周刊查考出来的说,此外未见过周刊等出版物中的,想必不少。合计起来,当在一百出以外。"④如果属实,那么清华学校平均每年有十次演出⑤。北京大学新剧团始发于1919年的学生游艺会,虽记载较少,但活动估计还算活跃:"教育股新剧科启事:本科从成立以来,报名为干事的,有五十多人。但是剧本一项很不够用的,因为从前的旧剧本大多半是宗旨不合,新编又少。所以本科干事,轮演不到的,实在不少。"⑥五四新文化运动对话剧在学校的推广有重大作用。1931年,阎哲吾在《学校戏剧概论》一书里,专门谈论有关学校戏剧的理论、表演、组织,认为学校戏剧的起源:"至于中国学校剧的历史很浅,不到廿个年头,在五四运动以后才渐渐萌芽。"⑦在他看来,只有五四以后的学生演剧才能算是"学校剧"。确实得益于新文化的开展,

---

① 夏金声1911年冬天组织了新剧社,但年底就解散了,1912年成立的牖民社,因为观众少,演员属义务演戏,演出不多。至1913年周铸民入狱后,被迫解散。剑啸:《中国的话剧》,《剧学月刊》,1933年,第7、8期合刊,第8—9页。
② 王钟声于1911年底,在天津编演《官场现形记》《宦海潮》等剧,并谋运动军界为内应,事泄,被清政府逮捕杀害。章开沅主编:《辛亥革命辞典》,第41页。
③ 李涛痕:《论今日之新戏》,《春柳》,1918年第1期,第1页。
④ 《清华周刊·本校十周年纪念号》,1921年。
⑤ 清华学校的演戏是将课堂上的英文演剧也算入内,像圣约翰学校那样,实际上只是英文教学的一种手段。具体参见《清华周刊·本校十周年纪念号》,1921年。
⑥ 《北京大学学生周刊》,1920年第1期,第11版。
⑦ 阎哲吾编:《学校戏剧概论》,上海:中央书店,1931年,第22页。

五四前后话剧成为了北方各个高校游艺会、校庆、纪念会、募捐等场合必不可少的节目,燕京大学、交通大学、民国大学、师范大学、政法专科学校、北京高等师院、女高师等都有组织起相关的演剧团体①。

北方学校演剧最为突出的当属南开学校演剧。它起步较早,1909年10月17日,张伯苓自编自导并饰演主角的三幕讽刺剧《用非所学》上演,标志着南开演剧的开始。它持续时间长,每逢校庆都有演剧,成为每年天津话剧演出的一个重要现象。它的组织化较为正规,1914年正式宣告南开新剧团成立②。由于有老师带领,学生积极参与,再加上张伯苓校长的支持,使其无需担忧经济来源,从而能保证剧团的稳定性。从1909到1922年,可以查到的演剧就有46个③,其中较有代表性的如《影》(1911年)、《华娥传》(1912年)、《新少年》(1913年)、《五更钟》《不平鸣》《里里波的跳舞》《特国结婚》《因祸得福》《恩怨缘》《无理取闹》(以上均于1914年上演)、《早婚鉴》《橄榄案》《一元钱》《仇大娘》(1915年)、《一念差》《恩仇记》《醒》(1916年)、《反哺泪》《平民钟》(1917年)、《新村正》(1918年)、《鸿銮禧》《败子回头》(1919年)、《理想中的女子》(1920年)、《巡按》《庸人自扰》(1921年)、《新官上任》(1922年)等。因此,有论者给予较高评价:"中国本土第一个正式的学校剧团,是1914年成立的南开新剧团,所以中国校园戏剧的历史应从此算起。"④历史源头是否在此,还可再论,但从组织性和连续性的角度来看,早期南开新剧团虽然只演出过46部,但却比其他诸多大学——不管是演出上百部的清华学校和时间稍靠后的上海复旦剧社⑤——显得更为"正式"而且较为"本土"。

鉴于南开新剧团的历史与正规化演出,有论者认为南开新剧团跟"春柳社"一样是中国话剧的源头:"一是春柳社从日本间接移植到我国的以上海为中心的南方各地流行的话剧;一是南开新剧团从欧美直接移植到我国的以天津为中心的北方流行的话剧。"⑥背后隐含的判断是既然在日本演出的"春

---

① 参见铃木直子《"五四"时期的学生戏剧——以天津南开新剧团、北京大学新剧团、清华学校为例》,袁国兴主编:《清末民初新潮演剧研究》,第241—257页;杨新宇《复旦剧社与中国现代话剧运动》,桂林:广西师范大学出版社,2006年,第23页。
② 据《南开星期报》,1914年11月17日。夏家善等编:《南开话剧运动史料1909—1922》,天津:南开大学出版社,1984年,第29页。
③ 数据源自崔国良《南开话剧运动再探》,崔国良、夏家善、李丽中编:《南开话剧运动史料1923—1949》,天津:南开大学出版社,1993年,第14页。
④ 董健、马俊山:《戏剧艺术十五讲》,北京:北京大学出版社,2004年,第402页
⑤ 复旦剧社发起于1925年,洪深担任指导,在1930年代颇为活跃。参见杨新宇《复旦剧社与中国现代话剧运动》。
⑥ 夏家善等编:《南开话剧运动史料1909—1922》,第2页。

柳社"可以被看成中国话剧的起源,那么南开新剧团自欧美引入的话剧也可以看成"源头",至少是"之一"。南开新剧团在学校的展开确实得益于留学欧美的师长①,起关键作用的是张彭春②。1916年张彭春回国后,任南开新剧团副团长,有力地推动了南开新剧团的活动③。张彭春在留美时期就曾有话剧创作。胡适在日记里夸赞说:"仲述喜剧曲文字,已著短剧数篇。近复著一剧,名曰《外侮》(The Intruder),影射时事而作也。结构甚精,而用心亦可取,不可谓非佳作;吾读剧甚多,而未尝敢操觚自为之,遂令祖生先我著鞭,一笑。"④不过,张彭春到南开任教后,即使执掌了新剧团副团长,却并非一开始就顺利影响新剧团的创作与演出。1916年他试图排演话剧《醒》,反映当时留学生归国后的迷茫与觉醒。《校风》评价是:"无如事涉邈高,则稍失之枯寂,似与今日社会心理不和,故议本年停演此剧。重演之期,则当俟诸异日矣。"⑤但同年一起排演的反映官场黑暗、恶有恶报的《一念差》却受到剧团和观众们的一致赞赏⑥。从剧本来看,《醒》是较为西化、思想也较为先进的话剧,但它未能被接受,反映了张彭春的理念并未被南开新剧团的编剧、演员所认可,而小范围的观众也并不理解,这个挫折实际上让张彭春在后面创作话剧时更为注意观众反应与时代特点。然而,如果就以张彭春为核心,说南开新剧团源自"欧美移植",并与"春柳"相提并论,并不符合当时事实。

---

① 必须指出的是留欧美的学生基本上都更乐于到北京任教。"1931年,当时国立大学教师每月工资平均166元,省立大学月平均是218元,而私立大学月平均只有124元。抗战以前,清华大学教授月工资是350元以上,而南开大学的教授多在180到300元之间。"从城市、学术地位、工资报酬等来看,南开确实没有比北京的学校更有吸引力。华银投资工作室:《思想者的产业》,海口:海南出版社,1999年,第60—61页。
② 张彭春(1892—1957),字仲述,天津人。1904年入天津敬业中学堂(即南开学校之前身),1908年考入保定高等学堂,肄业两年。1910年赴美留学,入克拉克大学,后转哥伦比亚大学,获教育学硕士、哲学博士学位,课余研究文学、戏剧。毕业后执教于芝加哥大学。1916年归国,任南开中学部主任,并兼南开新剧团副团长。1923年,获哥伦比亚大学名誉博士学位,任清华大学教授兼教务长。1926年,兼任南开大学教授。1930年随梅兰芳剧团赴美,任剧团总管兼发言人。同年返国。1935年,又随梅剧团访苏。1938年任西南联大教授兼国民参政会第一届参政员,此后担任一系列公职。1957年客死美国。资料根据梁淑安主编《中国文学家大辞典 近代卷》。
③ 宋宝珍:《张彭春与南开新剧团》,田本相、董健主编:《中国话剧研究》,北京:中国传媒大学出版社,2008年,第158页。
④ 胡适:《胡适日记全编(2)1915—1917》,曹伯言整理,合肥:安徽教育出版社,2001年,第57页。
⑤ 《校风》,第42期,1916年10月16日。崔国良主编:《南开话剧史料丛编 编演纪事卷》,天津:南开大学出版社,2009年,第422页。
⑥ 《一念差》此后被南开剧团反复演出,严修还邀请朋友共同观赏。《醒》仅试排演过一回便再无提及。详见《南开话剧编演纪事(1908—2009)》,崔国良主编:《南开话剧史料丛编 编演纪事卷》,第422—440页。

如此看来,南开新剧团实在不能算是在北方话剧的"源头"。但是如果我们注意到话剧这种艺术形式完全是从国外"移植"过来,存在多种来源与不同的发展路径,也就可以理解南开新剧团在话剧历史中的作用与地位。教会学校出于宗教宣传或培养学生英语能力的目的而进行的话剧演出,为中国提供了传统戏曲之外的新形式。春柳社、春阳社的工作为话剧推向市场做了初步试验。郑正秋、张石川"废弃政治性质,而专从社会、家庭、滑稽、着手"①的"文明戏",则扩展了话剧的题材与表现范围,是话剧争取到初期市场的重要手段。而北方学生演剧活动则扩展了话剧的影响范围,培养了一批谙熟话剧创作规律的作家和一群会欣赏话剧的观众。从当时的传播情况来看,这几个途径都对话剧传播起到推动作用,都为话剧在中国立足做出了贡献。

重新认识定位南开新剧团,其目标在于更贴近历史事实,以认清南开新剧团在早期话剧中所起到的作用,它的"勇气"同样"可嘉",而在剧本创作、表演方式、思想启蒙方面都有积极的探索。南开新剧团在剧本创作上是其亮点之一。1916年周恩来总结当时流行的"新剧"的语言特点:"上焉者刺取时政,发为激烈之词,中者描写村妪冬烘,供人喷饭。至若言儿女之情,不脱遗花打樱之窠臼;状英雄之气,难忘天霸、薛礼之身分者,又下乘矣。"他指出了"文明戏"台词的随意与重复,影响了话剧的艺术感染力。在他的设想里,话剧的语言应该是:"言语通常,含意深远;悲欢离合,情节昭然,事既不外大道,副以背景而情益肖;词多出乎雅俗,辅以音韵而调益幽。"②具体如何落实到话剧创作中是另外一回事,但周恩来以学生身份能认清"文明戏"的普遍弱点,追求剧本台词的"雅驯"而合音律,已属难得,而这种追求也成为南开创作的共识。南开新剧团还有意识地通过出版等方式扩大自创剧本的社会影响。当时北京的商业剧团就喜欢采用南开的剧本:"路经广德楼,见大书今晚准演《一圆钱》字样,是园伶人杨韵谱,前请索我校诸剧本,我校以社会教育攸关,许之。彼遂以《恩怨缘》《仇大娘》《一圆钱》《一念差》诸稿为己有。"③而南开其他较具思想深度的话剧剧本则受京津的学校所欢迎。如被高度评价的《新村正》,它不仅在天津各个学校流行,在北京也颇受欢迎。北京大学1919年在学生游艺会上演出这个剧本:"新剧部演戏两晚,一晚为新村正、一晚为不如归。新村正南开中学曾演之,情节之新颖,颇足发观者感

---

① 碧波:《"上海话剧"漫谭》,《上海生活》,1930年第6期,第46页。
② 周恩来:《吾校新剧观》,《校风》,1916年9月,《南开话剧史料丛编 剧论卷》,天津:南开大学出版社,2009年,第56页,第55页。
③ 李福景:《新年假中都门三日记》,《南开思潮》,第2期,1918年6月,《南开话剧史料丛编 编演纪事卷》,第17页。

想。新剧部职员黄坚君,得陶孟和先生介绍,新赴天津,调查一切。连日预备布景,逐晚排演,颇为纯熟。"①北京大学三次演出了该剧,均受到学生的欢迎,现场效果估计不错②。

南开新剧团在剧团组织与表演方式上也有其独特的贡献。组织上,南开新剧团建立开始,就摆脱了传统戏剧与"文明戏"的组织结构。"文明戏"虽然有话剧的外表,但从组织上来看与传统师徒相授并没变化。陈大悲在1921年就指出"文明戏"的组织形式对于话剧普及是一种阻碍:"招集来的社员硬派做自己底徒弟;什么'天字派''魂字派''林字派'的,无非是利欲熏心的表现。甚至借端要挟重要脚色订终身约,与社员立约限定要铃拇指印,以及种种异想天开的要挟结党方法,层见迭出。这就是当时的团体内容。"③学校剧团天然地可以避免社会剧团的局限,在现代教育机构里,师生间没有依附关系,所以新剧团对演员没有强大的约束力。但它又与北京、上海等地的学校剧团过于散漫不同。南开新剧团为避免学校剧团的无序,特别重视组织建设。1914年《剧团成立》一文详细描述了其组织结构:"内容分四部,曰编纂部,曰演作部,曰布景部,曰审定部。公举职员团长一人,各部正副部长各一个,庶务兼会计二人,书记二人。当举定时趾周先生为团长,尹劭询先生、陈君钢为编纂部正副部长,马千里先生、黄君春谷为演作部正副部长,华午晴先生、周君恩来为布景部部长,审定部不举职员,即以各部部长任其职。"④在这个组织里,教师带领着学生共同进行活动,保证了老师的人员稳定,分工明确,同时也带动了学生的参与,发挥了他们的不同特长。同时,因为有师生间的一起努力,使剧团兼有"教化"与"教学"的双重任务,避免了"文明戏"因市场需要而产生的哗众取宠、品格低下的现象。新剧团在演员的选择上也很慎重,既注重兴趣也注重能力:"在最初,欲得南开新剧团团员资格,须经一次极严格的考试,考试时即在公演时,开幕之后,正副团长与编辑、演作、布景各部长皆坐台下观剧,看完之后加以详细批评,演作合适者则考试及格,选择为团员。近直接考入者少,每次公演时则邀请平时在班会表演有成绩者加入而成团员。"⑤严格的挑选保证了演出的效果,对一些有突出表现的学生也可以

---

① 《学生游艺大会筹备会纪事(第二)》,《北京大学日刊》,第296号,1919年1月25日。
② "新剧部……两晚布景均极新颖。……光彩夺目。黄坚君新自从天津法政学校携来布景四十四件,有楼房、有野景。"可见京津高校均有演出《新村正》,相互间也有交流,所以才会有北大学生到天津借布景的情况。《北京大学日刊》,第300号,1919年1月30日。
③ 大悲:《戏剧指导社会与社会指导戏剧》,《戏剧》,1921年6月30日,第1卷第2期。
④ 《剧团成立》,《南开星期报》,1914年11月23日,转引自崔国良主编《南开话剧史料丛编编演纪事卷》,第5页。
⑤ 陆善忱:《南开新剧团略史》,《南开校友》,第1卷第3期,1935年12月15日。

更加细心培养,像曹禺、张平群等人就是这样被挖掘出来的。

剧团组织上另一个勇敢的尝试是导演制的引入。张彭春回国后,强调导演在话剧排戏时的功能。当时的"文明戏"组织松散而随意,不可能意识到导演的重要性:"排戏的时候,只要把角色配好,把演员的名字写在剧中人的下面;大家聚拢来,把戏的情节和上下场的次序说一说,那就编和导的责任都尽了。"① 张彭春非常严格地要求话剧的排练:"九先生(指张彭春)事先有充分的准备。对词,哪个字重要,哪个字念得轻,哪个词儿后面要停顿,走场子,走前后左右、快慢疾徐,导演都记在自己的剧本上。排戏时,导演胸有成竹,演员按部就班。"② 张彭春的认真与严格,使南开新剧团的业余演员能很快"入戏",加深对戏剧的理解与对表演的认识。这与上海等地的学校剧团甚至专业剧团都有所区别。演员金焰就回忆说:"彭春老师排戏严极了……这和我后来到上海参加田汉领导的南国社,排戏时可以即兴表演,演出时甚至也还允许自由发挥,完全是两回事。"③ 由于组织得当,而且责任清晰,使剧团上下一心,加上张彭春从国外带来的导演体系,使南开新剧团一开始就展示出较高的艺术水准。

南开新剧团因为有较为完备的组织与导演制,使其演员的表演方式有较大提高,但也因为学校的体制而受限制。学校剧团主要成员构成是学生,因此流动性大,话剧表演艺术水准参差不齐,常出现优秀的学生参与,剧团就发展较好,而学生毕业,剧团活动就陷入低潮。1922 年署名"禅"的作者就警告南开新剧团"近几年来,这个团体是非常的沉寂",其原因在他看来"第一出校的团员太多,第二是职员太忙"④。虽然指导老师比较固定,但因为流动,也常使剧团陷入困境。如张彭春从美国回来参与剧团,是早期南开新剧团成功的重要因素,但 1923 年到清华大学任教务长后,就很少参与剧团活动,导致这时期学生演剧处于"沉寂"状态。而 1926 年他回到南开,任中学部主任之后,加上遇到曹禺,使南开新剧团又出现一次令人关注的演出高峰。

南开新剧团在思想启蒙上也跟社会演剧有所不同。早期"文明戏"虽然

---

① 欧阳予倩:《谈幕表戏》,《欧阳予倩戏剧论文集》,上海:上海文艺出版社,1984 年,第 135 页。
② 田鹏:《跟随九先生 老伉先生排戏》,《天津市南开中学建校八十五周年纪念专刊》,1989 年 10 月,《南开话剧史料丛编 编演纪事卷》,第 225 页。
③ 电影演员金焰回忆(马明记录),转引自马明《张彭春与中国现代话剧》,《天津文史资料选辑》第 19 辑,天津:天津人民出版社,1982 年,第 122 页。
④ 禅:《对于本校新剧团一个建议》,《南开周刊》,第 53 期,1922 年 12 月 23 日,《南开话剧史料丛编 剧论卷》,第 79—80 页。

也有政治启蒙的效果,但到了郑正秋改良的"文明戏",曾被严厉批评:"胡闹的成份太多……并不是话剧的正统。"①南开新剧团始终以思想启蒙为演出的目标。教育学生是其追求的首要目的,学生演剧首先要服务于教育。南开学校一员的曾中毅赞赏演剧时能使学生更好地理解知识与认识人生:"于书卷之外,不啻得一精细之讲义","于求学之外,又得此精深之阅历","于攻读之外,又知所以善处境遇","于遵校章之外,又知所以爱校誉,推此而大之,则知所以爱团体,爱社会,爱中华民国、文明黄种,莫不基于周年纪念日本校演剧之一夕也"。②张伯苓以教育家的身份提倡话剧,不过他将教育与演戏分得很清:"我校师生于演该剧时,固活泼泼地各尽其态,及开学后则各事其事,放纵毫无。盖一演舞台之戏剧,一演学校之戏剧,务求其妙,而不相淆也云云。"③从中可见他虽然支持演剧,但也担心外界误解,所以反而非常强调学生要以学习为主。而从演剧中,学生们也看到话剧对于社会的作用。周恩来十分强调话剧的社会功用:"以此而感昏聩,昏聩明;化愚顽,愚顽格。社会事业经愚众阻挠而不克行者,假之于是;政令之发而不遵者,晓之以世道。行之一夕,期之永久;纵之影响后世,横之感化今人。夫而后民智开,民德进,施之以教,齐之以耻。生聚教训不十年,神州古国,或竟一跃列强国之林,亦意中事也。"④李福景则自夸:"吾校新剧之演数载于兹矣。日新月异,蓬蓬勃勃进步之速,实不自料,受多人之称誉,蒙社会之欢迎,移风易俗不无小补。津门新剧,借以提倡。亦未始非吾校新剧之力也。"⑤直到1920年,还有人提出希望:"新剧团不要光为本校纪念日编演新剧,要以改良中国旧戏为已任,给中国戏剧界开一个新纪元。"⑥只不过这对于能量有限的学校剧团而言,理想与任务均太重。

"早期话剧以学生演剧(1899—1906以上海的教会学校演剧为代表)始,又以学生演剧(1916—1918南开的学校演剧为代表)终。"⑦在文学史叙述里,关注南开新剧团,或者是注重张伯苓、张彭春、周恩来、曹禺等人在南开时

---

① 碧波:《"上海话剧"漫谭》,《上海生活》,1930年第6期,第46页。
② 曾中毅:《说吾校演剧之益》,《敬业》第1期,1914年10月,夏家善等编:《南开话剧运动史料1909—1922》,第10—11页。
③ 张伯苓:《舞台·学校·世界》,《校风》第20期,1916年3月6日。
④ 周恩来:《吾校新剧观》,《校风》,1916年9月,《南开话剧史料丛编 剧论卷》,第55页。
⑤ 李福景:《京师观剧记》,《敬业学报》,1916年第4期。
⑥ 高秉庸:《南开的新剧》,《校风》,1920年10月17日,《南开话剧史料丛编 剧论卷》,第76页。
⑦ 刘方政:《早期话剧:中国戏剧现代转型的序幕》,《山东大学学报》,2006年第4期。

的贡献①,或者是注意到南开新剧团剧本的开拓性与艺术性②,研究下限基本止于 1920 年代,某种程度上印证了南开剧团是学校剧团终点这个结论。

后期南开新剧团活动不被重视有社会原因,像 1920 年代以后,在上海等地的专业剧团在市场化、职业化、艺术追求上做出的探索更为丰富。左翼思潮影响下的话剧运动更是引人注目。在 1930 年代天津也迎来职业剧团的大发展,学校演剧不被关注其实也算正常。但是从城市文化的小环境来看,南开新剧团持续多年的演出对城市产生了重要影响。它培养了一些投身于话剧的人才,如曹禺、黄宗江这样的编剧,更重要的是通过参与演出、观赏话剧,南开学生与受到熏陶的校友们成为了天津城市里少有的懂话剧、会欣赏的一批观众。比起其他学校剧团仅限于内部传播,南开新剧团特别善于沟通与利用当地报纸,其观演的人群涉及面也很广——这跟南开是私立学校大有关系。除学费外,南开学校的部分经济来源是依靠各届校友及各界人士的赞助。每年的校庆纪念会既是南开学校的校庆,其实也是在变相向各方人士请求经济支持。因此,剧团活动就不仅是自娱自乐,还附带着宣传南开学校,展示学生成绩,吸引各方关注等任务,其社会影响力自然是远超过北京那些局限于"游艺会"的小规模演出。而也正因跟校庆结合在一起,学校给予南开新剧团以相应的鼓励和补助,使其生命特别长久,1922—1937 年间是南开新剧团演剧的繁荣时期,演出达 108 场,1937 年南开被日本炸毁,搬迁后并没有中断话剧活动,直到 1949 年还坚持演出一百多场③。正因以上种种表现,使得南开新剧团影响远超过同时期北京学校的剧团活动,也更深地卷入城市的文化结构里。

跟其他文体不同,戏剧有"三位一体"④说,即剧作者、演员、观众"三位一体",这三个因素是考察与评价戏剧的重要标准。而由此发展起来的"三个圆圈说"即:"里圈由剧作者、演员、观众'三位一体'的核心因素构成。这个圆圈存在于另一个圆圈——剧场之中。剧场包括剧场建筑、舞台效果(美术、灯光、音响等)、剧场经营及演剧评论等多种部门。剧场却又与外围圈子,即政治、经济、教育、宗教、其他艺术、娱乐等各种社会关系紧密相联,这个

---

① 黄殿祺编:《话剧在北方奠基人之一——张彭春》,北京:中国戏剧出版社,1995 年。张彭春:《张彭春论教育与戏剧艺术》,崔国良、崔红编,董秀桦英文编译,天津:南开大学出版社,2003 年。张伯苓教育思想研究会编:《中国话剧先行者张伯苓张彭春》,北京:人民出版社,2009 年。
② 王丽:《南开话剧运动研究》,湖南大学 2008 年硕士学位论文,未刊稿。郭晓丽:《南开早期话剧研究》,南开大学 2011 年硕士学位论文,未刊稿。
③ 数据源自崔国良《南开话剧运动再探》,《南开话剧运动史料 1923—1949》,第 14 页。
④ 具体论述参见〔日〕河竹登志夫《戏剧概论》,陈秋峰等译,北京:中国戏剧出版社,1983 年。

外围圈子就是戏剧的第三个圆圈。"①因此,考察一个剧团,不能只注重它在文学史上发挥的作用,也要考虑剧本、舞台表演与社会影响。只有将南开新剧团放置于三个圆圈内,才能意识到南开创作的剧本对现代文学的贡献,才能看到它所使用的剧场对现代话剧、观众习惯的影响,才能发现它对天津城市生活产生的作用。因此,本节试图从剧本、剧场、观众、社会反应等方面入手,多方考察南开新剧团,希望能发现其文学史之外的丰富价值。

二 剧本内外:描绘人情世态与模拟知识者

话剧引入中国后,接受者第一印象是它取消了音乐与唱腔,比起传统戏剧重视抒情与表演技巧②来说,这种艺术形式看起来很容易上手:"这种穿时装的戏剧,既无唱功,又无做工,不必下功夫练习,就能上台去表演。"③汪优游的看法在当时很有代表性④。这种轻视的心理,再加上中国戏剧轻视剧本创作的传统,导致早期话剧剧本严重缺乏。"文明戏"时期,剧本的缺乏开始引发一系列问题。当时颇有见地的剧评家就提出"新剧"必须重视剧本创作:"脚本者,剧中唯一之要素也,演员其次也,布景服装又其次也。欲明其所以然,则不可不知登场之人,实为傀儡,而其语意动作,乃被动的,而非主动的;机械的,而非天然的。……是故演剧者为傀儡,脚本实为此傀儡之线索。能提此线索,以运用此傀儡而使之语言动作者,厥为脚本之著作家。"⑤可惜"文明戏"前期由于政治宣传而无需在剧本上下功夫,后期则因急于争夺市场,同时也缺乏创作人才,对编剧无暇顾及。因此,在"文明戏"时期,一般演剧都采用"幕表制":"所谓幕表制,是先去寻找或编撰一段故事,但故事得到之后,并不去编制剧本,却去依照故事去分派角色,角色派定之后,大家略略

---

① 叶长海:《戏剧:发生与生态》,上海:百家出版社,2010年,第116页。
② "中国戏剧的剧本作者们每每把主要精力用于剧作中的抒情部分,观众们也同样把他们的主要注意力放在剧作的抒情落上,因为这正是国剧的魅力之所在,也是国剧的表现能力之所长。"傅谨:《中国戏剧艺术论》,太原:山西教育出版社,2003年,第126页。
③ 汪优游:《我的俳优生活》,《社会月报》,1934年第1期,第93页。
④ 徐半梅在回忆早期上海学生演剧时说:"他们剧情的选择、剧本的编制,实在都很马虎,既无人导演,又没有相当的练习,不过学生中几个爱好戏剧的人,过过戏瘾罢了。……在剧中加唱几句摇板,弄得非驴非马,也是常有的。"徐半梅:《话剧创始期回忆录》,北京:中国戏剧出版社,1957年,第9页。
⑤ 马二先生:《戏学讲义·第五章 新剧》,《游戏杂志》,1914年第12期,第2—3页。马二先生即冯叔鸾(1883—1940年前后),民国初年剧评家,名远翔,字叔鸾,笔名啸虹轩主人、马二先生,江苏扬州人。著有《啸虹轩剧谈》(1913年)、《戏学讲义》(1914年)、《啸虹轩剧话》(1915年)等。

把这段故事，相互研究一下，由演导人（当时并无导演之名因为其地位和导演相近姑以此称之），去写一张提纲，此后便是正式出演了。在正式出演的时候，导演人在后台把着一张提纲去做总指挥，遇到该某个角色出场的时候，他便把扮演那角色的人推上了台，而被推的人到了台上，便依照预定的故事临时信口去诌，到了实在诌不出来的时候，偷偷向司幕人丢一个眼色，司幕人便迅速闭下了幕。第一幕如此，第二幕也如此，直至故事完毕，戏也就结束了。"①这种无剧本的话剧演出引发一系列恶果：故事不连贯；台词不对应；演员互动不足，互相争抢戏份、哗众取宠；不同场次、不同剧团间，剧情大量雷同。没有剧本是"文明戏"衰落的一个重要原因。

  南开新剧团的早期表演也属幕表制。但较重视师生的集体参与："南开剧团所用剧本皆属自编，其编制方法，亦颇有趣：首由师生想故事，故事思好，再行分幕，然后找适当角色，角色找好则排演，剧词随排随编，迨剧已排好词亦编完。编完之后，再请善于词章者加以润色。"②1908 年的《用非所学》，张伯苓编演，未留下剧本。此后如 1912 年的《华娥传》、1913 年的《新少年》、1914 年的《恩怨缘》、1917 年的《反哺泪》均未留下详细的剧本③，其演出可能像是"文明戏"一样，非专业的演员们也"台上见"，但效果肯定很差。南开剧团注意到这个问题："吾校每岁新剧稿本，例由开学后始行编纂，而时迫事繁，间有潦草之处。今夏校长以演剧关系学校名誉，不得不慎重稿本之选择。"于是 1916 年，在张伯苓的支持下，组织师生一起利用暑假编剧："停留于庄内李氏私立小学校中，凡居四日，每日三两成群，搔首构思。"④只是师生见识、写作能力均有限，写出来的剧本效果并不是很好。周恩来评价这次集体创作的稿本时说："其中情节固未能免俗，然悲欢离合，实深合乎社会之心理……盖前定二稿，现已因新剧之派别，归入淘汰。欧美现代所时行之写实剧，Realism 将传布于吾校。闻校长与新剧团副团长已聚商数次，约订两出，惟此种稿本能否合社会心理，收感化之效，是尚在未可知之数也。"⑤辛苦地集体创作出两稿本，却连校内刊物都没发表就被淘汰，看来南开这次集体创作引发的不仅是内容上的分歧，可能还有话剧是否应该采用新创作方法的

---

① 剑啸：《中国的话剧》，《剧学月刊》，1933 年第 7、8 期合刊，第 21—22 页。
② 陆善忱：《南开新剧团略史》，《南开校友》，第 1 卷第 3 期，1935 年 12 月 15 日。
③ 但是以上各个戏的"幕表"均被简单记载下来，如《华娥传说明书》登于《大公报·本埠》，1912 年 10 月 28 日。
④ 李福景：《高庄编剧记》，《敬业》，第 5 期，1916 年 10 月，《南开话剧史料丛编 编演纪事卷》，第 13 页。
⑤ 周恩来：《新剧筹备》，《校风》，第 38 期，1916 年 9 月 18 日，《南开话剧史料丛编 编演纪事卷》，第 12 页。

问题。南开新剧团此后放弃了这种集体创作,同时也放弃了幕表制。1915年《一元钱》开始有详细的剧本和记录,再加上张彭春导演制的加入,使南开新剧团较其他剧团更早注重剧本创作。同时,南开学校积极鼓励学生结合课程写作剧本①,有意识地将优秀剧本发表于学校内外的各个刊物,使其不会像其他学校剧团或者职业剧团那样经常面临"剧本荒"难题。

有剧本仅是一场戏迈出的第一步,剧本的内容与构思则决定了一个戏剧能否成功。1919年胡适在《新青年》里评价南开新剧团:

> 天津的南开学校有一个狠好的新剧团。他们所编的戏,如《一元钱》《一念差》之类,都是"过渡戏"的一类;新编的一本《新村正》,颇有新剧的意味。他们那边有几位会员——教职员居多——做戏的功夫狠高明,表情、说白都狠好。布景也极讲究。他们有了七八年的设备,加上七八年的经验,故能有极满意的效果。以我个人所知,这个新剧团要算中国顶好的了。②

胡适说是《一元钱》《一念差》是"过渡戏",与当时戏剧界的看法并不一致。从当时戏剧界对"新剧"的定义来看,"过渡戏"应该指那些话剧里加入唱词的"半新半旧"的戏剧。涵庐曾严厉批评"北京文明园"对《一念差》的改编:"以专于迎合社会薄弱心理,加入歌唱、引子、报名、台步等种种旧戏的架子。就是一篇崭新的戏剧,也被他七污八糟的弄坏了。"③而"涛痕"则更鲜明地说:"国内新剧团成立甚多,然较诸天津南开学校脚本而欲上之,亦殊不可多得。《一念差》一出,北京某坤班亦演之,惟加添唱词,已非新戏之原则,即鄙人所谓'过渡戏'也。"④是否有唱词是当时剧界判断"新旧"的主要"标准"。对于大部分剧评家们而言,《一念差》并不是"过渡戏"而是真正的"新剧"。另外,从剧本的留存情况来看,南开新剧团在1915年就印制了《一元钱》的剧照及剧情详志的单行本,1923年出版了演出脚本⑤。而《一念差》于1916年曾在《敬业》上刊登了详志,剧本则发表于1919年《春柳》第2期。两个剧

---

① 1921年《校闻》上有记载:"本月,四年一文科由陈文波先生征集戏剧脚本,一次限两星期交卷,依作一次作文分数,内中有翻译外国戏剧的,有自己创作的,一共有三十多种,现已由陈先生看完。之后,一并又送交本校新剧团审定去了。我想,总有些可采取演作的。这种作文,学生作了文,一方面又帮助了新剧,真是一举两得。"《校闻》,《南开周刊》,第5期,1921年4月26日。《南开话剧史料丛编 编演纪事卷》,第442页。
② 胡适:《与TEC关于〈论译戏剧〉的通信》,《新青年》,第6卷第3号,1919年3月15日,第334页。
③ 涵庐剧评:《一念差》,《每周评论》,1918年,第2号。
④ 涛痕:《一念差·注》,《春柳》,1919年第2期。
⑤ 《一元钱注释》,《南开话剧史料丛编 剧本卷》,天津:南开大学出版社,2009年,第53页。

本在创作与留存上均表现出与传统戏剧不同的尝试,摆脱了早期"文明戏"惯例。可以说此二剧已经使用了现代话剧的剧本形式。《春柳》甚至评价《一念差》:"新戏脚本,如此出,所编之情节文笔曲折,是足为近日中国新戏之杰作。"①

胡适眼里的"过渡戏"并不是从形式上有无唱词来区分,而是结合文学进化观念和思想是否进步两方面来判断②。从现有的存目和详志里可以看到南开新剧团的早期剧本思想较为传统,与当时在上海流行的"家庭戏"③有基本一致的结构和内容。"家庭戏"是"文明戏"的一种,它的宗旨是批判社会旧观念,主要以家庭为剧情活动场景,主要人物为家庭成员,专门描写家庭悲欢离合、恩怨情仇的故事。"家庭戏"与传统戏剧的故事套路往往不谋而合,如"落难公子中状元,私订终身后花园"这样的故事经常上演。早期南开剧本也有这种倾向④。因此,胡适的从新文化角度对其批判自有道理。然而观众的接受却不管"过渡"与否,内容虽旧却形式新颖,大体符合了当时学生与社会观众对话剧的期待和欣赏习惯,而且南开早期话剧在内容上有其突破。

对比上海"家庭戏"里专注表现"恶媳妇""怕老婆""妻妾争风"等题材,南开剧本视野更宽,思想也较积极。除此之外,我认为南开这些早期剧本展示了中西剧烈冲突之下的天津正在发生的变化,展现了资本观念与现代化进程对家庭的冲击及引发的家族结构的崩溃过程,有些剧本还描绘了天津在急剧城市化进程中的世态人情,这些内容都非常难得。从现存的说明书来看,1912 年的《华娥传》与 1913 年的《新少年》⑤受早期革命思想影响比较明显。

---

① 涛痕:《一念差·跋》,《春柳》,1919 年第 4 期,第 30 页。
② 胡适:《文学进化观与戏剧改良》,《新青年》,第 5 卷第 4 号,1918 年 10 月 15 日,第 308 页。
③ 1913 年,郑正秋编写了《恶家庭》,叙述一个封建家庭中后母虐待前子的故事。此剧演出之后,大受欢迎。于是接连编演了一系列的家庭戏,如《童养媳》《尖嘴姑》等。《申报》广告概括了这种戏的特点:"借剧场为教育场,借艺员为教务员,将家庭中种种恶现状,形容得淋漓尽致。"《申报》,1913 年 9 月 14 日,广告。
④ 如 1912 年的《华娥传》讲武昌起义时,主人公华娥落难,军官黄杰救亲,华娥报恩并以身相许,婚后黄杰出征,华娥却遇妯娌矛盾,正欲自杀时黄杰及时回来,最后嫂子悔过,一家大团圆。虽涉及革命,但故事主轴是家庭传统矛盾冲突。参见《华娥传说明书》,《大公报》,1912 年 10 月 28 日。
⑤ 《新少年》讲述的是贫民少年韩有志与乡绅儿子高义因志同道合而引为知己,在高义帮助下韩有志上学并获得多方赞美。高义为救韩有志而受伤,导致家人对韩有志有所误解,断绝了对他的补助与交往。教育会长赵育杰听闻后,赞助韩有志出国留学。韩有志学成归国后救了被贼人所掳的赵英。韩有志拜访高义时,才知道赵英是教育会长的女儿,高义从中撮合。最后两幕主要是韩有志结婚与高义在外国为革命事业而身殁。每幕故事发生地都不太一致,前后交待不清,场景多次变幻,细节交待也不清楚,但在 1913 年能上演,已属难得。《〈新少年〉说明书》(1913 年),夏家善等编:《南开话剧运动史料 1909—1922》,第 334—336 页。

两剧本反映了武昌革命时期的人物活动,场景不一、人物纷乱,也没有清晰的矛盾冲突,在当时并没有引起多大的反响,但随后的《恩怨缘》《一元钱》等均较深入地反映了天津城市风俗,得到了观众的认可。

创作并上演于1914年的《恩怨缘》,其剧本在矛盾冲突、情节安排、人物对话等方面均有很大进步。《恩怨缘》的故事并不复杂,讲述了富商刘央买子当儿,养子刘活骄恣日甚,与亲生父母一起趁刘央新亡,夺其家产逐养母与姐弟三人。后来刘央儿子在路上不计前嫌救下刘活,刘活幡然醒悟归还家产。《恩怨缘》虽然故事老套,但却以话剧形式展示了天津的生活细节。如随着城市扩张、人口爆炸式的增长,天津的治安问题日益严峻。清末民初的《大公报》在本埠新闻天天都会有凶杀、抢劫、夺人钱财的报道。1908年《大公报》发表的《天津观察识小录》,列举对天津的印象,其中赫然有"盗贼之充斥"[1]这样的描写。南开师生们可能对此也深有体会。《恩怨缘》中养子刘活如强盗般谋人家财,其关键转折点也是因路上遇到强盗。夺人者亦被夺,估计应是来自于师生们耳闻目染。另外,《恩怨缘》描绘出了天津的世态人情,特别是城市现代化进程中,金钱至上对传统家族结构的冲击。刘央为传宗接代而买子,刘活却恩将仇报谋取家产,反映了天津商业化发展时人心的变化。虽然这出戏为了追求"大团圆"而不顾现实,思想上自有其局限性,但因切近天津,表演了身边的人和事,能引起观众的共鸣,所以受到当时观众的热烈欢迎:"演剧四日,共收券费六百八十余元,以三百元补助演剧经费,以八十余元为演剧团重要角色研究新剧之用。"以当时卖票钱为小洋二角、铜元十枚(最后一场减半)来看,观众至少千人以上。虽然还比不了上海的职业演剧,但在北方话剧整体不振的情况下,能有此成绩已属难得。此剧的成功,大大鼓舞了南开新剧团。南开新剧团由此决定:"演剧以后,演剧团并不解散,随时练习,以免如每年之临时仓卒也。同学有欲练习者,亦可随时报名云。"[2]

有这出戏的成功经验,后面师生们编起家庭戏驾轻就熟。1915年的《一元钱》,讲述了天津人孙思富落难,赵凯借钱助他渡过难关,并结成儿女亲家。后来,赵凯长子赵平因赌败家出走,次子赵安无奈向孙求助,孙嫌贫爱富,只扔给赵安一元钱,并悔婚。孙的妻女恪守婚约,暗中资助赵安。多年后,赵平经商成功回乡,孙思富身陷命案,赵平慷慨解围。在这出戏里,着重批判了天津人"好赌"[3]的恶习。如第二幕赵平因赌败家,房契、地契差点全

---

[1] 黄锡祺来稿:《天津观察识小录》,《大公报》,1908年1月18日。
[2] 以上均引自《纪事·演剧余音》,《南开星期报》,第21期,1914年10月26日,《南开话剧史料丛编 编演纪事卷》,第394页。
[3] 《叹津俗·戒赌》,《大公报》,1902年11月2日。

部被诱惑拿去换钱赌博。该剧还批判了天津"讼狱繁兴,习尚奢靡"①的风气。第六幕表现恶仆为利用孙家富的"好讼",居然骗亲娘上吊在孙家门口。剧中借孙家富之口说天津人好面子与奢侈:"妇女穿的衣裳,甚么那个纱,这个缎,甚么甚么缎,手上戴着戒镏,耀眼精光,也不知道是甚么东西,你那知道他的家当全在他身上啦。"②虽然这些都是较典型的"闹剧",与主要矛盾关系不大,但演出时的效果应该很好。《一元钱》在当时反响很不错③,成为南开新剧团的经典保留剧目。此后,陆续推出的1916年《一念差》及1917年的《反哺泪》,均属于家庭戏。前者讲述了清末官员叶中诚因为一念之差,栽赃陷害他人谋得肥缺,最后害人害己的故事。后者讲述的是商人长子狎游而被逐出门,后商人落难,次子与长子醒悟营救,全家大团圆的故事。

  以上这些剧本均反映了天津自开埠后人心世态的巨变。在剧烈城市化进程中,奢侈败家、谋财害命、赌博狎游遍布整个城市。天津文人群体注意到这些社会现象,采取不同的行动。以严修为代表的本地士绅恪守旧道德,积极投身新教育,以《大公报》为代表的报人团体时常撰文抨击。而南开师生则借用话剧表现社会阴暗,进而试图影响并改变社会风气。从剧本蕴含的思想来看,虽然他们解决社会问题的设想过于简单,基本依靠坏人醒悟,但是表达了南开师生对于人性善良的关注与呼唤,展示了师生们对于黑暗世界里保存着一点光明的呼唤,更重要的是因为有这种启蒙和"开民智"的坚持与努力,使得南开话剧不至于走向庸俗的家庭戏剧,表现官场也不会滑向"黑幕"趣味。虽然他们处理戏剧冲突还较稚嫩,依稀可见传统折子戏的身影,结局还是倾向于追求传统的"大团圆",但这样的处理方式,能为当时观众们所接受。当时署名"铁卿"的剧评者就认为:"旧剧行于社会间,千百年于兹矣。人民心理皆习于此,是以有不近人情之处,未有非之者。……今若骤改新剧,与观剧之心理,未必相合。新剧纵尽美尽善,与人民心理不合,非特不投人民之心理,不论善否,必示反对。"④应该说这样的认识在民国初年是恰当的。戏剧与其他艺术形式最为不同的特点在于要直接面对观众,它必须处理好

---

① 《天津卫志·卷二·风俗》,康熙十四年(1675年),第26页。
② 《一元钱》,《南开话剧史料丛编 剧本卷》,第71页。
③ 《一元钱》,1915年9月20日着手排练,于1915年10月17号校庆日正式上演。演出取得成功,应来宾之要求,于10月23日、30日补演两次:"男女来宾盈堂,演作之精神亦大增于前,十二钟余始散,来宾甚为满意。"《纪事·新剧之声》,《校风》,第11期,1915年11月8日。此后,《一元钱》经常被南开新剧团搬上舞台,直到1922年的灾款会选择的还是《一念差》《一元钱》,资料参见炽晶《开过三次募款大会以后的话》,《南开周刊》,第55期,1923年1月30日。以上均引自《南开话剧史料丛编 编演纪事卷》,第407页,第19页。
④ 铁卿:《说改良戏曲》,《校风》,1916年,《南开话剧史料丛编 剧论卷》,第49页。

普及与提高的关系。在民国初年的大社会环境里,话剧的普及更为迫切,也许大团圆的结局并不符合社会实际,但却符合观众的欣赏习惯;表现家庭冲突也许不能反映整个社会,却贴近天津生活。南开剧本既坚持启蒙的理想,又尊重观众心理,这点为后来编剧者所赞同和坚持,成为剧团的一个重要特色。

胡适判断《新村正》是"新剧",颇有见地地揭示了南开新剧团的转折。南开剧本的创作理念在《新村正》前后确实在发生变化。周恩来所说的"Realism"①的创作理念实际上是张彭春所带来的编剧思想。早期南开话剧的创作者如时趾周、尹劭询、陈君钢、马千里、华午晴、王紫枫②等人基本都是南开出身,受严修等人影响较大,思想、趣味、认识均偏向传统也是可以理解。张彭春从美国回来,带回一整套新的理念与编剧手法,出手就显出与众不同来。但是两者不是对抗关系,而是有互相学习的阶段。张彭春撰于纽约的《醒》,表现的是一个留学归来的青年卢君,对社会现实感到不满,因此意绪消沉。他去探望同学冯君,冯君在政府机构担任重要职务,正在着手调查一宗铁路贪污案,就在他掌握了重要证据之时,却被人开枪打死。好友之死令卢君幡然醒悟,决定踏踏实实地努力。1916 年,张彭春任副团长,着手在南开排演这出戏,但即使是他亲自导演也未能在校庆亮相,其根本原因在于观众——当时看彩排的南开师生都无法理解《醒》所要隐晦传达的内容与思想。新剧团因为张彭春的到来而意识到新题材的出现,新文化观念开始渗透进话剧创作中。而张彭春则从《醒》这出戏的失败里,意识到话剧与其他文学体裁的不同。旧观念与新思想相碰撞、交织,张彭春迅速调整观念,创作出既关注天津又思想较深刻的"新"剧——《新村正》。

《新村正》演出后,得到新知识者的推崇,其直接观感来自于结尾的震撼。1919 年,宋春舫评价说:"《新村正》的好处,就在打破这个团圆主义。那个万恶不赦的吴绅,凭他的阴谋,居然受了新村正。不但如此,人家还要送'万民伞'给他。那个初出茅庐、乳臭未干的李壮图,虽有一腔热血,只能在旁边握拳顿足,看他耀武扬威呢。这样一做,可把吾国数千年来'善有善报,恶有恶报'的两句迷信话打破了。"③1920 年南开在总结新剧团的历年剧本时也给予它非常高的评价:"《新村正》在近代文学潮流上,戏剧原理上,都占第一流位置。在中国戏剧幼稚时代,更是一出不可多得的新剧。"为什么是

---

① 周恩来:《新剧筹备》,《校风》,第 38 期,1916 年 9 月 18 日,《南开话剧史料丛编 编演纪事卷》,第 12 页。
② 以上或是南开新剧团编辑部成员,或是参与编写者。
③ 宋春舫:《评新剧本〈新村正〉》,《新潮》,1919 年第 1 卷第 2 号,第 343 页。

"第一流",其依据的标准是《新村正》"把数千年传下来的'团圆主义'和'善恶分明主义'打得粉碎。这种精神却是不易得的"①。《新村正》在故事结尾设计上确实与传统不同,但它的意义并不仅限于此,其所呈现的思想与人物形象同样值得重视。《新村正》的情节较简单,发生在天津附近的周家村。剧中以吴二爷为代表的士绅为谋取私利,将村民住所、土地抵押给外国公司。学成归来的知识者李壮图为改变社会、维护村民利益挺身而出。吴二爷伙同其他士绅既贪了旧村正想赎回地的钱,又勾结政府拘留欲上告的李壮图,蒙骗旧村正的儿子,最终还当上了新村正。最后一幕发生在车站上,村民们为了继续生活只能向吴二爷屈服,送给他表示拥戴的"万民伞",而一边是被逼离乡的李壮图。

从《新村正》所展现的内容看,它第一次将天津在城市扩张中的中外冲突搬上了舞台。一般认为《新村正》发生的地点是在农村②,但我们不应忽视话剧的提示:周家村离火车站不远,它存在着外国公司势力的干预,村民中有替外国公司传达、跑腿的买办。这些提示表明发生地并不在农村。只要将其置于天津,可以很容易定位——这是一个处于天津老城区与租界之间的农村,既受到天津老城区的行政管辖,又受到租界不断试图扩张的挤压,因而才会有政府势力、外国公司、本地村民间的矛盾冲突。可以说《新村正》第一次用话剧形式展现了城市扩张中租界与中国居民的剧烈冲突。实际上,在开埠之初租界与中国居民的矛盾就已经出现,殖民者强行占领、划分中国土地:

> 殷森德牧师(The Rev. John Innocent 在 1890 年)写道:"戈登用铅笔把这带未开化的地区画成河堤大道、马路,以及建筑物的地基等等,而这些他精心设计中的地基,随后在 1861 年 8 月,以准确规定的条件卖给出价最高的买主了。"③

殖民者傲慢地划分着好像是"无主"的土地,原来居住其中的中国居民好像天然就被排挤于城市之外,也根本无法在被驱逐时发出声音。到了

---

① 高秉庸:《南开的新剧》,《校风》,1920 年 10 月 17 日,《南开话剧史料丛编 剧论卷》,第 74—75 页。
② 陈白尘、董健主编《中国现代戏剧史稿》称《新村正》是"描绘了一幅辛亥革命失败后中国北方农村血泪斑斑的生活画卷"(第 40 页),这种说法很有代表性。也有著作称:"发生在一个北方农村里。"刘平:《中国话剧百年图文志》,武汉:武汉出版社,2007 年,第 23 页。有些甚至是完全的误解:"如《新村正》,鱼肉乡民的贪官污吏,得到了'万民伞',为国家民族利益挺身而出的'新村正',却得不到民众的拥护,反遭冷落。"袁国兴:《中国话剧的孕育与生成》,北京:中国戏剧出版社,2000 年,第 114 页。
③ 〔英〕雷穆森:《天津——插图本史纲》,《天津历史资料》,1964 年第 2 期。

1900年，八国联军进城，拆除天津城墙，这时的城市更新才让一些天津文人痛心不已："津郡筑马路，旧制无存，使后人不免临歧吊古之悲，令人读之声泪俱下。"①不过他只注意到旧制被破坏，那些在城墙下生活的贫苦市民如何处理则不为文人们所关心。1905年，《大公报》注意到了拆除城墙带给老城市民的痛苦："有投河上吊的，有寄宿新家的，有阖家离散的。亡国之苦，就是这样的难堪。"但是面对强势的殖民者，《大公报》也没有什么办法，只能呼吁"希望将来的官员们"在设计城市、进行拆迁时能"将心比心，自然就知道百姓的难处了"②。《新村正》情节展开的基本矛盾是村民与外国公司争夺土地的矛盾。外国公司利用士绅的贪婪，诱惑他们将土地抵押给公司，逼迫交不起房租的村民搬离。村民连温饱都不能保证，只能哀求缓交，甚至要出卖儿女，在此基础上引发了吴二爷和李壮图的核心矛盾。吴二爷既是外国公司的代表也是本地士绅的领头人，所以他才左右逢源，一边恐吓本地士绅一边欺骗外国公司，从中大获其利。李壮图学成归来，为村庄设计了美好未来，从救亡图存、体恤穷人的角度极力反对吴二爷，反抗外国势力。比起早期的家庭戏来说，《新村正》关注的不再是家庭、道德等，而是直接将民族、国家、民权等观念引入进来，李壮图鼓励民众起来反抗时说："诸位，这个地是咱们大家的，并不是几个绅士的，我们是主人翁，我们为甚么叫人家把我们地方卖了，我们倒甘心受罪呢。"③虽然矛盾组织与安排还略为生涩，冲突也不集中，但这两个矛盾互相呼应，使南开新剧团的创作视野大为解放。

　　《新村正》的另一个重要贡献在于塑造了李壮图这一知识者形象，而李壮图形象可能受张伯苓的启发。1909年，张伯苓自编自演了《用非所学》，只有三幕，表现了一个留学归来的知识者报国无门的形象。《用非所学》内容简单，第一幕表现留学欧美的贾有志回国以后，高谈工程救国；第二幕在朋友家，贾有志不知将去何处任职，求朋友推荐告谒万大帅；第三幕，贾有志被万大帅任为知县，立即"三拜九叩礼，谢委"④。该剧讽刺那些留学归来的工程学生"假有志"，只会空谈，一遇当官的机会马上"用非所学"。对于教育家张伯苓的演出，"使外界观之惊骇不置，认为有失体统"⑤。他如此"牺牲色相"，其关心的问题却是当时教育界普遍存在的严重而切身的问题，即留学归来者特别是科技知识者如何在中国寻找到自己的位置。1872年留美的

---

① 储仁逊：《闻见录》，卷6上，第65页，未刊稿，转引自刘海岩《天津租界和老城区：近代化进程中的文化互动》，《城市史研究》，第15、16辑。
② 《论天津拆房辟路及征收房捐事》，《大公报》，"附件"，1905年5月19日、20日。
③ 《新村正》，《春柳》，第7期，第736页。
④ 《用非所学》，《南开话剧史料丛编 剧本卷》，第613页。
⑤ 胡适：《教育家张伯苓》，《胡适全集》第20卷，合肥：安徽教育出版社，2003年，第263页。

120名儿童里,回国后从事工矿、铁路、电报者30人;从事教育事业者5人,其中大学校长2人;从事外交、行政者24人;从事商业者7人;海军者20人,其中海军将领14人。① 除去从商者,许多在实业部门工作的实际上也算是被吸纳在官僚体系之内,换言之,除了从政外,知识者别无去处。为了救亡图存,留学人员一般都会首选科技、实业、工程等实用性专业,但回国后却必须面对一穷二白的现实,入仕途不能发挥其所学,入实业要么无门可入要么困难重重。张伯苓显然注意到知识者的这种困境,而且他参与创办的南开学校主要以科技工程等实用性学科为主,面对国内现实,也只能以亲身创作和演出来劝学生们要"学有所用",不要贪恋官场。

可能受到张伯苓的启发,而且本身就是留学生一员的张彭春,对知识者的困境有切身的体验。在《醒》剧里,卢君就觉得自己"用非所学":"我学的是哲学,一个哲学学者摇身一变成为一个财源茂盛的银行家,简直是件创纪录的事。"②受到冯君之死的刺激,卢君准备改变消沉的情绪,投身于新式教育:"我将从教育婴幼儿做起,抚育他们成长,使他们成为具有新体质、新思想、新灵魂、不辜负我们伟大祖国光荣历史的男男女女,为他们我将奉献出一切。"③有此形象铺垫,张彭春在创作《新村正》时,李壮图性格更为鲜明,理念更为清晰。虽然还是属于"用非所学"谱系里的一员,但李壮图远比"贾有志"和"卢君"来得更积极。《新村正》第一幕,李壮图一回乡就宣布:"毕业不是作官",也不是为了钱:"念书的进修,咱们还是给人家钱啦,哪儿来的找项呢?"了解到周家村的现状后,帮穷人请愿,即便被拘留也不颓丧,一回到村里就积极谋划帮助穷人、兴办教育:"计划的大策,不外乎两件:一件是贫民的生计,一件是教育。"为此,他还兴致勃勃地提出"立个小银行",办"赚钱的工业","多立小学,叫咱们村上人人全有普通的知识"。④ 剧本虽然没有交待他的专业,但从能制图、办工厂、懂金融方面来看,李壮图所学专业应该也是理工类。只是面对着社会现实,李壮图的设想无处落实,稍要为村民争取利益就被拘留,最后被逼远走他乡。他的经历暗示着晚清以来的"实业救国""教育救国"都无法解决中国的问题。他的积极投入与最后遭遇形成鲜明对比,展现了科技知识者的普遍痛苦与困难处境。

知识者"用非所学"的形象并没有到李壮图为止,而是被曹禺所继承,成为他创作的一个重要思想来源。1934年《新村正》再次被搬上舞台,曹禺参

---

① 李喜所:《中国近代早期留美生小传》,《南开大学学报》,1984年第1期。
② 张彭春:《醒》,《南开话剧史料丛编 剧本卷》,第129页。
③ 同上书,第137页。
④ 《新村正》,《春柳》,第8期,第865—870页。

与改编①,其中变化最大的是吴二爷。原本是恶势力代表的吴二爷在改编中变成了:"一位只喜运用人、不肯受人利用、深通世故、胸有城府、有魄力、有胆量、聪明绝顶的绅士。他曾在日本留学,回国后办公益事受打击,他才改变计划,作一个利己主义的信徒。由万家宝先生扮演。"②1934年的这次重编,张彭春还是导演,但吴二爷巨大的改变应是曹禺的杰作。李壮图虽然还存在于剧中,但由于五幕改为三幕,其戏份减少,作用减弱。吴二爷出场更多,其言语中颇有对村民怒其不争的味道。在最后结局里,他说:"因为你们大家都不管公众的事,所以绅士们才敢把公产租给外人,可以说这房子、地你们大家自己丢的,我不是不愿意为公众作好事,可是公众不容我那么作。"③其义愤填膺的表态跟李壮图的无奈成鲜明对比。从人物谱系的发展来看,1934年的吴二爷更像是人到中年的李壮图,因报国无门而变为只谋己利,但尚存一丝公平正义之心。这次改编稍显生硬,但同样深刻地表现了知识者到了1930年代,依然为"用非所学"而困扰。曹禺的改编似乎暗示着知识者"李壮图"们在迷茫和无路可走之后会变成害人利己的"吴二爷"。可能是受困于改编,所以曹禺的发挥空间不大,但可以说正是因南开剧本对于"用非所学"知识者的关注,才会有《雷雨》周朴园的形象。《雷雨》如此描绘周朴园:

> 他整个的脸带着多年的世故同劳碌,一种冷峭的目光和偶然在嘴角逼出的冷笑,看出他平日的专横,自是和倔强。年青时一切的冒失,狂妄已经为脸的皱纹深深避盖着,再也寻不着一点痕迹。

周朴园好像是老了十年的吴二爷,经历、思想与表现都颇为相似,所谓"年轻的冒失"不仅是指与丫环鲁侍萍的相爱,而且应该包含青年时期救助穷人的理想,比如周朴园曾如此训斥周冲:"你知道社会是什么?你读过几本关于社会经济的书?我记得我在德国念书的时候,对于这方面,我自命比你这种半瓶醋的社会思想要彻底的多!"④然而就是这样一位留学生,到了五六十岁掌握着财富资源与各种权力,却蜕变成一个冷酷的封建家长和无视人命的嗜血矿长,亲手造成了两代人的悲剧。从"贾有志"到"卢君"是一变,即从投身官场到致力教育,从"李壮图"到"周朴园""吴二爷"又是一变,即从相信教育、拯救民众到利己主义。这系列形象展现了晚清到民国时期知识者在面对

---

① 曹禺回忆说:"《新村正》是南开新剧团保留剧目,我把它重新改编了。"曹禺:《我的生活和创作道路》,《戏剧论丛》,1981年第2期。
② 羊喆:《〈新村正〉原本、改编本对照》,《南开话剧史料丛编 剧本卷》,第666—667页。
③ 同上书,第662页。
④ 以上均引自曹禺《雷雨》,《文学季刊》,1934年第3期,第181页。

家庭、民族、国家时调适自我的艰难处境与复杂心态。创作者不管是张彭春还是曹禺,对于他们的遭遇都抱着深切的同情。特别是《雷雨》里的周朴园与1934年的吴二爷,曹禺用话剧表现出他们身上进步与保守同存、科学与封建交织的复杂面目。这些形象是南开剧本对知识者处境的追问,其背后的关怀与担忧增添了戏剧的魅力,丰富了中国话剧的舞台形象。

  《新村正》的传播并不是只限于天津,它剧本发表于《春柳》杂志上,在京津学校多有演出,但胡适只是在《新青年》通讯里对它有所提及。鲁迅、周作人、陈独秀等人都看过此戏①,却均没有留下相关的评论②。就思想视野、艺术结构、语言表达上来看,《新村正》并不逊色于胡适的《终身大事》,但五四新文化人却如此忽视该剧,令人迷惑。这里面也许有胡适与张彭春在文化权势上不同、剧本所登刊物影响力不同、京津文化地位差异等因素,但最大的可能在于《新村正》表达的思想与无望的结局给新文化运动中知识分子们带来的评价上的困难。1918年至1919年年初的中国正处于所谓"公理战胜"③的历史狂热之中,而《新村正》好像有所预见似地借吴二爷的口说:"公理是空口讲的吗?公理是跟着势力的,没有势力就没有公理。李壮图凭着什么要讲公理?再说,公理上哪儿讲去?上你们家讲公理去?"④这种台词显然与当时的气氛并不相合。被人们津津乐道的"打破团圆主义"的结局——最后吴二爷对李壮图说:"小孩子们就是会念书,毕业以后,也不过是个教书匠。这一代的事没有他们的,还得让咱们。"——虽然让众人赞赏,但它显然预示着教育不能救国,更预示着青年在进入社会后的无力。鲁迅在《呐喊·自序》里说:"但既然是呐喊,则当然须听将令的了,所以我往往不恤用了曲笔,在《药》的瑜儿的坟上平空添上一个花环,在《明天》里也不叙单四嫂子竟没有

---

① 鲁迅看过两次,一次是1919年2月2日,日记仅记"午后同二弟往大学游艺会,晚归",这次游艺会是北京大学为徐悲鸿画法研究会筹措资金而举办,其中就有演出《新村正》。在这次游艺会上周作人、陈独秀均有参加,并观看了《新村正》。参见《鲁迅全集》,第15卷,第359页;张彭春《张彭春论教育与戏剧艺术》,第635页。另一次是1919年6月19日:"晚,与二弟同至第一舞台观看学生演剧,计《终身大事》一幕,胡适之作;《新村正》四幕,南开学校本也,夜半归。"《鲁迅全集》,第15卷,第371页。
② 1921年在《晨报》上有过两篇文章争论,但都不得要领,顾麟若的《农专学生演的〈新村正〉》说该剧是"不要借外债";而陈大悲的《对于〈新村正〉剧评之有见》,则一味强调学生演剧之难,并未涉及内容。参见《北京晨报·附刊》,1901年11月20日、12月3日。
③ 1918年初美国总统威尔逊关于处理战后问题的14点建议受到中国知识界的一致赞赏,认为是"公理战胜强权"。直到1919年初巴黎和会中国外交失败的消息传来才让国人认清真相。参见罗志田《"六个月乐观"的幻灭:五四前夕士人心态与政治》,《历史研究》,2006年第4期。
④ 《新村正》,《春柳》,1919年第7期,第736页。

做到看见儿子的梦,因为那时的主将是不主张消极的。"①鲁迅的小说尚要听"将令"、用"曲笔",以免"消极",而《新村正》的结局恰恰是知识者的理想败给了以利为上的守旧绅士。换言之,当话剧是打破传统家庭戏的才子佳人终成眷偶这个套路时,效果和意义当然会令新文化人赞赏,但当它打破科学与民主的"梦想"时,却让新文化运动的"主将"们无法接受。因此,正是这个"不团圆"的结局让北京的新文化人无话可说,也造成《新村正》在传播与文学史上地位远不及《终身大事》,以至于提起早期话剧时,往往被人们所忽视。《新村正》是南开新剧团早期活动的高峰,此后由于张彭春的离开,南开新剧团的原创剧本质量大为下降,随着南开大学开办,师生压力增大,无力投入到剧本编纂里,此后就慢慢转为与教学结合紧密的改译剧为主,在1920—1930年代南开的改译戏同样产生较大的社会影响关注。

应该说早期南开学校的剧本在艺术上均稍显不足,但其关怀天津、描绘世态人情、批判不良风气,虽然无法从根本上改变城市的现状,但至少表达了他们的启蒙心态,也有助于纠正这时期"文明戏"越来越媚俗的趋势。而其从关注自身困境出发,关怀科技知识者在现代化进程里的复杂心态和艰难处境,有力拓展了话剧的表现空间与题材选择,特别是科技知识者谱系的潜在传承,才会有周朴园这样让人觉得"可惜又可怜"②的戏剧形象,对于中国戏剧的发展起到了推动作用。

三 小舞台与大世界:剧场③与话剧观念更新

在新文化运动中,新文化人虽然强调剧本的重要性,推崇"戏剧文学",但胡适在《终身大事·跋》里也说:"如今我这出戏竟没有人敢演,可见得一定不是写实了。这种不合写实主义的戏,本来没有什么价值,只好送给我的朋友高一涵去填《新青年》的空白罢。"④胡适所遗憾的事恰好证明了剧本必须在剧场中演出才算是完成这一戏剧特性。剧场的重要性在不同标准里分歧较大,强调戏剧的文学性的较重视剧本,强调戏剧是综合艺术的则更关注

---

① 鲁迅:《呐喊·自序》,《鲁迅全集》第1卷,第441页。
② 这句话是1934年曹禺改编的《新村正》里李壮图对吴二爷的评价,实际上也可以看成曹禺对周朴园的评价。
③ 这里的剧场是广义上的,指剧场建筑、舞台及其相关的舞台效果、剧场营业部门等。
④ 胡适:《终身大事》,《新青年》,1919年第3期,第319页。

"剧场性"①,但两者基本上都承认中西艺术特色不同是因剧场环境不同所造成的。中国传统戏剧主要以演员的唱词、身段、动作等来表现与剧情相关的内容,更多是以一种虚拟化的表演来代替外部空间的真实尺度与时间长度。"三五步走遍天下,六七人百万雄兵"是最好的概括。所以中国传统戏剧对剧场的要求较低,面积大小无所谓,布景有无均可,道具更是简单。但是自西方引入话剧之后,中国人对传统的剧场有了重新认识,而且往往从西方的剧场规范来看传统剧场:

> 售瓜子者、售糖食者、售水果者、售饼食者、售烟卷者、售戏单者、送手巾者、换茶水者,去而复来,踵相接也。此种陋习,以天津戏园为尤甚。……夫以客人观戏,是一种消遣性质,而竟以戏园成市场,未免混杂太甚。②

对剧场的重新认识,评论家开始对原本吵闹的表演空间产生不满。这种不满背后是中西欣赏习惯与戏剧表现方式的差异,更重要的是,话剧的剧场要求让中国戏剧研究者意识到:剧场会对戏剧产生重要影响。1918 年洪深在总结早期"新戏"时就意识到这点:"那戏台可以转的,布景等一切,有了相当的便利,那戏的性质,不知不觉的,趋于写实一途了。演员们穿了时装,当然再用不来那拂袖甩须等表情。有了真的,日常使用的门窗桌椅,当然不必再如旧时演戏,开门上梯等,全须依靠着代表式的动作了。"③但是很可惜,洪深认为话剧的"写实"是由于布景与时装的"真实",这反映了当时人们还是以传统戏剧观念来看话剧,这也是文明戏被称为"时装新戏"的原因。文明戏大多较注意布景新颖,采用漂亮时装,以迎合观众猎奇心理,表演或者故事是否"写实"却被遗忘了。

南开新剧团是学校组织的业余剧团,主要功能是配合校庆、游艺会等活动,所以只限于在学校活动,对剧场建筑要求较低,但正是因此,南开新剧团的剧场很早就具备了西方镜框式的特色,以下是 1912 年《华娥传》的剧照④:

---

① "由于戏剧艺术形式本身的局限,使戏剧研究者分为两大阵营:一方面立足于文本,用研究小说、诗歌的方法研究戏剧,诸如主题、意象之类;另一方面则出入剧场,专心于剧场演出与表导演研究。"在这两个阵营里对剧场的作用是有分歧的,前者认为不必考察剧场问题,后者则强调剧场的重要作用。周宁:《比较戏剧学 中西戏剧话语模式研究》,上海:上海社会科学院出版社,1993 年,第 207 页。
② 涛痕:《售食物者宜变法》,《春柳》,1909 年第 3 期,第 231 页。
③ 洪深:《从中国的"新戏"说到"话剧"》,《现代戏剧》,1929 年第 1 期,第 3 页。
④ 照片转引自《中国话剧先行者张伯苓张彭春》一书。

图 2-1 《华娥传》剧照

从剧照中可以看出,虽然还是三面敞开,但是已经基本符合镜框式舞台的要求。必须注意到,这种适合于话剧的舞台并不是南开新剧团的自觉追求,而是迫不得已的选择。一个学校业余剧团,不可能也没有资金去寻找专门的演出场地,学校建成的礼堂是最好的演出场所。南开学校第一座礼堂于1907年建成,1934年在原址上落成了一座更大的礼堂,在天津颇受瞩目:"该会本拟在租界内借一剧院公演,旋因该剧布景非常伟大而精致,租界内尚无适宜剧院,将布景加以改造,又恐减去该剧之艺术成分,故地点仍决定在可称中国第一话剧舞台的瑞庭堂。"①对于南开的礼堂有这样的介绍:

> 礼堂里边,带后背的灰色木橙子,一排一排的分三行陈列着。地板前低后高,作倾斜形:所以一进礼堂处,有三层小台阶;上了台阶,才到坐位。楼上也是前低后高;坐位的陈列,与楼下一样。楼上对着讲台的墙里是电影机室,室后有一月台,同东楼相通。
>
> 礼堂西头对着大门的是讲台。讲台成月牙形,向外突出。讲台后面是思敏室,与讲台隔一木板;有事时候,木板可以打开。讲台面积,东西南北,各约两丈。讲台北面通两间小屋子,演剧时可作化妆室。讲台上上下前后都有电灯,灯光齐明,台上可不见上影。台口上面,悬一白幕,为演电影时映射用;又悬一洋铁槽,里边有各色电灯,为演剧或跳舞时配光用。
>
> 礼堂面积,约可容千二百人。客观的说来,自然不算小;但在千六百

---

① 《〈财狂〉再度公演——南开校友会冬赈筹款》,《大公报》,1935年12月11日。

的南开,却觉得不够用,现正设法募款改进。①

可以看出,由于礼堂的建筑风格,南开新剧团根本没办法采用传统的三面敞开式的舞台,但礼堂作为剧场却使话剧取到了意想不到的效果。从功能上看,虽然礼堂也有举办过娱乐活动②,但它通常是用来举行典礼、集会,因此容易形成凝重、严肃的氛围。梅贻宝回忆:"记得我读南开中学时,张伯苓校长在百忙中每星期四下午召集我们到礼堂听讲,他叫修身班,内容现在已不记得,但印象很深。"③张彭春在礼堂演讲时还特别要求学生必须"肃静、自动、自重"④。严肃的礼堂氛围影响了南开新剧团的创作。早期演出时经常有闹剧式的人物与情节出现,像《一元钱》里孙家女仆"田媪"在剧中可有可无,但她的插科打诨,富有"哏"味的台词,类似于传统戏剧里的丑角,估计一出场就能逗观众开心。但在礼堂里,这样的角色却与庄重不搭。编剧者可能也感觉到这点,在后来的话剧演出里,此类角色越来越少,端庄的形象则越来越多。礼堂的严肃氛围还能促使观众养成良好的观剧习惯,有利于观众全身心投入到话剧中,使南开新剧团在表演时天然就获得比商业剧团更理想的接受环境。当然,由于受限于资金,礼堂不可能像其他剧场那样可以将舞台改造成转动式,这限制了南开新剧团对话剧展开进一步试验,也是无可奈何的事情。

礼堂仅是剧场的建筑形式,而舞台效果则是剧场里最重要的组成。南开新剧团很早就意识到布景对于话剧的重要作用。1914年南开新剧团一成立,就将"布景"作为单列的部门。《一念差》的"执事人名单"里就有"由'总布景'和'副布景'分头负责布景工作;并且分派了六幕的每幕'管幕';设立了'分幕布景',分派了'布景'的设置人员;选派了每幕的照料员;指定了'化装员''司衣员'和'司铃员'等"⑤。可见当时的布景并不是简单的前期工作,而是参与到演剧的整个过程中。其中,作为副部长的周恩来对布景工作很认真:"其次是布景讲究。或由学生动手制做,或聘请外边工人师傅来绘制。逼真考究,引人入胜。这在当时是一种新的尝试。新剧团正式成立后,

---

① 乐永庆:《南开环境与南开学生》,《南中周刊》,1927年第31期,第80—81页。
② 据1926—1932年在南开读书的张源在《从小事看南开》回忆说:"学校开学后,每两个星期的星期六在大礼堂演一次电影,票价也是一角钱。"陈明章:《南开大学》,台北:南京出版有限公司,1981年,第297页。
③ 梅贻宝:《大学之道》(1970年香港中文大学就职演说),东海大学哲学系主编:《中国文化论文集4》,台北:幼狮文化事业公司,1982年,第296页。
④ 张彭春:《修身班校长演说》,《南开校风》,第90期,1918年3月23日,崔国良等编:《张彭春论教育与戏剧艺术》,第42—43页。
⑤ 据周恩来记《一念差》所附《执事人名单》,引自崔国良《前言:南开话剧百年漫谭》,《南开话剧史料丛编 编演纪事卷》,第14页。

由教师华午晴先生任布景部正部长,学生周恩来同志任副部长。由于周恩来同志担任布景部的负责人,所以他为新剧团的布景装置很下过一些功夫。后来搞下雨下雪等场景,逼真酷肖,放火等场面,更是令人触目惊心。"①下雨下雪可能还可以通过一些道具实现,但是放火等场景则较为可疑,礼堂防火限制使其不太可能在舞台上呈现,不过也从侧面印证了南开新剧团布景给观众留下的深刻印象。严仁曾的回忆较为精准:"当时有油画、画作、瓦匠等绘制布景,是极讲究和真实的。每演一个新剧,观众对布景是赞不绝口的。"②以油画为主要布景,应该是南开新剧团布景的主要特点。1915年南开组织新剧团成员到北京看戏,周恩来批评北京戏园:"布景颇劣,饰者做作。"③同行的李福景则无意透露出南开布景与北京布景的区别:"布景多用布帐,绘景其上,奇妙者颇多,惟有时景在极后,人立极前,两不相合,布景虽有若无,亦一缺憾也。"④比起"布账"的背景,南开的油画布景可能更为"真实"和精致,更重视演员表演与布景环境的协调。北京大学在演《新村正》时,就曾向天津借油画布景,从中也可以看出,李福景的自豪是有道理的。

  南开新剧团的布景设置十分精心。从城内到郊外,从室内到车站,都可以用布景一一表现,让话剧的表演容量得到大幅度拓宽。1914年严修给《恩怨缘》做广告时就说"剧中布景之新奇,作工之妙肖,已属有目共赏"⑤。从现存的剧照来看,《恩怨缘》已能虚实结合,如第一幕的"种因"里,就将当时庙会的一些常见人物与场景搬上舞台,人物有士绅、算命、百货、乞丐、奔跑的小孩、住持的道士等,虽然这些人物跟故事发展并没有什么关系,但话剧还是直观地展现了庙会的热闹与喧哗。

  《恩怨缘》的布景很好地展示了话剧发生的外部场景。《新村正》的剧场则开始有意识地将布景与表演、故事相融合,这时布景起到的不仅是提示故事发生地,而且起到渲染故事氛围、交待人物性格的作用,如第一幕,所展现的是旧村正周味农的客厅。

---

① 黄钰玉:《回忆周恩来同志在南开学校的新剧活动》,周恩来同志青年时代在津革命活动纪念馆编《周恩来同志青年时期在天津的戏剧活动资料汇编》,天津:天津市文化局戏剧研究室内部出版,1981年,第183页。
② 严仁曾:《回忆周恩来同志在南开学校的新剧活动》,《周恩来同志青年时期在天津的戏剧活动资料汇编》,第189页。
③ 周恩来:《试各述寒假中之事况》,中共中央文献研究室、中国革命博物馆编:《周恩来南开校中作文》(手迹),北京:线装书局,1997年,第172页。
④ 李福景:《新年假中都门三日记》,《南开思潮》第2期,1918年6月,《南开话剧史料丛编 编演纪事卷》,第17页。
⑤ 林兆翰、严修等:《劝募内国公债演剧布告》,《南开星期报》,第21期,1914年10月26日,《南开话剧史料丛编 编演纪事卷》,第4页。

图 2-2 《恩怨缘》剧照

图 2-3 《新村正》剧照

从照片里可以看出道具是在舞台中设一榻,榻后面有一横几,上面分别摆着水瓶、石镜和玉如意。榻的两旁分别摆放着三把椅子。榻的上方,即在舞台中央,挂着"务本堂"的匾额。匾额下方挂着一幅对联,上书"秀句满江国,芳声腾海隅"。客厅的左旁有门直通内室,让观众"骤视之,无不惊异",整个布景简洁而富有内涵。对联、石镜都表明主人是个有学识、有雅趣的文人,"务本堂"和玉如意又显示出其守旧的品性。这些布景与道具将周味农这个坚守传统、不思变通的士绅形象与性格特点暗示出来。第三幕是在吴二爷家,家中无字画,只有简单的桌椅,但巧妙利用后窗,隐约地表现出他家有后花园,还可略窥见山石花木,很贴近于吴二爷的精明与善隐。这些家庭内的布置都与剧本里所述的人物特点较相吻合,暗暗交待了故事发生的背景,丰富和拓展了剧本内容。而《新村正》的第二幕布景最为观众所称道:

> 树林阴翳,黄茅紫藟丛生于其间。败屋数间,皆毁瓦颓垣,楹柱皆不完。而竹篱乔木,俨然一野景也。天色蔚蓝,以竹为篷,糊以纸,涂以青,而以蓝色之电灯反映之,如真天然,而鲜丽之色盖有加焉。有古井一,井围为淡黄色,若经久剥蚀之。麻石旁有贫妇一,浣衣且汲水,方其垂绳于井中也;井之深若非寻丈已也,即汲而出水则盈桶,何技之巧而竟如斯也!

精心的布景与巧妙利用的道具使观众印象极为深刻,让人"忘其为幻伪"①。布景与灯光配合,实景与虚景结合,甚至人造"古井"这样的小机关,确实让观众耳目一新。

南开新剧团追求布景的"真"跟"文明戏"的早期接受相类似,以为布景的"真"就是话剧的"写实"。编剧者只是朦胧觉得追求"真实"是话剧艺术特色,但其根本原因却还未能得以阐释。周恩来认为:"今先言吾校新剧,于种类上已占其悲剧感动剧位置,于潮流中已占有写实剧中之写实主义。"但他无法解释为什么"写实主义"就一定优于"写意",只是笼统地说:"况吾之论新剧,于吾校实为主观,而吾之主旨,又非纯求合乎欧美之种类潮流,特大势所趋,不得不资为观鉴,取舍去留,是在吾人之自择耳。"②周恩来认为欧美方向是"大势所趋",但也强调了南开自己的选择权,只是这也未能解释何为"大势"的问题,在他看来,因为话剧的布景是"真",所以就优于布景是"假"的传统戏剧。同为南开的铁卿说得更直白:"新剧之演作必尽美尽善,演何时之剧,必作何装束。演何地之剧,必作何地景况,如室室之内,旷野之榻,必按地设景,惟妙惟肖,不能如旧剧之空中楼阁也。"③所以南开的编剧们将布景的"真"当成了西方的"写实主义",将布景模拟"真实"当成了话剧艺术的"真实",南开新剧团显然还是未能真正把握生活真实与艺术真实的差别。当时的评论者就认为:"《新村正》把社会上的一切罪恶,一切痛苦,都完完全全的表现出来,绝没有一点修饰,这就是重实际。"④这样机械地理解"写实主

---

① 以上均引自李德温《记国庆日本校新剧之布景》,《校风》,第 104 期,1918 年 10 月 25 日,《南开话剧史料丛编 剧论卷》,第 63 页。
② 周恩来:《吾校新剧观》,《校风》,第 39 期,1916 年 9 月,《南开话剧史料丛编 剧论卷》,第 58 页。
③ 铁卿:《说改良戏曲》,《校风》,第 17、20、22 期,1916 年,《南开话剧史料丛编 剧论卷》,第 49 页。
④ 高秉庸:《南开的新剧》,《校风 16 周年纪念号特刊》,1920 年,《南开话剧史料丛编 剧论卷》,第 75 页。

义"的观念并不少见,是话剧进入中国后,戏剧界形成的一种"共识"。虽然理念不太恰当,但对于早期话剧来说,有助于从传统戏剧阴影里走出,探讨一条全新的道路,也有助于吸引观众。在"文明戏"阶段,天津市场也曾引入"真实"的布景,让看惯虚景的观众大为惊奇,如1920年代,天津的天仙戏园上演的《西游记》就将真的猴子拉上台表演①。当然,市场化理解中的"求真",导致"机关戏""电光戏"层出不穷,话剧内容反而被观众忽视。南开新剧团的公益性质,不太关心经济收入,所以在布景"真"上并不迎合观众,因此即使观众对《新村正》的"井"倍加推崇,但在后来的创作和表演里却基本上不再出现这样吸引眼球却无益情节的"技巧"。从接受层面上看,有利于纠正观众对布景的过分期待。

剧场的舞台效应不仅逼出了"真"的观念,而且对话剧结构提出了更高的要求。南开师生在参观京津茶园演出的《恩怨缘》《仇大娘》《一元钱》《一念差》之后,对它们的演出效果评价很低,认为社会剧团的演出违背了南开编剧的初衷。但是这些剧作在茶园、戏院等地大受观众欢迎,其首要原因是内容较符合当时接受心理,更重要的是,为了适应茶园环境,改编剧里大量加入了梆子、京剧、评剧等唱腔,观众实际上是将其当成传统戏剧来看。而当话剧不在茶园等地演而在南开礼堂上演时,原先旧戏台鼓师乐队所在的地方被布景所取代;原先旧戏台检场乱跑、满场甩毛巾、吆喝食物的干扰因素被清理出去,演剧的氛围得以整体改变。传统戏剧换幕时间较久,破坏了故事的连贯性,在礼堂里演出时,给予的时间有限,换幕必须加快。张彭春发明了以灯明灯灭为换幕标志:"此剧演作中,电灯忽灭约一分钟,而后光明,系表明已过一夜云。"②由此来缩短换场时间。在这些综合因素下,观众注意力除了关注烘托氛围、表现故事情境的布景上,就是集中于演员的表演和故事的展开,因此就会对话剧的故事性提出更高要求,这从南开学生高秉庸的观戏后感可以略窥一斑。他评价《一元钱》"全剧的事实,不过如此",对故事性很是不满;批评《一念差》主人公最后自杀——"他这样解决法子,到底对不对呢"③,对话剧采用传统恶人有恶报的结局表示怀疑。而且当观众聚精会神

---

① "京剧演员曹艺斌在下天仙演《西游记》里的'五行山'一折,唐僧揭去符咒,猴王即将从山底下出来时,台上灯光熄灭,电光闪闪,景片随即裂开。此时,经过曹艺斌精心驯教的一只活猴从里边窜出,左右张望之后溜下场去。就因为这只活猴,下天仙戏园招来不少观众。"甄光俊:《天津历史上的彩头戏》,《中国戏曲学院学报》,2008年第4期,第53页。
② 1916年的《一念差》开始采用这种方式。《校闻·内容披露》,《校风》,第41期,1916年10月9日,《南开话剧史料丛编 编演纪事卷》,第420页。
③ 高秉庸:《南开的新剧》,《校风16周年纪念号特刊》,1920年10月17日,《南开话剧史料丛编 剧论卷》,第72—76页。

欣赏故事时,对其连贯性的要求远远超过了传统戏剧。如果再按传统戏剧那般连演十天八天,情节支离破碎,那么正襟危坐的观众显然受不了。于鹤年也曾切中肯綮地批评《理想中的女子》:"全剧结构太不紧凑,五六幕尤无存在的价值。新剧的特色,在取一段事实的几点精萃的地方表现出来。旧剧才是有少许事故,即上一场。"①这些评价实际都暴露出了早期南开剧团的缺点,就是秉承传统戏剧的套路,缺乏对剧场效应的重视,以至于编出来的剧本漏洞百出,解决戏剧冲突的手段也偏于简单。这是对剧场特性的理解与认识还不够,不过这种现象普遍存在于各个剧团里。南开新剧团在后来的编剧中,较重视对故事的提炼,但并未影响到整个话剧界,殊为可惜。

剧场形态的改变还促进了话剧对传统戏剧的吸收。张彭春在这点上做出了相当的贡献。张彭春先有海外观剧的经验,在南开又有导演经历,1930年代还帮助梅兰芳走向世界②。有这些经历,使他既能掌握话剧艺术特点,同时又能总结传统戏剧的经验与得失。重回南开之后,张彭春在实践中有意识地将中国特色的表演艺术有机地融合到了话剧中。从剧场布置方面上看,注意吸收中国传统戏剧的优点,他以为:"(京剧)舞台布景非常简单,但在其他方面却另有可以欣赏的价值。"虽然他没有具体展开传统戏剧到底在什么地方有"欣赏价值"以及如何落实,但在1935年受到热情称赞的改译剧《财狂》③里,这种思想得到很好的实践。《财狂》的布景由张彭春亲自策划与设计,引起当时评论者的强烈兴趣:

> 在这样深度宽度都极有限的舞台上,不甘受空间拘束的建筑师,利用富立体感的亭阁石阶,利用明媚的蓝天,为观众的视觉幻想辟一辽广境界。
>
> 当我们在小地方发现建筑师的匠心时(如游廊柱头抹的油灰显然与主人悭吝寒伧性格有关),除非作者出来说明一下,我们不敢擅自再作解释了。我们时刻觉得这位建筑师和导演是在密切的合作中,那些石阶对导演显然成为一种方便。它划分了情绪的阶层。当木兰在阁上对韩可扬表示不能嫁他时,失望的恋人垂丧着头走下石阶,幌在斑痕崇崇

---

① 于鹤年:《评〈理想中的女子〉》,《校风》,1920年10月23日,《南开话剧史料丛编 剧论卷》,第478页。
② 梅兰芳两次出国到美国和苏联演出,都邀请张彭春担任梅剧团的总导演。1930年梅剧团访美首次聘请张彭春担任剧团总导演。张彭春重新选择了适合外国人欣赏的节目选段,加上谢幕等环节,使梅兰芳的表演获得极大成功。参考自徐城北《中国京剧》,广州:广东旅游出版社,2004年,第125页。
③ 《财狂》改编自莫里哀原著《悭吝人》。

的大理石上的黑影和下降的脚步皆帮同象征了内在的怅惘心情。①

几乎所有观剧者都关注到林徽因的布景贡献,赞赏美丽的图画与立体感的建筑、布景与灯光的完美配合、画面与剧本恰到好处的协调,但是基本上没人注意到《财狂》布景与其他话剧存在的巨大差异。有位评论者感叹:"幸亏三幕在空间上是一致的,不然对于这笨重的布景,真不知道要费多大工夫去搬弄!"②实际上,在莫里哀的剧本里,故事发生的场地并不统一。张彭春在改编过程中有意将故事调整在同一发生地。这一调整使布景无需变化,而且与故事搭配起来更为协调,以致观众以为是剧情使然。这在当时讲究经常变换场景、追求"真实"再现的话剧舞台上是一个少见的创意。除此之外,张彭春有意取消了幕布,利用灯光来表明早晨、中午、晚间不同时段。观众入座后可以直接欣赏到布景,接收舞台上的信息,初步了解故事发生的环境;灯暗之后,演员们入场站好位,灯一亮,观众就马上能被表演所吸引。这样做使观众接近了布景与演员间的距离,更容易诱使观众入戏。此外,萧乾注意到布景与人物动作的关系,他称赞说"台阶划分了情绪,黑影象征心情",但他将这种环境与人物情绪相渗透的成功归因于林徽因。其实,再好的布景如果没有导演的精心设计也很难协调,布景能出现这种效果因为是张彭春大胆地改动了林徽因对"游廊柱头"的设计,他故意将"太新"的柱头老化,而且在指导曹禺表演时充分利用下台阶表现不同的情绪,因此才会有"石阶划分情绪"。总而言之,只有导演的精心设计,才会使图画变得生动。

这些剧场上的艺术改变是张彭春在尝试一种新的艺术理想,即有意将写实与写意相结合。张彭春在总结传统戏剧的"程式"表演时注意到动作与环境的关系:"关键是动作的意义与判断的标准不在于'什么',而在于'怎样'。换句话说,按照舞台艺术的思想方法,重要的不是实物,而是人与事物之间的关系,表演动作的各种模式只是反映人与事物之间的各种不同关系而已。"③这是他创新话剧的重要思想支柱,剧场不再是单纯的展示平台,是否"逼真"不再是限制条件,关键在于剧场的舞台效果能否体现人与人之间、人与事物之间、事物与事物之间的关系,从"拟真"中让观众感觉到"真"的效果。了解这点就可以更好地理解为什么他会选择同一地点,将不同时空的故事改编为同一地点。《财狂》的布景很好地体现了中国戏剧中换人不换景、景随人移的传统,是张彭春将传统戏剧的审美经验创造性地运用到话剧之中的一个出色例子,其成功对于话剧的舞台建设有着非常重要的启示作用。

---

① 萧乾:《〈财狂〉之演出》,《南开校友》,第1卷第3期,1935年12月15日,第11页。
② 水皮:《〈财狂〉的演出》,《益世报》,1935年12月5日。
③ 张彭春:《中国舞台艺术纵横谈》,黄燕生译,1935年,《张彭春论教育与艺术》,第574页。

演员也会因剧场形态的改变而发生变化。由于观众集中注视着每个演员,关注故事的发展,参与演出者就必须为了故事的完整性而不分贵贱全心配合。虽然还是有主角、配角的分别,但在话剧舞台中很难像京剧的名角那样仅靠一个人就可以支撑起整个舞台。南开新剧团由于演员是师生或者同学关系,地位高低问题不难解决:"南开剧团有一个特色,就是没有主角制度。凡加入表演的都一样被看重,只有担任角色轻重之分,出台亮相先后之别,无所谓配角主角。仅有一句道白的,与场场出现的,是一样待遇。一到演戏时候,师生高高兴兴,和和气气,共同合作,把戏演好,直到解了装,齐到食堂吃宵夜,烧饼油条稀饭,边吃边讨论得失,真是有一番风趣。"①南开新剧团对每个人平等对待,可以充分调动学生全身心地投入到表演中去。文明戏衰落的一个原因就在于演员间的争斗:"更坏的现象,是抢着做戏,各显神通。有经验的演员,一抓住机会,就站在台口,滔滔不断,大发其所谓'言论',以耸人听闻的论调,博得座客倾心,观众鼓掌,而剧情的发展,到此等于中断。如果演员之间有了不睦,那就更有趣了。记得'民新社'演《空谷兰》的时候,有一次演老旦的苏石痴因为误了场,害得先在台上的汪优游和王无恐无戏可做;等到苏石痴上场,汪、王一生气,就把他冷在台上,只顾自己说话,弄得苏石痴奇窘不堪。到了后台,大骂了一通。但从此以后,感情一经破裂,凡是这三个人一同台,就彼此捣蛋,弄得和剧情背道而驰,连看客也看出来,加以责难了。"②南开演员虽然业余,但在老师的要求下,对表演并不放松,避免了文明戏的这些问题。话剧演员如何表演很早就被张彭春所关注,他虽然不是从剧场形态改变而得到启发,但他敏感地注意到话剧在剧场表演时的特性:

> 当我们感觉得强烈的情感的冲动,悲时,便大哭一场,喜时,便尽情狂笑,这种粗暴的表情,不能算是艺术的作品。不论多么热烈的情感,只要用某一种形式表现出来,成为艺术品的,他底律动总是静的,淡的。凡是伟大的作品,全是在非常热烈的情感中,含着非常静淡的有节奏的律动。把无限的热情,表现在有限制的形式中,加以凝炼,净化,然后成为艺术品,这就是艺术作者的牺牲。艺术之所以为艺术者在此。③

话剧追求"真",但演员不能将艺术的"真"误以为就是现实生活的再现,所以

---

① 张德莱:《回忆南开新剧团》,《南开校友通讯》,1983 年第 3 期,《南开话剧史料丛编 编演纪事卷》,第 316 页。
② 周剑云:《剧坛怀旧录》,《万象》,1944 年第 3 期,第 40 页。
③ 张彭春:《本学期所要提倡的三种生活》,《南开双周》,1928 年第 3 期,崔国良等编:《张彭春论教育与戏剧艺术》,第 550 页。

张彭春以为在表演时,需要有所克制,不能夸张地表现情绪;另外,不能太过于随意,没有唱腔等要求,对情绪、神态、动作的要求就更高,如果表演时太过随意就很难抓住话剧的特点,以致影响观众的接受。基于这样的认识,张彭春很反感早期话剧特别是"文明戏"里随意而为的表演:

> 第三、是缺乏相当的训练。话剧在一般人的眼中以为是只要能说话就能上演。所以你演我也演。岂不知这末一来实在糟踏话剧的价值了。他们马虎地出演,对动作的姿式、语调的高低、布景的合适,及其他基本的演剧术都未能有相当的训练,所以话剧之失败并非偶然的。①

张彭春针对话剧剧场对演员提出更高要求,总结了话剧表演的两个原则:第一个是"一"(unity)和"多"(variety)的原则,即演剧时各个部分、各个演员都不能违背剧本故事性与基本精神,必须有统一的认识,不能任性而为这是"一"。在此基础上演员又必须有"想象力"地发挥,不能光背台词而忘记与其他人配合,更不能因与自己表演无关而对故事发展变化毫无反应,这是"多"。第二个是"动韵"原则,即表演应该是"生动"的,演员不能僵化地站在台上说,而应将台词与情绪、动作与情绪、动作与环境结合起来。张彭春在这两个原则之上又提出了四点工作精神,即"稳""准""狠""群":"'稳'是不慌,深刻。'准'是有一定的安排。'狠'是咬住牙根,拼命的干,要干到'见血''见线'的程度。讲到'群'字,不只剧团的演员,职员,甚至工友都要作到好处。我们剧团里面没有'明星',个个演员都是主角。"②在南开校友的回忆中,《财狂》的彩排就很好地体现了张彭春以上要求:"对词,哪个字重要,哪个字念得轻,哪个词儿后面要停顿,走场子,走前后左右、快慢疾徐,导演都记在自己的剧本上。排戏时,导演胸有成竹,演员按部就班。"③这种风格的导演加上曹禺这个同样对艺术有天赋又执着的演员,二人配合默契,对每个出场、表情、动作都要"认真推敲,反复排练,一点儿不得马虎"④,这使曹禺在《财狂》里有非常完美的表现。"曹禺所演的韩伯康,四十多年后至今印象仍十分鲜明。看他那副缩肩抱肘的寒酸相!忽而唉声叹气,忽而抓耳挠腮,一阵狂叫,一阵是咯咯咯骷髅般的笑声。他初见木兰小姐时搜索枯肠想讲几句

---

① 张彭春:《苏俄戏剧的趋势》,《人生与文学》,1935 年第 1 卷第 3 期,第 233—234 页。
② 张彭春:《关于演剧应注意的几点——原则和精神》,《南开校友》,第 1 卷第 3 期,1935 年 12 月 15 日。
③ 田鹏:《跟随九先生、老伉先生排戏》,《南开话剧史料丛编 编演纪事卷》,第 225 页。
④ 张镜潭:《回忆张彭春教授导演〈财狂〉》,《天津市南开中学建校八十五周年纪念专刊》,1989 年 10 月,《南开话剧史料丛编 编演纪事卷》,第 218 页。

情话的丑态,以及发现美国股票丢失后的捶胸跺脚……都整个攫住观众的心灵。"①当时人的评价或有过誉,但过了四十几年后,观众还能如此清晰地记着演员当时的细节,不能不说是曹禺与张彭春两个人共同努力的巨大成功。张彭春不仅是严格要求主要演员,对其他角色同样不放松。鹿笃桐当年演的是财狂的女儿韩绮丽,她回忆说:"在全剧中我的戏并不多,记得有一句台词'真的吗?!'他不厌其烦地教了我多少次,直到说成'真……的……吗?!'语调和节拍都符合他的要求时,才满意地对我微笑地点了点头。"②田鹏说张彭春要每个演员上场"都很带情绪"③,从台词"真的吗"和"真……的……吗?!"两者间的差别,就可以体会张彭春是如何运用"一""多"与"动韵"的原则,也略可体会张彭春如何要求演员将一个小句子不是随意读出,而是将台词与情境、形象、故事联结起来,使其既不夸张但又能充分体现人物特性。

　　剧场形态的改变还带来话剧地位的改变。早期天津戏剧演出主要集中在茶园:"茶园是将舞台与观众席统一在一个建筑体内的室内剧场。舞台为伸出式三面敞开的方台,台口两旁有两根柱子,上横沿有铁栏杆,专供武戏演员表演特技。茶园的舞台基本是自然采光,夜晚增加照明设备。观众都围着八仙桌相对而坐,侧脸看戏。茶园虽为戏曲演出场所,实际入园者主要以喝茶为主,听戏为辅。观众入园只收茶资,不收看戏钱。"④这种戏剧观看方式与天津的商业城市相配合,从清中叶开始就颇为盛行。在茶园演出,戏剧地位是低下的,观众主要是交际和饮食。但是礼堂式的演出一改茶园习惯,学校更是将其他干扰因素一并排除,这样一来,剧场的严肃性提高了话剧的地位。观众来剧场就不是来喝茶,而是单纯地看戏。而且南开剧场还首开了看戏必须买票的规矩。1914 年《华娥传》的宣传里就如此规定:"女宾,甲级大洋一元,乙级小洋六角;十一月一日,男宾,甲级大洋二元,乙级大洋一元。"⑤虽然收取门票的原意是为公益筹钱,大部分资金也用于支持南开新剧团的活动,但毕竟在观众中树立了看话剧必须买票的观念。此后,收取门票成为了南开新剧团演出的一个特色,甚至一度演剧成为"借此游艺为募款的唯一方法"⑥。不过南开票价始终不贵,1935 年《财狂》的票价为"甲种五角,乙种三

---

① 佟荔:《从曹禺主演〈财狂〉说起》,《新文学史料》,1979 年第 2 辑,第 287 页。
② 鹿笃桐:《深切怀念张彭春老师》,《南开话剧史料丛编　演纪事卷》,第 207 页。
③ 田鹏:《跟随九先生 老伉先生排戏》,《南开话剧史料丛编 编演纪事卷》,第 225 页。
④ 郑立水:《天津的戏园》,黄炎智主编:《京剧艺术在天津》,天津:天津人民出版社,1995 年,第 443 页。
⑤ 林兆翰、严修等:《劝募内国公债演剧布告》,《南开话剧史料丛编　编演纪事卷》,第 4 页。
⑥ 炽晶:《开过三次募款大会以后的话》,《南开周刊》,第 55 期,1923 年 1 月 30 日,《南开话剧史料丛编　编演纪事卷》,第 19 页。

角"①；相形之下，自 1920 年代起，天津较大的戏园正规演出时票价均要 3 元左右②。南开看戏收门票的示范，提高了观众对话剧的尊重，也有助于提高话剧在天津城市娱乐中的地位，专业话剧剧团也才有可能在天津获得更多的生存空间。虽然不能说是因为南开收费促使话剧走向天津市场，不过在民国初年确实有助于人们改变观念，而在 1930 年代相对便宜的价钱则有助于话剧的推广与普及。

必须指出的是南开剧场的形成与体制，并不是南开新剧团的自觉选择与追求，它只是得益于校园环境，得益于教育者的理想，也得益于师生们的共同努力。但它对话剧艺术特色的重新认识与积极实践，对中国话剧的发展起到积极探索的作用。

四　功能转换：话剧的期待与被期待的学校剧团

戏剧的宣传功能历来为人们所重视，晚清以降，知识者因为救亡图存，还对它增添了"启蒙"的期待。知识者以为戏剧直面观众，对普及知识与启蒙思想都十分有效："像那开办学堂虽好，可惜教人甚少见效太缓，做小说、开报馆，容易开人智慧，但是认不得字的人，还是得着益处。我看惟有戏曲改良……无论高下三等人，看看都可以感动，便是聋子也看得见，瞎子也听得见，这不是开通风气第一方便的法门吗？"③"天僇生"说得更直接，认为戏剧改良与学校教育可以相提并论："然教育兴矣，其效力之所及者，仅在于中上社会，而下等社会无闻焉。欲无老无幼，无上无下，人人能有国家思想，而受其感化力者，舍戏剧末由。盖戏剧者，学校之补助品也。"④然而不管是在晚清还是五四时期，戏剧却是各类文体改革中成绩较小的。曾引起一时轰动的文明戏，进入民国之后，迅速没落，低俗、粗制、风纪败坏等问题层出不穷。五四新文化运动知识者在小说、诗歌、散文等方面推进迅速，变革显著，但在戏剧改革上却面临较大困难："谈小说、辩诗文，胡适等全都得心应手。唯独到了评价传统戏曲，方才遭遇新文化人的'滑铁卢'。"⑤理论难行，创作也是寥寥："这一时期，理论非常丰富，创作却十分贫乏。只有胡适底《终身大事》一

---

① 《〈财狂〉再度公演——南开校友会冬赈筹款》，《大公报》，1935 年 12 月 11 日。
② "有一年，春和大戏院约请北京名角会演……票价 3 元，和义务戏的规模一样。"许姬传：《天津十年》，中国政协天津文史资料委员会编：《天津文史资料选辑》，第 39 辑，第 187 页。
③ 三爱（陈独秀）：《论戏曲》，《安徽俗话报》，1904 年第 11 期，第 6 页。
④ 天僇生：《剧场之教育》，《月月小说》，1907 年第 1 期，第 4 页。
⑤ 陈平原：《触摸历史与进入五四》，第 75 页。

部剧本是值得称道的。"①洪深的判断其实是未注意到南开新剧团的创作与演出情况,所以才会对五四前后的创作如此总结。直到1935年,柳无忌②还在感叹:"说也奇怪,各种文学中,最应与大众接近的戏剧,却最不受大众的拥护。"③

话剧,由于其剧场形态、接受氛围依赖于剧本、剧场,更依赖于外部环境,其实是一种"小众"艺术。不同城市里,不同观众的欣赏习惯与知识水平,决定了戏剧的种类和传播范围。在上海,由于存在着市民阶层与工人阶层,因此不管是家庭戏还是左翼戏剧都能较好地展开,而在北方,得益于新式教育、新文化运动的推动,话剧兴起与新青年紧密相联。南开师生们注意到这点:"对新剧的兴趣是随新文学运动发展而来,大学与中学的学生很自然地成为欣赏和支持翻译或创作新剧的主力军。这说明了为什么新剧仍然主要是由学生作为一种业余活动而演出的。"④巩思文⑤也注意到社会上能接受话剧的人,均是受过新式教育的一辈:"不客气的说,中国话剧现时的观众,往往只是吸引外洋文明较多的城市民众。所谓城市民众,却以受过新教育的知识分子占多数。"⑥话剧的特性决定了它的观众群体较为有限,而且还要求观众要有较强的收入。张彭春说:"话剧的出演在布景、服装方面都很费钱,但是主要的,一个城市的少数观众,决不能养住职业剧团的。因为没有充足的经费,大规模的布景,壮丽的舞台设计,专门的职业剧团是不能具备的。并且在目前,各地都处在紊乱的、不安稳的状态之中,哪能还有安静的心情和富余的时间和金钱来欣赏和批评新兴的话剧呢?"⑦他的观点确实很有见地,在现代中国,能支持起话剧团正常活动的城市寥寥无几,再加上外部动荡不安,即使有限的观众也很难安心地欣赏话剧,所以说话剧要实现"大众拥护",在动荡的民国时期实在是不太可能的事情。在这种背景下,重新审视南开新剧团,必须承认其力量不大、影响范围较小,但它在学校剧团可能的范围内尽量影响城市文化,特别是在培养观众欣赏习惯上有较大贡献。

---

① 洪深:《中国新文学大系·导言》,上海:良友图书印刷公司,1935年,第22页。
② 柳无忌,原名锡礽,笔名啸霞、胜已,1907年生,吴江黎里镇人。柳亚子哲嗣,美籍华人,教授。1927年毕业于清华大学,后赴美留学,在耶鲁大学获英国文学博士学位,1931年赴欧洲深造。1932年归国后,历任天津南开大学、长沙临时大学、昆明西南联大、重庆中央大学教授。
③ 柳无忌:《闲谈话剧》,《南开校友》,第1卷第3期,1935年12月15日,《南开话剧史料丛编 剧论卷》,第327页。
④ 张彭春:"New Drama and Old Theatre in China",《南大半月刊》,第3、4期合刊,英文副刊,1933年7月15日,第3页。
⑤ 张彭春的学生,后为南开大学英文系教师。
⑥ 巩思文:《〈财狂〉改编本的新贡献》,《南开校友》,第1卷第3期,1935年12月15日。
⑦ 张彭春:《苏俄戏剧的趋势》,《人生与文学》,第1卷第3期,1935年,第233页。

南开新剧团对于城市文化的影响集中体现于对观众的改造,如改变观众"戏剧就是娱乐"这一看法。南开新剧团的演出环境比社会上好,剧场是严肃的,观众文化水平较高。但是即便如此,南开观众的表现也不是很理想。张彭春要在戏开演前提醒说:"本剧之成功,责任在演者与观众两方面,意请大家少嗑瓜子,少作怪声,以免妨害演员精神也。"①如果校庆日学生与校友们一起观戏,场面可能更混乱。以至于老师加导演要经常性地"警告"一番:"刚才有两位太太说话,我真不好怪她们:因为中国人是享自由惯的,在大锣大鼓的唱京剧时候,两个朋友见了面就是'唉!老兄。''吃了饭没有?'都不要紧。但是看这种话剧,是要受些别扭的,非但说不得话,而且连咳嗽都不能……"②有师长这般"威胁"才让礼堂"静谧了些"。观众的反应说明欣赏习惯不是一朝一夕就可以改变的。

在张彭春看来,观众不配合话剧演出,其根源在于传统戏剧欣赏习惯。他访问苏联时看话剧演出,发现观众"场场爆满"。相形之下,他认为1930年代的中国话剧演出状况:"第一,是中国人现在还没有养成欣赏话剧的习惯。话剧传入中国其历史不过二三十年,人们对于话剧的观念及态度都没有过训练。中国现在既没有对于话剧有兴趣的观众,对于演员及作剧家、导演家又没有一些政府的或社会的鼓励,所以话剧运动就很困难了。"③巩思文更是郑重地将观众的欣赏习惯看成话剧推广的障碍:

> 中国戏剧本来就是供人娱乐的东西。社会上的人始终不曾重视演剧。观众走到剧院里边既为求乐,于是谈笑、吸烟、吃花生、嗑瓜子,再也无人禁止。但是他们观看新剧就不成了。新剧的演员没有旧剧演员的歌唱,新剧舞台上边没有热闹喧天的音乐,如果观众不守秩序,演员对话,便难被人听见。所以排演新剧之先,戏票背面往往印上三条禁令:一、十岁以下幼童恕不接待;一、开演时请肃静,勿谈话;一、场内请勿吸烟。
> ……
> 因此,观众的习惯必须矫正。但在初次矫正之时,普通人却以为受人矫正,便是妨害他们的乐趣,失掉看剧的本意。花钱还找罪受,他们当然不大乐意。观众这种不良的习惯,实在是新剧运动的障碍。④

---

① 张彭春:《〈刚愎的医生〉公演前登台演词》,《南开双周》,第1卷第2期,1928年3月28日,《南开话剧史料丛编 剧论卷》,第117页。
② 张彭春语,转引自立厂《记南开之〈争强〉》,《北洋画报》,1929年10月26日。
③ 张彭春:《苏俄戏剧的趋势》,《人生与文学》,第1卷第3期,1935年,第233页。
④ 巩思文:《独幕剧与中国新剧运动的出路》,《人生与文学》,第1卷第2期,1935年,第109—110页。

巩思文指责观众习惯不好，认为应该加以"培训"，不过这种看法对观众过于苛求。南开观众其实也愿意配合，有学生就说："善观者，不观其貌而观其情，不察其音而察其意。一言一动，无不思其理而究其奥，几如身遭其遇，亲临其境，体虽未与技合而心神已与技合矣，身虽未为伶而脑筋思想已歌舞动作，俨然一伶人矣。若是乎，情欲攻于内，利害吓于外，而为恶者可以悔而为善，为非者可以改而求是，则观剧之益为何如哉！"①只是这样一厢情愿放弃"畅情适意"，要时时严格地反思与专注地观赏，观看话剧可能会比上课还累，有点强人所难。

  话剧期待观众能改变欣赏习惯，而受过训练的观众对话剧旋即提出更高的要求。早期南开话剧自编自演，形式新颖，剧里可以自由发挥，因而看着新鲜，听得有趣，观众配合问题可能还不突出——如《恩怨缘》"凡来观者，无不交口称赞"②，《一元钱》"可称绝唱"，《一念差》是"新戏之杰作"——但观众逐渐对一些冗长的话剧不买账。1915 年改编自《聊斋志异》的《仇大娘》长达23 场，在南开新剧团里所有演剧中最长，连演三天，演出时困难重重，观众少有反响，最后只能改为出版③，转让给其他半演唱半说词的专业剧团。进入到 1920 年代以后，随着学校日益正规化，学生演剧热情下降，触及现实与贴近感受的原创剧作较少出现，改译剧本大量出现，但在场景、演员等方面均未及早期那般认真，观众对此大为不满。即使一些改译剧，也常让学生提出各种批评："但是在看过表演之后，并没有得着更深的印象和了解。这也许因为我的意相过于死滞，看不出其中的奥妙；或者亦许是作者思想有些笼统。二者必中其一。"该学生认真分析后认为不是自己对西方知识了解不足，也不是自己的理解能力不好，而是剧本与表演出了问题："吾想凡是近似一种艺术的表演，本应当保有他相当的价值。既然用一些精力，费一番筹备，至少要在这种表演上给予相当的艺术价值，使观者不至晕头晕脑，莫得其意旨所在。"④这些改译剧没有很好地处理好故事与表演的关系，所以观众反映不好，直接表现在剧场的秩序上。从南开的记录里可以发现，一场改译剧只要

---

① 张松龄：《观剧》，《校风》，第 91 期，1918 年 3 月 28 日，《南开话剧史料丛编 剧论卷》，第 62 页。
② 《纪事·演剧余音》，《南开星期报》，第 21 期，1914 年 10 月 26 日，《南开话剧史料丛编 编演纪事卷》，第 394 页。
③ "假中，《仇大娘》天然剧演作之期，敬业乐群会将该剧内容刊成详志，每册售铜子四枚。"《校风》，第 19 期，1916 年 2 月 28 日。
④ 朱秉庸：《〈此事古难全〉忆评》，《南大周刊·五月纪念专号》，1925 年 5 月 29 日。《南开话剧史料丛编 剧论卷》，第 89、92 页。

"居然能吸住观众,场中秩序一点不乱"①,就算演出很成功了。显然,观众已然对话剧有所了解,已经形成一定的欣赏习惯,这些学生进入社会后,便成为了观赏话剧的主要群体,同样也会对职业剧团提出更高要求,有助于话剧的整体进步。两者在互相期待里实现相互的提高,这是话剧良好的发展趋势。

南开新剧团在这样的环境下,也开始重新寻找位置。1920 年代,职业剧团与戏剧学校纷纷出现,开始进入天津,天津市民的兴趣已经转移到它们身上。1925 年,有报纸批评南开新剧团没能更深入到群众中,介入到城市里。南开人如此辩白:"南开的新剧,在天津已很有名了。有人批评南开新剧团,只会演《一圆钱》《一念差》一派的剧,不能演这样描写'任情的妇人'的剧本。这话未免太冤枉人了,因为他们常演的是南开自己所编的剧本,没有排演过他人的剧本。……我希望我校的新剧团能够不因他们走了而受影响,反而是努力于艺术上多有贡献,使天津社会人士得深深的印象,打破为迎合天津社会人士心理以丑为主,娱乐观者的观念。"②虽说如此,但当时的大环境与学校教育的限制根本不允许新剧团由业余转向职业,再加上张彭春等人的离开,导演与演员的队伍组成非常不稳定。即便剧团每年还是努力争取演出,但往往评价很低,也很难引起报纸等媒体的关注。1930 年一直关注南开的《北洋画报》记者如此写道:"南开新剧,名驰海内,盖不自今日始。国内之有学校剧才,莫不推南开为巨擘;即以各爱美剧团论,能及南开有剧团之认真排练,表演娴熟者,似亦不多见。因南开确有良好之导演,良好之编译剧本者,良好之演员,良好之舞台,而其剧团完备之组织,盖又非朝夕之力也。……今同在一市,反而失之交臂,为之哑然自笑,慨然若有所失。"③评价虽高,又有推崇,但却不去南开看戏,这只能说明媒体的兴趣与焦点已经转移。

社会上对话剧的注意力转移到职业化剧团上。北平艺术学院戏剧系主任熊佛西带领的首届毕业同学到津公演,演出了如《一片爱国心》《醉了》《压迫》等,"加浓了天津戏剧空气"④。熊佛西还是以试验为主,除去卖票等所得,总共亏了 117 元⑤,但在当时天津引起了许多关注。富有商业头脑的天津人还帮熊佛西出主意说:"至于这一次他们在津公演,听说座客,并不很

---

① 稚言:《王尔德在戏曲中描写的"任情的妇人"》,《南大周刊·五月纪念专号》,1925 年 5 月 29 日,《南开话剧史料丛编 剧论卷》,第 87 页。
② 稚言:《王尔德在戏曲中描写的"任情的妇人"》,第 88 页。
③ 秋尘:《谈南开新剧》,《北洋画报》,1930 年 10 月 25 日。
④ 贡蕙:《加浓天津戏剧空气》,《庸报》,1929 年,转引自《戏剧与文艺》,《天津公演专号》,1929 年 10 月,第 61 页。
⑤ 《艺院剧系第一届毕业同学流行公演团平津公演会计报告》,《戏剧与文艺》,第 1 卷第 6 期,1929 年 10 月 1 日。

多。这或者是天津社会还不能十分的欣赏。但是他们这次公演,没有一位经理人 Manager 出面,和戏院接洽,或办理一切对外的事,这也是吃亏的一个大原因。"①其实问题也不在于没有职业经理,而是天津的较广泛的市民阶层还远未能消费得起"昂贵"的话剧。有评论者就指出:"(公演)最低的价钱,还是大洋一元,试问一般爱好艺术的民众,能不能拿出一块大洋去看戏?"②1930 年代以后,随着天津经济的发展,观众素质进一步提高,职业剧团才在天津立足,话剧市场也有所发展。特别是《雷雨》上演,中国旅行剧团成功地刺激了天津的话剧市场,让职业剧团看到演出可以获利的希望,由此才促使天津话剧得以较快发展:"曹禺的《雷雨》《日出》等剧作,在推动话剧演出活动由二十年代的小剧场向三十年代正规剧场的转变,由非职业化的实验性演出向职业化、商业化演出的转变,也起到了重要的作用。"③随着城市经济与文化的发展,天津迎来了话剧演出的高峰:

> 从 1935 年初至 1937 年 8 月抗日战争爆发前,是天津话剧演出最为辉煌的时期,天津的话剧舞台可谓好戏连台,人才荟萃,具有强烈社会反响的公演就达数十场之多。其中有天津青玲艺话团公演的农村题材的多幕话剧《金宝》,天津鹦鹉剧团公演的多幕剧《潘金莲》《赛金花》《雷雨》,天津东方旅行剧团公演的多幕剧《日出》《钦差大臣》,天津职业话剧团公演的多幕剧《梁允达》《女店主》等,同时还涌现出曹禺、黄佐临、张季纯、刘念渠、李保罗、谢天、夏淳、梅阡、梅熹、石羽、石挥等一批在国内有影响的剧作家、导演和演员。总之,天津的话剧演出已经立足津门,继而影响全国了。④

这些剧团大都与南开新剧团有所联系,如曹禺、黄佐临、张平群等人出身南开,均参与过南开新剧团的演出工作。曹禺说:"南开新剧团是我的启蒙老师:不是为着玩,而是借戏讲道理,它告诉我,戏是很严肃的。"⑤黄宗江演艺生涯起步自在南开新剧团⑥,而石羽则坦陈其演技吸收了曹禺在《财狂》里的

---

① 春明:《商报'艺术专刊'的开场白》,《戏剧与文艺》,第 1 卷第 6 期,第 93 页。
② 其吾:《这不是我们需要的戏剧》,《戏剧与文艺》,第 1 卷第 6 期,第 81 页。
③ 严家炎主编:《二十世纪中国文学史》(中),北京:高等教育出版社,2010 年,第 126 页。
④ 郭武群:《引进 扶植 辉煌———论天津早期的话剧演出活动》,《天津大学学报》,2005 年第 3 期。
⑤ 曹禺:《回忆在天津开始的戏剧生活》,《天津文史资料选辑》,第 19 辑,第 142 页。
⑥ 黄宗江:《女角男演考——我演女角后的牢骚》,1937 年,《南开高中》,第 2 卷第 4 期,《南开话剧史料丛编 剧论卷》,第 367—369 页。

表演①。南开新剧团培养出一批话剧工作者。

由以上描绘来看,天津话剧已然在城市里有所发展,但南开新剧团却反而沉寂下来,学校剧团如何在城市里继续发挥其作用?巩思文从接受角度入手,认为"如无观众,话剧的振兴却是绝望",从而对新剧团的未来提出一种解决方法:

> 目前却是先让人们接近话剧,认识话剧的时候。等他们对它发生兴趣了,然后才能作教育和宣传的功夫,到那时,它才是真正的新武器。因此,我们希望中国从事话剧运动者在目前对于舞台表演固应力求完美,上演的剧本却不可陈义太高,过于违反观众的习惯。即不得已,非把话剧当作武器不可。那只好也以兴趣为先,而教育宣传的成分应居次要地位,如果不这样,话剧的地位在中国便难得到普遍的拥护,而所谓话剧即新武器者,更是谈不到。②

巩思文认为话剧不能太过于求诸宣传,而是要培养观众兴趣,要致力于提高表演同时适应观众水平。这在1930年代的话剧运动里特别值得重视,由于左翼思潮过于强调宣传与教育功能,导致对话剧内容与表演的忽视。职业化剧团必须顾及营业的兴衰,往往容易向观众趣味投降。有些剧团提倡"到民间"去,但经费限制了持续演出。这些话剧运动出现问题归根到底是缺乏观众的支持——真正喜欢话剧、又能消费话剧的只能是那些受过新式教育的市民。1930年代,在专业剧团之外,学校戏剧反而在上海被重新认识:"有人怀疑学校戏剧运动会妨碍民众戏剧运动的展开,但其实真正的学校戏剧运动其目标是与民众戏运相同的;而且它是从贵族的戏剧到民众的戏剧的过程中之必经的阶段。学校剧运当以戏剧的传达激起同学的同情,借以巩固自己的根基,第二步应努力提高民众的文化水准,以扶助民众及早抬头。"③1929年上海的学校戏剧出现新的发展,摩登社与复旦剧社的兴起代表了这种潮流④。南开新剧团也在积极尝试,只是由于1937年日本入侵,学校被迫搬迁,新剧团虽然还坚持演出,但其影响与试验力度已大为减弱。

除巩思文所强调的意义与作用外,柳无忌对南开新剧团的未来也提出设想。虽然以下这段话并不针对南开新剧团,但确实是描述了学校剧团的未来走向:

---

① 石羽:《话剧艺术的传统》,《戏剧报》,1959年第15期,《南开话剧史料丛编 剧论卷》,第389页。
② 巩思文:《话剧即新武器?》,《人生与文学》,第2卷第2期,1936年,第4页。
③ 如琳:《学校戏剧运动》,《十日》,第1集第4期,1931年,第68页。
④ 参见杨新宇:《复旦剧社与中国现代话剧运动》。

> （一）实验剧院，应附属在一个有名的大学内。理由是：这剧院不能官办，因为官办了就糟；不能商办，因为商办了就营业化。这个性质应是研究的，试验的，它最好能并在大学内，可以利用大学的教授人才，和图书馆的设备。经费的来源：可以由学校设法，政府或文化机关津贴，或社会上热心人士的捐助，这比做慈善事业的效用广而且远。而且成绩是几年后就容易看见的。①

从城市文化影响来看，学校剧团已经完成了它的初步使命。早期学校剧团因应时代变化，借助话剧表达新文化，在描绘天津世态人情与塑造"用非所学"者方面影响较大，使新文化的观念与思想得以更广泛的传播，同时也通过礼堂与持续数十年不断的校庆、游艺会环境培养了一批懂话剧、会欣赏的观众，这是它最重要的贡献。而随着城市娱乐业的发展与市民阶层的壮大，天津的话剧运动已逐渐转移到社会上，有南开新剧团的多年培养，才会有1930年代天津话剧持续高涨的现象。从这个层面才能说，南开话剧团已在城市文化里留下它不可磨灭的痕迹。南开新剧团的未来倘若可以按巩思文的设想，将会在更深层次介入城市，并再次崛起；或者按柳无忌设想，会对中国话剧及天津城市文化产生更深影响。可惜历史并未提供这样的机会。

---

① 柳无忌：《一个理想的实验剧院》，《人生与文学》，第1卷第1期，1935年，第49页。

第三章 《北洋画报》与天津娱乐空间的分化

晚清到民初,由于政局动荡不安,中国城市难有连续稳定的发展环境,同市民消费水平息息相关的娱乐业也难获发展。1928年到1937年间由于国家完成形式上的统一,南京国民政府开始制定一系列内政外交政策,形成一个相对稳定的局面,中国城市得以快速成长。经济的发展同时带来阶层的分化。新兴的阶层需要通过文化资本来证明与表现自己的阶层特性:"品味与休闲行为的表达帮助人们把自己和他人定位在相应的社会阶层。"①因此,新兴阶层往往会选择差异性的娱乐方式,以适应其文化表达。这种需要直接促使城市娱乐空间产生分化。在较发达的城市里,除了传统娱乐业外,纷纷出现了如游乐场、电影院、戏院、舞厅等新式娱乐设施。

由于现代文明的机械复制,不同城市娱乐空间的发展与变化有相似性。如各个城市均有草台班子、"地摊"式表演,随着现代进程的推进,陆续出现电影院、舞厅等设施。但城市间的经济发展不平衡,地理位置与文化背景存在差异,因此兴起的娱乐业也各有不同侧重。如北京,随着1928年的迁都,经济衰退,大型戏院受此影响一直无法大规模发展,公园、天桥反而兴盛②。上海开埠早,经济发展快,加上有租界等因素,伴随新式市民阶层兴起的是电影院、咖啡厅、舞厅,传统的茶园、书场等娱乐设施却大量减少③。汉口的娱乐业呈现楚剧与汉剧的流行,电影、舞厅则较少④。在清末民初,天津娱乐业

---

① 〔英〕温迪丁·达比:《风景与认同——英国民族与阶级地理》,张箭飞、赵红英译,南京:译林出版社,2011年,第75页。
② 具体数据参见许慧琦《迁都后到抗战前的北平城市消费(1928—1927)》,台北:台湾学生书局,2008年,第146页。
③ "据统计,从19世纪50年代自北京引入,到20世纪初衰弱下去,上海共出现了近120座茶园剧场。""上海茶园剧场在19世纪60、70年代发展达到高峰,这20年间总建成茶园近60座,占上海1850年代到1920年代建成茶园总数的一半左右。20世纪10年代开始,受到西式剧场的冲击,新建茶园剧场数量急剧减少,1915年在四马路(现福州路)建成的贵仙茶园成为上海最后一座茶园剧场。"张路西、辛磊:《上海近代观演建筑研究》,《建筑技艺》,2012年第4期。
④ 汉口具体情况参见傅才武《近代化进程中的汉口文化娱乐业(1861—1949)》,华中师范大学2004年博士论文,未刊稿。

主要是茶园等传统娱乐业,到了1920年代,由于城市物质空间分隔,娱乐业有了不同的发展方向。在天津的租界,早早就设立了电影院、舞厅、跑马场、回力球场等设施。"1896年,法国百代公司捷足先登来到天津,在天津法租界的天丰舞台(今新华路与滨江道交口处)放映外洋灯影(即电影),这是天津最早的电影放映。"①但与上海不一样,天津的电影院票价一直较贵,未能获得市民的普遍认同,也未能成为城市娱乐的主流。在老城区主要是茶园等娱乐设施依然兴盛;在老城区与租界的中间地带,则布满了北京天桥式的卖艺"地摊",也有"第一舞台"②这样便宜的戏院。

天津的城市娱乐空间如此复杂,因此本章并不试图去描绘天津的整体娱乐空间及其变迁。在研究中,首先避免通过报纸考察娱乐产业发展变化的研究模式。③ 其次,尝试超越利用传媒来透视城市的文化与特点的研究方法。④因为这两种研究方式虽然提供了相应的启发性视角,但没有办法回答两个重要问题:天津娱乐空间的独特性在哪里?什么力量促使了城市里娱乐的分化?利用传媒研究上海或者汉口的电影院、舞厅或茶园,只能看到不同城市在现代进程中同质化发展的一面,而很难捕捉到城市因为不同文化背景而引出的不同趣味、阶层差异与文化选择。因此,我更关注天津娱乐空间在哪些方面产生了与上海、汉口、北京、南京等城市不一样的地方。值得注意的是,天津的娱乐业虽然受经济因素影响,但文人群体在其中起到了重要的引导作用。以天津报纸编辑为主体的文人群体,在塑造品味、推崇艺术形式、提倡与制定规范、培养与指导艺术趣味上发挥着重要作用。正是因为他们的臧否优劣、品评高下,间接推动了娱乐空间的剧烈分化,使不同阶层的人在文人的引导下选择适合自身特性的娱乐文化,从而塑造了天津娱乐空间。

由此,本章将主要选择《北洋画报》为研究对象,试图通过对它的全面考察,梳理编辑群体的文化思想,以此思考它对天津城市文化的影响。选择

---

① 于树香:《近代天津电影业》,《天津日报》,2004年12月13日。
② "天津著名武生演员高福安,率先在南市创办了带有转台的第一舞台。"甄光俊:《天津历史上的彩头戏》,《中国戏曲学院学报》,2008年第4期。
③ 此类研究如有:朱灿飞《〈北洋画报〉的新闻传播研究》,湖南师范大学2009年硕士论文;李从娜《从〈北洋画报〉看民国时期都市交际舞业》,《中州学刊》,2010年第1期;韩红星《近代报业的"选秀"策划与启示:以〈北洋画报〉的"四大坤旦皇后"选举为例》,《当代传播》,2010年第6期;刘虹《从〈北洋画报〉看民国天津女性服饰风尚的传播》,《天津纺织科技》,2011年第2期;李从娜《〈北洋画报〉的身体史意蕴及解读》,《兰台世界》,2011年第7期;韩红星《民国天津市民消费文化空间的建构——基于〈北洋画报〉的研究》,《历史教学》,2011年第14期。
④ 张元卿:《读图时代的绅商、大众读物与文学——解读〈北洋画报〉》,《天津社会科学》,2002年第4期;陈艳《〈北洋画报〉研究》,北京大学2010博士论文;李永生:《记录时代的侧影:〈北洋画报〉研究》,暨南大学2008年硕士论文。

《北洋画报》为对象,主要原因在于它具有较强的阶层特性。天津各大报纸,版面上虽然也有众多电影、戏院、剧评等娱乐领域的报道,但内容基本一致,很难看出其中的偏好——毕竟大报是给最广大的读者看,过于激进或者过于保守都不会让读者满意。也不选择天津小报为研究对象,其原因在于小报或偏爱太过,或传播范围较小,或寿命太短,在城市的影响力不够。《北洋画报》①坚持的时间长、销售范围广,而又有其独特的审美倾向。1587 期画报中有照片二万多张,覆盖了电影、体育、舞厅等城市娱乐文化,而这其中有关京剧的照片就达 3480 张左右,在各种娱乐报道照片里占据首位。如果加上相关消息与戏评总共可以达到 4300 多条,远远超过电影的 2300 多条。1928 年 2 月 29 日《北洋画报》开辟"戏剧专刊",每周星期六出版,以照片为主,每期刊登 5—8 幅,文字方面主要介绍平津剧讯、国内外戏剧、名伶近况、戏剧剧本批评等,直到画报停刊,共出版 422 期,相形第二大类的电影,"电影专刊"仅出 104 期。从数量上可以直观地发现《北洋画报》对京剧的特殊认同与偏好,这是它有异于其他报纸的特殊趣味所在。《北洋画报》具有较强的倾向性和自己的办刊趣味,体贴天津的本地性质,表达了与"城南诗社"、新文化人有所不同的文化理想。本章将分别从《北洋画报》的"同人"性质的组织、办报的主要理念、舆论操纵和对城市阶层的引导等四个方面进行论述,以期从中揭示出《北洋画报》如何通过相关的文化引导,促使中上层阶层形成审美品味与自我认同,进而影响到天津娱乐空间的分化。

一 "地位"与"趣味"相交织的"同人"画报

考察一个报纸的倾向,必须考察主要编辑者的组成与身份。《北洋画报》编辑群体大多来自北京,这与当时的城市地位、政治环境有重要关系。一般认为天津报业起步于 1886 年的《时报》②,虽得风气之先,但发展却远不如北京:"'中外报章类纂社'所调查,最近二年中华文报纸之每日发行者共

---

① 因为相关资料缺乏,尚未能发现《北洋画报》的发售范围与销售数量的统计情况,但从《戏剧专刊》所举办的坤伶选举可以略见其发行量。选举中一张报纸一张票,一张票可以选四人,第 481 期所有人总票数约为 14625,第 482 期总票数约为 24561,相减后除以 4 为一期的销售量 2484。考虑到这时在选举,平时的销售量应该不会有这么多,但已略可见其在北方画报里影响之大。

② "1886 年 5 月 16 日,天津海关税务司英籍德国人德璀林和英商怡和洋行'总理'笳臣集股创办了中文报纸《时报》,1891 年 6 月下旬至 9 月下旬之间停刊。"马艺主编:《天津新闻传播史纲要》,北京:新华出版社,2005 年,第 24—25 页。

有六百二十八种。以地域言之,北京第一,计一百二十五种;……天津第四,计二十八种。"①1926 年的统计数据不能说精确,但反映了天津报业受到北京的巨大影响。1928 年迁都之前,北京吸聚了大量人才和资金,受其挤压,天津报业起步早却发展慢。天津报业发展的契机在 1926 年及迁都之后。1917 年,北洋政府开始实施"新闻邮电检查",到了 1920 年代以后,不断加强对舆论的控制,使北京乃至整个北洋治下的地区报业受到重大打击。特别是 1926 年,北洋政府枪杀《京报》社长兼主笔邵飘萍,8 月 6 日枪决《社会日报》社长林白水,8 月 7 日逮捕《世界日报》创办人成舍我。这一系列动作使在京报人感受到严重的人身威胁②。周作人曾颇有感慨:"北京的报实在没有什么可看,这两天的日晚报又有许多空白出现,叫人见了满身不愉快。……我在北京的报上看不到,(《顺天时报》上或者有之,但那是日本军阀的机关报,而且我也不曾看),却在天津的报上见到了,真是愉快的事——天津的警厅所能够容许报上登载北京所看不到的新闻,这也是难能可贵的。"③

在此背景下,报人们纷纷由北京转向天津④,使天津的报业得到长足发展。1927 年到 1937 年天津报业迅速发展,呈现"繁荣"⑤的局面:"据不完全统计,在这一期间,天津有大小报纸五十余家,画报及周报八家,通讯社二十余家,此外有广告社三十余家,派报社十八家,可谓盛极一时。"⑥究其原因,天津拥有能迅速收集北京信息的便利,又拥有比北京未更为宽松的办报政治环境,故成为离京报人的新聚集地。

而 1928 年的迁都,北京变成北平,政治、经济地位都全面下降,虽然政治环境也随之宽松,但消费能力下降,再难吸引众多报人前往。天津的经济却未随迁都而衰落:"在过去天津能够站立得住的基础就是对外贸易,天津的工商业是靠着对外贸易繁荣起来的。"⑦因此,1928 年之后作为华北重要港

---

① 戈公振:《中国报学史》(1926 年),北京:中国新闻出版社,1985 年,第 287 页。
② 这时期北洋政府加强了控制报纸、封杀报社的行为。具体可参见方汉奇《中国近代报刊史》,第四节"北洋军阀统治下的新闻事业",太原:山西人民出版社,1981 年,第 726—728 页。
③ 山叔:《再论无报可看》,《语丝》,第 120 期,1927 年 2 月 26 日。
④ 如《庸报》主编张琴南、副刊编辑许君远;《商报》薛不器等人,均是从北京转到天津。
⑤ 邹朴将天津报业划分为启动时期(1886 年—1911 年)、发育时期(1911 年—1927 年)、繁荣时期(1928 年—1937 年)、抗战时期(1937 年—1945 年)、复苏时期(1945 年—1949 年)(邹朴:《解放前天津新闻事业发展概要》,《新闻史料》,第 29 辑)。徐景星则按出版先后划分:辛亥革命前天津近代报业、民国后各种报纸繁荣兴起、"九·一八事变"后报业发展趋向成熟、沦陷时期的天津报业、抗战胜利后天津报业再现(《天津文史资料选辑》,第 96 辑)。两种划分都确认了 1927—1937 年这段时间是天津报业发展最迅速的时期。
⑥ 俞志厚:《一九二七年至抗战前天津新闻界概况》,《天津文史资料选辑》,第 18 辑,第 40 页。
⑦ 李洛之、聂汤谷编:《天津的经济地位》(1948 年),天津:南开大学出版社,1994 年,第 4 页。

口的天津工商业渐渐发展:"在全国五大口岸(上海、大连、天津、汉口、广州)的直接进出口贸易总额中,天津的比重由 1930 年的 8.8% 上升到 1932 年的 12.75%……到 1937 年为止,天津的对外贸易占华北进出口贸易总额的 58.73%……(进出口)均居华北第一位,约占全国进出口贸易总额的 12%。"①贸易上升的背后是天津对"三北"(华北、西北、东北)的影响力增强,报业也因此获得更广阔的市场。而在城市内部,由于金融业和工业的发展,城市里出现一批具有高知识、有消费能力的阶层,使天津文化业、娱乐业有了消费群体。在这种情况下,天津报业才会比北平发展得要快。据 1931 年统计,天津 31 种报纸,有 45% 是 1928 年后创办的②。

从北京转到天津的报人里就有《北洋画报》的发起人和早期主要编辑冯武越。冯武越自述办报始于 1909 年:"(同吕葛候)在北京合办了一个誊写版印的《儿童杂志》,那时不过十三岁布局",却从此"立下办报根基",后来由于家长反对,将其送出留学,自嘲在留学中只是"学了些缝汽球的把戏",实际上他曾到比利时学习航空及无线电,回国后就职于军队。但当时军队根本不重视航空,张学良等人也不重视冯武越的才华③。冯武越在自己专业领域并无机会,才转向自己一直颇有兴趣的办报。他在北京开始办报,兴趣主要集中在画报类:"六七年前,北京最初出现的一种电影周刊,就是笔公所办;民国十三年的《图画世界》,也是笔公独资手创的,可惜只出了三期,因亏累停版。"看来冯武越在北京办报不算成功,至少表明他在如何平衡资金收支方面并不擅长。接着他又参与了邵飘萍的《京报》副刊《图画周刊》,算是延续其画报的理想,但仅出十多期,因报馆被关闭而停刊。冯武越自此转到天津,开始经营并主编《北洋画报》④。

冯武越办报完全依靠自己的热情和朋友帮助,较缺乏商人眼光和经营策略。《北洋画报》的经费主要来源于张学良赞助:"经济来源是张汉卿支持的。武越说:'大家认为北洋画报是张学良的机关报,其实只初办时登载过一些三、四方面军的消息,以后很少谈政治,偶尔登一些有讽刺性的政界花絮而已,所以销路很广,京津而外,外省定户也不少。因为办报的意图不是为赚

---

① 孙德常、周祖常主编:《天津近代经济史》,天津:天津社会科学院出版社,1990 年,第 214—215 页。
② 罗澍伟:《近代天津城市史》,第 610 页。
③ 张学良的"参与机要"甘簃(陈灌一)曾为冯武越才华被忽略而不平:"余识武越、应超久,知其怀才不获用,一则以虾米编画刊,一则以虾蟆伴球戏,视所谓四大名旦者,瞠乎后矣!"甘簃:《睇向斋谈往》,庄建平编:《稗海精粹 晚清民初政坛百态》,成都:四川人民出版社,1999 年,第 351 页。
④ 以上有关冯武越引文,引自武越《笔公自记》,《北洋画报》副刊,第 1 期,1927 年 7 月 6 日。

钱,纸张印刷精益求精……'"①后人回忆或许不是十分可靠,但证明了冯武越在办报初期对于营利并不是很关心。他的理念在于传播新思想,在于以画报进行启蒙,在第一期的"发刊词"里,编辑写道:"中国的报纸杂志,就现今人民知识程度而论,总算够发达的了。然而社会所最需要的画报,却还十分缺乏。画报的好处,在于人人能看,人人喜欢看,因之画报应当利用这个优点,容纳一切能用图画和照片传布的事物,实行普及知识的任务;不应拿画报当作一种文人游戏品看。举凡时事、美术、科学、艺术、游戏,种种的画片和文字,画报均应选登,然后才能成为一种完善的报纸。这样组织完备的画报,中国还没有一个。所以同人按着这个宗旨,刊行这半周刊,将来发达以后,再改为日刊,也说不定。"②这个署名"记者"的声明,故意无视上海《良友》③的存在,说当时中国没有组织完备的"画报",而体现出来的办报理想其实也未超越晚清以来强调"图像"对于教育的宣传作用,至于"传播时事、灌输常识、提倡艺术、陶冶性灵"四个宗旨,也没有太多创见。因此,早期的《北洋画报》在版面、报道上都略显平庸。只是冯武越没有营利压力,所以保证了画报的审美标准,不过也造成画报难以扩张和安于现状的弊病。1931年"九一八"事变之后,张学良赞助断绝,报纸的出版与经营出现问题,1933年冯武越将《北洋画报》卖与同生照相馆经理谭林北。

　　北方的《北洋画报》经常被拿来与上海的《良友》相比较。两者在编辑群体上确有相似之处,其支持者均是"广帮"——冯武越、谭林北均来自广东;而伍联德能办成《良友》与其广东人身份和有80%广东背景的股东支持不无关系。"广帮"在天津的历史悠久,可上溯至清朝。开埠后,商业发达吸引了更多的广东人前来:"惟广帮历时悠久,天津、唐山两地聚集的广东人,最多时达两万多人,经营的大小商号近三百家,对当地政治、经济以及工矿各业,均有密切影响。"1860—1931年是"广帮"在天津的极盛时期:"著名行业有二十余个,包括大小商号二百余家。"④会馆、同乡会等组织在商业上起到了互相帮助、信息交流等作用,也因此有更多的机会在"同乡"中寻找志同道合的"同人"。这种带地域性背景的刊物在天津还有不少,如董显光办的《庸报》、

---

① 许姬传:《天津十年》,《天津文史资料选辑》,第39辑,第190页。
② 《要说的几句话》,《北洋画报》,第1期,1926年7月7日。
③ 《良友》于1926年2月创刊于上海,1945年10月停办,历时近20年,正常出刊172期,外加特刊两期,共刊出174期。每期最高销售4万余份。其编辑梁得所、马国亮均是广东人,59个股东里,80%有广东背景。梁元生:《一份刊物,两个城市:〈良友〉画报在上海和香港的际遇》,苏基郎主编:《中国近代城市文化的动态发展》,杭州:浙江大学出版社,2012年,第16页。
④ 以上均引自杨仲绰《天津"广帮"略记》,《天津文史资料》,第27辑,第44页。

叶庸方办的《天津商报》，其身后有"宁波帮"的身影①。"广帮"身份影响了《北洋画报》的注意力，它有明显的"粤风"倾向，例如对"岭南画派"②"粤曲"③等艺术的鼓吹与关注都远较当时天津其他画报来得热衷。而在编辑理念上，两者也有相似之处，有研究者总结《良友》组织者的特点为：

(1)他们来自粤东及港澳地区；

(2)他们都是具有高等学历的年轻专业人士；

(3)他们具有丰富的海外经历和国际联系；

(4)他们中的大多数具有丰富的西方技术知识，特别是在美术、印刷业和摄影技术方面。④

这个概括基本上也可以套用在《北洋画报》的早期编辑群体上。冯武越本身就是具有高等学历的留学知识者，有专门的航空知识，热衷于摄影等西方新技术；谭林北更是拥有自己的照相馆。两个刊物都对流行艺术与文化有着同样的热心与提倡，喜欢介绍新技术与海外新知识。当然，风格相似不单纯因为"广东人"这个籍贯，而是由办报的理念与读者群体相似所决定。两者处于不同城市因此也发展出各自特色，《良友》地处上海，"现代化"推进速度最快，接受新事物的能力与需求也最强，为适应热爱时尚、跟踪世界潮流的阶层，它更多是"求新"而力避"乡土"。《北洋画报》的主要消费者则是由商人、买办、从北京政坛退下来的"寓公"等构成，因此其趣味偏向保守，强调与重视传统的国画、戏剧。

冯武越在早期《北洋画报》发展中起到重要作用，不仅办报理念影响了画报，他的社会交往也帮助画报形成一批"趣味相投"的文人群体，他们的供稿与支持，使画报具备了较高的艺术审美与较广泛的影响力。冯武越交游广泛，例如与美术界徐悲鸿、方地山等人交往频繁；与戏剧界的名人如梅兰芳、尚小云有较深交情。据回忆，他在《北洋画报》期间还每星期宴会一次，谈诗论艺。此外，冯武越还创办了"北洋摄影协会"，在平津地区推广摄影新技术。《北洋画报》曾大量采用该协会会员的照片，丰富了画报的图片来源。冯武越同时还参与天津一些文化团体如"群一社"并两任社长，曾任天津"北洋摄影学会"总干事、旅津广东音乐会会长等。应该说，

---

① 参见陈守义主编，侯杰等著，宁波市政协文史委编《宁波帮在天津》，第五章第三节"追逐潮流的报界名人"，北京：中国文史出版社，2006年，第163—173页。

② 《北洋画报》上曾先后为高奇峰、张坤仪、赵少昂、高剑父、黄少强等岭南著名画家出专页甚至专号，有的画家甚至出几个专页。

③ 《北洋画报》刊登"粤曲"的消息和照片有110条左右。

④ 梁元生：《一份刊物，两个城市：〈良友〉画报在上海和香港的际遇》，第4页。

由于冯武越的主导,《北洋画报》一开始就显出与其他平民化报纸不一样的追求与定位,而且报纸定价"每份售价大洋四分",也限定了读者群。由于他的坚持,《北洋画报》的编辑群体形成了共同审美"趣味",直至影响城市娱乐文化。

冯武越虽是"广帮"的一员,但并不是所谓的"绅商"①,其本质更靠近于有理想与品味的文人。冯武越在阐释画报理念时,立下"传播时事、灌输常识、提倡艺术、陶冶性灵"四个宗旨,而在运营中则"印刷(手写)、编辑、采访、发行,一身而兼任之"②。他特别强调的"趣味"得到编辑群体的一致认可。早期《北洋画报》在解释"趣味"时曾这么说:"同人等悉心研求,力图新异;因知世上画报最近潮流,群趋'趣味化';本报当于国内首倡此旨,今后多登富有趣味之图文;谅亦读者所乐闻欤?"③虽然这里所讲的"趣味"主要指报纸应受普通民众欢迎,但编辑心里所谓的"趣味"应该不止是娱乐休闲的"趣",而是暗含有一定文化鉴赏能力的"品味"。在办报十年后,刘云若的比喻很是恰当:"譬如把北画比作一个人,他便是最热情,最正直,最高雅,最有阅历,最有风趣的人。"④热情而正直是刘云若对《北洋画报》的自我表彰,但说高雅与风趣,则确实是编辑的自我追求。

与冯武越一样,其他编辑者基本受过新式教育,均重视传统文化,认同冯武越对画报"教化""启蒙"的理想,同时也秉承其较保守的审美心态和"高雅"的审美品味,有约束力的共识也保证了《北洋画报》编辑群体的稳定性。在《北洋画报》一周年纪念刊里,列出当时的编辑:冯武越、王小隐、张豂子、赵牧猿、赵翔生等。这些人里,除冯武越外,对《北洋画报》起到重大影响的当属王小隐。王小隐是《北洋画报》的主要撰稿人之一(各个版面都可以看到他的文章,时间持续到1934年),而且通过人事安排影响了《北洋画报》的风格(编辑里有同为北大出身的张豂子,王小隐在平民大学新闻系任教时的

---

① 张元卿认为:"绅商是由士绅转化而来,他们办企业,不仅为赚钱,也更希望经由办企业,特别是文化企业,而寄托其文化抱负。作为绅商的冯武越,在政治上与奉系军阀有牵连,经济上受读者市场制约,注定了他办的画报不可能具有独立的社会批判立场,只能背靠一方政治力量,去经营能为各方面接受的大众读物。"冯武越可能具有商人背景,也有文化寄托,但他是否可以由商人划入文化企业家值得商榷;再则他经营的也并不是受各方面接受的刊物,而是中产阶层的读物。张元卿:《读图时代的绅商、大众读物与文学——解读〈北洋画报〉》,《天津社会科学》,2002年第4期
② 王小隐:《我所知之冯武越君》,《天津商报图画周刊》,1936年5月4日。
③ 《第九卷卷首语补刊》,《北洋画报》,第401期,1929年12月3日。
④ 云若:《北画十年》,《北洋画报》,第1422期,1936年7月7日。

学生吴秋尘,因王小隐赏识而步步提拔的刘云若①)。可以说,王小隐在画报发展过程里,起到了精神指导的作用。

由王小隐也可以观察到《北洋画报》如何形成独特的编辑思想。王小隐在平津颇有盛名,却与新文化人格格不入。《北洋画报》如此介绍王小隐:"山东费县人,初在北大习土木工,后改入历史系毕业。方肄业时,即有盛誉,在平大任讲师,同时任京报记者及上海时报特约通讯员。后曾赴西安西北大学任暑期讲演会讲师,漫游秦豫之间,登华山而还。旋居津埠,致力于新闻事业五年于兹。今为商报古董卷主编者。性伉爽,一望知为齐鲁斗士。虽受新式教育,而淹贯旧闻,时罕其匹。又善肆应,所往来皆一时知名之士;且其门人,亦多且职于各埠报界云。"②这里所述到西安一行,鲁迅在日记里不仅记载,而且有文章记下对王小隐的印象:"此人'一见人面,总是先拱手,然后便是哈哈哈。无论你讲的是好或坏,美或丑,是或非,王君是绝不表示赞成或否定的。总是哈哈大笑混过去。'鲁迅先生当时说:'我想不到世上竟有以哈哈过生活的人。他的哈哈,是赞成,又是否定。似不赞成,也似不否定。让同他讲话的人,如在无人之境。'于是才写了那篇《立论》。"③不论回忆者是否忠实于鲁迅的说法,也暂不论王小隐的"哈哈笑"是否真的是既不赞同又不否定④,但可以肯定鲁迅对以"名士"自居的王小隐绝无好感。从交际圈来看,王小隐交往对象基本上是有传统品味的文人,与新文化人有所隔阂。《北洋画报》同仁则如此评价:"(王小隐)富于情感,日常慷慨悲歌,不失齐鲁健儿风度,毁誉不计,嬉笑一生,友朋偶聚,无此君辄不尽欢。以其博学广知,记忆力强,因尊之为'大字典',以性情论,又可称之为'哈哈笑'。"⑤鲁迅的批评有其道理,而同仁的赞赏也有原因,但真切地反映出两个不同群体的文人间分歧——他们在"趣味"上是截然不同的。其实王小隐也提倡"美育"等启蒙思想:"然则胡为而办画报乎?欲答此一问,必先问胡而为看画报乎?

---

① 吴秋尘在《东方日报》副刊《东方朔》担任编辑时发现刘云若,将其推荐给王小隐。王小隐在《益世报》时就向刘云若约稿,转到《商报》后还推荐刘编辑《商报·鲜货摊》。《北洋画报》创刊后他又推荐刘云若任主编。参见李默生《刘云若挥泪写章回》,《天津文史资料选辑》,第 58 辑,第 61 页。
② 立厂:《新闻记者及文学家王小隐》,《北洋画报》,第 324 期,1929 年 5 月 28 日。
③ 荆有麟:《哈哈论的形成》,《鲁迅回忆片断》,1943 年,中国社会科学院文学研究所鲁迅研究室编:《鲁迅研究学术论著资料汇编》(第三卷),北京:中国文联出版公司,1987 年,第 1404 页。
④ 鲁迅在《说胡须》一文里忆及西安游历说:"于是一位名士就毅然决然地说:'这都是日本人假造的,你看这胡子就是日本式的胡子。'"这个"名士"就是王小隐,可见他也并不是一味的"哈哈"过去。最有可能是鲁迅对他印象虽深,却毫无好感,所以就抓他当典型来批判。鲁迅:《说胡须》,《鲁迅全集》,第 183—184 页。
⑤ 之一:《作者七人》,《北洋画报》,第 341 期,1929 年 7 月 7 日。

人类于饥食渴饮之外,所以异于其他之动物,以其能有精神之享乐,换言之即有'美育的涵融'与'美的赏鉴之本能'而已。"①只是他所试想的内容与方法皆与新文化人有所背离。

对《北洋画报》的编辑影响较大的还有张豂子,即张厚载。早在北京大学念书时,张厚载就力捧过韩世昌,由此认识了当时被称为"韩党北大六君子"②的王小隐。民国初年,张厚载还与罗瘿公、齐如山等人结成"梅党"。这样的"趣味"与爱好,与新文化人自然无法同路,才会有在《新青年》上与陈独秀等人就传统戏剧的作用与前途进行争论。被北大退学后,1928年到天津任职,较多地参与到冯武越等人的聚会活动,但可能兼负《天津商报》等编辑工作,虽时有供稿,但他似乎并没有过多参与画报的具体编辑与运营。此后,童漪珊接手编辑。童漪珊早年毕业于北平国立艺专,学国画出身,曾给冯武越的摄影配过漫画,不过编辑时间不长③,很快由刘云若接手编辑。

刘云若担任《北洋画报》编辑时年仅23岁,学历仅是天津扶轮中学毕业,能任用他来当主编一方面显示了冯武越确实有识人之能,另一方面也证明了王小隐推荐的重要作用。吴云心在回忆刘云若时说:"冯善经营,用人必尽其力,故刘办《北洋画报》并无助手,编校均一手承办,使该画报在质量上达到了最高峰。"④吴云心的回忆里偏向刘云若多些,恐怕对冯武越有所误解,按当时画报的经济条件,冯武越也是亲自采、编、校一体而为,不能说是对刘云若的剥削。刘云若的加入改善了画报的编辑体例,特别是文字与图画间的间隔、安排有明显的进步。刘云若"兴趣很广泛,喜欢看京剧、听曲艺、看电影,但最主要的爱好还是读书"⑤;对京剧及天津的京剧情况了解颇深"如《春水红霞》以某富翁和某京剧女演员的结合为中心。描摹天津名士艺人的各种情态,俨如一幅生动的速写"⑥,没有丰富的生活经验,显然是没办法写出这样小说。加入《北洋画报》,也使刘云若的视野更为开阔,改善了他的经

---

① 王小隐:《一年以来》,《北洋画报》,第101期,1927年7月6日。
② 韩世昌:《我的昆曲艺术生活》,北京市政协文史资料委员会选编:《梨园往事》,北京:北京出版社,2000年,第571页。
③ 大约从1927—1928年。1927年5月11日《北洋画报》第86期曾登出《童漪珊简介》,说他"襄助编辑并担任绘画事物";1928年9月5日《北洋画报》第218期则登出要求童漪珊归还欠款,其中人事纠纷未见当事人回忆,但基本可以确定此时他已不再任《北洋画报》编辑。
④ 吴云心:《我所知的刘云若》,《通俗文学资料选刊》,《苏州大学学报》,1988年第4期,第86页。
⑤ 刘美文、刘美珠:《先父刘云若》,《苏州大学学报》,1988年第4期,第86页。
⑥ 刘叶秋:《忆刘云若》,天津古典小说戏曲研究会:《古典小说戏曲探艺录》,天津:天津人民出版社,1982年,第345页。

济情况,使他进入中产阶层里。至于他离职的原因,陈艳推测:"可能是他和曾经的恩师王小隐的反目,所谓'时与内庭龃龉',指的就是这件事。"①但也有可能是他一再提及画报应该多报道与关注底层娱乐,其偏向于底层的爱好与观念同画报的核心理想不太契合,以致他自己觉得在《北洋画报》上难以施展,所以离职②。刘云若离开后由吴秋尘接任,更换编辑并未对画报造成较大损伤。吴秋尘不仅知识上师承王小隐,而且从社会活动与组织里也隐隐地在模仿王小隐:

> 吴秋尘,江苏吴县人,上世纪20年代,从北平平民大学新闻系毕业后进入《世界日报》任编辑,约在1917年转入《东方时报》任副刊《东方朔》主编,《东方时报》停刊后,又先后在《天津商报》《北洋画报》《益世报》任编辑。吴秋尘善于交际,在他任《东方时报》副刊主编期间,许多知名的撰稿人,如北京的吴微哂、宫竹心、萨空了、施白林、陈石东,天津的刘云若、戴愚庵、吴云心、胡秀娟、徐凌影均为《东方朔》撰稿,刊发了许多著名的作品,如戴愚庵的长篇章回小说《如此津门》《劫灰艳屑》和短篇小说《茶楼人语》;宫白羽的小说《打胎》《警哗》。③

吴秋尘在任《东方朔》主编期间大力帮助并扶持了一批青年,这些青年或者因学历较低无法进入新文化圈,或者因家境贫寒无法进入学校,或者因生活在底层经济困顿。在吴秋尘的帮助下,他们走上了编辑刊物或创作小说的道路,因此形成了一个提拔与扶助的关系网。这使得吴秋尘在担任《北洋画报》编辑时,获得了这些作者的坚定支持与积极投稿。此外,他的夫人徐凌影是"专任南开女中数百学生的国文导师"④,因此也获得了南开学校的支持。1933年谭林北接手后,吴秋尘离职。《北洋画报》此后由左小蓬任主编。左小蓬早期就供职于画报,所以画报整体风格没太大变动,主要是减少了时事内容,增加了娱乐内容,加强了电影方面的报道,进一步使戏剧专刊固定时间出版。

《北洋画报》的编辑群体里,虽然"趣味"相似,但各自兴趣点略有不同。冯武越对照相等新技术的兴趣较大;刘云若在编辑之外有小说创作;方地山以对联和国画创作为主;吴秋尘的社会活动能力较强;王小隐"名

---

① 陈艳:《北洋画报研究》,北京大学2010年博士论文,未刊稿,第30页。
② 学者张元卿、管淑珍对刘云若的离职更有不同说法,但均缺少关键资料,具体参见张元卿《刘云若与冯武越》,《望云谈屑》,天津:天津古籍出版社,2014年,第12页;管淑珍《刘云若传论》,天津:天津古籍出版社,2017年,第91—93页。
③ 侯福志:《天津民国的那些书报刊》,上海:上海远东出版社,2009年,第42页。
④ 英喆:《生活缩影·吴徐凌影夫人》,《大公报》,1934年3月11日。

士"气较重。除了刘云若外,许多编辑并不依靠《北洋画报》来生存。冯武越自有"广帮"与张学良的经济支持,而王小隐同时在多个报纸任职。刘云若离开《北洋画报》之时,小说已获得津门瞩目。吴秋尘等人也是既担任主编又经营其他事业。所以,从经济地位上看,冯武越等人属于天津中上层文人,对"趣味"的一致认同与阶层身份使他们聚集一起。因此,有必要进一步追问"趣味"的具体表现和标准是什么?他们又通过画报在哪些方面形成一致共识?

二 "以艺术之眼光"与"以兴趣寄托精神"

画报"趣味"有高有低,如何"高雅"而"风趣"在实际操作中其实很难,最直观的体现就是封面女性照片的选登。《北洋画报》宣称:"本报初旨,除非与社会发生直接关系之妓女之照片,概不登载。"①后又进一步强调不喜色情与虚假:"本报欢迎社会及官场趣闻,以不涉猥亵,不近攻讦,而其事可以保证确实为限。投稿者应指明所谈者为何人,关于新闻来源,本报必当代守秘密。"②一再强调其编辑宗旨与选照片的标准,其目的非常明显,就是希望与天津其他画报区别开来。1920年代到1930年代,天津出现多种画报,现在有迹可寻的就有22种③,如《银幕舞台画报》《银镫画报》《玲珑画报》《公安画报》《天津商报画刊》《中华画报》《青春画报》《风月画报》《银线画报》《中华新闻副刊画报》《天津画报》等④。有些是模仿《北洋画报》专门报道娱乐业,主要以电影报道为主,但销量很少,寿命不长。如《银幕舞台画报》只坚持了四个月;随后的《银镫画报》也不长久;《玲珑画报》因销路不畅,一年未到即停刊。有些报纸也自我标榜"趣味"。如《中华画报》喜欢登舞女、妓女照片;较具代表的是《风月画报》:"《画报》初为一周双刊,逢周三、日出版……头版通常是头等苏州班子名妓的照片,北地妓女次之,间有舞星、女招待、影星和名伶照片。"⑤同样是画报,均刊登女性照片,相比之下,"趣味"高低立马可见。对于那些低俗的"趣味",《北洋画报》深恶痛绝,即使偶尔一次误登,还立刻声明:

---

① 《编辑者言》,《北洋画报》,第9期,1926年8月4日。
② 《编辑者言》,《北洋画报》,第55期,1927年1月15日。
③ 具体各个画报情况参见周利成编著《天津老画报》,天津:天津古籍出版社,2011年。
④ 还有专业性很强的画报,只刊登本专业内的消息,如《公安画报》《青春画报》等。
⑤ 周利成编著:《天津老画报》,天津:天津古籍出版社,2011年,第87页。

本报素不刊登不相干之妓女照片，早为读者所共见共闻。讵意四二〇期中所刊"上海名闺金丽娟女士倩影"，下注"螺屋主人赠刊"者，现经多人证明所谓名闺金丽娟，实操神女生涯，张艳帜于津门日租界，明明为妓女而非闺秀也。本报对于闺秀照片之真伪，考察非常慎重，但同人等向不涉足花丛，偶遇以妓女照片冒充闺秀投寄者，初无法可以辨别。故如发生疑问时，必要求投寄者为之保证，然后刊登。本报之所以发表金丽娟照片者，亦缘系受本埠某公司经理潘咏儒君之请求，并经潘君口头保证……据潘君来函言该片实系出自友人托投，一时失察，致累及北画声誉，请表示十分歉忱。谨此声明，诸希读者亮察。①

从这个声明里略可窥见《北洋画报》登照片的运作程序和审查经过，看得出来照片来源是多方征集，但编辑群体一致同意必须对人物身份细致审查，同时编辑自我标榜"不涉足花丛"，表明洁身自爱，编辑要通过反复"求证"，个人投稿时则要其"保证"后，照片才能登载，误载后也赶快纠正。总体来说，与上海小报、画报总是发愁找不到妓女照片而言，《北洋画报》略带矜持的自尊当是其追求品味、杜绝低级趣味的重要体现。照片仅是一个侧面，要正面理解《北洋画报》"趣味"的具体标准，则必须了解其核心也是占据篇幅最大的内容——艺术评论。

《北洋画报》办报十年之际，刘云若总结《画报》十年经验，撰文指出："只这十年来为艺术界所尽的力量，对无数艺人所给的帮助，尤屈指难计。试看全国的书画家、文学家，以及歌女伶人，有几个未曾和北画发生过关系的？有几个不是无名者因北画而成名，有名者因北画而益盛？固然北画因热情过甚，不免招致讥诮，但一个艺人在努力中间，遇到打击而灰心，和得到鼓励而奋进，他的前途，有何等不同的结果？由此着想，可知北画十年来伟大的同情，在无形中为艺术界建了何等伟大的功劳。可是北画因此被全国艺术界尊为北画盟主，也无形跻至最高的地位，收到难得的荣誉了。"②将《北洋画报》推到"盟主""最高的地位"未免自我标榜太过，但他不提"传播时事"与"灌输常识"这两个宗旨的落实情况，倒是表明其清楚自身弱点，至于大张旗鼓地表彰"提倡艺术"，的确抓到了《北洋画报》的成功之处。不过《北洋画报》所谓的"帮助"未必覆盖"全国"，也很少涉及"歌女"，而是把版面大量给予了

---

① 《关于"金丽娟照片"问题》，《北洋画报》，第428期，1930年1月25日。
② 云若：《北画十年》，《北洋画报》，第1422期，1936年7月7日。

天津艺术家们①,展现他们的画作、小说、书法等。最突出的成绩当属对"艺人"的多方扶助,《北洋画报》对他们不仅有全面而细致的跟踪报道、详细而有深度的剧评,还有大量精美的剧照、图像,较全面地展示了平津一带的城市娱乐。但细究其对象,其实刘云若所言的"艺术"专指京剧。

五四之后,新文化人对传统戏剧的批判不再那么强烈,京剧也通过"改良"在城市里重新寻找到它的位置。1926年张厚载在《北洋画报》上颇为感慨:

> 从前我为了旧剧问题,常常同一班新文学家(像钱玄同、周作人、胡适之一班人)大起辩论。他们都主张把旧戏根本废除,或是把唱工废掉;他们更痛骂"脸谱","打把子",说是野蛮,把脸谱唤作"粪谱"。但是最近他们的论调和态度,也有些变迁了。周作人曾在东方杂志上,登过《中国戏剧的三条路》,已主张保存旧戏。而胡适之近来对于旧戏,也有相当的赞成,去年在北京常在开明院看梅兰芳的戏,很加许多的好评。……现在徐志摩,陈西滢一班人,对于杨小楼,梅兰芳的艺术,常加赞美。又有一位专门研究西洋戏剧的余上沅,把余三胜,谭鑫培,和莎士比亚,莫利哀,相提并论,而且认旧戏为一种诗剧。②

新文化人态度缓和的原因复杂,他们少了一份五四时期的战略批评,以胜利者心态再看京剧,就多了一份欣赏。而1920年代后期,各地开始涌现一批介绍、研究传统戏剧的报纸专刊、杂志③与剧评家④。这些报刊与专家对于京剧

---

① 在画家方面有:"《北洋画报》上几乎每期都有天津油画家的作品。这些画家有李育灵、胡奇、苏吉亨、刘啸岩、孙家蟠、李捷克等人。"郭雅希主编:《天津油画史汇编》,天津:天津大学出版社,2007年,第19页。在小说方面有:"在创刊号上推出'喜晴雨轩主'梅健庵的长篇通俗小说《津桥蝶影录》,开了天津通俗社会言情小说采用现实题材、反映都市生活的先例。之后连载的吴秋尘《穷酸们的故事》、李薰风《球场上底蔷薇》、刘云若《换巢鸾凤》都是沿着这一题材继续开掘。"陈艳:《〈北洋画报〉与"津派"通俗小说新类型》,《中国现代文学研究丛刊》,2012年第2期。
② 翏子:《新文学家与旧戏》,《北洋画报》,第7期,1926年7月28日。
③ 如《大公报·戏剧周刊》(1928年1月4日至1930年,共150期)、《申报》1911年就发表了"吴江健儿"一系列的剧评,其后《立言画刊》《三六九画报》均有专刊,除报纸外,专门的杂志有徐凌霄主编的《剧学月刊》、刘豁公主编的《戏剧月刊》和张古愚主编的《十日戏剧》等。
④ 较有影响的如徐凌霄。徐凌霄(1886—1961),原名仁锦,字云甫,号简斋,笔名彬彬、凌霄汉阁主、阁、汉、老汉等,江苏宜兴人,京师大学堂工科毕业。曾任农林部主事、北平大学艺术学院戏剧讲师、平民大学新闻文学教授、盐务专门学校教员,1954年被聘为北京市文史研究馆馆员,为著名京剧评论家、掌故学家、记者。在《新闻报》《实报》等副刊上发表京剧评论文章多篇,于《立言画刊》开辟"凌霄汉阁剧话"专栏,1928年至1930年主持《大公报·戏剧周刊》。著有《皮黄文学研究》《京剧词典释例》《凌霄一士随笔》等。

的理论探讨与艺术特点概括都有很大的帮助。《北洋画报》的《戏剧专刊》开办的理想就是加快对传统戏剧"改良",其开场白表达了这种愿望:

> 近世虽名伶辈出,然大都研究一腔一字,而于戏剧大体,究有若何裨益?而况于一腔一字之微,尚多隔靴搔痒者乎。以目下戏剧现状而论,确有待乎一般人之研究发明,以互助其改进与发达。一而以艺术之眼光,褒贬伶人,以改进社会之宗旨。批评剧本,凡于戏剧有研讨之兴趣,有改良之愿望者,以及伶人有关于剧艺上之意见,必当尽量容纳。以供究讨。俾吾国戏剧,日趋于缉熙光明之域。是则本报添设本刊之微旨。亦本刊同人所当勉力赴之者也。①

《戏剧专刊》试图引导中国戏剧"趋于光明",戏剧批评追求既有细部分析、研究,也注重对整体艺术方法的探讨,目光颇为远大。但这些设想其实都不是画报的特长,跟《大公报·戏剧周刊》相比,《北洋画报》的系统性与整体性均不如,更不用说同《戏剧月刊》等专业杂志相提并论。不过至少它目的很纯正,"改良"戏剧与以"艺术眼光"品评的宗旨在剧评文章里都得到较好的贯彻,十分有助于消解当时"捧角"而无视艺术标准的批评。《北洋画报》的戏剧评论主要有以下系列:前期(1933年之前)主要有《秋云室剧谈》《梦天谈剧》,后期有"杀黄"②的《剧话》系列、署名"鸣"的《戏剧杂谈》、大弓的《门外汉谈剧》等。受限于画报的性质,篇幅较长的文章并不多,虽然它也曾尝试专门发版全部文字而无图片,但读者显然不买账③,由此造成长篇大论的缺乏,只好通过这种相隔数天甚至一个月以上的系列文章加以弥补。

虽然声称是"凡于戏剧有研讨之兴趣,有改良之愿望者"均可发表,但画报的剧评其实具有内在的排斥性。首先,它们排斥京剧以外的剧种,不管这些剧种是否在天津受到欢迎,更不理会有些剧种曾对京剧产生过重要影响。早在清朝时期,由于天津水陆交汇,各地移民往来,给各地戏曲提供了亮相的舞台。崔旭记载清道光时天津戏剧的盛况:"戏园七处赛京城,纨袴逢场各有情。若问儿家住何处,家家门前有堂名。"诗后注:"戏园,起于近年,伶人寓此者五十余家。"④这五十余家"伶人"里就包括多个剧种,如昆曲、梆子等。

---

① 《开场白》,《北洋画报》,第166期,1928年2月9日。
② 哈慰秋(1906—?),北京海淀人,字杀黄。天主教徒。擅写戏剧评论文章,20世纪三四十年代曾在《北洋商报》及京、津其他各报撰稿。曾任山东戏曲学院宣传员。转引自陈玉堂编《中国近现代人物名号大辞典(续编)》,杭州:浙江古籍出版社,2001年,第224页。
③ 《北洋画报》早期曾有只发表小说、评论等的文字专版,可能读者认为画报就应以图画为主,专版很快消失。
④ 崔旭:《津门百咏》,《梓里联珠集》,第156页。

这时天津尚未形成较为主流的剧种。到了晚清,天津戏剧有了进一步的发展:"所有戏班,向系轮演,有京二簧,有梆子腔,生旦净丑,色艺俱佳,饶歌妙舞,响遏行云,是足以动人观听。"①京剧在此时已隐隐成为时尚,但开埠之后,各地移民剧增,剧种更为丰富,京剧反而势微。清末民初,天津最流行的是河北梆子:"河北梆子在天津颇为兴旺盛行,科班纷立,人才济济,不仅与京剧并驾抗衡,且有领先之势。"②1920年代之后,城市普通市民还喜欢另一种贴近日常生活的剧种——评剧:"评剧是二十年代新兴的剧种。评剧的前身冀东莲花落……社会上习称为'蹦蹦戏'或'落子',当时在很多报纸广告、戏院海报和评剧唱片的盘心上,都标有'天津蹦蹦'或'天津碰碰'字样。"③

梆子、评剧虽然不是天津的本地戏曲,却在天津占有重要的市场。不过《北洋画报》基本无视这些剧种,虽然它一再宣称自己贴近"大众","本报全人立愿将整个的北画,贡献于社会,使成为大众的一个报纸"④,然而一旦落实到剧评时却只偏爱京剧。从新闻数量看,以《北洋画报》前十年为统计,昆曲仅有160条左右的信息,与粤曲的信息量差不多,其他剧种的照片与评论共232条,其中还要扣除报道国外"西洋戏剧"如舞团、马戏团等的部分信息,实际数量仅为六七十条左右,与京剧四千多条明显不成比例。而从涉及的剧评来看,《北洋画报》对其他剧种评价很低:"(落子)此类戏原为津平所禁止者,因唱作皆有诲淫之点也。"⑤即使"趣味"比较贴近市民的刘云若偶有文章表扬天津的"大鼓",也只能承认这些艺术并不入流:"鼓曲一途,向少名人提掖,故此界中人,类多不趋时尚,墨守旧章。"⑥这些剧种不入《北洋画报》的"法眼",其最重要的原因在于他们认为这些"艺术"没有品味。河北梆子与评剧都是在底层流行,而且在天津,为了争夺市场,大多以"女伶"为噱头,迎合了下层民众的粗俗口味。《大公报》早在1904年就申斥:"就说戏园子罢,要是没有女角,必没有人乐意看,要是没有演淫戏的女角,座客也必不多,必须多邀些个淫荡的女角,配搭男角,演唱极污秽的戏……你听那叫好之声,连连不断。唱戏的不知害羞,看戏的兴高采烈,这是怎么一回事呢!"⑦此后

---

① 张焘:《津门杂记》,第99页。
② 据述当时是梆子胜过京剧:"当时天津一些著名京剧演员,如尚和玉、李吉瑞、薛凤池等,常与河北梆子演员同台演出,而且多由梆子演大轴,称为'梆子二簧两下锅'。之后很多京剧名家,都是学习梆子出身,后来才改演京剧的,例如荀慧生、李桂春等都是。"中国戏曲志编辑委员会编:《中国戏曲志 天津卷》,第5页。
③ 中国戏曲志编辑委员会编:《中国戏曲志 天津卷》,第7页。
④ 记者:《说本报》,《北洋画报》,第387期,1929年10月22日。
⑤ 艾艾:《北平盛行之奉天落子》,《北洋画报》,第871期,1932年12月17日。
⑥ 云若:《一朵能歌黑牡丹》,《北洋画报》,第268期,1929年1月12日。
⑦ 《淫戏宜禁》,《大公报》,1904年12月8日。

《大公报》不断呼吁政府封禁这些戏。《益世报》对此类戏剧也非常有意见,直指评剧的"茶园""落子馆"等场所格调低下,如点名批评当时的茶园:"女伶王素兰,演戏淫荡,久为社会所不许。近日该伶又搭昇平茶园,不改前非,较前益甚。"①对于"莲花落"等表演,各大报也均抨击有加。由此可见,梆子、评剧在当时还是较粗俗,以文人自居者自然不会喜欢。1920年代,梆子、评剧进行了"改良",但在《北洋画报》诸位看来也还是不够"雅":"他如梆子、蹦蹦则只似泼辣之妇人耳。"②署名"大弓"的一位作者通过深入分析,指出:"盖西河大鼓,直下里巴人之音;河南坠子,乃郑卫淫声之渐;醋溜时调,只合高歌于市井里巷之中;辽宁大鼓,动人玉树后庭之感。虽派别门户纷歧,若求文字之雅驯,韵味之圆正,则舍京韶莫属。"③梆子、评剧等艺术形式,表演者本身就无文化底蕴,方言音较重并不妨碍其表演,怎么可能发展出字正腔圆的韵味?进一步说,它们本身来源于底层大众,观众也是底层群体,怎么可能做到雅驯?反之,从清朝开始在天津传播的京剧就慢慢成为了"雅"文化的代表。《北洋画报》诸君的偏爱自有其道理。

《北洋画报》喜爱京剧,但在京剧里同样排斥那些底层的表演。他们嘲笑底层民众喜欢的草台班子的京剧表演:"庙会戏班所演之戏,虽其戏目及情节均与京戏相同,然其词句之鄙俚,刚较京戏有过无不及,言之使人喷饭。……曾记演《陈州放粮》时,包拯出场引子为:'……有人问俺名和姓,姓包名公字老爷。'"④因此,虽然天津的庙会上,常有京剧演出,却绝少被《北洋画报》所报道。

《北洋画报》有这样的严格标准与自我要求,其实是被天津的剧评氛围所逼出来。天津剧评家们普遍不被外界所看好。北京以外的京剧表演往往被视为"海派":"京伶呼外省之剧曰海派。海者,泛滥无范围之谓,非专指上海也。京师轿车之不按站口者,谓之跑海。海派以唱做力投时好,节外生枝,度越规矩,为京派所非笑。"⑤这里虽然说的是京剧表演者,但却暗示非京派的剧评家们没有起到指导"规矩"的作用。实际上津门剧评在各个方面都紧跟北京。从《梦天谈剧》到《杀黄剧话》,不管是对腔调较有研究的《戏剧杂谈》,还是试图系统梳理京剧历史的《整理国剧入手》,都可以发现北京剧评的理论背景。这也是无可奈何的事情,毕竟京剧成熟于北京,北京剧评沉淀

---

① 《淫戏宜禁》,《益世报》,1921年12月5日。
② 大白:《戏剧闲话》,《北洋画报》,第1397期,1936年5月9日。
③ 大弓:《听鼓琐记》,《北洋画报》,第1490期,1936年12月12日。
④ 小蓬:《旧日庙会戏之鄙俚》,《北洋画报》,第853期,1932年11月5日。
⑤ 徐珂编辑:《清稗类钞选文学艺术戏剧音乐》,北京:书目文献出版社,1984年,第360页。

更久、接触更广,自然能在京剧的表演特性、程式特点、唱腔声调等理论总结方面全面胜出。所以天津的剧评家们往往被以"正统"自居的"京派"所嘲笑。

然而尴尬的是,天津的剧评家们也被同属"海派"的上海剧评家们所嘲笑。上海剧评者认为:"如愚者,浮家沽上有年,于戏剧之道,但知皮毛,未窥堂奥,不惭猥琐,随诸君子后,间亦结识一二票友伶人,相与狂发议论,或有心得,或于观戏之余,发为文章,赋于诗歌,实则短浅文章,不足侪于大雅,遗讥之诮,自然难免,心之所趋,亦不遑顾及矣。"①这反映了天津剧评家里有一部分人,虽然喜欢京剧,也会欣赏,但他们"捧角"的方法与手段实在过于低俗。如《商报》的叶庸方,有人回忆说:"叶君为了捧角成名,常不惜巨资为某一个角色包通厢一月……但有时座位太空,叶君则连电报馆,请编辑部早发稿子,光临戏院捧场,这样的豪举,真是空前,而商报正面的价值,也为了这过份的动向,一跌再跌。"②为了"捧角"而不顾报纸经营,既损害了报纸信誉又让叶庸方的"捧角"行为显得偏执和低俗。

在这种环境下,要讲究"趣味"与"艺术",《北洋画报》的剧评家们认识到剧评的重要性:"戏剧关系风俗人情艺术文学者甚钜,若一任伶人艺者之因循泄沓,将见国粹凌夷,艺坛失色,提倡纠正,责在士林。"③那么就必须在天津树立起京剧"艺术"而"雅正"的京剧批评,比如王小隐对《北洋画报》的剧评家们提出具体要求:

> 愚意以为评伶亦应分为二格,(一)为艺格,(二)为人格,是二者不妨分别言之,而总其重量,亦今日涉笔评伶所应知也。夫伶之一业,向为社会所鄙,娼优并举,视同异类,故于其人格,殆无讥焉。自捧角之说兴,艺员地位日高,而捧者尊之惟恐不及,几若神圣不可侵犯,曰某郎某老板,则盛誉不去口,至人格若何若何,不曰慷慨,即曰高洁,艺之如何,反置而不论。或则恶其为人,则并举其艺而抹杀之,概以"不是东西""什么玩艺"等词,笼统骂倒,然倘使其艺而犹有一长,可供视听之娱乐,则其人必逞置清议于不顾,而操笔者之权威坠矣。譬投拜洋父之流,亟应为国人所不齿,然而以能唱能媚,即足以召号座客,搂大洋钱,遂觉万事无畏,夜郎自大。吾以为评伶者,应不以其人格而贬其艺格,庶使若辈明白,艺有可取,评者并不因其人格而加以掩没,而人格之坠落,则绝不能因艺格而有所增高。此界一清,而后发言有力,庶几伶人共知努力艺术,

---

① 张庆霖:《津门剧事》,《戏剧月刊》,1929年第10期。
② 鲁莽:《二十年报纸生活甘苦录 夜生活》,上海:独立出版社,1945年,第44页。
③ 游天:《北画剧刊纪念号弁言》,《北洋画报》,第315期,1929年5月7日。

与敦励品格,胥为立身社会之要道也。①

王小隐提出品评"艺格"应以公正、公平的艺术眼光,详细品评艺术特色,再定其长短,这种方法当然会更近"雅""正"。王小隐还提出评价演员时剧评家应更强调"人格",这点主要是跟当时的社会背景有关。1928年华北已经受到日本的威胁,而且正处东北奉军是否"易帜"的敏感时期。在北平的日本人四处活动,鼓动一些艺人配合宣传。这让《北洋画报》编辑们大为愤怒,迅速发表《剧界之国耻》②《速雪剧界之国耻》③等文章,抨击那些迎合日本的京剧伶人。王小隐提出的评"伶人"高低应以"人格"为先、批评"投拜洋父之流"肯定是有的放矢。鉴于京剧演员的情况,王小隐对剧评家同样提出"人格"要求,认为剧评家不能以自己的好恶来判断艺术的好坏;对于"人格"高而且有造诣的演员,即使不喜欢也应该加以鼓励;而那些"人格"不高的演员,"艺格"肯定不"高"——其实这跟"以艺术眼光"的判断已经相违背,但在当时却是对剧评家们的一个警醒。在他看来,首先应是以国家民族大义为标准,其后才是不以个人好恶而以艺术水平论高低,符合以上要求才是真正的剧评家。

以"人格"为底线、以"艺术"论高低这点获得了《北洋画报》诸人的一致赞同。署名"红蛾"的剧评家在《评戏吃饭与吃饭评戏》一文里讽刺那些将"评戏"当成"吃饭"的剧评家,批判其无原则与无底线:"伶人演戏,有时须假报纸为之宣传,遂挽友好请托诸编辑记者与评剧家之前,置筵款待,杯酒言欢,而后好者固好,劣者亦好,此则非鸭子鱼翅,即鸡绒鲍鱼在作祟矣?此种文字,亦远心,盖因吃饭而评戏也。文人无聊,自古已然,于今为烈!"④显然是对那些吃顿饭就可被收买的剧评家非常不满。文章发表后,《北洋画报》另一重要剧评家"杀黄"对其讽刺有所误读,以为"红蛾""嫉妒"那些靠剧评"吃饭的",但对剧评家的身份想象与标准却与他不谋而合:"评剧家须具道德观念,盖名誉为人之第二生命,'誉则喜,贬则忧'恐不独吃开口饭之伶人为然,即使贬者欲规正伶人之劣疵,要亦须指明劣疵之所在,更须明演员之艺事时间。"⑤杀黄指出"红蛾"的错在于没有仔细分辨伶人到底哪里好哪里不好,而且没有注意到演员的前后变化。随后,"红蛾"接受了杀黄的批评,并针对他所批评的伶人进行了详细阐释与回答。暂不管其讨论的艺人是非好

---

① 《梦天谈剧》,《北洋画报》,第211期,1928年8月11日。
② 不平:《剧界之国耻》,《北洋画报》,第194期,1928年6月6日。
③ 尝胆:《速雪剧界之国耻》,《北洋画报》,第202期,1928年7月11日。
④ 红蛾:《评戏吃饭与吃饭评戏》,《北洋画报》,第1308期,1935年10月12日。
⑤ 杀黄:《目下评剧家之分野——质红蛾君》,《北洋画报》,第1314期,1935年10月26日。

坏,两者虽然意见不一致,但在这种公平论争里,"剧评家"的身份与艺术追求都是双方一致的共识。"红蛾"的讽刺与应答在实践着他的自我期待,而杀黄的反问同样是在追求一种"道德""艺术"至上的剧评家理想,这些都与王小隐的设想前后一致。

《北洋画报》剧评虽然未能比北京剧评更为系统与深入,但他们也发展出独特的判断。与北京一味要求"正统""高雅"相比,《北洋画报》比较重视戏剧面向社会而作的必要调整,如京剧的"大众化"转变。王小隐说:"吾之所痛惜者,则以为(一)剧之享用渐趋于贵族化,而此种民众娱乐已大形其偏枯。(二)剧之效能。迄无显著成功之点。(此为最所关注之事)(三)剧之本体,就全靠观察,实无充实发展之预备。(四)以剧界为比较易于混顿饱饭,因生计问题敷衍迁就者日多。而艺术愈坏。"①如何重新激活戏剧的力量,王小隐提出的想法得到一些呼应:"戏剧既表演于一般平民之前,当以供献平民社会为原则。"②只不过1920年代京剧日益商业化,票价越来越高,剧评家们提倡"大众化"有心,却改造无力,最终这些设想也没有落到实践中。

此外,《北洋画报》对京剧市场化后的一些调整评价也较为客观和宽容。如"海派"为吸引观众,往往"力投时好""度越规矩","唱作"上以"花腔""武功"见长,扮相追求光彩漂亮:"又如武术,正宗尚功架,重解数,海派则专以迅疾欺人,在台上多绕数匝,或持械多闪几手,亦能称事。下而至于被服,在正宗虽一鞋一带之微,咸有定数,而海派则满身花绣,光彩照人,张冠李戴,不以为病。且一戏而数易其衣,亦足以夸长于侪辈(此风至今犹然,实违戏情,殊不足取)。"③而"海派"的舞台效果则追求新颖。1908年在上海出现的"新舞台",采用了新颖的转式舞台和写实的布景,"忽而房屋,忽而世廛,忽而旷野,更一套套的层出不穷。"④这种求新求变的设计迎合了一些观众的视觉需要。

北京的剧评家们对这些"海派"京剧的调整嗤之以鼻:"文者可垂诸久远,野者则仅足蒙蔽于一时。"⑤《北洋画报》则认为:"海派戏之势力,渐有扩张于平津之势,评剧家不免有披发左衽之感;然在一部观众,则许为足娱视听,易于引动,较一二旧剧之仅重唱念,为富于兴味,真正懂戏者,自不能如看热闹者之多……亦势有所必至,非咨嗟太息所能挽救。"⑥《北洋画报》的剧评

---

① 《梦天谈剧》,《北洋画报》,第188期,1928年5月16日。
② 游天:《戏剧是"平民的"》,《北洋画报》,第192期,1928年5月30日。
③ 菊屏:《海派之京剧》,《申报》1925年2月28日。
④ 海上漱石生:《海上繁华梦(附续梦)》,第二辑,上海:上海古籍出版社,1991年,第1209页。
⑤ 张乙庐:《老副末谈剧》,上海:上海戏学书局,1938年,第13页。
⑥ 《梦天谈剧》,《北洋画报》,第300期,1929年4月1日。

家们承认这些改变实际上适应了观众的需要,并不认为会因此而失去京剧的艺术魅力,对于京剧的新变也持乐见其成的态度。在此认识上,《北洋画报》还深入分析了这些新变的利弊得失。如对"形头"的评价,《北洋画报》并不避讳"新"会转移观众注意,而是详细探讨其变化历史与对京剧的影响,认为"新"的"形头"能使京剧有更好的视觉魅力。在《形头研究》(977期—998期)中,《关于"大衣箱"》《行头之种类》《关于盔头》等系列文章里认为:"'穿破不穿错'一语,为老伶工取舍形头之唯一标准,惟时至今日,此种精神,已渐失去,票友固勿论,即内行中亦多标新树异,超乎规矩,至于是否合于剧情,则不暇顾。"①可见,《北洋画报》承认京剧规矩,但强调应对新变以认真引导,这是他们谈"行头"的最终目的。

对于真实布景,《北洋画报》也曾提出一系列看法。如他们最为推崇梅兰芳,但针对梅兰芳的布景却认为:"故梅兰芳所创古装剧之布景,均多因陋就简,殊未能引起观者之美感。以余观之,不独此种不适用之布景,应根本取消之,即绣幔,亦宜撤去。"②在冯武越看来,布景还是应该有所讲究。王小隐则吸收了新剧(即话剧)与"海派"京剧的布景经验,提出京剧要将布景与艺术特点相结合,而不是简单照搬新剧的经验:"新剧布景,为表现演员地位起见,是无可解免之办法;若旧剧则纯属写意,自无庸添此蛇足,分明是山峦布景,而登山越岭仍是爬过桌子,分明是闺房布景,而起居回旋反倒俨然户外;不但无以使戏剧逼真,反因而大露其假,是直不如无布景之为愈也。"③只可惜像这般精到的点评与意见并未被市场所采纳,天津部分京剧越来越追求布景的"真"而忘记了京剧的"写意"艺术特点,这是《北洋画报》所未曾预料到的。对于"海派"在布景方面的新变,墨云的思考最为深入,他认为:

> 一般评剧家极力诋毁海派戏,而皆崇仰京派,以为海派大抵不重唱工,即有长调唱词之戏,亦皆油腔滑调,不堪入耳,对于布景亦过事铺张,现在海派戏甚至在演员身上都装上电灯,这种固然太有点过火。其实布景,行头,亦未尝不是戏中主要的东西。予记十余年前在北平听戏,演员之唱作俱佳,然每不能使人精神振作,就因为布景不美术化,行头也像烟薰了十几年似的……现在海派戏对于唱工虽不注意,然对于布景,莫不推陈出新,巧变花样,海派戏能在现在有这样大的势力者,亦即因布景行头之能吸引观众也。所以布景在剧中很占一个主要的地位,若能做得恰

---

① 杰:《形头小识》,《北洋画报》,第1022期,1933年12月9日。
② 笔公:《古装剧与布景》,《北洋画报》,第81期,1927年4月23日。
③ 《梦天谈剧》,《北洋画报》,第324期,1929年5月28日。

到好处,不过事铺张,很能为剧情生色。①

《北洋画报》编辑们对此虽然不尽然认同,但他们基本上对"海派"布景持较公允的态度,由此也可以更好地理解城市娱乐对于京剧提出的新变。1910年代后,随着电灯的引入,舞台和布景都出现新变,天津的京剧舞台上出现了灯彩戏②和机关戏。对于这些新技术的运用,《北洋画报》诸君注意到了其优点与缺点。如灯光的运用:"有许多戏场的舞台上,电灯确实很多,光线也真够用,只可惜'背幕'太亮,演员背部都十分明显,而面部却反而模糊,这岂非十分颠倒的事?"③对于哗众取宠的机关戏,早期他们认为是一种新式的表演:"其布景均含有机关性之作用,尤其连环戏各幕,戏剧竟与电影同台表演。……此种新式之海派戏,仅于海上见之,在平津一带,尚未流行。爱剧志其概况,以见戏剧变幻之一斑焉。"④随着后来观戏经验增多,他们对这种牺牲表演而以"噱头"为诉求的舞台设计大都不以为然。王小隐认为这些"机关戏"只是传统杂技、魔术等的"反动",并不是京剧的正统源流,也不会成为改变京剧的动力。但没想到天津各个戏院将其引入后,大受观众欢迎。对于这些卖弄新奇技术,有时甚至以烘托色情为卖点⑤的"改良",《北洋画报》往往评价为"最无聊""鄙俚"⑥,大多数时候是基本不予评论,在他们的"艺术眼光"里,没有这类戏的位置。

吴家盛曾在《大公报》发文《立在戏剧后的批评家权威和目光》,提出剧评家所必须具备的基本素质,即剧评家态度必须公正,要有世界、历史的目

---

① 曼云:《论布景》,《北洋画报》,第1066期,1934年3月24日。
② "所谓灯彩,就是在舞台上设置一些充分发挥电力、电能的相关道具,五光十色的电光与写实布景相衬托,给人以光明色艳的美感。1904年,北京双盛合班在天津聚兴茶园、老艺人吕月樵在上天仙茶园,分别演出全本《目连救母》。……4年后,名角田际云(艺名响九霄)在天津演出《斗牛宫》《梦游上海》等以灯彩为号召的新戏,剧情都很简单,重点在于展示各种新式灯彩。譬如《斗牛宫》,舞台两边设置各种玻璃彩灯,里面装有小型机器,凭借电力促使轮子滚动,彩灯里的图形不断变换,五颜六色,反复频闪,20多名演员在制作精美的秋千上来回舞动,舞美灯妙,新颖诱人,一时间观者踊跃。"甄光俊:《天津历史上的彩头戏》,《中国戏曲学院学报》,2008年第4期。
③ 王小隐:《光的要求》,《北洋画报》,第446期,1930年3月15日。
④ 青青:《上海式机关戏》,《北洋画报》,第631期,1931年5月30日。
⑤ "天津著名武生演员高福安,率先在南市创办了带有转台的第一舞台(戏院名称)……此后,他主持排演七夕应节戏《天河配》。他让人制作了装有清水的木质大水池,摆放在舞台的一侧,安排饰演织女的小菊处和6个仙女穿贴体薄纱在仙池内外沐浴,并与小满堂饰演的牛郎作嬉戏状,台口挂有纱幕,呈朦胧景象。又利用镁光灯作效果,仙女们的身影似裸非裸、时隐时现。新奇、大胆的舞台画面为天津群众前所未见,故特别轰动。"作者在介绍时注意到了"灯光戏"的特点,也提示其中蕴含色情的卖点。甄光俊:《天津历史上的彩头戏》,《中国戏曲学院学报》,2008年第4期。
⑥ 红蛾:《七夕应景戏之天河配》,《北洋画报》,第1278期,1935年8月3日。

光。在此基础上,批评家要显出"批评的权威"还需要四个条件:要担负起提高民众艺术的责任,要懂得戏剧本身各个方面,要有怀疑精神以判断各种剧的地位,要敢于批判不良倾向。① 以此高标准来检验《北洋画报》诸位的话,只能说他们在追求公正、了解戏剧本身艺术规律、批判不良倾向上有较好体现,但在提高民众与判断剧种地位上则较为缺失。这种缺失并不是他们的本意,《北洋画报》采用图画这种更直观的方式来"启蒙"民众,导致他们缺少文字方面的表达,更重要的由于他们提倡的"艺术眼光"是与中产阶层相适应的,在当时条件下反而成为与底层民众沟通的重要障碍;而他们的"趣味"更是面向中上阶层,一般民众也无法接受和欣赏。阶层的特点与文人的偏好使得他们在京海两派之中更偏向于京派。通过画报,特别在京剧问题上的讨论,他们在"雅"及"纯正"方面达成了一致,形成与京派差不多的审美情趣与判断。虽然被京派讥为"外江",但立足于天津,接受新事物也较开明,使他们能够形成比北京更为开放的艺术态度和理想,用他们的话来说就是:"戏剧以兴趣寄托精神,兴趣则忌偏枯单调,是一切'戏剧外形''场子''调句''组织'……均求其'匀称''层渐''调剂'之美致。"②以"艺术眼光"为标准、以"兴趣寄托精神"是他们的努力追求,至于在实践中是否能实现当然还可存疑。不过,有此较高标准与追求,才能使他们获得中上阶层的认同,同时也才有可能在天津引导舆论③,成为中上阶层品味的领导者。

三 舆论引导的手段与得失

《北洋画报》开办七周年时,特别刊发了纪念刊,其封面如下页图3－1所示,名为《随时代转变之织女——名坤伶陆素娟近影》④。这幅图画颇有后现代"拼贴"的意味,该书第2版还特意配了一个说明:

> 本期的封面是一张"中西合璧","古今会通"的滑稽图照;一位戏装的织女,站在新式的纺纱机旁工作,织女所用的中国旧式纺线车,已由外国纺纱机代替了。这很显然的,工业革命直接影响到七夕神话中的女主角,虽然这是更向荒唐演大荒的造意,但它提醒给人们的,是现在是什么时代了,天上的织女都随着时代而转变,产业落后的中国,应当怎样改进

---

① 吴家盛:《立在戏剧后的批评家权威和目光》,《大公报》,1928年8月29日。
② 铃:《唯美》,《北洋画报》,第962期,1933年7月22日。
③ 限于《北洋画报》的内容和影响,在本章中只作京剧舆论的分析,而不涉及舆论的其他方面。
④ 《随时代转变之织女——名坤伶陆素娟近影》,《北洋画报》,第956期,1933年7月7日。

图 3-1　《北洋画报》上的《随时代转变之织女——名坤伶陆素娟近影》

呢？本报得到这画的启示,是应怎样随着时代向前迈进呢？所以这张图照表面上似乎荒唐,滑稽,但它的意义也不十分单纯。①

这张照片所含的意义确实"不单纯"。它所展示的场景极为"荒唐",却采用真实的人和机器,以"七仙女纺纱"形成暗含七周年的"七夕"寓意。这与早期的画报有着不同的处理方式。早期画报依靠画师的想象,如著名的《点石斋画报》,所有图像源于画师的想象,因此必须配以大量的文字才能让读者明白图画的内涵。因此,画报往往受限于画师的知识水平与绘画手段,图像容易失真,文字与图像会出现对立的情况:"绘画者与撰文者均可根据自己的政治及文化立场来处理同一对象,因而常常出现有趣的局面:图文之间存在着巨大的缝隙。这一耐人寻味的'缝隙',很可能源于主观愿望与客观效

---

① 记者:《七周纪念号发刊》,《北洋画报》,第956期,1933年7月7日。

果、直观感觉与理性判断、媒介与技巧之间的差距。"①但因"画"而非"真",画报的权威性和真实性容易被质疑,人们试图直面真实场景的愿望也无法得到满足。限于技术原因,这时期的画报大抵如此,像天津的《醒俗画报》《人镜画报》均是以"画"为主,其图片的准确与精美稍逊《点石斋画报》。直到照相与铜版技术的使用,画报的图片提供者从"画师"向摄影师转变,而人物、风景、场面也更"真实"地呈现出来,迎合了民众试图"目睹"现场的需要。《北洋画报》抓住读者的这种心理,像这张照片所展示的"七仙女""机器""织布"等每个细节上,摄影师都努力营造一种"真实"感。正如王小隐所总结的,这是《北洋画报》的特色之所在:

> 北画之戏剧专刊,自以照片为大部,此则犹之"以鉴照形""各呈其真",妍者不能使之媸,丑者不能强谓美,举凡形貌、举止、服装、涂泽,胥得于报端见之。对于"看戏"之一名词,已颇能显著其一部之效能,间又登载演剧者之本来面目,或其书画作品、生活状况,俾于此一职业者,或嗜好者(票友)之实际,得此了解,即所谓"真"的实写也。以故手画报一纸,得见许多各时各地之名伶名剧,则本刊所以博得读者之赞许,殆以此欤。②

正如这封面照片所示,"以鉴照形"确实达到,展现了现代机器与陆素娟的扮相,但"各呈其真"其实并未达到。照片有意置入了京剧"七夕"的背景知识,将"七仙女"与现代机器相搭配,形成虚拟的场景,以"七夕"来寓意"七周年"。好在读者基本都具备这个知识,所以这种虚拟场景看似荒谬,但也还能理解。唯在照片的说明里所做的引导:"产业落后的中国,应当怎样改进呢?本报得到这画的启示,是应怎样随着时代向前迈进呢?"这点很难落实。《北洋画报》编辑心里还是秉承着启蒙的理念,即使这种游戏照片,他们还是忍不住要出来发挥一通。从这张照片里,也可以看出《北洋画报》在京剧宣传上的特色:通过照片与文字,在京剧理论上进行引导,通过京剧剧评制定审美规范,影响读者品味,形成了城市市民阶层中较为一致认同的审美标准。画报的特色加上"以艺术之眼光"与"以兴趣寄托精神"的剧评标准,使画报有较好的宣传效果,特别是通过对京剧演员的定位与宣传,它的这些理念得以实践。在这些实践中,较为突出的当属《北洋画报》通过各种手段引导京剧舆论与制定审美标准,"制作"出优美的坤伶形象,展现他们的理想。

---

① 陈平原:《晚清人眼中的西学东渐——以〈点石斋画报〉为中心》,陈平原编:《晚明与晚清:历史传承与文化创新》,武汉:湖北教育出版社,2002年,第194页。
② 梦天:《戏剧专刊百期纪念致语》,《北洋画报》,第1467期,1930年5月3日。

坤伶即京剧女演员，在历史上出现的时间较迟。由于清代禁止女子学戏，更不允许女子登台演出，因此京剧里基本上看不到女演员的身影。随着时代变化，上海首先打破禁忌："京剧女班亦称'坤班'，最早产生在上海，当时人称'京班髦儿戏'。"①但是在北京，京剧女演员一直不被接受，京派剧评一直认为这是哗众取宠的手段。北京的京剧女演员直到1921年才出现。与北京、上海不一样，天津女演员登台较早，很受观众欢迎："从所存清末、民初的数百张戏单考知，1902年，聚兴茶园的双盛和班，1904年万福茶园的会元班，1911年天仙茶园的吉升班，1913年东天仙茶园的鸿庆班，以及民国初年的四喜班、东凤班，等等，都是男女合演的班社。"②在这些地方表演的女演员通常梆子、皮黄兼学，因此容易向京剧转变，为天津京剧女演员的出现奠定了一定的基础。随着时代发展与城市戏院的出现，女演员获得较好的舞台空间，表演艺术提升，演出日益正规化。1915年，天津的大舞台戏院建成，到了1920年代中期，天津已有大大小小的戏院40家，例如北洋戏院、明星大戏院、春和大戏院、天升舞台等，此后还陆续有新的戏院出现，如华北戏院、中华大戏院等8家。从茶园向戏院转变，除了剧场发生变化外，剧团也因此发生变化，演员们的地位也有所上升。在这种转变中，女演员们的生活、演出较茶园的戏班有了较多的改善，也就有更多时间磨练技艺，以符合观众期待。京剧因时代变化而发生的变革，也有力地推动了坤伶在舞台上的发展。亲自参与坤伶正规化的王瑶卿总结说："(庚子以后)在这个时期，看戏的眼光，对青衣花旦的门类不甚分清了，看青衣戏也得有做工与念白，还得有扮相，对花旦一门，也得有嗓子能唱几句，才欢迎，在这数年内，青衣花旦可以混合着唱，抱定一门唱的人，就有些吃亏了，由民国元年往后戏界观念更大改变了，看戏的人，单有一部份，首先要讲扮相，然后才讲身段唱白。"③京剧原本更讲究"唱作"，而戏院因为采用了电灯等照明设备，原本只是"听戏"变成"听"与"看"同时进行，原来以饮食、交际为主的茶园变成娱乐、欣赏为主的戏院，使京剧由原来倾向唱作欣赏变成整体性的审美鉴赏。这时扮相美丽的坤伶就更容易受到欢迎，这便促进了女演员登台亮相。可以说以上三个因素使坤伶在京剧舞台上正式出现并开始受到市民的普遍欢迎。

虽然坤伶受到市场的欢迎，但社会舆论与剧评家们对其评价一直不高。剧评家们认为天津的女演员受欢迎主要因为："平常坤角演戏之叫座，互较

---

① 北京市艺术研究所、上海艺术研究所组织编：《中国京剧史》(上卷)，北京：中国戏剧出版社，2005年，第282页。
② 甄光俊：《梨园百花艳 敢为天下先》，《艺术研究》，2011年第1期。
③ 王瑶青：《论历年旦角成败的原因》，《剧学月刊》，1932年第3期。

名角尤佳,盖老板喜其包银稍廉,观客亦喜其售价不贵。"①坤伶们演出虽增多但整体报酬偏低,反映的是社会还不承认她们的表演艺术。在京派剧评家们看来,坤伶只是迎合低级趣味的一种表现,为了表明自身"雅洁"与品味"高尚",他们甚至连了解都不愿意:"可是现在真正有名的批评家,对于坤伶是很少的接近,甚至以为她们是决无可以寓目的价值,而绝足于坤剧场!"②这种偏见长期存在,如《十日戏剧》③直到1937年还有剧评家批评女演员,讥讽她们:"坤伶鬻技,'色'是主要成分,同时色又是卖肉的媒介⋯⋯假设你只是死板的靠艺术吃饭,一定笼不住观众,说穿了一句话,坤伶的艺术能好到什么程度,也只好说一句天晓得。"④许多剧评家对坤伶抱着轻视甚至无视的态度,很难平心静气地来对待她们。而天津有些剧评家者却相反,在评价上走向另一个极端:"曾办过《天风报》的沙大风,在天津《商报》副刊'游艺场'上,连续撰写'孟话',专门评论孟小冬的剧艺、记述孟小冬的生活起居,文中谑称孟小冬为'冬皇',意为须生之皇,足见孟当时名声响亮,技艺超群。当年有一首打油诗记载沙大风捧孟小冬的诗说:'沙君孟话是佳篇,游艺场中景物鲜。万岁吾皇真善祷,大风吹起小冬天。'"⑤过于轻视与过于吹捧的剧评其实都不利于读者正确接受坤伶,也不符合《北洋画报》所提倡的"艺术眼光"和"以兴趣寄精神"的要求。

《北洋画报》对待坤伶尽量避免"骂杀"和"捧杀",它不避讳对坤伶的各种报道,但较注意"捧角"尺度的把握。王小隐提醒"捧角"对于京剧的不良影响,曾引用梁巨川的话说:"勿以评剧捧角为小事也。真足以毁人才、坏风俗。"⑥在戏剧专刊发表征稿通知时特别要求:"戏剧专刊欢迎文稿,但捧角文字,请勿见投。"由此逐渐形成《北洋画报》编辑群对"捧角"的一致共识:

> 所有批评纪载,固不敢自谓悉数精湛,然无论对于任何一人一事,率皆出以审慎平允之态度,从事辅导赞助,从无幸灾乐祸,挟持恩怨之举,对于一艺之长,一节之善,推扬惟恐不及,以故介绍"艺者",刊布消息,既为读者所乐闻,亦为剧界所信赖,是又差堪自诩者也。⋯⋯总之,在凌

---

① 张庆霖:《津门剧事》,《戏剧月刊》,1929年第10期。
② 醋客:《对于提高坤伶地位之我见》,《大公报》,1929年8月2日。
③ 《十日戏剧》:"京剧期刊。前身是《戏剧旬刊》,民国26年(1937年)2月创刊。上海国剧保存社出版,历任编辑有郑过宜、胡憨珠、张古愚,旬刊,16开本。刊载剧评、剧目介绍、剧史、艺人生平、平剧问答及曲谱、伴奏、服装、舞台设计等方面的文章,图片有名伶便照、剧照等。还刊登了《女起解》《落马湖》等剧本。八一三事变后一度休刊,后复刊,共出80期。"徐幸捷、蔡世成主编:《上海京剧志》,上海:上海文化出版社,1999年,第371页。
④ 东篱:《坤伶的贞操问题》,《十日戏剧》,1937年第3期。
⑤ 王熙方:《余叔岩两大弟子:李少春、孟小冬的不同人生》,《人才开发》,2011年第1期。
⑥ 《梦天谈剧》,《北洋画报》,第188期,1928年5月16日。

乱稚弱之中国戏剧界中,颇能取得同情与权威也。①

《北洋画报》说已取得"同情与权威"有点自夸,不过他们还是尽量做到了"审慎平允"。这种追求内在地限制了编辑的个人趣味,像沙大风虽然十分推崇孟小冬,但在任《北洋画报·戏剧专刊》主编时却没有发表对孟小冬过誉的文章。而即使编辑群体一致喜欢的女演员,《北洋画报》也尽量做到公平,避免过度吹捧。如章遏云,前后编辑都对她青眼有加。章遏云祖籍广东,会唱粤剧。冯武越对老乡不免多有关照,但他采访章遏云后说:"国人对伶人一业,至今无适当之观念,吾侪今日之访遏云,固觉与访问其他当代要人无殊,盖其职业则然也。"②即使有所偏爱,冯武越还是尽到一个记者的责任,并不大肆吹捧,批评大家观念不当,平淡地说"女伶"也只是现代女性职业之一种。王小隐的戏评则公开以《捧章遏云》为名,但行文颇为节制:"章遏云出演未久,遽致盛名,其才艺自有大过人者,古谓实至名归,又谓名不虚立,不关乎捧不捧也。""遏云之声容,执涂人而问之无异词,其盛名殆非倖致矣。"充分肯定了章遏云在艺术上的修养,同时也非常关心她的演艺生涯。民国时期坤伶面临的社会环境较为恶劣,特别是扮演旦角的女演员,一旦年老色衰很容易失去观众。出于珍视女演员的艺术生命,王小隐说:"遏云终不能以歌舞老,而其剧之弥足珍惜,亦何下于陈德霖,龚云甫辈之看一回少一回哉。"珍惜归珍惜,王小隐对于过度的"捧"却很清醒:"吾之所能捧者,如是如是,亦尚无尊为教主,进封亲王,加号仙子之种种怪事而已。"③其态度公允而充满爱护,是天津一些小报所无法企及的。

《北洋画报》的各类剧评也尽量肯定并努力提高坤伶的社会地位。1920年代前,坤伶地位基本与妓女相同,上海或者天津的一些画报喜欢将坤伶照片与妓女照片同登在封面,而且不加以说明,被登载的女演员也无可奈何,反映了社会对女演员的轻视。《北洋画报》深觉不当,有剧评说:"现围一班艺员艺女们,确乎业已超出了古时'倡'的范,以上(应为'范围之上'),而以'卖艺不卖身'为口号,虽然势迫利诱,仍有时不免,但是业已根本打破了'非人的待遇'有则真剧界之重要纪录也。"④从舆论上引导读者区分两者,破除坤伶的污名。

《北洋画报》还试图从坤伶的艺术评价上改变社会对她们的误解。早期坤伶在京剧艺术上确实与男演员们难以平起平坐,但受五四的自由、平等观

---

① 梦天:《戏剧专刊百期纪念致语》,《北洋画报》,第467期,1930年5月3日。
② 丝:《章遏云访问记》,《北洋画报》,第163期,1928年2月18日。
③ 王小隐:《捧章遏云》,《北洋画报》,第367期,1929年9月5日。
④ 梦天:《倡不是优优不是伶》,《北洋画报》,第427期,1930年1月23日。

念的影响,编辑们也在努力肯定她们。王小隐认为:"坤伶之青衣花衫,形式上已较男伶为自然,果加琢磨亦自无害其为可观。"①为什么"形式"上会优于男伶? 其根源就在于新文化运动曾攻击京剧喜欢"男扮女装",那么反过来,"女扮女装"就有了一定的合理性。《北洋画报》有编辑以此为据,提出:"以女娘身,状女娘事,一样芳心,众多妙相,自能体贴入微,毫颠独到。比之貌为妇人之美郎,天然合胜,惟泰半萎靡,音每纤细。"②当然,京剧艺术里到底是"男扮女装"好,还是"女扮女装"更好,都值得讨论,不过在当时的条件下,编辑们这种言论,可见其用心良苦。这些评价让人们逐渐改变对坤伶轻视的态度:"我对于坤伶,是历来不大欢迎的。问我是什么原故,我个人也莫名其妙。但自从看了陆素娟的'霸王别姬'后却就不然了。因为我觉得她的色艺双全,使人颠倒,才知道过去对女伶轻视的态度是自己错了。"③

《北洋画报》充分"以艺术的眼光"来肯定坤伶的美,其重要手段自然是以照片直观地展示她们的美丽。除封面展示外,在内容版面与编辑上,《北洋画报》对"包装"坤伶做了许多努力。像新艳秋第一次出现在《北洋画报》上,精心选择了两张照片,名为《争艳图记》。(图3-2)

图3-2 争艳图记

---

① 王小隐:《随笔写写》,《北洋画报》,第300期,1929年4月1日。
② 刘郎:《艳芳与中原》,《北洋画报》,第214期,1928年8月22日。
③ 老僧:《色艺双全之陆素娟》,《北洋画报》,第1394期,1936年5月2日。

如果没有文字说明，人们可能很难分辨出谁是程砚秋（时名程艳秋），谁是模仿者坤伶新艳秋，两者的"漂亮"程度不分伯仲。编辑也颇为得意这样的安排："名新艳秋者，唱工作派，专摹艳秋，颇著声誉。或且谓其摹艳秋甚肖。今见其影片，眉目亦有酷肖处，因为并列，俾得相映成趣焉。"①演唱时的"唱工作派"除非亲临其境，否则难以判断，以照片的比"真""假"，则满足了读者的好奇。而将新秀的坤伶与成名的男角并列在一起，其中借其宣传、扩大影响不言而喻。

图3-3　章遏云

《北洋画报》将图片的"造星"效果成功地运用到了塑造坤伶形象上，最典型的"造星"当属章遏云。章遏云在北京亮相时并没有得到《北洋画报》的关注，只是被当成一个普通女演员。她第一次上《北洋画报》就荣登封面，但是没有相关的文字介绍。从第一次的照片来看，即使是"摆拍"，姿势与造型均无特色，比不上新艳秋那般惊艳。此后，由于她在平津演出引起多方赞赏，《北洋画报》发现她很符合"以艺术之眼光"与"以兴趣寄精神"的标准，所以迅速用图文将其"明星化"。知情者发表长文，重点介绍她的学艺经过，指出她与天津王庚生的师承关系，并提供了一张她和王庚生一家的照片。作者回忆起第一次见到她时的情形："其时遏云尚粗头乱服，朴素无华，未知今日尚能为是之不假修饰否。"②虽然回忆如此，《北洋画报》可不会再让章遏云出现"粗头乱服"的形象，果然在天津演出时记者就拍下她的戏装和时装（下页图3-4）。

三张照片，各有不同，戏装行头华丽，布景烘托、突出，身段"摆拍"尤显美丽。而时装方面，显然未及准备，却强化了她"朴素"的一面，不过看起来略为呆滞。可能画报也意识到这点，当章遏云再次登上封面时就是标准的"闺秀名门"的打扮和坐姿了。

《北洋画报》除用照片展示章遏云的美丽外，还处心积虑地塑造她知书达礼的闺秀形象。如登上封面的照片（图3-3），可以看到她手边堆放着一

---

① 编者：《争艳图记》，《北洋画报》，第152期，1928年1月4日。
② 天行室主：《记坤伶章遏云》，《北洋画报》，第149期，1927年12月24日。

图 3-4 章遏云的戏装和时装

图 3-5 章遏云　　　　　　图 3-6 章遏云挟书

卷书,后来还专门登了章遏云挟书的照片①(图 3-6),很像正要去上学的女学生。不过编辑可能觉得照片的暗示还是过于隐晦,忍不住还是登出一条未经证实的新闻:"谓章遏云浙人,曾肄业于前门内西交民巷之京兆第一女子

---

① 《遏云挟书照像》,《北洋画报》,第 431 期,1930 年 2 月 8 日。

中学,喜习剧,被校中革除,遂从人习之益专。"①其中编造的意图太过于明显,籍贯都弄错,更不用说是否真的上过学,所以作者不好意思署"正史",而用"别记"草草代替。但其中的信息颇耐人寻味——《北洋画报》试图引导读者相信坤伶中不尽然是出身低微的女孩②,而是有"高雅"的"女学生",其推高坤伶地位的目的不言而喻。

图 3-7 孟小冬的"反串近影"

既然要让坤伶"明星化",那就要从日常生活中的着装、个人爱好、社会交际等不同方面介绍坤伶,以满足读者对她们的想象。《北洋画报》经常报道这类消息,不过较少无中生有的报道,更鲜有捕风捉影的"爆料",坤伶的台下形象是读者较为关注却无法窥视的。《北洋画报》经常登出这类照片,满足读者需要,但它更喜欢强调"女性"的角色。这可能是它在"各呈其美"的同时,考虑到展示"女性"这个卖点更能抓住读者的内心期待。这点在那些扮演须生的坤伶身上表现得特别明显。以演老生出名的坤伶孟小冬为例,有评论说她在台下颇有男子气概:"小冬以女子身扮须眉男子,不独粉墨登场神态老当,即台下处世接物亦均落落大方,豪爽之气,溢于眉宇,使人几不敢信其为易钗而弁者。"③剧评这样的说法显然只能略描其态,而台下衣着男装则会取得"惊艳"的效果:"小冬此番出入,均作男装,不敷脂粉,落落大方,人皆赞美。"④不过,《北洋画报》虽然非常重视孟小冬,甚至第一次登京剧演员的照片时就是选她,但却是孟小冬的"反串近影"(见图3-7)⑤。孟小冬随后三次亮相,都是以女性面貌出现,在第76期时才出现她穿着男装的照片。

有时为了满足外界的期待,演须生的坤伶们也会"自我异化",有意识地穿男装,行为举止男性化,以迎合一些观众的期待。关文尉就回忆说:"我们这些女生演男人的,可以说是清一色的男装打扮,全是长袍、马褂,或西装革

---

① 滁秋:《云史别记》,《北洋画报》,第 162 期,1928 年 2 月 15 日。章遏云确实在天津的学校读过书,但因家境原因,又遇到著名票友王庚生,很快就退学专心学艺。见章遏云《章遏云自传》,北京:中国戏剧出版社,1991 年,第 9 页。
② 《北洋画报》推崇章遏云,一方面因她的艺术,另一方面可能也因为章即便只读过一年书,也比其他女演员好得多,但这不能掩盖她出身贫寒的事实。
③ 东野:《谈孟小冬与李香匀》,《北洋画报》,第 682 期,1931 年 9 月 26 日。
④ 斑马:《小冬新语》,《北洋画报》,第 222 期,1928 年 9 月 19 日。
⑤ 孟小冬以老生出名,所以旦角出现反而是反串。《北洋画报》,第 5 期,1926 年 7 月 21 日。

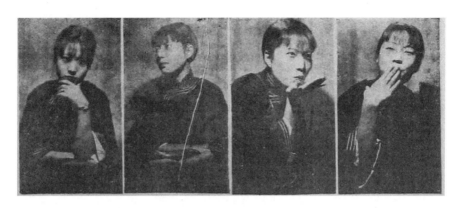

图3-8 孟小冬

履,背头,或分头发型,惟有梁花农是推平头,更是无法分出男女来,那唱花脸的王庆奎的装扮,却像是个军阀,简直一点女人样儿也没有。"①《北洋画报》好像并不鼓励这种风气,或者说它总是无意识地强调坤伶的女性身份,除了戏装之外总是更多展现女性的魅力。同样看孟小冬的一组照片(图3-8):在这一组"摆拍"里,第一、二图中孟小冬表现得调皮而风趣,三、四图中妩媚在不经意间流露出来,一动一静之中将女性孟小冬的美丽尽情展现。脱下戏装的孟小冬,不管是表情、神态、动作,都展现出一个落落大方的女性形象。

坤伶们的隐私也是读者们关心的,例如婚姻问题。《北洋画报》也有此类消息,只是对于这些消息抱以较为持中的态度,较为理解与支持坤伶们的选择。如有报纸经常以小道消息报道孟小冬结婚,编辑在表示气愤的同时只能对她略有安慰:"但是人的声价一高,就不免难招人妒忌,受人揶揄。何况小冬是个坤伶,更好的目的物。……上海的报纸就更离奇了,说她竟已自尽死了。"②而坤伶一旦真正结婚,《北洋画报》则真心祝福,如章遏云结婚,记者就认为:"女伶嫁人,本寻常事,初与男伶之娶妇无以异,抑既为女子,则终必嫁人。"③《北洋画报》也涉及一些女演员们的道德问题,但总体还是以保护为主,如评价小兰春:"平日束身自爱,端丽安详,无伶人习气。"④而《雪艳琴小传》里强调女演员的孝顺一面:"艳琴堂上有母,比肩兄弟姊妹亦多,事亲能孝,即骨肉间,更无闲言,足见天性过人。居常寡言笑,好静坐,接物待人,和

---

① 关文蔚:《女扮男装戏剧人生》,台北:畅流出版社,1986年,第20页。
② 傲翁:《孟小冬为造谣家的目的物》,《北洋画报》,第5期,1926年7月21日。
③ 乐天:《章遏云终于嫁人》,《北洋画报》,第377期,1929年9月28日。
④ 梅生:《记小兰春吴继兰》,《北洋画报》,第272期,1929年1月22日。

霭可亲,从无骄傲气,故同行人咸称道之。"①不过,有时也会提供一些反面消息②或者反面教材:"(坤伶金少梅)骄奢自奉,复沾染不良嗜好,数年积蓄,一文无存。嗣复脱离舞台生活,与某医生之介弟,实行同居,未久又离去。声誉益坠。客岁曾一度在某坤剧社充配角,只以人老珠黄,已无当年盛况,后闻随某甲南下。今得确讯,以飘泊无依,竟在长沙作乞讨生涯矣。名伶末路,不尽慨然!"③《北洋画报》通过其照片,"各呈其真"的同时,也各呈其美,总体而言以较为爱护和尊重的态度来面对女演员,即使报道她们的日常生活、婚姻状况等,也尽量保持一定的"艺术之眼光"。这在1920—1930年代的民国,特别是在物欲横流的天津,殊为难得。

虽然说《北洋画报》都能从图片和文字上较客观、公正地看待坤伶,但也存在着一些传统的"捧角"手法,如文人与伶人间的诗词唱和。《北洋画报》的"戏剧专刊"上经常发表此类诗词,只是诗词内容往往陈陈相因而了无生气,如逊庐的《赠艳云》:"婉转珠吭阆苑莺,回波妙舞五铢轻,萍同飘泊梅同瘦,藕逊聪明蕙逊清,细楷簪花摹少保,漫言问字到鲰生。江湖载酒风情减,搜尽枯肠总负卿。"④各种排比与典故,只是对象稍微改变而已。刘云若在《酒眼灯唇录》里曾经讽刺这些用诗词来"捧角"的文人:"(孙六爷送坤伶屏条)说道:'这六扇屏拿到当铺去,也当上几块钱,不但诗好字好,将来准得印在我诗集的第一篇万古流传。你听听,这个上面都把你捧上到。'随即闭上眼把头儿在空气中画圈子念道……念着忽觉身旁空虚,张眼一看,哪还有柳莺的影儿,原来这样好诗,都念给墙壁听了。"⑤当然大部分文人并不会像小说所写那样不堪,但泛滥的套路确实引人反感。到1930年代,这种诗词之风在画报上丝毫不减。像"左右"写给刘又萱的:"霓羽蹁跹映玉颜,清歌一奏绝尘寰。登坛道貌欺公瑾,宿店精神注阿瞒。急管繁弦变调叶,庸脂俗粉一齐删。尚余文采风流在,遮莫家声继令娴。"⑥在诗里,"公瑾"之类的典故层累,很难看出演员的风采,更不用说描绘出精神气质。虽然诗词唱和被一再批评,却总难根除。

文人与伶人的诗词唱和,除了文人自浇块垒之外,有时也对女演员们起到宣传作用。《北洋画报》载文人与坤伶的交往,有时就是以诗词"唱和"为

---

① 悼香室主:《雪艳琴小传》,《北洋画报》,第347期,1929年7月20日。
② 新艳秋就曾被爆虐待兄嫂的丑闻,《北洋画报》认为这只是家务事,毋须证实。北辰:《又是坤伶家务》,《北洋画报》,第327期,1929年6月4日。
③ 自新斋主:《金少梅在湘行乞》,《北洋画报》,第1400期,1936年5月16日。
④ 逊庐:《赠艳云》,《北洋画报》,第165期,1928年2月25日。
⑤ 刘云若:《酒眼灯唇录》(1941年),天津:百花文艺出版社,2010年,第19—20页。
⑥ 左右:《咏又萱演剧》,《北洋画报》,第938期,1933年5月27日。

名掩盖"捧角"之实:"杨云史先生,文采风流,夙负重望。(其诗词屡见本报,传诵一时)……偶谈及女伶马艳云,群称其色艺具绝。先生知朝歌斋主人与艳云颇稔,因请介见,主人亦深欲先生奖掖艳云,益增声价。遂欣然定即夜七时,仍在大华邀艳云与先生相会。……先生颇多质询,艳云答语,莺声历历,旋乞先生为画相,并索诗,先生欣咸欣诺。……先生于三姝去后,向侍者索楮墨,即席赋诗三章,以赠艳云。"①文人想象与伶人交往过程中,通过诗词展现自己的"风流雅韵",再加上坤伶积极索诗的配合,掩盖了"陪酒"的事实。两者在互动里各取所需,文人们获得"高雅"的想象性满足,而坤伶们则获得提高身份的"文化资本",不管她们是否真懂诗词里的含义。《北洋画报》曾发起赠给章遏云的诗词唱和,据说"海内唱和者近百人",将原稿全部铸成锌版,结集名为《遏云集》。然而,这么大规模的唱和在当时并没有引起当事人多大的震撼。章遏云在回忆录里坦承:"我少时读书,不求甚解,后来识点字,也不过是为了看剧本之用,所以我把一山老人的诗都抄了下来。对于旧诗的看法,我是很肤浅的,只觉得音节铿锵,富有含蓄,便是好诗。"②音节铿锵是她理解诗的关键,这缘于京剧演员的直觉,夸其"含蓄"是"读不懂"的另一种说法,只是她即使不懂,也尊重地抄下来。文人们也在这种"送"与"抄"之间得到满足。诗词唱和与坤伶索诗间双方达成某种默契,其背后是各自的文化想象和需求。

除诗词捧角外,赠送书画也是传统文人想象中"高雅"与"风流"的交往方式。《北洋画报》也常会登出赠予坤伶的书画,其功能跟诗词有点相似。但署名"尺园旧主"的作者提出另一种看法:"迨国体改革,提倡各界平等,梨园行同人,始一伸多年不平之气,俨然与社会人士,立在一条水平线上。……昔时之伶人,为图一般大老官器重计,或习书画,或研究诗文,以托风雅,反正以来,此同稍杀。近来复又勃兴起,所有伶人,无论男女,欲要成名,于其歌唱之外,尤须工书善绘,潮流所趋,大有非此不能走红之势。一般伶人,皆于研究戏剧之暇,以书画作消遣,此为一种高尚娱乐,比较狂嫖滥赌,丧失名誉,则强多矣。……至于坤伶,雪艳琴能绘花卉,新艳秋能绘竹兰,陶默厂能绘翎毛,梁韵秋能绘虫鱼,尤为难能可贵也。"③也就是说,除了常规的诗词唱和外,伶人也在学习与作画,并不是单纯呼应文人们的要求,他们或者有提高自我修养的需要,或者是单纯的自我娱乐。《北洋画报》是乐于看见伶人书画的,也提供了相应的发表空间,改变了坤伶弱于书画的印象,有助于读者了解

---

① 雾豹:《大华遇艳记——杨云史先生奖掖马艳云》,《北洋画报》,第155期,1928年1月14日。
② 章遏云:《章遏云自传》,第90页。
③ 尺园旧主:《名伶书画热》,《北洋画报》,第971期,1922年8月12日。

女演员们的休闲生活,其实也间接地在迫使女演员们提高自身文化修养。

图像展示、文字推崇、诗词唱和、书画展示均塑造出坤伶良好的形象,而作为现代传媒的画报,得风气之先,依稀触摸到如何"炒作"的方法,很快就将其运用到了坤伶身上,其中一个有效手段就是评选所谓的"花魁"或者"名旦"。《北洋画报》通过文字与评选活动相结合,操纵天津的舆论,使他们的审美标准在城市里得到传播和认同。

以报纸为主体,选举、品评京剧演员,在北京已经较有历史。1917 年,北京《顺天时报》就曾选出四大名旦。1930 年北平的《新北京报》举办伶界选举,同年天津《商报》也举办了选男伶丑角四大皇帝的活动①。"选举"活动四起,再加上正好遇上《北洋画报》戏剧专刊百期,于是它也趁机举办女演员的选举活动。1930 年 6 月《北洋画报》发起选举"四大坤伶"活动,宣称目的是:

> 平津报界久有女伶四大名旦(章遏云、雪艳琴、胡碧兰、马艳云)之选,惟不过一时流行,初未经正式公选,且近年女伶勃兴人才辈出,亦难使已成名者故步自封,后进者向隅兴叹。故本报乘剧刊百期纪念之机会,行女伶四大皇后之公意选举,一以觇顾曲者人望之谁归,一以励女伶界艺术之进步。

从其他报纸"选举"所引发的宣传效果来看,这样的活动不仅能有力的宣传演员,而且也使报纸扩大影响,更重要的是通过其中的操纵与引导,使报纸的理念更深入人心。但为了显示"公平",《北洋画报》制定了很详细的"选举"规则:

> (一)被选人以现在舞台执业者为合格。(二)本选举取不记名投票制,选举人将所选之女伶四人名书于票上,寄至本报社。至截止期由本报社将得票最多之四人,定为"由公意选出之女伶四大皇后"。(三)中选之女伶四大皇后,由本社各赠银盾一面,以资记念。(四)选票附印本文后方(下期移至外骑缝),请剪下填明寄来,另纸无效。(五)选举期限以一月为度,自本期起始,六月三日截止收票,七日揭晓结果。②

在《北洋画报》看似"公平"的规则强调下,天津的各界人士都被吸引过来。如果要推选自己喜欢的演员,读者必须大量购买画报,间接促进了画报的销路。在投票过程中,《北洋画报》尝到操纵舆论的甜头。原本投票截止日期是六月三日,后来延宕一次:"女伶皇后选举,应读者要求展延半月,改六月

---

① 张开:《北平菊部大事记》,《戏剧月刊》,1930 年 10 月,第 3 卷第 1 期。
② 《四大"女伶皇后"选举》,《北洋画报》,第 467 期,1930 年 5 月 3 日。

廿一日发表,并自下期起,按期陆续发表票数,希读者注意。"①随后,将各个女演员每日所得票数一一公布,这种做法其实不符合"公平"原则,但《北洋画报》解释说:"本报为记念戏剧专刊百期而举行之女伶四后选举,连日接到投票,异常踊跃,为提起阅者兴趣起见,自本期起,陆续发表,借示公开。"②读者也只能接受这样的引导,而且因为截止日越近,其结果就越受人关注。从《北洋画报》公布的票数来看,延宕的两周投票数量大增,超过刚开始一个月的票数,最后两天的票数更是离奇地每人增加了约一倍之多。章遏云回忆当时《北洋画报》选举引发的全城轰动:"有时候某人多了几千票,一下子名次就升了上去,有时候某人被挤出了前四名,眼看就要失去'后座'自然也是很紧张的,因此那时候的北洋画报销路特别的好,开票日期延后了两次,那也是他们为了报纸的销路着想,但却把那么多位的坤伶们和捧场客都忙坏了,更害苦了。"③虽然不能说一定有操纵之嫌,但每次公布票数,每位坤伶的位置都会略有起伏,引发的戏剧性效果确实较为明显。从这场选举里可以看出《北洋画报》多年对坤伶不断的报道显现的引导力量:能入选的女演员必须唱工与扮相均备,而且无一例外是在《北洋画报》上经常亮相的坤伶。虽然画报并没有强调必须是"旦角"才能入选,但它始终强调视觉效果,使只有扮演"旦角"的女演员被大肆推崇,而像孟小冬这样扮相、唱工均不错的演员,却因演"须生"而难入前四名。《北洋画报》也觉得遗憾,只好略加安慰:"女伶演生净丑难,女伶之生净丑皆未能入选,终觉为憾事之一。以生而应后选者,在前十名中,仅有杨菊秋一人,菊秋虽不中,亦可自豪矣。"④

虽然读者在选举的大致方向上被《北洋画报》所引导,但选举却出现报纸意料之外的结果。《北洋画报》不断力推的章遏云⑤一路领先,但到第八次披露时突然被孟丽君超过,到公布结果时居然落到末位,与第一名相差6403票。是否有"黑幕"实在难说,但也显示了《北洋画报》的趣味并未让天津读者全部接受。《北洋画报》喜欢、推崇章遏云,是因其粤人身份与出身清白,而且形象比起其他坤伶来更符合画报对现代女子的想象与要求。但章遏云存在明显缺点,即唱作上远不如其他人。《十日剧谈》对章遏云的唱作评价极低:"据我个人眼光看来,连个'佳'字都谈不到……至于唱功,学程砚秋,

---

① 《北洋画报》,《北洋画报》,第 480 期,1930 年 6 月 3 日。
② 《后票批露(一)》,《北洋画报》,第 481 期,1930 年 6 月 5 日。
③ 章遏云:《章遏云自传》,第 43—44 页。
④ 记者:《女伶皇后大选之后》,《北洋画报》,第 488 期,1930 年 6 月 21 日。
⑤ 从《北洋画报》的报道信息力度就可以知道它在力推章遏云。章遏云自 1927 年登报,直到 1937 年还一直被报道,照片与文字消息达 117 条(仅索引而言,不包括诗词)。至于其他人被报道的数量,雪艳琴 36 条,新艳秋 51 条,胡碧兰 42 条,孟小冬 23 条。

因为程之唱,实限于天赋,章嗓似极好,可惜专学砚秋之鬼音一味走低,至后座听不清楚。章遏云之最佳处,即为其扮相清秀,身段苗条,上起台来,可称得起'佳人'两字。"①天津观众对章遏云的唱功有自己的判断:"演未及半,而座客纷纷散去。以为遏云之技虽未能上媲梅荀,而起堂开闸,尚不至于此。"记者只好替她解释说:"盖戏本之恶,有以累之也。"②相较章遏云,胡碧兰的脸较扁平、嘴唇单薄、细眼修长,长相较传统,所以较难得到画报的喜欢。但胡碧兰长期生活于天津,拥有更多的观众群体,其唱作是被天津观众所认可的。天津读者有可能是出于对唱功的肯定,才将胡碧兰推至第一。对于坤伶选举,《北洋画报》最后是这么总结的:

> 四大女伶皇后,至是乃得定选。至于四人票数之多寡,非即足为四后次第之标准,盖四后各有所长,断不能按票数遽分高下,本报既选四后。则四后皆为皇后之一。固无东宫西宫之别也。以言四后之特点:则胡后之工于青衣,举世女伶,无出其右者。孟后则文武男女不挡,武功尤娴熟,男伶之不能望其项背者比比。黄(雪后尊姓黄氏)后之唱,声如裂帛,天赋歌喉,如莺出谷。章后则蜚声歌台,非复一日,于能唱能做之外,尤擅交际。各有其不可抹灭之价值,诚不能有所轩轾,若必次列为第一第二,则只仍可付诸真正之民意,俟诸异日。③

图 3-9　胡碧兰

仔细一读就可以发现,对于章遏云之外的其他三位,均强调唱作特点,虽说也肯定章遏云的功力,但却点出她"交际"特别厉害,对于艺人来说,高低之别,略可体会。从这点上看,《北洋画报》也多少向传统京剧的欣赏习惯作了妥协。

《北洋画报》从图像、文字、诗词、炒作等方面入手,塑造了"端庄""典雅""有知识"的坤伶形象。它所树立的扮相端庄、学识丰富、品行检点、无伶人习气等坤伶标准,有利于促进女演员洁身自爱,加强文化修养,提高文化品味。同时,这些标准也为读者所接受和附和,借此改变了读

---

① 柳叶:《谈章遏云》,《十日戏剧》,1939 年,第 15 期。
② 仲燕:《章遏云为新戏所累》,《北洋画报》,第 279 期,1929 年 2 月 7 日。
③ 记者:《女伶皇后大选之后》,《北洋画报》,第 488 期,1930 年 6 月 21 日。

者对坤伶的态度和审美判断,提高了读者审美品味。当然,读者本身也具有强大的传统京剧欣赏习惯,反过来逼使画报尊重并遵从他们的品味。画报与读者的互动,证明《北洋画报》所集合的文人群体以其独特的趣味介入并影响了天津的市民阶层,使京剧作为市民阶层"高雅"的娱乐形式慢慢被建构起来,进而影响到城市的娱乐空间的分化。

四 城市阶层与文人群体的共识:被选择的京剧

城市娱乐需要一定的经济力量支持,如果现代城市中没有形成数量较多的中上层阶层,那么娱乐业很难有所发展。京剧在北京的流行与衰弱都说明了这一点。早期京剧能成为北京的流行娱乐,其支持力量在于首都的官、商、文人们的支持:"听戏、打茶围,是京师有闲、有钱人的主要娱乐方式。"①1928年迁都后,原先支撑这类消费的官员与商人大为减少,北平高层次的娱乐业迅速衰落。如北平城南模仿上海建立的戏院:"迁都后的城南游艺园虽几次试图复业,但总好景不常,即使复业初一度乍兴,却又很快再遇营业困难,终至凋敝停业。到1934年,该园原先表演京戏、话剧、大鼓、杂耍各处,被因陋就简地改为球房、茶馆与饭铺等小规模营业,聊以点缀。"②戏院无法像上海、天津那般成立,其衰落的原因很简单,由于票价太高,城市缺少能支撑起消费的阶层,高级娱乐场所就会跌落为底层"地摊"式娱乐点。虽然北平还是代表着京剧艺术的最高水平,但京剧演员为了更好地生存,不能再只留守北京,必须四处演出,即所谓的"走码头",而天津便是离北平最近的"码头"。

在天津,早期京剧演出场所与北京一样,私人的为"堂会"③,较为公共的演出场所是茶园。在茶园里,普通民众可以随意进入听戏、看戏。清末民初很长时间内天津的茶园分布广泛:"随着北门外、北大关一带水旱码头的中兴,名牌商业相继林立,成为天津唯一的繁华区域,于是在这一带先后出现了几家著名的茶园(今称戏院或剧场),它们是协盛茶园、袭盛轩茶园、金声茶园、庆芳茶园(后来迁移马家口,原址改龙海茶园)以及大观茶园、鸣盛茶园等,虽然不止是四个茶园,而先后不等统称之为四大名园。"④除大型茶园之

---

① 么书仪:《晚清戏曲的变革》,北京:人民出版社,2006年,第149页。
② 许慧琦:《迁都后到抗战前的北平城市消费(1928—1927)》,第146页。
③ "堂会戏指富商士绅在节日、婚嫁、寿诞、生子等喜庆日子里,为招待亲朋好友,在私宅或饭庄、戏园、会馆中组织的专场演出,也属营业性质。演员应邀赴演堂会戏,内行人称之为'外串'。"尚洁主编:《天津民俗》,兰州:甘肃人民出版社,2004年,第350页。
④ 李相心:《津门菊坛轶话》,《京剧艺术在天津》,第274页。

外,其他中小型茶园遍布天津:"还有130余处,主要分布在老城里及其周围河北大街、南市、南开、河乐等地。"①会馆也是京剧演出的另一个重要场所。因为天津各地商人云集,会馆遍地,往往在会馆里举办活动,也相应地会组织一些戏剧演出。如引人注目且影响较大的广东会馆:"外埠旅津商人为便于经商与联谊,也按籍贯自发集资兴建了20余会馆,不少会馆内就设有戏楼。其中建筑水平最高、最讲究的是建于清光绪三十三年(1907年)的广东会馆戏楼(今南门内大街)。这是中国现存最完整的一座古典式剧场。全部为木制结构。舞台坐南朝北,为延伸式,观众可从三面观看演出。舞台顶部用百余根斗拱堆砌接榫,螺旋而上,形成'鸡笼式'藻井,也称'螺旋回音罩',音响效果极佳。观众席分上下两层,楼上为包厢,楼下是散座。整个戏楼的装饰均用木雕镂空工艺,富丽堂皇,十分壮观。当年著名演员梅兰芳、杨小楼等都曾在此唱过戏。"②

"堂会"、茶园与会馆是天津京剧演出的三大剧场,而这些剧场均采用三面敞开式舞台,观众可以随意进入,交际、饮食等作用大于欣赏戏剧。这时的京剧还未能成为天津市民阶层身份的象征。丁秉鐩回忆说:"先严在天津行医多年,息影后便以听戏自娱,每逢京角来津公演,就大批买票,偕家人排日往观,而笔者即以'附件'身份(不占位子),每天都跟着去听,因此,后天上也从小培养成听戏的习惯。"③曹禺回忆:"我母亲在我三岁的时候就抱我去看戏,看过谭鑫培的演出,当然当时等于没看。后来长大了,我看过很多京剧,如余叔岩、杨小楼的演出。我觉得他们演得很精彩。"④从他们的回忆里可以看出,当时天津民众自小就被浓厚的戏曲氛围所包围,自然而然地培养起对于戏剧的喜爱。有人甚至回忆起天津普通民众的京剧水平之高:"天津人对于京剧欣赏的要求,比北京人来得苛。不管多有名的大角儿,在台上稍有舛错,一样喝倒彩,毫不容情。可是杨小楼疯魔了天津人,到后来,贩夫走卒,都变成'杨迷'了。拉胶皮(即北京人称之为洋车,上海人称之为黄包车,这儿香港称之为车仔的)的向前直奔,遇到要人让路时,随口来一句'杨调'韵白,'你们与我……闪开了!'可惜我无法把这几个字的声韵,在文字中传达出来,即使用注音字母也不成,只有心领神会地把这句大气磅礴的韵白自己咀嚼享受罢了。小孩子在院子里舞枪弄棒游戏时,也是学着杨小楼的台词:

---

① 郑立水:《天津的戏园》,《京剧艺术在天津》,第455页。
② 李正中、宋安娜主编,天津理工学院、中国人民政治协商会议天津市和平区委员会经济与文化研究所编:《南市文化风情》,天津:天津人民出版社,2003年,第165—166页。
③ 丁秉鐩:《菊坛旧闻录》,北京:中国戏剧出版社,1993年,第8页。
④ 曹禺:《和剧作家们谈读书和写作》(1982年),田本相、刘一军主编:《曹禺全集》,第5卷,石家庄:花山文艺出版社,1996年,第382页。

'曹……操.'仿佛在演《长坂坡》的赵子龙呢!"①对于北平来的高水平京剧表演,普通民众也可以在这些场合免费欣赏。显然,在传统的娱乐空间里,阶层分化并不是很严重。

随着天津出现综合商业与演出的大型戏院——大舞台戏院,茶园等娱乐场所开始向现代剧院转变:"全院能容纳近5000多名观众,取消了茶座和一些旧茶园的设施,设置了包厢、散座,坐席分楼上楼下,楼上是三层包厢,多达80余间,每层包厢前都有专为'三行'设置的行人走道,楼下池座和两廊设6排长板凳(后改为木椅),前后约30余排,一边边廊专设女坐席。后台很宽敞明亮,设有男女化妆室,能供百余人的大戏班子居住。"②剧场设置已初步有了镜框式的舞台,虽然剧场还存在许多茶园的陋习,如收费不正规,干扰欣赏的"三行"(即毛巾把儿、糖果案子、茶房③)还存在,但站着免费听戏的人已经被清理出去。而且由于商业中心的转移,原来老城区的娱乐也向租界转移:1924年建成新新戏院,1927年建成明星大戏院,1928年新建劝业场(包括八家戏院、影院),1930年建成中原大剧场,1931年重建北洋戏院,1936年新建中国大戏院、天乐戏院、天祥市场内的大观园、泰康商场内的小梨园。这些戏院大都坐落在租界,特别是劝业场和中国大戏院,成为天津当时娱乐业顶尖的舞台。

戏院的出现与天津新阶层的形成联系紧密。1928年的迁都虽然对天津在政治方面有重要影响,但天津经济却并未受太大波及。由于租界和华界同时发展,使天津的城市经济结构发生了重大调整,人群构成也发生了改变。特别是租界在1920—1930年代得到较好的发展。租界的交通便利,公共电车和人力车发达,又有近代银行、商场、工厂等大型企业,加上有别于中国传统的立法、司法和执法,使租界成为政党要员、官僚等避祸的最佳场所。租界

---

① 槛外人:《京剧见闻录》,北京:宝文堂书店,1987年,第13页。
② 天津市档案馆主编,周利成、周雅男编著:《天津老戏园》,天津:天津人民出版社,第8页。
③ "传手巾把一般为两个人,一个人负责洗手巾,在一楼的前台放着一个大盆,盆里放满了热水,用外国香皂把毛巾一条条洗好,再洒上法国香水,绑在一起用漂白布罩着;一个人不停地在观众中穿梭,将手巾把强行塞给观众,索要小费。""旧时,戏园、影院一进门处均摆放着一个大案子,上面摆满了糖果、瓜子、水果等食物,夏天还有冷饮。见有大人领着小孩进来,他们就把糖果硬往孩子手里塞,然后向大人要钱。节目开始后,他们又将小吃放在一个木盒子里挂在脖子上,向观众兜售。观众如果不要,他们就软磨硬泡。""茶房是剧场'三行'中存在时间最长的。将开水放在一个大铜壶里,在茶碗、杯子里放好茶叶,有观众要时,他们过去把茶水沏好,每个茶杯都用一个带挂钩的铁环套着,正好挂在椅子的扶手上。观众喝完茶,茶房收杯子敛钱。壶、碗、茶叶都是茶房自己的,烧水用煤多是茶房自己购买,水用院方的,院方不给付茶房任何工资,茶资收入全归茶房。"周利成:《旧剧场里的"三行"》,《天津日报》,2012年2月13日。这种"三行"既不利于戏院的正常营业,也不利于观众专心听戏,有时也会干扰观众听戏、看戏。

的文化控制也来得宽松，报纸、杂志和各种宣传品，各种集会、娱乐活动不像在华界那般需要受到种种的审查与禁止。所以在迁都后，租界的人口反而持续增长："到20世纪二三十年代，各租界几乎都成为各色人等的居住地，人口迅速增加。1927年英、法、日、意四国租界共有119696人，按当时租界面积计算，每平方公里人口密度为15247人。1930年英、法、日、意、比五国租界共有131068人，全市均每平方公里人口密度为19077人，其中中国城区为19794人，租界区为15311人，租界区的人口密度已大体与中国城区持平。1936年租界总人口为173624人。"①租界人口发展时，华界人口也在持续增长，并且出现一批新式的城市居民。"1935—1937年，仅公职人员以及从事教育、新闻、医疗、社团、宗教等行业的自由职业者，就占华界职业人口的7.2—9%。"②这些由记者、演员、医生、律师、企业家、教师以及在中外机构里任职的高级职员、经理等构成了上百万人口里的少数，但绝对数量却又不少。正是因为租界和华界经济发展，天津出现新阶层并渐渐形成自己的消费习惯，才使天津众多的娱乐设施发生不断的分化。

《北洋画报》也注意到，由于戏院所带来的变化，在它的广告收入里，天津戏院的广告占据着重要的一部分。有时因与戏院的经营者关系密切，记者会受托写些"软性"文章赞扬戏院。例如劝业场的经营者高星桥与冯武越有交往，所以劝业场未开业就被《北洋画报》重点报道："楼凡六层，全用铁盘洋灰建造，工程坚固，莫与比伦。……第四五六三层为各种剧场所占有，数凡四：曰天华景京剧场；曰天宫电影；曰天会轩杂耍馆；曰天仙蹦蹦戏院。……京剧场最大，谓可容千四百人，凡三层，戏台布景可以转动。"③此后《北洋画报》还不断对劝业场有照片或者采访报道。《北洋画报》当然也关注其他戏院。如《开光记》就报道了与劝业场对峙的光明大戏院，称赞它："门内千头捧和攒动，拥挤不堪，久而始散。"记者却点评说："院内建筑，前部甚为华贵，后部即戏院内容，虽极尚华藻，然究失之于俗，不敢许为雅观；不过以迎合一般人之心理。"④

除了报道戏院建筑情况，《北洋画报》还对戏院表演时存在的陋习严加批判。如批评观众喜欢在后台看戏，舞台上经常出现闲杂人员。《北洋画报》以为："于积习深甚之旧剧讲求清理工作，实大不容易；其最引人痛心疾首者，莫活动障碍物之'便衣队'若！此项'便衣队'之罪恶，是破坏剧场严整

---

① 周俊旗：《民国天津社会史》，第19页。
② 罗澍伟主编：《近代天津城市史》，第609页。
③ 记者：《行将落成之天津劝业场》，《北洋画报》，第238期，1928年11月1日。
④ 诛心：《开光记》，《北洋画报》，第277期，1929年2月2日。

的气象,扰乱观众的视线,影响于演员之上下场,尚其末者也。……盖梨园中人及操旧剧场业者,只以伶工之表现,即为克尽对于观众之责任;余则庞杂冗乱,无人注意或者且为应当。唯是,根本即无关于此项事件之思想,则又无怪其然矣!"①《北洋画报》希望戏院能加大力度革除"旧习",不仅是要提供给观众高超的表演,还需要清理剧场,使其视野清晰,这些要求适应了新阶层正在建构的文化品味。

戏院由城市中上地位的新阶层所支撑,自然也会进一步迎合此阶层品味,特别是票价的制定,开始将人群按消费能力划分。对此《北洋画报》也常有报道,署名"养拙"的作者对票价更是深有感慨:

> 记得从前在北京(现在改名北平了)的中和园,听老谭的戏——那时老谭好像是组织什么同庆班——从来没有花过两毛大洋以上的戏价。后为改了民国元年,我在天津新学书院里念外国的书,曾经到过下天仙,听过一回老谭的托兆碰碑……当时也算是极名贵的好戏,而且老谭还是轻易不到天津来。但是我坐在前面三排最好座位,只花了八毛钱。……到了如今的天津卫,更不像话了。唱爬字调的马连良,在明星一露面,就得卖大洋两三块。春和随便来一两个花俏的姑娘们,也得卖到一两块。诚然!现在的生活程度,比从前高得多了,但是也得看看什么角色。如果随便来一个角儿,就得跟人要雪白的大袁头,究竟有点说不过去。②

当然,如此之高的票价其实仅限于部分戏院,实际情况并没有那么夸张。1936 年营业的能容纳 2200 余座的中国大戏院开幕,定的票价为:"楼下前排为 1.25 元、中排为 0.85 元、后排为 0.45 元,二楼东西特座为 1.25 元,一级包厢 8 元、二级包厢 7 元、三级包厢 6 元,二楼前排为 0.85 元、后排 0.45 元,三楼 0.25 元(包括茶资 5 分在内)。"③由此可见,戏院还是兼顾高中层的消费习惯,只不过"贩夫走卒"再也没有机会可以"旁听"。戏院促使原先成本较低的京剧表演空间开始分化,部分戏院加大投入,改善环境,造成欣赏费用的提高,阶层分离也进一步清晰。作为中上层的观众,开始嫌弃"三不管"和南市一带的戏院,引入"清洁"的观戏要求,他们觉得"南市"的戏院实在是差:"院内太不清洁,地上因为一般不道德的听众随便泼使茶水,更是潮湿污秽不堪!"而且,他们对在"南市"演出的京剧也觉得失望:"说到角色方面,这里也不比租界内的戏院会有周瑞安、侯喜瑞、胡碧兰、奚啸伯——当然更没有杨

---

① 阿秋:《必须歼灭之剧场上的便衣队》,《北洋画报》,第 649 期,1931 年 7 月 11 日。
② 养拙:《戏价》,《北洋画报》,第 214 期,1928 年 8 月 22 日。
③ 刘嘉琛:《中国大戏院开幕的前前后后》,《京剧艺术在天津》,第 464 页。

小楼、梅兰芳、马连良、郝寿臣,这里所有的只是平常的角色罢了。"只是他们也知道这里面是经济原因在起作用:"说到票价,真有使人想不到的贱,前排池座,第一台是一角五,大舞台仅八分,至于廊子,则最多不过四分钱罢了,这才是真正的平民化娱乐场。"①显然,"雅、俗"已经被票价所规定、分化。原先混杂在茶园里的观众,其差别仅是坐和站的区别,戏院的出现进一步将阶层身份分离开来。

物质空间的变化反映了社会阶层的变动,不过有意思的是,这些新阶层虽然大多数受过新式教育,了解西方文化知识甚至掌握先进的新技术,但却较少选择像电影、舞厅之类的"洋娱乐",而是选择京剧。其原因可能与天津的整体文化氛围有关系。这些新阶层自幼受京剧熏陶,步入社会之后,欣赏京剧成为其潜藏的娱乐习惯。而关键点还在于京剧的特点适应了新阶层的要求,新阶层掌握经济资本时,必须借助相应的途径才能将之转化成文化资本,一般的做法就是模仿传统贵族式的文化生活方式。在北方,京剧正好起到这个示范作用。天津的新阶层选择京剧可能是一种无意的娱乐行为,但他们求"雅"、求"严整"、排斥旧的规范、立"扮相"为先的新娱乐准则,却反映了这一阶层从文化里寻求"领导权"的愿望。京剧因此成为被选择的对象,成为阶层自我标榜文化领导权的象征。同时,京剧由茶园向戏院的转变也适应了新阶层的需求。戏院里演出的京剧,从票价上就将新阶层的身份凸显出来。虽然新兴娱乐的电影、舞厅同样以票价来区隔身份,但电影院里难以看清观众的面目,很难像在戏院里那样达到光明正大标榜自我身份的目的。舞厅虽然发达,但在中国人的认知里,普遍认为其"俗",也难以让较为传统的新阶层所接受。《北洋画报》也经常讽刺舞厅:"妓女兼做舞女之两栖动物,在津市舞女中现可知者,巴黎有一二位。"②而在天津城市娱乐业里,除了京剧,也未能发展出让新阶层确认为"雅"而又普遍被接受的娱乐方式。在这种需求下,再经过报纸宣传与剧评家的努力,京剧自然被推高为"雅"文化的代表。因此,可以说是新阶层选择了京剧,也是京剧选择了他们。

如果说戏院是通过隔离来形成新阶层的自我建构,那么"票房"与"票友"则是他们利用团体活动来形成自我认同的重要文化组织。《北洋画报》在引导这些团体方面起到重要作用。所谓"票友",《北洋画报》是这么定义的③:

"票友"两字之解释,言人人殊。举吾所知,则(一)票者,当年五城

---

① 《南市两平民戏院》,《益世报》,1933 年 12 月 30 日。
② 《曲线新闻》,《北洋画报》,第 1432 期,1936 年 7 月 30 日。
③ 《梦天谈剧》(五),《北洋画报》,第 194 期,1928 年 6 月 6 日。

子弟,组织娱乐团体,用以点缀升平,朝廷颁给"龙票"以资保护。此票友之所以名也。(二)汉书训"票"字有"轻疾"之意。游侠少年,图鸡走狗之余,兼事声歌。偶然现身舞台,无非逢场作戏。所谓"走票"。不过好动喜事之意而已。(三)"票"者,银票钱票以至于酒席票桃面之类也。票友虽以演剧为消遣,然而艺备于身,随时取用。至必不得已时,可以下海混饭。犹之"票"虽一纸,而未尝不可以换银换钱换酒席桃面焉。此说虽曲,然亦言之成理。

这里说明了"票友"名称的来源,"玩"是其核心意义——所谓"不以优伶为职业,以道乐而学戏剧者,称为票友。南方名:清客串"①。票友只要扮相好,愿意投照片给画报,一般都会被选登。而由既有经济实力又有社会知名度的票友发起成立的组织叫票房,像《北洋画报》报道"笑舞台"的票房是薛月楼:"薛君为津中票界长辈,又为新天津报社主笔,在津门票界之中,人缘极好,且有相当之势力。"②有一定的经济实力与政治影响才能支撑起"笑舞台"及背后的票房。《北洋画报》虽然没有成立票房,但隐约成为一个票友的集会中心:"克文③住在天津,时间较长,参加'同咏社',与张季鸾(《大公报》主笔)、刘云若(小说家)、王小隐(《商报记者》)往来唱和,有《蛇尾集》刊于《北洋画报》。方地山、陈师曾、徐悲鸿(画家)、王伯龙等也经常在画报上发表书画文字,《北洋画报》馆一时成为天津文艺界的'沙龙'。每星期聚会一次"。④ 说"沙龙"有点夸张,而且"同咏社"⑤发起人也不是冯武越,但聚集在《北洋画报》周围则是肯定无疑。

《北洋画报》也喜欢登载票友、票房的活动,票友则利用画报发表文章、宣传票房演出、登出照片以进行宣传。《北洋画报》很注意对票友、票房的报道,像对于"同咏社",因袁寒云、方地山等人关系,画报会较多地报道其合

---

① 〔日〕波多野乾一:《京剧二百年之历史》,上海:上海启智印务公司,1927年,第123页。
② 天行:《笑舞台票友演戏之内幕》,《北洋画报》,第91期,1927年5月28日。
③ 即袁克文(1890—1931),河南项城人,字豹岑,一字抱存,袁世凯次子。
④ 袁家宾、刘培文:《北洋时期袁寒云生平述略》,中国人民政治协商会议天津市河北区委员会文史书画委员会编:《天津河北文史》,第5辑,1991年,第64页。
⑤ "同咏社初名咏霓社,成立于1923年,主持人是名曲家许雨香。当时清唱定时排练,地点常在许家。每次下午唱起,所唱不仅仅是某出戏的一两支曲,而是全剧一出。一直到吃完晚饭,唱到晚上十点才散戏。同咏社的社员众多,生旦净丑俱备,有条件进行彩排,演出地点在日租界花园礼堂、黎家别墅和春和大戏院。所演曲目多为精彩之剧,《吟诗脱靴》(《太白醉写》)、《起步问探》《乔醋》《卸甲封王》《埋玉》《闻铃》。有的时候,还请专业昆曲演员参加演出,以资观摩。在同咏社成立的几年间,活跃了天津业余昆曲活动,直至'九·一八事变'之后,才不再公演。而1936年后,许雨香迁往北京,天津的曲社活动也就沉寂了。"张建星主编、天津日报报业集团编:《城市细节与言行——天津600年》,第3卷,天津:天津古籍出版社,2004年,第139页。

影、活动、演出、体会等内容,详细记录了该社的组成人员和演唱特点。画报还曾报道开滦国剧社,盛赞道:"开滦国剧社为津门声名久著之票房,亦服务人员之惟一高尚娱乐机关,内中重要人物如王庚生、李克昌诸君,又皆区区之旧友也。"①以"旧友"称呼,看来开滦国剧团与《北洋画报》等人也有所往来。被报道的还有"天津国剧社"②"电报局国剧社""中大国剧社""庆生社"等票房。如果观察这些"票房""票友"的构成,会发现它们全面反映了天津中上阶层的核心组成:开滦国剧团是由王庚生组织的,组成人员大多数是矿务局的职工;天津国剧社由卓景榕和天孚皮厂李东园组织,组成人员是医生和实业家;永兴国剧社原为法商永兴洋行为华人所设俱乐部,成员多为一些洋行职员;宁友国剧社为北宁铁路工余俱乐部,成员主要为铁路职工;中南国剧社成立于1930年前后,成员为中南报馆的职工。这些票友与票房支持者中虽然也有军阀、政客与遗老,但人数最多的则是有较好收入而且生活稳定的公务员、洋行职员、报馆文人等,因此说《北洋画报》实际上是天津新阶层的"代言人"不无道理。

除报道外,《北洋画报》更重要的作用在于点评票友演出,引导票房提高艺术修养。例如点评票友演出时,往往以专业演员的标准来要求,批评也丝毫不留情面:"台上为李吉瑞之翠屏山,此君人极慷爽,有侠气,事母极孝,求之士大夫林中,尚未易多得。但其所演之戏,则都无是处。一团火气,满口怯音,身段则臃肿不中绳墨。喉音则宽纵而乏韵味。文武两途,俱无可观。"③这样批评显然切中肯綮,但未免要求太高。这种不留情面的批评很有助于票友们努力提高自己的艺术修养。当然,对于好的票友,《北洋画报》也不吝惜表扬:"其最足令人低徊激赏者,为流水中'与他露水夫妻有底什么情'句。至出场四句摇板中南梆子'王公子'与原板中'在周仓桌下叙一叙旧情'二句,皆从平凡简易中以委宛圆润取用。方今贫腔横流之时,欧阳君能独凭其卓见,不屑趋附庸俗,洵足贵也。扮相亦曼妙,嗓音清脆有余,豁亮不足。"④细致地夸奖票友的每个字每个句的运用,剧评家们确实在认真而严肃地欣赏与批评。在评价时,《北洋画报》还强调与坚持"雅驯"标准。这点在引导女票友身上表现较为突出:"晚近数年,社交公开,始有女票出现,以习昆曲者为多,皮黄较少。习皮黄者多学唱片,于是《玉堂春》《醉酒》《戏凤》等剧,乃为一班女票所熟习。惟以剧中人及词句论,均不合闺秀身份,易招下流之讥。

---

① 王小隐:《纪开滦要剧社新屋落成典礼》,《北洋画报》,第330期,1929年6月11日。
② 《天津国剧社》,《北洋画报》,第407期,1929年12月7日。
③ 天行室:《新明剧院之义务戏》,《北洋画报》,第77期,1927年4月9日。
④ 青原:《记电报局国剧社二周年纪念》,《北洋画报》,第646期,1931年7月4日。

昆曲中诚多淫浪之辞,故女票于习曲时至宜慎为选择也!"①《北洋画报》提醒不能简单地一味接收戏曲,而应以"雅驯"原则有目的地筛选出适合女性学习的戏曲。

在艺术引导之外,《北洋画报》也重视对票友与票房的思想引导。例如在报道永兴国剧社公演时,画报专门出了一个专刊,编辑解释说:"永兴国剧社,此次公演纪念剧两晚,以所收入票价,提出二成,捐助救国基金,以备购买飞机之需;虽二成之数有限,而报国之意可嘉。今日吾国航空事业,颇为幼稚,欲讲国防,亟应提倡航空。永兴剧社,于玩票之际,而能注意及此,真可谓'娱乐不忘救国'者矣。此事大可为一般票友之取法,爰出专刊,以资鼓吹焉。"②此种说法将娱乐与救国相联系,虽不可高估其带动作用,但也不应轻视其影响。特别是《北洋画报》向来严厉批评那些只顾赚钱而不顾民族大义的表演,对投身公益的表彰自然是多加鼓励。由于票友、票房多属天津本地人组织,所以《北洋画报》对他们组织的义演宣传有加。1929年天津遭受水灾,报界组织起救灾义演,女性也抛头露面,积极参与赈灾等各项活动,画报专出一期报道:"平津一带,灾鸿遍野,嗷嗷待哺,而达官贵人,肉食锦衣,养尊处优如故,世间不平之事,宁过于此;大公报主者恻然动其不忍人之心,发起演艺会,集资救济,先举于平,再继于津,诚盛事也,亦至可钦佩者也。两演艺会中最卖力者,厥惟唐宝潮夫人,夫人初以体弱多病,此次几不果来,来时记者见其携有瓶药盒达十数种,乃信其真为力疾而来者,更值得吾人钦敬矣。"③此外,还有票房演戏为办学校的:"开滦国剧社,为新民学校筹款,假明星影院,演义务戏。"④也有为城市公共事业的:"(天津国剧社)对于公益事尤肯热心赞助,历次义务演戏;计在青年会为商中筹款;在天福舞台为崇实小学筹款;最近又在大舞台为东局子公所建筑平意堂筹款。每次迭收好效,颇博社会美评。"⑤这种筹款办学、支持公益、救助灾患的演出,得到画报的肯定。当然,不能说是由于《北洋画报》的提倡天津才开始有公益事业的开展,但是由于报纸的积极介入与推广,使得原本普通的娱乐爱好,变成一项介入城市生活的重要文化活动。虽然各个票友、票房力量较小,但却体现了市民参与公共事业的热情,这种热情与士绅们的"乡土"认同不一样,它体现了现代中上层市民对于公共事务的责任感,其能量与意义值得重视。

---

① 乐天:《女票习曲之宜慎选》,《北洋画报》,第706期,1931年11月21日。
② 笔:《玩票与航空》,《北洋画报》,第845期,1932年10月18日。
③ 记者:《为慈善牺牲色相》,《北洋画报》,第297期,1929年3月26日。
④ 天行:《记明星义务戏》,《北洋画报》,第129期,1927年10月15日。
⑤ 记者:《天津国剧社》,《北洋画报》,第407期,1929年12月7日。

在城市里，娱乐文化空间的形成与分化取决于经济。新阶层在天津的形成过程中会选择一些既有区隔性又符合其文化品味与身份地位的娱乐文化，像京剧这样既有"雅"的象征意义，又有戏院等物质空间的配合，同时有"票房"这样的团体组织，适合新阶层完成自我建构与身份定位。在这个过程里，文人群体由于其审美趣味与文化理想，配合新阶层的选择，推崇京剧艺术并制定相应规则与标准，影响与引导了新阶层，特别是在塑造新阶层的文化品味上起到关键作用，两者的共同配合改变了天津的戏曲水平，使其形成"曲艺之乡"典雅而包容的戏剧文化。

第四章　通俗小说家与天津城市底色

与民国时期的北京、上海相比，天津的"面目"一直很模糊，其原因多种，其中重要原因在于缺乏文人对天津的书写。清代纪昀说天津"繁华颇近于淮扬"，但由于"古迹颇稀""地无寸山"，所以文人不写天津"非才不能，地限之也"①。有意为天津"面目模糊"辩白，将其归因于地理，其实颇为无奈。传统文人眼里的天津是"乡土"，难免忽视其作为现代都市的一面。随新式教育成长起来的新文化人眼光也少停留在天津——本来他们心里装的更多就是阶级、民族、国家，偶有涉及，要么批判、要么揭露，很少用一种欣赏、把玩的心态来对待天津。报纸新闻人虽然得益于天津能四方汇集信息，但总体较为忽略它，如《大公报》，直到 2025 号才开始设本埠新闻一栏，对天津的发展未免有些忽视。

1920 年代，天津的通俗小说纷纷亮相，以文字绘出城市底色，天津的面目才渐为人们所熟悉。城市社会学家帕克说："城市是一种心理状态，是各种礼俗和传统构成的整体，是这些礼俗中所包含，并随传统而流传的那些统一思想和感情所构成的整体。"②城市的结构既包含了物质空间，也包括礼俗、传统、心态等社会行为。如果要表现一个城市的物质空间与社会风情，相对于其他文体，无疑小说更为适合，特别是通俗小说，能细致展示城市的礼俗、情感与日常琐屑生活，上海的通俗小说③充分证明了这点。

在以往的研究里，天津的通俗小说被概括为"津派"："就北派社会言情小说而言，其文本生产多集中在北京、天津、青岛等几个大城市。但其流变中的大事件，尤其是 30 年代以后社会言情小说的生产、流通都是以天津

---

① ［清］纪昀：《沽河杂咏·序》，《梓里联珠集》，第 65 页。
② ［美］R. E. 帕克等：《城市社会学》，宋俊岭等译，北京：华夏出版社，1987 年，第 1、2 页。
③ 例如：邱培成：《前期〈小说月报〉与清末民初上海都市文化》，复旦大学 2004 年博士论文，未刊稿；杨剑龙：《上海文化与上海文学》，上海：上海人民出版社，2007 年；王进庄：《二十年代旧派文人的上海书写——以〈礼拜六〉、〈红杂志〉、〈紫罗兰〉为中心》，华东师范大学 2007 年博士论文，未刊稿；张登林：《上海市民文化与现代通俗小说论》，上海师范大学 2008 年博士论文，未刊稿。

为中心形成的。《天风报》的创办,客观上加速、加固了这种地域优势。在北派作家群中,绝大部分作家同天津有渊源,有些又是天津土著,这与其独特的位置密切相关。由于作家生活与文学生产的关系,天津的地域色彩逐渐在其社会言情小说中体现出来,并因刘云若的出现而在40年代成为民国社会言情小说中独具风姿的一派,后世专家曾因此而目之为'津派'或'津门派'。"①在学者看来,"津派"以地域特色为基础,结合城市报刊,到1940年代成为独立一支。但这个概括问题也是明显的,它将"津派"看成类似于上海通俗小说家们那样有组织、有互动的共同体,这并不符合天津通俗小说家们的状态。再则,以"现代性"标准来看天津通俗小说家们,会放大他们小说里的"现代"因素如对租界生活、西方文化的描写,而忽略了他们与上海通俗小说的不同。天津通俗小说家们虽然生活于现代城市里,但他们的"城市性"不足、"乡土性"突出,不太关心洋气建筑与新式娱乐,主要描写传统礼俗与现代制度在碰撞里的共生,更关注现代进程里点滴变化的琐屑生活与对人际关系、心理的冲击。只有将"城市性"与"乡土性"交织进来,才能体会到天津通俗小说的特殊性,才能体会它对现代天津"气味"与"风度"的细致描绘。

因此,本章试图考察天津的通俗小说家如何表现城市生活与市民心理,也试图揭示他们如何面对现代化、城市化进程中的心理变动。天津通俗小说家们与城市的底层息息相通,又带着文人的自我"欣赏",因而既能展现底层积极挣扎互助以求生活的一面,又能展示金钱至上与资源争夺所带来的人际关系变化。天津通俗小说虽然种类较多,但突出地表现为社会言情小说与武侠小说。虽然作为通俗小说类型里重要组成的武侠小说涌现出了所谓的"北派五大家"②,但他们的小说构思奇幻,基本不涉及天津城市的细节和现实生活,因此不被纳入考察视野。本章所选的小说主要是社会言情小说。从时间限定上看,从1916年至1940年代均为考察时段。这是因为1916年董郁青③的白话小说《多妻镜》开始刊载于《益世报》,标志着天津的通俗小说开始亮相于各类报纸杂志之上。但此后,通俗小说并未得到发展。直到1921年,董郁青的《新新外史》开始在《益世报》连载。随后,《益世报》副刊

---

① 张元卿:《民国北派通俗小说论丛》,太原:山西古籍出版社,2001年,第24页。
② 即还珠楼主、宫白羽、郑证因、王度庐、朱贞木,这五个人基本上或出自天津或成名于天津。
③ 董郁青,笔名濯濯,北京通县人,满族,1920年前后任《益世报》编辑,著作有《新新外史》《花甲春秋》《大明湖》等,逝世于抗战时期。

《益智粽》成为发表通俗小说的重地,集结了戴愚庵①、李燃犀②、董荫狐③、赵焕亭、宫白羽④等重要作家,发表了如《沽上英雄谱》《逸踪侠影》等作品。《大公报》在张季鸾等接手后也开始登载小说。1926 年"艺林"专刊里接连登出署名"野史"的《滇傲异闻》《蓬闻感梦录》《故将军语》《坤维神话》《深山幻影》等形似短篇的小说,主要内容以各地奇闻怪事为主,采用文言方式,有时连载三五天,时有中断。1927 年 2 月 5 日,推出"凫公"的长篇小说《人海微澜》。《庸报》也曾推出一系列小说,如 1926 年 10 月 1 日开始连载的长篇小说《地狱鸳鸯记》、"社会小说"《旅馆艳尸》等。虽然各类大报都注意发表通俗小说,但毕竟版面有限。天津通俗小说开始占有市场并大量生产,始于 1927 前后大量报纸副刊⑤与小报的出现:"这一时期(指 1927—1937 年)天津发行的报刊数量多。据不完全统计,最多一年发行 78 种,而 1927 年以前最多一年发行 12 种。(1927—1937 年)共创刊 296 种,是 1927 年以前报刊总

---

① 戴愚庵于 1920 年 5 月 4 日在《益世报》上发表小说《嫁婆镜》。戴愚庵(约 1887—1945),名锡庚,字渔清,号愚庵,笔名娱园。浙江吴兴人,久居天津。一生从事教育事业,曾任天津官立第八学校校长和天津著名的草场庵小学校长多年。对曲艺历史、演出场所、演员的掌故轶事和风尚习俗等了解较多。1941 年起主持编辑《游艺画刊》杂要版,并将有关知识写成文章发表,从而保存了大量曲艺资料。作品有《沽水旧闻》《沽上英雄谱》等,小说有《秋雨销魂录》《花市春柔记》《嫁婆镜》等。
② 1920 年 12 月 1 日,署"大梁酒徒"的李燃犀在《益世报》上发表小说《渔网弋鸿》。"李燃犀,别署大梁酒徒,自二十年代中期起,曾先后担任《津报》《甲南报》《晓报》等小报编辑,喜曲艺,在曲艺界颇有名,约于 1965 年左右去世,晚年潦倒不堪,生活困难。李氏所作小说《津门艳迹》,全书十五回,出版于 1940 年左右,是一部很有特色的作品。"引自张赣生《民国通俗小说论稿——南方作家概述》,重庆:重庆出版社,1991 年,第 73 页。
③ "仅在 1926 年 5 月到 1927 年 10 月间,《益世报》馆为其(董荫狐)推出的单行本小说就有《金兰契》《鹡鸰痛》《仇马恩裘》《换形奇谈》《家庭金鉴》《棣萼奇逢》《雕击莺鸣录》《大战缩影录》《溅血酬恩录》《英雄夺婿记》等十余种。"杨爱芹:《益世报与中国现代文学》,北京:中国文史出版社,2009 年,第 34 页。
④ 1923 年 10 月 23 日,宫白羽在《益世报》上署名"杏呆女士"发表了小说《别约》。
⑤ 据统计发表小说的副刊有:"而在'副刊'上连载通俗小说并形成特色者,除上述两大报外,天津尚有《白话开通报》(1905 年创办)、《醒俗画报》(吴芷洲 1907 年创办,陆莘农主编)、《竹园白话报》(丁国瑞 1907 年创办)、《经纬日报》(1910 年创办)、《白话晚报》(刘孟扬 1912 年创办,后又出《白话晨报》《白话午报》,后合并每日出版《晨、午、晚报》)、《公民日报》(刘揆一 1915 年创办,副刊编辑张静庐)、《国强报》(杨绍林 1918 年创办,沈哀鹃、董晰香主编)、《天津日日新闻》(方若 1918 年创办)、《新天津报》与《新天津晚报》(刘髯公 1924 年创办)、《庸报》(童显光 1925 年创办,经理王缕冰、王芸生、何海鸣等编辑)、《东方时报》(吴昆如 1926 年在津复刊,王小隐、吴秋尘等主编副刊)、《评报》(后改名《平报》,刘霁岚 1926 年创办,徐雅松编辑副刊)、《北洋画报》(冯武岳 1926 年创办,王小隐、刘云若、吴秋尘等编辑)、《津报》(王墨林 1926 年创办,李燃犀等编辑)、《商报》(叶庸方与李组才合资于 1928 年创办,王缕冰任经理,王芸生为总编辑,王小隐、刘云若、吴秋尘、宫竹心、吴云心等编辑副刊)、《大中时报》(靳云鹏等于 1928 年创办,王翻新、舒成勋等编辑副刊)、《中南报》(张幼丹 1930 年创办,总编辑李醒我)、《天风报》(转下页)

和的3倍。"① 这里面既有像《北洋画报》那样影响较大的报纸,也有发行数量较少的《一炉》《新天津晚报》《天风报》《中南报》《评报》等小型报纸和期刊。这些报刊急需本地小说家,刘云若因应而生,在《天风报》发表了《春风回梦记》,在他的"成功"示范下,天津的通俗小说开始自觉突破创新,关注并着力描绘"天津"。1937年天津被占领后,通俗小说还得以在租界幸存,刘云若等人的社会言情小说与还珠楼主等的武侠小说均在1937年之后才发展得较为成熟,因此1937年之后的相关小说也会被纳入考察视野。

一 城市空间与小说题材

通俗小说是表现城市生活的重要流派,这点早为人们所认识到。范伯群认为都市描写主要有三个流派:社会剖析派的都市小说,1930年代受日本新感觉派和法国都会文学影响的新感觉派和心理分析小说,而最后一类就是通俗小说。他特别强调了通俗小说对城市的体贴:"还有一派都市小说是清末民初通俗都市小说。它是以都市市民的目光与心态,去描摹都市生活。一贯被认为是一种低层次的真实,但是它的价值是在于它的存真性,是一种为历史留下见证的照相式的存在,必将愈来愈被后代认识到,这是一种可供研究的社会历史活化石。"② 然而范伯群的这个判断只适合上海,对于同样拥有租界、新式建筑、林立舞厅、发达报馆和完备教育体系的天津,却没有发展起社会剖析派与新感觉派小说。即使从通俗小说来看,一般认为通俗小说有四类题材,即社会言情小说、武侠小说、侦探小说、历史小说。天津只发展起了社

(接上页)(沙大风1930年创办,刘云若、何海鸣、还珠楼主先后任副刊《黑旋风》主编)、《中华新闻画报》(管孟仁1930年创办,王受生任主编)、《东方日报》(刘不同1930年创办,副刊编辑高龙生)、《民声报》(王墨林1930年创办,吴云心、薛不器编辑副刊)、《风月画报》(魏病侠1934年创办)、《银线画报》(张圭颖与刘一行于1935年创办)、《三津报》(蒋轸庭1935年创办,专载评书小说)、《亢报》(金必亢1935年创办)、《晓报》(张幼丹1935年创办,李燃犀等编辑副刊)、《广播日报》(袁无为1936年创办)、《大报》(刘云若1936年创办)、《天津华北新报》(1944年由《庸报》改组而成)、《小扬州画报》(李燃犀于1946年创办)、《新生晚报》(常小川1946年创办,总编辑马际融)、《星期六画报》(张瑞亭1946年创办)、《午报星期二画刊》(1946年创办)、《真善美画报》(王真1946年创办)、《宇宙画报》(张北侯1947年创办),等等。倪斯霆:《民国北派通俗小说勃兴原因与出版特征——以市民阅读最为集中的北方最大商埠天津为例》,《河北广播电视大学学报》,2011年第6期。

① 王彤:《第二次国内革命战争时期天津报刊概况》,《图书馆工作与研究》,2004年第2期。
② 范伯群:《中国近现代通俗文学史·绪论》,南京:凤凰出版传媒集团,2010年,第14页。

会言情小说和武侠小说。为什么三派热衷表现城市的小说里只有通俗小说在天津获得发展,为什么四大通俗小说类型中只有社会言情和武侠小说在天津取得较大成绩? 这其中有文学体裁、作家群落、读者水平等方面的影响。陈平原认为:"不能说某一种社会背景必然产生某种相应的小说叙事模式;可某种小说叙事模式在此时此地的诞生,必然有其相适应的心理背景和文化背景。"①由此看来,天津的社会言情与武侠小说的兴盛反映了它们被城市文化所支持,受到了市民心理需求和北方文化背景的滋养,体现了天津的独特文化土壤。

  与上海不同的城市物质文化空间是天津通俗小说产生差异的重要原因。沪津两城均有租界,但租界对城市文化有着不同影响。天津租界的建筑源自各国不同的审美,因此有不同特色。张焘在《津门杂记》中以略带欣赏的视野看租界建筑:"天津开设通商口岸,始于咸丰十年庚申之秋,准其西洋诸国永租地基,建屋贸易。自紫竹林前至东北沿河一带,为法国租界,房舍尚未盖齐。紫竹林南,自招商局码头以下,地名杏花村之处,为美国租界。居中之地为英国租界,东以河为至,西以海大道为至,街道宽平,洋房齐整,路旁树木、葱郁成林。行人蚁集蜂屯,货物如山堆垒。车驴轿马,辄夜不休。电线联成珠网,路灯列若繁星。制甚得法,清雅可观。亦俨如一小沪渎焉。"②有意思的是,天津通俗小说却不像上海通俗小说那般喜欢描写租界。1921年的《新新外史》关注的是人与人之间的交际,大量的对话之中极少有对租界建筑的描绘。《北洋画报》上的言情小说虽然涉及天津,如《津桥蝶影录》以"天津"为舞台,但对租界却经常一笔带过:"穿过几条马路,只见两旁华厦齐天,崇楼接日,都是一色的高大洋房。建筑得好不壮丽。"③此后,难得在天津的通俗小说里寻找到租界的身影。刘云若在《酒眼灯唇录》开篇写道:"天津中心一条最繁华的马路,也变得特别冷寂。一切嚣杂的市声,都已随人入了睡乡,街上的商肆都已闭门……因为入冬初冻的土地,已然够冷,又被月光照着,显得分外洁白,而且马路在夜静月明之下,也似变得宽阔。除了多几条电车轨道外,瞧着真好像溜冰的场子。"④马路与电车轨道这些新式的公共设施并没唤起作者的异国风情感,反而是突出了"月光"和"冰冷",电车轨道仿佛还是破坏这种清风明月的累赘。《粉墨筝琶》偶尔将电车用到情节里:"(蓍青)说:'我这是肺腑之言,若有半点虚假,就让我明日出门夹在两头来的电车中

---

  ① 陈平原:《中国小说叙事模式的转变》,北京:北京大学出版社,2003年,第3页。
  ② 张焘:《津门杂记》,第121—122页。
  ③ 《津桥蝶影录》,《北洋画报》,第6期,1926年7月24日。
  ④ 刘云若:《酒眼灯唇录》,第1页。

间,生生挤成肉饼。'……但绮琴没有想到,天津电车都是双轨,分有上下道,上下行车永远不会对撞,更不会有人被挤成肉饼。"① 新兴的交通工具曾在天津引发过众多事故②,或许鬻青用电车来赌咒本就有其狡猾心理,刘云若以此为伏笔,不过这种例子实在是很少。

如果说租界的外部空间引不起通俗小说家们的兴趣,那么小说故事发生的空间往往是内部空间,是否就出现西式风情呢? 天津通俗小说家们一旦描写内部空间,更多的是展现中国特色。这是因为外部景观可以照搬西方特色,但因为北方天气,内部设计必须按照中国传统习惯。早期的殖民者就意识到这样的问题:"(租界内的)这些房屋中的一部分大抵模仿香港的,但是香港的建筑形式却是从印度传来的。结果常常是房屋内部宽敞,家俱充实,宜于夏天居住,一到冬天,却使人一看到就感到寒意。只有俄国人有真正的火炉;英国人通常只要有一个壁炉就心满意足了,虽然壁炉的图样很正确,但却极不科学地深深地进入砖墙里面,以致几乎散不出什么热气来,而且在反风的时候,弄得满屋全是烟雾。"③ 因此,租界的建筑往往是外部西式,内部却大部分是"中国风"。如"喜晴雨轩主"的《津桥蝶影录》里写洋房,外部是"只见四围一带水门汀的短垣,花岗石墙脚,从里面露出摇曳迎风的树木"。建筑是西化的,但一转入到内饰描写:"墙壁之上,遍悬名人字画,正中一块木刻横眉是小松精屋四个字。一笔赵字,堂皇奓丽。"④ 再如刘云若的《春风回梦记》开篇发生地虽然租界的旅馆,但写出的却是中国烟馆味道:"在天津租界中一家旅社里,某年的初春,夜里一点多钟,大明旅社里的一家烟馆。正在榻上客满房里烟浓的时节,人多的简直有些旋转不开。"⑤ 好不容易有写到舞厅的内容了,刘云若如此描述:

> 因为这仙游舞场,又在闹新噱头,举行小亚美利加之夜。……真好像到了南极地方,顶上也是雪,空中也是雪,地上也是雪,屋角台旁无处不堆着雪,但仔细一瞧,除了屋顶垂着许多玻璃棒,当作冰柱之外,其余全是棉花,系在线上的,黏在墙上的,堆在地上的,无往而非棉花。……

---

① 刘云若:《粉墨筝琶》,1946年2月21日连载于《一四七画报》,1946年12月由《一四七画报》出单行本,此处引自天津:百花文艺出版社,1987年,第36页。
② 《大公报》很早就注意到电车与行人间的冲突,1906年3月11日发表社论《津郡绅商为轧毙幼孩案公呈督院禀稿书后》,呼吁加强"岗巡",由此可见当时电车肇事已成为天津民众担心的一个重要议题。
③ 〔英〕雷穆森:《天津——插图本史纲》(1925年),许逸凡、赵地译,《天津历史资料》,1964年第2期,第32页。
④ 《津桥蝶影录》,《北洋画报》,第9期,1926年8月4日
⑤ 刘云若:《春风回梦记》,1930年于《天风报》连载,1931年由大陆广告公司出版,此处引自《刘云若代表作》,北京:华夏出版社,1999年,第1页。

(散场后这些棉花)她们重新收集起来,还可以还给棉花店,否则带回去给老婆孩子做棉衣棉被……温度渐渐加增,偌大南极地带,竟被烟氛人气弥漫,光变成了多雾的伦敦,再变成酷热的沙漠。颜色灯光一变再变,美妙音乐倏停倏起,管制全场的灵魂。全场的动作,看着虽然和猴戏场中弄猴人锣声一响,那猴儿就应弦赴节做种种表演一样,但这里的人又比猴儿多了精神的兴奋。由中心发热,渐渐全体发热,这种热当然一半由于兴奋,一半由于摩擦,直热到将要生电的程度。①

从这段引文里可以看出,刘云若对舞厅的感觉,既不像新感觉派那般奇幻并带着现代的迷离与沉醉,也不像上海通俗小说那般惊奇或者怪异。刘云若也不是用新文化人的眼光来批判舞厅,而是通过许多对舞场细节的一一点评,以传统文化的眼光来批判,用语多尖酸刻薄,从精心布置的雪景、舞会主题,到灯光、音乐和跳舞群体,无不被讥讽嘲笑。而且这段描写与情节的发展关系不大,费尽力气描写的空间并没有成为情节发展的因素,实则是小说家卖弄见识与批评的闲笔。当然不能说建筑与内饰就决定了天津通俗小说家们的描写,实际上起到关键作用的还是作者的见识与审美观。

租界给上海的通俗小说家们带来许多灵感,也是新感觉派陶醉的乐园。天津的租界同样给城市带来新式建筑,改变了城市空间分布,但由于租界生活费用较高,通俗小说家们往往难以负担。以人力车夫车租来看,1935年在租界每班每晚车租为0.4元,而华界则仅需0.15元②。车租巨大落差背后是同城却不同消费水平的反映。由此,也可推测在租界维持一定的生活花销不是一般编辑、小说家们可以承受的。因此,从物质空间上来看,天津通俗小说家们如果不是居住在租界的话,自然很难设想故事发生于西式建筑之中,而上海的小说家即使居住在老城区,生活与视野也逃脱不了租界带来的冲击。居住环境的不同,使得天津通俗小说家较少关注租界。

高地价、高消费,与老城区相隔,被贫民区所包围,这一切都使租界成为老城区外的另外一个城市,将收入较少的通俗小说家排挤出租界。这也是天津通俗小说家们更喜欢写老城区与租界间底层生活的原因之一。如刘云若就热衷于描写"小巷"这样的城市空间。《春风回梦记》里写如莲等人从租界旅馆一出来,"又走了几步,便拐进了胡同,曲曲折折的到了个小巷"③。《旧巷斜阳》里:"这地方在城西南大道的贫民窟里。那儿有条大酒缸胡同,短短

---

① 刘云若:《酒眼灯唇录》,第101—103页。
② 《人力车夫生活一斑——一辆胶皮车须上九道捐》,《劳动季报》,1935年第5期,第136页。
③ 刘云若:《春风回梦记》,第11页。

的小巷,窄得几乎不能两人并行。"①刘云若还精致而耐心地描写巷子,凸显它的曲折和狭窄:"二人下车入巷,见巷中阔不及三尺,一面是砖房,一面黄土为墙。每逢两人对面行过,若都是胖子,就得有一人倒回去;若有一个胖子,两人都得侧身横行;若都是瘦子,也得用力挤着才过得去,在砖房那面的,磨得衣服嘶啦作响;在土墙一面的半身沾满黄土。"②与"小巷"相连的,不是租界,也不是老城的大宅门,而是杂乱无章的贫民窟。刘云若通过"小巷"描写出现代天津贫民窟的景象,如《海誓山盟》里的描写:

> 见是小小一座方形院落,内有三四间小房,入目都是黄色,看着叫人起一种在乡村的感觉。原来这是城市中罕见的建筑,墙是土的,地是土的,以至于极窄的窗户,也似经过泥水浸濡,变成土的颜色。但是洁净整齐,像是新盖好的,尚未有人住过。心玉向来所见贫民窟房舍,多是污敝不堪,却很少用土筑成。如今见这里土房,居然如此整洁,颇觉可异。其实这里的房子,是由一般唯利是图的房主,用极少的金钱,筑成这种房舍,赁给贫民,按日收价,看似极贱,实际却很昂贵。因为建筑潦草,一遇阴雨,就要倒塌。每逢夏秋,压死居人的,多是这种房子。③

贫民窟杂、乱、脏、丑,但在刘云若看来,却因有人情味而得到小说家的体贴式的欣赏。在《小扬州志》《粉墨筝琶》等小说里,刘云若挖掘与表现了贫民窟里的这一特点。《小扬州志》开头场景是在老城区"城内东区"的"朱户铜环,巨家宅第"④,但主人公"虎士"早不是这里的主人,很快就被赶出门流浪到贫民窟。《粉墨筝琶》里的翥青原本住在英租界"墙子河南一条最好的街道上"⑤,结果他家庭也迅速破败而转住到南市贫民区。正是因为男主人公们从老城区或者租界走出,故事才得以展开,在贫民窟中遇到对他们"真诚"的朋友,以致对贫民窟的感觉发生重大变化。如《小扬州志》,写虎士本来很不适应贫民窟中的臭:"再向前走,人烟渐渐冷落,路旁房舍也都破烂非常,晓得到了贫民窟里。虎士向来养尊处优,何尝来过这等地方?又慢慢向前走,忽然闻得一阵臭气扑鼻,向前一看,居然豁然开朗。原来眼前是片大坑,方圆约有十几丈,坑里积着浓绿色而不透明的水,坑边还有几个很大的土丘和粪

---

① 刘云若:《旧巷斜阳》,1940 年连载于《天风报》,1941 年天津文化出版社出版单行本,1943 年出齐,北京:团结出版社,2007 年,第 1 页。
② 刘云若:《旧巷斜阳》,第 343 页。
③ 刘云若:《海誓山盟》,《刘云若代表作》,第 435 页。
④ 刘云若:《小扬州志》,1941 年,天津:百花文艺出版社,1987 年,第 4 页。
⑤ 刘云若:《粉墨筝琶》,第 2 页。

堆。"①房屋就建在粪堆旁,环境恶劣,卫生条件极差,臭气熏天;但虎士因为尤大娘的救助,对环境感觉发生变化:"(虎士)慢慢踱到那坑边,见坑旁的粪堆,在夜色中已失去本色,只陂陀起伏的显出峰峦之状。坑水没有烈日蒸发,臭味也减。中天月影,印入冰心,波平如镜,倒看着悠然意远。……只这眼前的一片光景,真抵得西湖里的'三潭印月',与古人所谓月湖一样值得吟咏。想到这里,哑然一笑,觉悟到境由心造的道理。自己当日的阀阅朱门,和尤大娘所居的蓬门荜户,若退一步看来,都没有什么两样。"②"境由心造"这个词概括了刘云若对贫民窟的认同和欣赏,比起对舞场、旅馆的尖刻讽刺,贫民窟虽脏却温暖。除了对底层空间的赞赏外,刘云若也喜欢展现底层人民的娱乐空间——南市"三不管":"市场之内,除了一行小街是小商店聚处,其余房全多是所谓坤书场,因为有屋顶遮蔽风日,有女性快活心灵,顾客得花较多的钱,所以可称为贵族区域;市场的西方却是一片空地,所有变戏法、拉洋片、说评书、摔跤和使枪棒卖药的,一应低级娱乐无不齐备。"③

不管是"小巷"还是"贫民窟",抑或是"三不管",刘云若展开的是天津老城区里底层的城市空间,是对天津底层社会的贴近描绘。这是天津双核城市运行所决定的,是租界有意区隔所造成的后果,这些底层城市空间与租界高楼大厦共同构成天津的"两岸城市"奇幻意象。

小说创作不是单纯由物质环境所决定,它还受到外部条件的影响,特别是通俗小说因为与市场贴得很近,受到市场因素影响较大。陈平原说:"武侠小说作为一种通俗艺术,主要是满足城市公众消遣和娱乐需要,这就难怪其创作中心依次是上海、天津、香港、台北等商品经济比较发达的大都市。"④确实,通俗小说的创作中心均是集中于各个经济比较发达的城市,因为只有商品经济发达的都市,才具备一批既有购买能力又有阅读能力的消费者,才能支持起通俗小说的消费。市场也决定了通俗小说本质是"与世俗沟通"和"浅显易懂"的:"'与世俗沟通'强调的是创作精神,'浅显易懂'强调的是审美品位。"⑤但通俗小说的这种特点,加上机械复制,使各个城市的通俗小说发展并不处于一条起跑线上。1933 年京海论争中杜衡颇有些自许地为"海派"打气说:"也许有人以为所谓'上海气'也者,仅仅是'都市气'的别称,那么我相信,机械文化的迅速的传布,是不久就会把这种气息带到最讨厌它的

---

① 刘云若:《小扬州志》,第 12 页。
② 同上书,第 26 页。
③ 同上书,第 325 页。
④ 陈平原:《千古文人侠客梦——武侠小说类型研究》,北京:人民文学出版社,1992 年,第 65 页。
⑤ 孔庆东:《超越雅俗——抗战时期的通俗小说》,重庆:重庆出版社,2008 年,第 5 页。

人们所居留的地方去的,正像海派的平剧直接或间接的影响着正统的平剧一样。"①他的"预见"其实早就是一个事实,创作有中心而传播则无界限。早在1933年以前,出版界就开始通过大量复制通俗小说,以尽可能地挖掘其利润。如商务印书馆很早就在天津开设分馆。1906年正月十八日,商务印书馆天津分馆开幕,开馆第二天即在《大公报》上登出广告,这时广告内容还是以教科书为主打。1906年8月12日商务印书馆开始在《大公报》登出通俗小说的广告,即它出版的《说部丛书》系列,陆续给天津市民带来诸如社会、侦探、言情、传奇、义勇、神怪、哲理等分类小说,不断推出"苦情""哀情""怨情""侠情""奇情""痴情""惨情"等小说。随后《益世报》上,中华书局也推出《中华新小说界》"六集计二十七种三十九册"②。中华书局也仿照商务印书馆,推出诸如"哀情小说""奇情小说""义烈小说""怪异小说""言情小说""社会小说""惨情小说""商务小说"等种类③。如此密集而大量的小说涌入北方,基本覆盖了通俗小说的所有种类,创作水准也远超这时期的北方水平。它们迅速地抢占了北方通俗小说的市场,严重压抑了北方通俗小说的发展。

除了大型书局的有意传播外,"海派"的作家们还通过兴办刊物来推广自己的小说。"平襟亚"回忆民国初年时说:"要举办一种期刊,非常容易。一、不须登记;二、纸张印刷价廉;三、邮递利便,全国畅通;四、征稿不难,酬报菲薄。真可以说是出版界之黄金时代。"④从他的观点里可以发现,第三点"邮递利便"便是强调了通俗小说借助邮政便利,实现迅速在各个城市传播的特点。而"征稿不难"则反映了上海通俗小说家们的数量众多。"仅就有单行本传世的作者来说,已约有五百人左右,这个数字约相当于现知明、清两代通俗小说作家人数的一倍,在短短三十七八年间,涌现出这么多作者,可说是空前的繁荣"。⑤如此众多的作家想要"酬报菲薄",除了占领上海这个大市场,还必须攻占其他各个大城市。作家、出版社等联合利用机械复制、期刊与邮政之便,将通俗小说迅速传播到各个城市去。因此,清末民初很长一段时间内北方的通俗小说创作难有起色,并不是因为北方缺乏小报、期刊、作家与读者,而是受到南方的冲击太大,所谓的"上海气"已然传播并冲击着北方。

机械复制与大量传播对其他城市通俗小说起到压制作用,但也会产生一

---

① 苏汶:《文人在上海》,《现代》,1933年第4卷第2期,第282页。
② 《益世报》,1917年4月1日。
③ 《益世报》,1916年6月15日。
④ 秋翁:《三十年前之期刊》,《万象》,1944年第3期,第27页。
⑤ 张赣生:《民国通俗小说论稿——南方作家概述》,第41页。

定的正面影响。文人们发现可以通过创作小说而赚取生存所需,改变了轻视市场反应的传统观念。而且,通俗小说家们很快就总结出了"市场化"通俗小说的模式特点,把握住读者的爱好与兴趣点,从而创作了不同的题材与艺术风格。北方通俗小说充分吸收了南方的创作特点与销售方法,将其与城市风土人情、世俗知识相结合,凸显地域色彩,在1920年代以后慢慢形成自己的风格特色。像张恨水将武侠、言情与社会、黑幕相结合,成为影响南方的通俗小说家。刘云若则专注于表现天津,既吸收了贴近市民生活的上海小说经验,同时也利用地域特色避免重复。因此,只有从城市物质空间、城与城之间的互相影响,才能发现天津通俗小说家们崛起的原因。这也可以解释为什么直到1937年后天津的通俗小说才脱颖而出:沦陷后各个大城市由于战争隔绝,导致文化产品无法像1920—1930年代那般顺畅流通,加上新文化作品在日本的殖民政策控制下较难传播。天津市民却依然需要继续生活,寻找娱乐,租界的小报急需连载小说。这几个因素的叠加才使天津通俗小说获得相对较理想的发展空间,从而迎来了刘云若几部重要作品的出现和北派武侠五大家的集体崛起。

  通俗小说的写作题材也受到城市特质的影响。武侠小说能兴起与天津"好斗"不无关系,社会言情中的豪爽与北方风情息息相关,但侦探小说却没能在天津兴起,值得分析。天津拥有侦探小说兴起的条件,比如拥有警察制度与租界的法制背景。天津的警察制度在晚清民国就建立起来,甚至具有全国示范性,其经验后来还普及到直隶全省,受其影响清政府最终设立了巡警部①。《大公报》上曾充分肯定过天津警察制度,经常报道"添募巡捕"②"整顿巡警条议"③等消息,还特意引用了国外报纸的评价:"天津交还后,巡警更加整顿,道路更见清洁,实出人意料之外,倘中国各处皆然,何患不自强而为天下之强国耶?"④天津巡警甚至成为了天津文明的一个象征:"中国之警察以北洋为第一,北洋之警察以天津为第一。"⑤警察制度的完善,使政府很早就设立刑侦一类的部门:"(1902年8月)天津巡警总局成立即设探访队(相当于今天的刑侦队),专司刑事案件的侦察、缉捕工作,由原都统衙门巡捕局探访队的近40名华籍暗探组成。""凡遇可疑之事,必须加意探访,并由队官

---

① 〔日〕吉泽诚一朗:《光绪末年天津巡警的创设和城市行政的变化》,张利民译,《城市史研究》,第10辑。
② 《大公报》,1902年8月1日。
③ 《大公报》,1902年10月22日。
④ 《大公报》,1902年9月22日。
⑤ 《大公报》,1908年1月11日。

讲明应控之事及探察办法。同时还规定了种种探访方法。"①许多侦探小说背后依靠着的就是探访队,或者叫"包探",再加上天津层出不穷的刑事案件,应该说具备了产生侦探小说的良好"土壤"。再则,天津的报纸也喜欢登载侦探小说。《益世报》上曾登载过翻译的侦探小说《孽缘惨果》《囚人自述记》《医生自述记》《血手印》《伪币案》《托病捕凶》《曲剪记》等。但为何天津通俗小说中的侦探小说依然少见?

从通俗小说类型创作的方法看,侦探小说在天津缺少经翻译而模仿创作这一过程。刘半农认为:"侦探固难,作侦探小说亦大不易。以比较的言之,侦探之事业,应变在于俄顷之间,较之作小说者静坐以思,其难不啻百倍。"②侦探小说对创作时的章法与内容设置均有较高要求,特别是小说技巧上,倒叙、插叙等手法更是普遍要求,这使习惯于传统说书结构的天津通俗小说家们很难适应。另外,阿英在总结侦探小说时说:"由于侦探小说,与中国公案小说和武侠小说,有许多脉搏互通的地方,先有一两种的试译,得到了读者,于是便风起云涌互应起来,造就了后期的侦探翻译世界。"③但相比上海众多能通过翻译而创作侦探小说的作者④来说,天津的通俗小说家们由于学识、教育所限,均很少参与或者从事翻译,也就不可能从西方侦探小说那里获得滋养。刘云若、戴愚庵、李燃犀、董荫狐、赵焕亭、宫白羽等人均出身贫寒,受到的西式教育较少,没有资料显示他们能通晓外文并大量翻译外国作品,因此造成天津小说家们基本没有因翻译从而走上侦探小说创作的道路。

从外部的原因来看,天津读者的喜好可能也在其中起到重要的作用。与上海的读者喜爱新思潮、新形式不一样,天津的读者大部分偏向于传统趣味。通俗小说虽然写的是底层人民的生活,但并不意味就是给底层民众所阅读。商务印书馆推出的"说部丛书"一般都是二角、三角左右,与之前的车夫车租⑤相对照就可明白,一般的底层民众是无力支付的,能消费得起的是那些

---

① 涂小元:《试论清末天津警察制度的创立及其对城市管理的作用》,《城市史研究》,第23辑,第82页。
② 伴农:《〈福尔摩斯探案全集〉跋》,出自《福尔摩斯探案全集》,上海:中华书局,1916年,转引自陈平原、夏晓虹编《二十世纪中国小说理论资料》,第一卷,北京:北京大学出版社,1997年,第548页。
③ 阿英:《晚清小说史》,北京:人民文学出版社,1980年,第186页。
④ 程小青虽然出身平寒,但通晓英文,翻译了《福尔摩斯探案全集》;孙了红也曾译过小说;周桂笙会英法文,翻译过法国作家鲍福的《毒蛇圈》、英国的《歇洛克复生侦探案》等;陈冷血于1903—1904年出版过《侦探谈》,全书共4册,10篇侦探小说,均译自法国或者日本等国的侦探小说;周瘦鹃系统地翻译过柯南道尔的作品和勒白朗的作品。以上资料参考自范伯群《中国近现代通俗文学史》,上卷,第585—593页。
⑤ 《人力车夫生活一斑——一辆胶皮车须上九道捐》,《劳动季报》,1935年第5期,第136页。

洋行商人、买办、公司职员。从遍及天津各个公司的著名"票友"与"票房"来看,这群能消费得起戏院的群体同样也是通俗小说的消费主力,但他们的审美品味较为保守,很难欣赏得来以推理、科学为背景的侦探小说。这是为什么即使1937年以后,天津的侦探小说仍然无法发展的重要原因。

环境是文学发展的一个重要限制性因素,而与市场紧密相联的通俗小说更是受到城市的巨大制约。它需要城市消费者,依赖大量机械复制,追求广泛传播,因此与其他类型的文学相比起来,受到城市的制约更多。城市的物质空间构成、经济水平分布、现代化程度都会影响到通俗小说,而被新文化人批判的"封建的小市民"①更是在其中起到关键作用。当然,这并不意味着通俗小说只能如"镜子"般"存真"地反映城市,它也参与到城市的文化建构里,记录城市风俗习惯,描绘市民生活,有选择地建构城市,由此塑造出鲜活的城市意象,改变了人们对城市的看法,以至于影响到今天我们观看城市的视野。

二 "天津"的确立与立场的选择

从新文化传播的立场上,鲁迅在1919年就曾劝告过通俗小说家们有力气写"通俗小说"还不如"做一点神圣的劳作"或者"译几叶有用的新书"。他敏锐地发现了南北方通俗小说的不同,注意到南北小说在互相学习中开始融合:"北方人可怜南方人太文弱,便教给他们许多拳脚:什么'八卦拳''太极拳',什么'洪家''侠家',什么'阴截腿''抱桩腿''谭腿''戳脚',什么'新武术''旧武术',什么'实为尽美尽善之体育''强国保种尽在于斯!'。南方人也可怜北方人太简单了,便送上许多文章:什么'……梦''……魂''……痕''……影''……泪',什么'外史''趣史''秽史''秘史',什么'黑幕''现形',什么'淌牌''吊膀''拆白',什么'嘻嘻卿卿我我''呜呼燕燕莺莺''吁磋风风雨雨''耐阿是勒浪勷要面孔哉'。"②晚清至民国1920年代,北方通俗小说实际上并未如上海那般发展,鲁迅说南北相互融合,其实更多的是南方将武侠等因素带入才子佳人小说里,掀起新的创作热潮,北方全面被南方所"征服"。1923年向恺然的《江湖奇侠传》在上海引起了读者的兴趣,《近代

---

① 茅盾说:"这种'武侠狂'的现象不是偶然的。一方面这是封建的小市民要求'出路'的反映,而另一方面这又是封建势力对于动摇中的小市民给的一碗迷魂汤。"《封建的小市民文艺》,《东方杂志》,1933年第3号,第17页。后来"封建小市民"成为针对这种热爱通俗文学的城市市民的概括。

② 唐俟:《有无相通》,《新青年》,第6卷第6期,1919年11月1日。

侠义英雄传》的出现则给南方读者展现了"燕赵故地,多慷慨悲壮之气"的想象空间,其直接取材于北京的大刀王五和天津的霍元甲,成为后来不断被书写的对象。北方通俗小说虽也学习了南方的言情,在赵焕亭①的带动下武侠小说略有起色,但社会言情类却一直未能寻找到突破口。当时较活跃的董郁青、董荫狐、陈慎言、潘凫公等人模仿南方通俗小说的痕迹很重,在艺术水准、语言表现、故事情节上却逊色于南方作家,因此虽有长篇创作,却普遍影响不大。直到张恨水、刘云若等人出现后,北方的社会言情小说才能与南方有所抗衡。

刘云若的早期小说创作可以鲜明地看出南方言情小说的影响。景孤血指出:"云兄小说的结构,差不多都是两个旦角,一个小生,一个花脸。如果细想起来,亦是千篇一律。但他却写一旦角是一百个旦角的言谈笑语、行动坐卧,用笔尖的灵感能够吸引人人都觉得每组自有其每组的特点。"②"三角恋""四角恋"是上海言情所常用的手段,所谓的"千篇一律"应该是"景孤血"对刘云若的批评。张元卿在总结刘云若的小说时,将其小说类型分为"衷情""苦情""畸情"三大类③,这三类其实也是上海通俗小说家们早已写烂的题材,即使如景孤血所云手法新奇,但总体小说结构并未跳出窠臼。刘云若的开拓意义在于对于天津细致而周到的描绘。《春风回梦记》是一次试验性写作,试图探索一条既摆脱上海影响又让天津读者接受的道路,结果在天津大受欢迎:"《春风回梦记》一出,津门报界对土著作家不再轻看,亦不再去北京请张恨水、陈慎言做副刊作家了。而更重要的是,土著小说家由此忽然间明白了 1926 年以后他们的探索之路是正确的,并且一夜间都似乎找到了自己的言说方式。这样,刘云若一出'津派'全面崛起。"④所谓的"全面崛起"有所夸张,但确实由于刘云若的成功,天津小报开始重视本地小说家,加大对他们小说的支持,当然也使天津小说家们有了更多的创作自信,不再要么学北京写官场黑幕、梨园旧闻,要么学上海文人哀情满篇,社会言情、武侠小说、掌故小说都得以较快发展。在 1926 年,出现后来学者所谓的"突然明

---

① 民国时期徐文滢就曾高度评价赵焕亭的作品:"赵焕亭作品中的人物个个有《儿女英雄传》的口才。他写一个罪人的转变之渐,很有陀斯妥也夫斯基的作风;他写风趣人物也有诙谐的天才,常令人看到大观园中刘姥姥的姿态。例如《奇侠精忠传》《双剑奇侠传》《惊人奇侠传》《英雄走国记》,都是超过《七侠五义》以上的好作品。……由于知识阶级与目不识丁的说书家之不同,使作者的成就超过前代一切这类作品以上。"徐文滢:《民国以来之章回小说》,《万象》,第 1 卷第 6 期,1941 年 12 月,第 135 页。
② 景孤血:《粉墨筝琶·序》,一四七画报社,1946 年,转引自范伯群主编《中国近现代通俗文学史》,第 249 页。
③ 张元卿:《民国北派通俗小说论丛》,第 94—108 页。
④ 同上书,第 35 页。

白",其实只是天津小说家们总结出了读者接受规律,开始挖掘"天津"身边事,吸引本地读者的兴趣与推崇。喜晴雨轩主创作的《津桥蝶影录》虽然不关心天津,但他对天津有十分精准的描绘:

> 天津这个地方,在庚子以前,只不过是一个繁盛一点的县治罢了。自从有清咸丰十年,与英国订了续约,开为商埠以来,便与上海、广州、福州、汉口等处,同为中国五大口岸。各国侨商,列省行贾,都荟萃于斯,真个是攘往熙来,旅至为归,一天天繁盛起来,渐渐的改了从前顽固不化、鄙陋偏邑的面目,但是地面兴隆,人烟稠密,便难免品类不齐,所以神奸巨猾、硕贾豪商、名士通儒、佳人淑媛,卜居是乡的,亦便不在少数。而况近年朝政日非,时局倏变,在野的政客,眨眨眼便作兴傀儡登场,台上的达官,一刹那也就许掩旗息鼓,五日京兆,房杜代兴。北京是政治中心,天津与北京,相隔一间,有那个怀抱雄心思图大举的,又不想在津沽一水之滨,建设菟裘,上台既可作公余别墅,下野又成为退隐桃源呢。所以天津地面兴隆,居然有一日千里之势。著者身居是乡,倏将廿载,每日价虱处人寰,耳闻目见,尽多可笑可歌之事,瞻前顾后,不无痛哭流涕之怀,姑趁余暇,秉吾秃笔,蛇神牛鬼,取现毫端,至是非臧否,月旦阳秋,却一听诸公了。①

作者注意到作为"后台"的天津的特殊性与重要性,意识到小说在"天津"展开的多种可能:"神奸巨猾、硕贾豪商、名士通儒、佳人淑媛"聚齐之地,故事会异彩纷呈。而天津通俗小说也正如他所设想,"天津"这个城市空间开始在各类小说中获得"确立"——成为重要的平台与描写对象。戴愚庵、李燃犀都纷纷拿出表现天津的小说。戴愚庵的《嫁娶镜》与李燃犀的《渔网弋鸿》在《益世报》刊载时,还很难看得到"天津"的影子。《益世报》的《新新外史》与《大公报》凫公的《人海微澜》,虽然都是长篇力作,也基本难见天津色彩。1926年之后,各类报纸上的小说开始纷纷重视对"津味"的展示。1926年戴愚庵推出《沽上英雄谱》②,描写天津特有的"混混",1932年在《益世晚报》上发表"掌故小说"《沽水旧闻》,以笔记小说形式津津乐道地陈述了天津的风俗人情、能人闻人,比起《大公报》推出一本正经的"本地风光谈",或者"津市经济、娱乐一瞥"之类的新闻更为生动,也更为吸引人。有此准备,戴愚庵后来才有其他"混混"系列的小说。李燃犀的《津门艳迹》③主要

---

① 《津桥蝶影录》,《北洋画报》,第1期,1926年7月7日。
② 《沽上英雄谱》,1926至1927年曾在《东方时报》连载,1937年5月由天津益世报馆出版。1943年再版,畅销平津。
③ 《津门艳迹》(1940年天津文化出版社原版),天津:百花文艺出版社,1986年。

描写了天津"混混"们的生活,里面也插入了许多民间的暗语、习俗等天津色彩。"天津"已成为1930—1940年代小说的主要对象或者展示情节的活动背景。

值得注意的是,就如喜晴雨轩主所说,他只是"借着天津这个舞台的背景,搬弄我心中想象的人物罢了"。作者自觉把"天津"当成一个卖点,而不是体贴城市文化,对城市不是出于了解或者喜欢,很快就遇到创作如何延续的问题,所以他还在报纸上诚恳地请读者对于小说创作提出意见:"及以后的续作,应当朝那一面走。就是写情写景叙事科白应当多注意那一面,盼望各抒尊见,讨论一下。"①但结果好像并不理想,读者不可能为小说创作指明方向。《津桥蝶影录》未刊载完就被李薰风的《球场上的蔷薇》②这一更为直接地表现平津生活的小说所取代。

戴愚庵、李燃犀对城市底层人物习性了解较多、掌握较好,对一些民间传统有兴趣,注意收集与挖掘,所以表现起来比较得心应手,但对城市的体验与感觉较少,又将之视为一个"舞台",未免有所疏隔,往往对天津的物质空间描写较少。刘云若与他们不同的是他既能描绘天津世俗风情,又能充分展现城市空间。特别是经过《春风回梦记》试验后,他更加重对天津独特性的挖掘,所谓"津味"就在他的小说里慢慢被建构起来。《小扬州志》里鲜明地表现了他的意图:

俗语说"秀才不出门,便知天下事",在下不敢吹牛,倘若早生三十年,大约可以在天津弄个一品大秀才玩玩,譬如有人问我:你这秀才,对天下哪一处事最为明白呢?那我只能告诉他:对天津的事知道得最为亲切。如此说来,在下既是中国治下天津生长的人,似乎不必好高骛远,另去混说什么,还照样谈谈天津好了,所以就写了这一部《小扬州志》。

在这小说里,刘云若用此略为得意的语气开头,接着一反传统说书人的模式,引用了大量的古典诗词来铺陈天津景色,以抒情的笔调赞美古代天津的繁华,同时着力批评现代文明进入后,天津发生了"人心不古"与物质空间的重大改变:

这般情形,到何时才改变的呢?这自然以庚子年联军之役为一个大关键,因为在庚子联军破城以后,地方毁灭殆尽,当然又照例行了一番破

---

① 《津桥蝶影录著者征求读者意见》,《北洋画报》,第45期,1926年12月11日。
② 《津桥蝶影录》还未来得及结局,《北洋画报》就推出了李薰风的《球场上的蔷薇》与罗光道的翻译小说《热情的朋友》,可见编辑对此小说也有不满意的地方。参见《本报两大贡献》,《北洋画报》,第915期,1933年4月4日。

坏以后的建设。那时门户大开，东西两洋的风任意吹来，渐渐把天津吹成这样一个世风日下的繁荣景况，好似把天津的二分烟月，遮蔽了一片烟云。所以如今要看天津独有的面目，是瞧不见的。现在所有的高楼广厦，马路明灯，都是世界物质文明所产生的普通东西，地球上随处都见得到的，那有一丝的天津乡土气味？所以天津固有的精神文明，都已消灭，只有高年野老，偶尔还在脑中回溯一下罢了。……著者生来嫌晚，并未听过百杵的钟声，自然要算这繁华世界上的人物，虽有心谈些开元遗事，可惜并非白发宫人，所以也只可还来描画这污浊世界。①

刘云若所怀念的古代天津商业繁华的盛景，在古代文人诗文里并不见得如此优雅。瞿佑《过静海》写道"荒田多废弃，破室半逃亡"，倪敬在《过独流》说"荒祠烟火断，远戍角声长"②，这些诗描写了明清交替之际天津破败的萧条场景，而曾棨《过直沽》里所说"近海严烽戍，孤城雉堞雄"③，完全看不出天津的繁华与富丽，反而是因军事城堡而产生边塞流离之感。不过，在刘云若看来，古代天津的繁华与传统文化联系在一起，所以显示得"水软山温，令人想着心销骨醉"，而他认为开埠后天津因西方文化与现代文明的入侵，"面目全无"。从立场上看，刘云若怀念着清朝时期的天津，想象那时的人情风俗和独特的地域色彩，转笔写下的却是现代天津的不安和变化，刘云若试图在这种对比之中获得对现代天津独特性的保留与"存真"，由此，他才能塑造出一群有鲜明"津味"的人物形象。

刘云若的"津味"是地域性与城市性的交织，但一般不显现在男主人公身上。他笔下男主人公基本类似，出身良好，带着书生式的传统气质，通常懦弱无力，在感情上被动犹豫，经常在爱与不爱间徘徊，行动上更少主动。反而是女主人公身上带着更多"津味"的"侠气"与"江湖气"。早期《春风回梦记》里的如莲，虽然故事情节也是老套的才子佳人，她身上带着较浓重的传统文人想象痕迹，但她因深爱陆惊寰而甘愿做妓女，一旦发现无法达成，宁愿与爱人吞大烟寻死也不愿苟活，呈现"津味"女性特有的耿直与决绝。刘云若在《春风回梦记》后，调整自己的文人立场，更多的带上市民审美与价值立场，使其女主人公既保留了早期女性角色的独立和坚持，同时又带上天津小市民浓厚的生活气息。《小扬州志》里写出妓女孟韵秋的"思归"与不安于室，心怀二志，终致夫死；《红杏出墙记》中的名妓柳如眉仅因与人斗气便诬陷张式欧，导致他差点被抓入狱，医院也因此倒闭。与"如莲"的不食人间烟

---

① 刘云若：《小扬州志》，第 2—4 页。
② 两首均引自《天津府志》，第 570 页。
③ 曾棨：《过直沽》，《天津府志》，第 570 页。

火的妓女形象比起来，后两者显然更为真实也更多地体现出市民价值判断。

城市的文化特质还影响到作家的判断。天津的"俗"底色，对刘云若影响较大，他抛弃了文人趣味向市民立场转变后，笔下的人物形象都呈现出天津底层评价他人特有的"哏味"。如对待"名士"的书写与态度上，《春风回梦记》中塑造了国四纯这样的"名士"："原来是一个赤面白须的老人，生得仪容甚盛，穿着紫色旧宁绸的长袍子，蓝摹本缎的大坎肩，这是十余年前的衣装，更映带显得须眉入古，正拿着一本木板黄纸的书，捻鬓观看。他怀里却斜倚一个真正古装的女人，丽服宫装，打扮得和戏台上的杨贵妃一些不差，脸上又涂着脂粉，吊着眉梢，看来十分俏丽……在那里清音小唱。"①而这个穿女装的人是"大名鼎鼎的唱小旦的男角儿朱媚春"。刘云若将文人与男旦的关系表现得非常理想化，或者说在《春风回梦记》里他还秉持文人想象中"高雅"图像：白头老人拿陈旧的书，穿不合时宜的衣装，而怀里居然是涂脂粉并清音小唱的男旦。早期刘云若极为欣赏这种"雅"，甚至不惜为他们辩白。朱媚春帮助如莲时，如莲怀疑说："怎么他一个唱戏的会有这等好心？"国四纯反驳道："你别瞧不起人，唱戏的没有好人，你这行业比唱戏怎样？怎会有你这种人呢！"②刚从《北洋画报》离开时的刘云若对中上层文人里的"捧角"应该还是较为认同与欣赏。不过，刘云若很快就调整为从天津的小市民立场来解读这些"名士"的行为。"名士"们一下就变成了猥琐不堪的"伪士"。《小扬州志》里介绍了四个"名士"，相貌都很有特点，其讥讽语气不加掩盖："（卢寄山）好似一张脸上左边画着朱陆两家语录，右边刻着唐宋两大家文章，简直买了配享圣庙的预约券。""（善刻图章的梁泽民）身体和石头一样，极曲瘦绉透之妙，脸有棱有角，铁青颜色，居然很象一块青石；不过质料欠佳，大约他因为照例'劣石不刻'的缘故，所以没有在自己脸上奏刀。""（古董名家程小圃）通身自上而下，无一处不十分古旧，若见古董，最少他算出土三次的好东西咧。""（老画家赵古藤）这人烟癖太深，背后的驼峰，和高耸的双扇合成画里峰峦，位置井井，脸上画着青绿山水，除了两行鼻涕不大雅观之外，居然是一件美术品了。"③如果将他们与《北洋画报》时期刘云若交往的对象进行索隐，可以发现各个具体的人物原型，但这些所谓的"名士"在刘云若看来，根本就没有风度与气度。

不仅"名士"们开始变得相貌丑陋，刘云若还揭开文人自视"高雅"的行为与节操——均是非常不堪入目。比如《北洋画报》时期文人们经常"捧

---

① 刘云若：《春风回梦记》，第 125 页。
② 同上书，第 205 页。
③ 刘云若：《小扬州志》，第 119 页。

角",在刘云若笔下基本上等于"对牛谈琴":"(雪蓉)再听他那古典式的谈情,更像乡下人听西洋牧师用英语讲道一样,虽然丝毫不懂,但为避免麻烦起见,还得装作点头领悟。朱红眼见雪蓉居然肯听他的酸文,已是欢喜。但有时雪蓉听得不耐烦,把眼光移向窗外,去看行云飞鸟,他并不说她,认为鸿鹄将至,倒以为是因体会而作深思,就夸雪蓉生有夙根,若非顾横波复生,便是李香君转世。"①将这段文字与《北洋画报》所报道的文人赠送艺人们诗词或者邀请吃饭、聚会时的情形②相比,可以看出刘云若对他们的"雅"行为的不满。刘云若不仅讽刺这些"名士"的行为虚伪和无聊,更揭露他们品德败坏、行为无端。《小扬州志》里卢寄山不屑给军阀黄国显的父亲写墓志,说"君子爱人以德",但黄国显一催逼,卢寄山、薛立衣差点就跪着写墓志。郭铁梅为了娶年轻貌美的孟韵秋,不惜骗妻自杀;薛立衣在老友郭铁梅死后就向弱子郭小梅讹诈家产。所以刘云若感叹:"名士还未必如贩夫走卒有傲骨,名妓尚难得及丐妇穷妪有横心。"③

有"傲骨""横心"的人不可能是"名士""名妓",更不可能是软弱犹豫的男主人公,而只能是那些活跃在刘云若小说里,最具有"天津性""津味"的角色——包括贩夫走卒、丐妇穷妪和"混混"在内的底层大众。底层大众自有其审美风格,也有其生存准则。刘云若准确把握住了天津底层民众的特点——"好斗"。他在《粉墨筝琶》里说:"附近的居民,好像对打架特别爱好,直当作户外运动,又好像把性命看得分文不值。男子为一根葱的争执就能动刀,女的为一句话的不合就能拼命。"④有此民风,以至于本来文质彬彬的翥青在贫民区住了几天后也变得"好斗"起来:"薰陶濡染,要寻找是非",跟人打架。由此,刘云若建构了天津城市人物里特殊而引人注目的形象——"混混"。

"混混"是天津城市历史与现实发展中出现的现象。天津自建城以来多是以军事堡垒知名。"天津卫"里驻扎的不是一般的普通百姓,而是兵将武夫,所以早就被文人们概括出城市特性是"好斗"。汪来⑤作为天津人,就批评家乡:"官不读书,皆武流,且万灶沿河而居,日以戈矛弓矢为事,兵马倥偬

---

① 刘云若:《旧巷斜阳》,第 63—64 页。
② 雾豹:《大华遇艳记——杨云史先生奖掖马艳云》,《北洋画报》,第 155 期,1928 年 1 月 14 日。
③ 刘云若:《小扬州志》,第 127 页。
④ 刘云若:《粉墨筝琶》,第 62—63 页。
⑤ 汪来,明天津卫人,字importantly复,嘉靖进士,官庆阳府知府,有《北地记》四卷。据邱树森主编《中国史学家辞典》,石家庄:河北教育出版社,1990 年。虽然他是天津人,也不直接管理天津,但身为文官,其立场并没有差别。

之际,而欲其和辑小民,不亦难乎?"①清代官修的地方志对天津的"好斗"印象多有描述,乾隆时修的《天津府志》记录:"天津之屯种在焉,军民错处,悍鸷难驭;东为旧高乐,田多白壤,木棉之产颇饶,好鹰狗;东南为饶安西鄙,碛沙少获,骄狂喜斗;南为旧临津,土窄人稠,勤于耕作,弦诵力穑外,无他技巧。"②虽然介绍了四地情况,但忍不住批评居民"好鹰狗"或"狂喜斗",呈现了民众难以控制的一面。到了光绪年间,天津整体环境已有较大改变,但说到民俗风气,地方志还是认为"好斗"之风不改:"然民间风气强劲,以义气自雄,而械斗之风遂炽,加以通商而后,商贾辐凑,盗贼因以生心,既有淮勇、练军各营环镇于外,又立保甲、守望各局周巡于内,而窃劫之案不能悉泯,此其由来久矣。刑律载有天津锅匪专条,附以备考。"③

1860年开埠前后,由于外国势力的入侵,天津的军事作用又凸显出来,原本较为缓和的驻军与居民关系进一步恶化。军队的骚扰增多,而民间自我保护加强,加上四面八方涌来的移民与就地解散的兵员入籍,造成整个天津底层资源紧张,但也使天津民众形成讲"义气"、轻死生的民风。刘云若笔下就有这么一批个性鲜明的人物——"混混":"原来天津这地方,自从前清便以混混出名。混混,在当初有一种游侠的风味,好像是业余的消遣,以后渐渐成为职业化。有的人便以此为生。例如包庇娼赌,或是横施讹诈。但也以下等地方为限。只是抢劫妓女勒赎或是到赌局炸酱,以至霸占码头、脚行行业而已。决不和普通商民发生关系。及至天津成为商埠,有了租界,交通便利,码头脚行的营业日渐兴盛。而租界的繁华又发生许多邪恶的生涯,于是混混也增加了生财之道。"④在刘云若看来,"侠"而"义"是"混混"们的主要特点,有些时候还保护着市民,因此他很热心于表现这些活跃于底层的市井无赖。最早出现在他笔下的"混混"是《春风回梦记》中的周七。他是一个无业流氓,但他重"情",在旅馆里遇到二十年未见的老婆,体谅她的难处,并不以她当妓女而不相认。他有"良心",听说妻子要如莲下窑子,便"霍的立起身来,哈哈大了几声,拔步向外边走"⑤,不愿意将干女儿推入妓院。他知恩图报,因受过何若愚接济,开赌场不许何若愚参赌,在狱中也是保护有加,怕何被另

---

① [明]汪来:《天津整饬副使毛公德政去思旧碑》,《天津卫志》,第78页。
② 《南皮县志》,《天津府志》之卷五,引文与《南皮县志》略有差别,《天津通志·旧志点校卷》(上),1999年,第136页。
③ 沈家本、荣铨等修,徐完亮、蔡启盛纂:《重修天津府志》(1898年),天津市地方志编委会:《天津通志·旧志点校卷》(上),1999年,第1024页。
④ 刘云若:《粉墨筝琶》,第440页。
⑤ 刘云若:《春风回梦记》,第22页。

一群混混们欺负与骗财。小说评价他："交朋友是交周七这样的，真有血性。"①如莲与陆惊寰因无路可走试图自杀时，周七救了他们，他被如莲的真情所感动，"可惜你是女子，我在男子里都少见你这种人"②，因此将何若愚的恩情放一边，真心实意地帮助如莲脱困。但就是如此"有血性""直心眼""说良心话"的人，却十分粗野和痞性十足。他吃喝嫖赌无所不会，有钱就开赌局，"拿着打官司当解闷"③，将妻子打得半死以逼她同如莲脱离关系，跟自己贩卖烟土。市侩、狡诈、蛮横是周七的另一面。这样复杂的人物在刘云若的小说里屡有出现。《海誓山盟》中的邵老台帮人要账，粗俗蛮横，对被通缉的容佩馨却十分讲义气，多方帮助。《粉墨筝琶》中的马五长相丑陋，性情又怪，自称"门口的霸王，连巡警也不敢惹"④，又酗酒又狂赌，但却每个月按时交房租，念旧情收留并帮助耋青。《旧巷斜阳》里还描写了一个独特的女混混"老绅董"，是一个六十多岁的老妓女，住在横街子，开暗娼放窑账，是赵家窑（低等暗娼区）一带压"码头"的势力人物，但她对有身份地位的张柳塘很是佩服，便利用自己的力量救出了陷入暗娼窑子的璞玉。刘云若写出"老绅董"为人敢狠够毒，头脑灵活，有手腕，在自己势力范围畅通无阻，任意妄为，心里却还存有一份义气和些许良心，生存环境与性格因素的交融，使这类人物难以用正邪来简单划分。

刘云若欣赏"混混"们的义气，也不避讳他们如何在生存里挣扎、斗狠，好像这才是天津底层的"原生态"式的景象，充分展现了小市民的价值立场，"混混"们就生活在市民身边，如果太过于拔高，受过欺骗与毒害的读者肯定不会同意，如果写得太野蛮，却又让市民深觉恐惧。刘云若往往是以落魄文人的眼光进入到"混混"的生活世界，所以能观察到他们在争取生活资源时的残酷与现实，同时又写出他们人性的温情和良心，因此能摆脱言情小说里主人公形象过于单一的毛病，成功展现出天津小人物身上所蕴含的文化积淀和特有民风。

在刘云若的小说里"混混"不是主角，仅充当客串，真正以"混混"为主角，力图展现"混混"群体的要算戴愚庵和李燃犀。戴愚庵和李燃犀笔下的"混混"是有组织、有一定行为准则的社会团体。在现实生活里，"混混"确实不是单独的个体行为，而是结帮成派的社会底层组织。早在1902年，《大公报》就大加批判天津"混混"们因争行霸市而导致群殴成风："有因争行市而

---

① 刘云若：《春风回梦记》，第98页。
② 同上书，第169页。
③ 同上书，第107页。
④ 刘云若：《粉墨筝琶》，第25页。

起的,如鱼肉瓜果等行,起卸货物的车行脚行,锅匪之中,也有因在侯家后,争做护花旅的。"①所谓的"锅匪"就是有组织的"混混"。晚清时期由于租界等设立,使天津政府控制力下降,"混混"组织愈演愈烈。《大公报》曾要求官府能"出几张告示"治理,巡警能"拘犯到局""立即重办"②。此后,袁世凯执政天津,曾经花大力气打击这些有组织的"混混"。"锅匪"数量因此有所下降,但随着袁世凯的调离,"混混"又把持了码头等地。他们已在天津盘根错节,很难改变。对此,《大公报》也无可奈何,它在总结天津特色时特别将"混混"列为一害。③

与《大公报》的批判立场和刘云若有距离地欣赏不一样,从《沽上英雄谱》《沽水游侠》等书名就可以知道戴愚庵对"混混"的态度是较为肯定的。1926年《沽上英雄谱》在《东方时报》的《东方朔》上连载,作品塑造了"王五""黄七""于小槲""吴七达子""毕飞鸿"等"混混"形象。这些人里有组织的叫"袍带混混",没组织的叫"非袍带混混"。戴愚庵说:"袍带混混者,举动风雅,行侠尚义;非袍带混混者,秉性勇敢,爱群喜事。"④不过戴愚庵所说的侠义与武侠里的定义不一样,跟刘云若的认识也不同。他笔下"混混"的行为很多时候只是好斗敢死、任性而为。《沽上英雄谱》里反映了"侠义"背后血腥的发家史。如"混混"于小槲的故事,由于他试图争夺地盘,引诱杜标进城夺老店,引发了"下油锅"的情节。老店主杨七戛,也是二十年前以刀割肉才夺下地盘的"混混",本来有意相让,但副手马五却不肯,因此以"寒潭捞印"为约,在老店前架起滚沸油锅,里面放入一个秤陀,看谁敢捞取。杜标伸手就去捞结果还没有捞到即晕倒,而马五大笑一声,纵身跳入油锅,立时化为焦炭。戴愚庵对此抱着一种欣赏的态度。而像《沽水旧闻》所记录"混混"则更像是欺民霸市的无赖,像《记东城游侠儿》,说天津东城有五个"混混",都是喜欢闹事的人:"(秃刘)富部落思想,喜毒客籍之人,异乡之卖糕者居于南城根,刘即平端其车登城,荷其糕案,升魁星阁上,骑阁脊以糕为赈。童辈及喜事者,立城下,张掌以待,刘以刀切糕如掌大,插以苇管,以糕为镖。由阁顶至平城,高约五丈,一一中待糕者之掌心粘而止之。得糕者且食且呼以笑。卖糕者跪哭于阁前,只乞其车刀而去。之五人者,横行无忌,官方莫奈之何也。"⑤文字虽然有趣,也能体现"秃刘"的神力与勇敢,但却难说"侠义",更

---

① 《叹津俗·械斗群殴》,《大公报》,1902年10月28日。
② 《论天津脚行的把持》,《大公报》,1904年2月9日。
③ 黄锡祺:《天津观察识小录》,《大公报》,1908年1月18日。
④ 戴愚庵:《沽上游侠传·作者自序》,天津:天津诚文信书局,1940年,第1页。
⑤ 戴愚庵:《沽水旧闻》(1934年天津益世报馆原版),天津:古籍出版社,1986年,第121—122页。

不用说"英雄"。戴愚庵所持的立场有时是从民间弱肉强食的生存准则出发,其中还夹带着文人对底层民众强悍、无知、勇于斗狠的想象。他的作品能受欢迎,迎合了市民一窥"黑社会"的组织与生活的欲望,特别是其黑幕式的"揭秘",迎合了部分读者的猎奇心理。即使小说结构并不好,细节、线索均未有精心安排,无主线冲突或者性格塑造,语言也未及刘云若精彩,但在当时获得了相当多读者,也为天津的"混星子""脚行"等下层的自发组织留下一个剪影。戴愚庵后来还有创作《沽上游侠传》《沽上混混秘史》《沽水游侠》等,但很多都散失无闻,可能与其题材不断重复却未有新突破有关。

另一个写"混混"出名的是李燃犀,他的《津门艳迹》专门写"混混"们的日常生活,表现"混混"如何为人排忧解难、调停冲突,较少出现血腥冲突的场面。《津门艳迹》无主线故事,经常以对话代替冲突,语言、情节方面均逊色于刘云若、戴愚庵,没有给人留下特别深的印象。倒是新中国成立后,他回忆"混混"时颇为精彩:"混混儿的穿著和常人不同,入伙时觉得自己了不起,手中稍为有几个钱,便穿一身青色裤袄,做一件青洋绉长衣披在身上,不扣纽扣;或者搭在肩上,挎在臂上;腰扎月白洋绉搭包,脚穿蓝布袜子、花鞋;头上发辫续上大绺假发,名叫'辫联子',越粗越好,不垂在背后而搭在胸前,有的每个辫花上还塞一朵茉莉花。他们走路也和常人不同,迈左腿,拖右脚,故作伤残之状,所以当年人们又称之为'花鞋大辫子'。"①虽然不是小说,却较为真实地还原出天津"混混"的衣着和模样。

城市底层人民自有其朴素互助的一面,也有其斗狠拼命的一面,以《大公报》编辑等受过现代法律教育的文人看来,"混混"显然是不文明和缺乏监管的。然而从市民角度出发,通俗小说家们发现他们同样存在着人性和善良的一面,在许多场合里起到协调社会运行的作用。有学者就指出:"他们在救火、皇会以及团练诸方面所扮演的多重角色,为这些下层市民提供了制度的基础,以架构一种他们自己的——即使名声不佳,与国家赞同的正统相区别的多棱的城市文化和特性。"②应该说,"混混"确实如学者所揭示,在城市里起到一定的社会调节作用。但他们被记忆并流传下来,并不因其管理的作用,而是他们的事迹与传说在小说里"复活",才使后人能不断谈论起他们的故事与是非,从而使"混混"成为天津独特的人文风景。

---

① 李然犀:《旧天津的混混儿》,《文史资料精选》,第 1 册,北京:中国文史出版社,1990 年,第 490 页。
② 关文斌:《乱世:天津混混儿与近代中国城市特性》,刘海岩译,《城市史研究》,第 17—18 辑。

三　描摹市井娱乐与风土习俗

　　传统文人喜欢追念"水西庄",新文化人有校园活动,中上层文人喜欢戏院,与这些文化活动比起来,通俗小说家们所展示的娱乐分布最广,受众最多。侯家后、南市、茶园是他们喜欢描绘的场所,而传说、民俗、文物、书画、古玩等方面的知识,以及行业佚闻为他们津津乐道,由此铺开了现代天津的底层娱乐空间。

　　娱乐与商业紧密相联,清末民初天津的商业中心在老城区北部,未截弯取直之前,天津城市有三条河流经过,南运河、子牙河与海河在天津的老城区北部三岔口一带交汇,加上南运河是交通运输的主要河道,沿河码头多有行旅商贾往来停留,因此交汇处就成为了商业中心。由于这里官商云集,成为南来北往人群的聚集地,自然也就成为娱乐文化集散地,侯家后就是当时著名的天津娱乐中心。戴愚庵、李燃犀的"混混"们往往就在这里讨生活,过日子。戴愚庵的《沽水旧闻》里《侯家后掌故》一条记载了侯家后盛景:"繁荣区域一,侯家后是也。庚子先,津中除三五名街外,朴野如乡村,决非今人所能拟料者。独侯家后一区,繁华景象,又非今日之所有。该地商号麇集,歌管楼台相望。琵琶门巷,丛集如薮。斜阳甫淡,灯火万家。鞭丝帽影,纸醉金迷。其地开辟之早,为津门各地之始。"①在清一代,由于运河的功能与盐商的发达,促成侯家后的繁华,连上海的小说家们也颇有耳闻,小说《九尾龟》就曾记载侯家后的妓院,其详细与周备的"见识"不让天津本地人:

　　　　原来天津地方的侯家后,就像上海的四马路一般,无数的窑子,都聚在侯家后一处地方。更兼天津地方的嫖场规则和上海大不相同。上海地方把妓女叫作倌人,天津却把妓女叫作姑娘。上海的妓院叫做堂子;天津却把妓院叫作窑子。窑子里头,又分出许多名目,都叫作什么班、什么班,就如那优人唱戏的班子一般。班子里头的姑娘,都是北边人的,就叫作北班;班子里头都是南边人的,就叫作南班。南班和北班比较起来,又是大同小异:到北班里头打个茶围,要两块钱;到南班去打茶围,却只消一块钱。那怕你一天去上十趟,打上十个茶围,就要十次茶围的钱,一个都不能短少。南班里头,吃酒碰和,都是十六块钱,住夜是六块钱;北班里头的碰和,也是十六块钱,吃酒却要二十二块钱,住夜是五两银子。

---

① 戴愚庵:《沽水旧闻》,第 13 页。

叫局不论南班、北班，都是五块钱。请倌人出局，只要三块钱。若是没有去过的生客，走进窑子里头去，合班的姑娘都要出来见客，凭着客人自己拣择；拣中了那个姑娘，就到他房间里头去打个茶围。万一那个客人眼界甚高，一个都拣不中，尘土不沾，立起身来便走，也不要他花一个大钱。住夜的客人，不必定要碰和吃酒；碰和吃酒的客人，也不必定要住夜。住一夜是一夜的钱，住十夜是十夜的钱，狠有些像那上海么二堂子里头的规矩。①

与上海小说家乐此不疲地比较两城"规矩"的关注点不太一样，李燃犀更注意侯家后聚集的妓院与其他娱乐业："侯家后茶店口有几家落子馆，北门外有两个大戏园。饭馆茶楼，鳞次栉比。所有这一带的娱乐场所都和商家铺户杂错在一起，更显得相形益彰，大有相依为命之势。"②上海的小说家们更乐道于"指南"性质的书写，但本地小说家则注意到早期妓院跟底层娱乐紧密相通的地方。李燃犀小说里提到："天会轩胡同有一家小班儿，称做丁家小班，乃是个有名的座排班儿。当年的座排班儿不属于落子馆，是一种独立的班子。打茶围的客人有听曲的特别享受权，只有座排能在班子里弹唱，行话叫'开弦儿'。旁的班子不许开弦儿，而且座排班的妓女不到落子馆儿上吧。这是当年一种制度。"③由此可见底层民众的娱乐其实颇为混杂，妓院跟茶园、听戏与冶游似乎并没有那么清晰的界限，这也是为什么《大公报》对这些娱乐非常反感，"再看看天津的人心风俗。哎呀，真算是坏到极处了。自从庚子乱后，戏园子唱戏，全搭配女角。……那一派神景，实在是难以入目"④，甚至希望"中外地界，一律禁逐"⑤，但是由于以"茶园""落子馆"为平台的戏剧受到观众的普遍欢迎，反而日益迅速发展⑥。这时期的天津，河北梆子、评剧陆续兴盛起来，特别是备受批判的梆子"女伶"的兴起，使所谓的"卫派梆子"对整个北方的戏剧发展都产生重大的影响。虽然不能否认"女伶"兴起时带着低级趣味，"倡"与"伶"有着共同的身份，但也应看到底层娱乐"雅"化

---

① 漱六山房：《九尾龟》(3)(1902—1910 年登于《点石斋画报》连载 12 集 192 回)，上海：三友书社，1925 年，第 323—324 页。
② 李燃犀：《津门艳记》，第 119 页。
③ 同上书，第 100 页。
④ 《大公报》，1904 年 8 月 24 日。
⑤ 《大公报》，1904 年 12 月 8 日。
⑥ (清末)"从金钢桥到老龙头(东车站)周围方圆不过三四里地，却畸形地出现十几个茶园，以聚仙茶园、群仙茶园、亚东茶园、四益茶园、聚盛茶园、德仙茶园、庆乐茶园、五福茶园、永义茶园、德来茶园、茂林赛舞台、同乐茶园、通乐茶园等及大规模的正式茶园东天仙(今改为民主戏院)，它们生意非常兴隆。"李相心：《津门菊坛轶话》，《京剧艺术在天津》，第 291 页。

后对戏剧艺术的影响。①

《大公报》呼吁禁止底层娱乐,并没有被市民所采纳,但娱乐形式会随着城市的发展而转移。由于外部环境恶化,娱乐中心从侯家后向其他地区转移。1912年,天津发生了"壬子兵变"②,侯家后、估衣街、锅店街等传统商业中心的房屋被焚烧,商民被害,造成这一带损失惨重,数年间未能恢复元气。北洋军阀时期,混战频繁,军阀勒索无度,造成商业在华界发展艰难,租界成为良好的避祸场所。富人迁居租界,工商业者也转投租界地区,而城市中下层虽无力进入租界居住,但又受雇于租界里的富人,因而形成围绕着租界的贫民生活区:"界线分明、景观反差强烈的富人区和贫民区,是清末民初开始逐渐形成的。1917年大水灾后,天津开始出现大面积的贫民聚居区。到二三十年代,贫民区的布局基本形成。面积较大的贫民区一般分布在老城区居住条件较差的地区、租界外或铁路线以外等城市边缘区。"③商业中心随之转移到租界,但租界地价太高,底层娱乐无法在租界生存,而稍有消费能力的大众又靠近租界,因此在租界的旁边也就形成了底层娱乐文化中心:"当北门外大街与宫南北大街一带的商业南移时,在中国地与日租界毗连的地方南市,曾形成一个纯消费的商业中心,这里集中了影院、剧场、书馆、妓院、饭馆、澡塘、旅馆等。……南市因地势而得名,它在天津旧县城南门外,是靠近日本租界的'三不管'地带,即日本租界不管,天津县不管,地方不管。"④南市、"三不管"就是天津新的底层民众娱乐文化中心,这也是混迹其中的通俗小说家们熟悉的娱乐场所。董郁青在《新新外史》里这么描述南市的娱乐:

> 拉车的如飞一般,转眼拉到南市牌楼底下,说左右一带全是三不管,您是自己游玩,还是坐车子看一遍呢?见龙给了他两角钱,说我很乐意走着看看。便顺着丹桂茶园,一直向西。见来来往往,游人很多。他是

---

① "她们与男演员同台合演,有的擅演青衣、花旦、刀马旦,有的擅演老生、小生、武生,有的则是生旦兼工,文武皆能,经常演出于权仙茶园、绘芳园、中舞台、下天仙、丹桂、大舞台、第一舞台、广和楼、东天仙,以及后建的春和、北洋、新中央等戏院。……女伶的影响较男伶更为广泛。"《中国戏曲志·天津卷》,第80页。

② 指1912年,袁世凯的北洋陆军驻天津部队将领张怀芝统率的巡防营、督署卫队和北段巡警,一哄而起,大肆对这里的商家实施抢掠烧杀,但不扰租界,不伤外国人。灾后计算造成天津损失通共银一千二百八十八万六千八百六十四两零五分三厘,"被焚毁的仅天津城内就有店铺三百多家",商家遭灾、市场混乱、物资奇缺、哄抬物价等给老百姓带来的灾难则无法统计。参见周利成《"壬子兵变"档案史料》,《民国档案》,1997年第1期。

③ 刘海岩:《近代华北自然灾害与天津边缘化的贫民阶层》,《天津师范大学学报》,2004年第2期。

④ 王绣舜、张高峰:《天津早期商业中心的掠影》,中国人民政治协商会议天津市委员会文史资料研究委员会编:《天津文史资料选集》,第16辑,天津:天津人民出版社,1981年,第72页。

> 穿了这条街,又进那条街,出了这个胡同,又进那个胡同,所有大街上的买卖,多半以饭馆、戏园、澡堂、娼寮占多数。①

不过董郁青的小说就此点到为止,他并不着力去描绘"三不管"的艺人们如何生活,也不顾及他们的表演状态,只是将其当成引发另一个事件的线索。此外,他对"三不管"印象并不好:

> 先在天仙茶园左近看了一遍,顺步踱至三不管,三不管几条大街,全溜到了;又折至开洼,开洼的形势,同北京天桥相差不多。是中下等社会的娱乐场所,甚么戏棚子、把式场子、说评书的、说相声、唱莲花落的、唱大鼓的,真是无一不备。还有野茶馆、小饭摊,看累了,吃吃喝喝都很便利。只可惜有一样不好,就是紧挨着臭水沟。偶然一阵风儿,把臭味送进鼻孔中,胃弱的人,立刻就得作呕。②

董郁青赞赏"三不管"的丰富与饮食的便利,但并不赞赏它的区位选择与卫生条件。借主人公之口,董郁青将"三不管"与北京的天桥作了比较,说天桥位于地坛旁边,空气很不错——思维里既有身为"京城"人的得意也有报纸新闻人隐含的"卫生"观念。"三不管"因无人管理,自然公共设施无人管理。《大公报》上曾刊出一篇文章《都市一角》,着力批评这个角落:"互相挤撞的路人,膠皮减低了速度,一处较大的席棚又出现在目前。它没有前面的棚壁,很清楚的可以窥见内部,几条长的木凳凌乱的排列着,一个高大的铜水壶发出吱吱的响声,'梆梆'几下小鼓又使我注意棚的内部;稀疏的几个着短衣的人们围着一个十一二岁的小女孩,涂满了胭脂的腮,珠红的口,白白的面庞,呈现着不自然的笑。一双乌黑的发辫垂在两肩,穿着一件绿的有光的旗袍……炸的虾,蟋蟀,很有吸引苍蝇的魔力。吱吱的是烙饺子的声音;从栏在外边的锅内送出大蒜的气味;在一边三四个黑粗的大汉正大吃着黄色的麦条。瘦长的夹着尾巴的狗,满身泥污的猪,在地下寻食着人们的遗惠。"报纸的记者们很讨厌"三不管"的娱乐氛围,指出民众喜欢的只是女演员的"色相";更讨厌这里混杂难闻的气味,不卫生的饮食与遍地乱跑的牲口;在他们眼里,"三不管"岂止是不"健康",简直就是"黑暗的人间地狱"。③

比起董郁青等人白描式的记录,刘云若对底层娱乐较了解,同时抱着欣赏与喜欢的态度,因此描写也较丰富和精到。《小扬州志》里对南市的描绘

---

① 灌缨:《新新外史》(四),1920 年连载于《益世报》,1932 年完结,连载时由益世报馆陆续推出过单行本。长春:吉林文史出版社,1987 年,第 1960 页。
② 灌缨:《新新外史》(四),第 1971 页。
③ 以上引文均出自《都市一角》,《大公报》,1933 年 8 月 3 日。

较为细致:

> 市场东边,是一个说《济公传》卖药糖的,那人练得一副特别活动的五官,时时眉飞眼走,口鼻易位,满嘴的"敕令赫吗咪吽",但场外只围了不多的人,因为这说书的好似连日未吃饱饭,气力微弱,一点不挂劲,而且这场子又夹在拉洋片和说大鼓的中间,一边钹铙齐鸣,一边是鼓板山响,把济公的声势完全压下去;及至济公下座兜售药糖,四围听客更一哄而散,剩下空场,气得济公喃喃骂街。虎士恐怕被骂在里头,丢下几个铜板,就随着人潮,转到旁边场外。
>
> 这场里客位颇多,里面一个肥头麻脸很像山东饭馆的人,立在一张破桌后面唱着怯大鼓,桌上放着矮架鼓,还有钱袋眼镜等零碎物件,表示他是这地方生意人中的有资产阶级。只见他攘鼻瞪眼,敲了一阵鼓,扯着破竹喉咙唱道:"……"声音憋得老粗,听着好像头颅就生在腔上,中间缺少脖子似的。
>
> 虎士本来心里有事,被吵得头昏目花,还得向人丛里挤。走了不远,见前面有个变戏法的场子,想是正在敛钱,观众十分寥落。那变戏法的正把一把铁片宝剑,由口内插入喉咙穿进腹中,吼吼作声的向四面作揖。因为他说不出话,旁边就有个同伙替他说道:"这套玩艺儿,十天也不准练一回,简直是玩命,一口气儿不来,他还有一家老小,爷们发发善心,凑凑啵,凑凑啵,没有二百份儿他不拔剑。工夫一大小命玩完,爷们快着凑凑啵!"他见虎士走进场外,是个局面人样儿,就招手叫道:"这位请进来坐坐啵,花钱不花钱不在乎,给帮个场子,我们就知情。"虎士一肚子的书毒,怎忍看这惨状,就掏出只银角丢入场中。那吞剑的吼了一声,跪下就磕头。虎士连忙三脚两步跑开,恰躲到一个相面先生桌前。那相面先生已经看见虎士对变戏法慷慨的行动,就陪笑高声叫道:"这位先生,玉柱通天,双眉带彩,保是富贵之相,小弟不为赚钱,只为访友,来来,你请坐下,我来奉送一相。①

刘云若以富有个性化的语言,如数家珍般地表现了娱乐与人物,描绘了人物的声音、动作、表情,书写笨拙而精妙的民间蒙骗——说书、评戏、杂耍无一不靠着小小伎俩来吸引人,却又十分善于察言观色套取钱财。他笔下的主人公就像作者那样,持着爱热闹、能看穿却不愿意惹麻烦的小市民心态,在"三不管"地带里闲逛。如果没有长期的生活经验与体贴入微的观察,很难将天津"三不管"这种独特的"韵"表现出来。而且,由于刘云若较能体会到底层艺

---

① 刘云若:《小扬州志》,第 325—327 页。

人们的辛苦和狡猾,对底层规则与环境也较为认同,所以他笔下这些带着市民小狡诈的"蒙骗"甚至还带着"情"与"真"。在《我与小说》里,他自白说:"至于我爱写下等社会,就因为下等社会的人,人性较多,未被虚伪湮没,天津民国日报主笔张柱石先生,说我善于写不解情的人的情,这是我承认的,因为不解情的人的情,才是真情,不够人物的人,才是真人。"①正是因为有这种判断与理解,他才能体贴而真实地表现出"三不管"的活力。所以,在他笔下的"三不管"是"闻"不到"臭味"的。刘云若也没有站在道德至高点上对其投机与蒙骗进行斥责。他甚至"与之同化"了,所以才能如此陶醉于民间的娱乐,展现天津底层的生机与魅力。

除了展示底层民众的娱乐情况外,对于风土人情的展现,也是通俗小说天生的长项。不管是上海还是北派的通俗小说,都会将各地的风俗带到小说中。汤哲声说:"'津派'小说是真正意义上的'都市地域小说'。作家们就生长在他们所描述的环境之中,地域的色彩渗透于作品的每一个字中,韵味十足。"②说"津派"是都市也是地域的,主要比较对象是上海的通俗小说。实际上这种判断里隐约指出"津派"对城市的现代化建筑或者生活方式描写不足,但又穿插许多北方的风土人情。所以学者认为既不能将其完全按上海小说那般称为"都市小说",又不能将其归于传统的地域小说或者乡土小说,因此将其命名为"都市地域小说"。确实带浓重的"地域"色彩是"津派"的一个重要特点,但这也是通俗小说家们努力之后才被建构起来的。天津自建城后,其地域特点并不明显,开埠后更是四方民众纷纷涌入,因此风俗习惯肯定是各方杂糅而成,并不具备非常鲜明的地域特色。在晚清时,《大公报》批评天津的不良风俗,"论天津殡仪之奢侈"③"天津戒浮华略说""祝寿奇闻"④等,但这些不良风俗显然并不是天津所特有,只是比较突出,如"服食奢华""出大殡",这与天津盐商、巨商之间喜欢斗富、炫财有关,它们其实在盐商聚集的扬州、商业发达的上海,同样存在。天津的许多风俗与华北地区相差不远,像城隍信仰和妙峰山香会等。天津的风俗综合反映了华北地区的习惯,所以其地域性在北方城市里反而不明显。较有天津特色的是从南方的妈祖信仰发展而来的"皇会"。通俗小说家们注意到"皇会"规模庞大,也意识到其与天津本地相融后的独特之处,因此往往有较多引用和记载。戴愚庵的

---

① 刘云若:《我写小说》,《一四七画报》,1946 年第 8 期。
② 汤哲声:《20 世纪中国通俗小说的海派、津派和港派》,《上海师范大学学报》,2007 年第 2 期。
③ 《大公报》,1904 年 6 月 10 日。
④ 《大公报》,1908 年 10 月 12 日。

《沽水旧闻》里就记下了"皇会"的许多趣闻,其中对杨无怪的《皇会论》评价较高,称赞它以"体材如今日之白话歌","名噪一时,脍炙人口",他将其记录下来,表现了嘉庆年间的"皇会"情况:

> 数杆黄旗在会前,上写着"扫殿"。通纲抬阁是新演,今年盛会似去年。节节高,乏人办,莲花落,不耐看;猴爬竿,亦有限;扛箱官,委实可厌。唯有那,溜米厂高跷人人称赞。不论女,不论男,颠倒爱把青蛇看。貌似女婵娟,名胜梨园,是何时结了喜欢缘。他面庞俊,意思儿甜,一架姣痴黑牡丹。又见那,灯光高悬,清烟四散,宝塔仍是张家办。花瓶会到底还让口岸店,法鼓还算大园小园。一到茶棚更熟练,翻来复去离不了七二么三。一伙子清音大乐声悠远,两档子河南雅乐喧,西洋法照前后光悬,少不了老鹤龄在和平大乐前,不知不觉已过了四驾辇。①

虽然跟张焘《津门杂记》记录相比,戴愚庵的《皇会论》缺漏了许多,但他却增补了不少张焘所没有的"掌故"。如他津津乐道于《贺登基天津出皇会》《抬阁会晒死西王母》等"趣闻",虽无过多评价,却也看得出他对往日"皇会"风光的向往。所谓的"皇会"兴起于清朝康乾时期,正如双禽馆主序里所说:"皇会兴办远在逊清康熙时,历史悠久,声闻遐迩;然向无专书以纪其详者,亦不过散见于杂记,游览志,竹枝词,名流唱和已。"②清时期的"皇会"反映了天津各阶层对作为政治首都的北京某种复杂的感情。传说"皇会"的兴起与康熙、乾隆两帝都有联系。各地都存在庙会,但天津的天后宫庙会改称为"皇会"自然是有意附合。其中一个传说是乾隆下江南时路过天津,适逢天后宫庙会开展,各地民间艺人尽展其艺,鼓乐喧天,显示在他治下国泰民安的景象,乾隆"赏给跨鼓会鼓手四人每人黄马褂一件,鹤龄会鹤童每人金项圈一个"③,庙会由此改称"皇会"。此外,也有追溯到康熙时的,徐肇琼《天津皇会考》说:"有谓因康熙三十年(西历一六九一)圣祖幸天津谒天妃宫时,民间作百戏以献神,又借此娱圣祖。于是有了皇会之称。"④然而真正从命名起源来看,据学者考证,实际上直到嘉庆时才有"皇会"⑤一词。引用这些传

---

① 戴愚庵:《杨无怪之〈皇会论〉》,《沽水旧闻》,第 29 页。
② 双禽馆主:《天津皇会纪念册·书前》,1936 年,未署出版社。
③ 张修华:《我和天后宫》,《天津文史资料》,第 19 辑,第 191 页。
④ 徐肇琼:《天津皇会考》,1936 年,未标明出版社,第 13 页,第 5 页。
⑤ 据考证:"'皇会'一词的最早出处,笔者所见为樊彬撰《津门小令》。……也就是嘉庆二十三年(1818)。其中第 51 首小令谓:'津门好,皇会暮春天。十里笙歌喧报赛,千家罗绮斗鲜妍,河泊进香船。'下注云:'天后神最灵应,三月出处,赛会云集,名皇会,数百里皆来进香。'这是目下所知最早把天后会称作皇会的记载。"见高鸿钧《"皇会"一词的出处》,《今晚报》,2012 年 9 月 28 日。

说——也算是一种掌故小说,可以看出当时津门的盐商、巨富同底层民众一起,对北京成为首都既羡慕又嫉妒的心理。盐商得意于皇帝的赐名,而文人则记载着群众的热情参与,底层人民则享受"狂欢"般的娱乐,因此,所谓"独一无二"的"皇会"成为了天津各个阶层民众向北京展示自我的绝好舞台。

清中期以后,天津盐商开始衰落,"皇会"由原来一味的"媚"皇权向商业聚集功能转变。天后宫本身就位置优越,是天津传统商业中心:"东门外,宫南、宫北、及估衣街一带,万商云集,百货罗陈。"①"皇会"期间既有民间艺人、艺术的集中展示带来的吸引力,又有政府的免税政策。"皇会"开始变成以商业为主,而宗教信仰为次。这种改变一方面确实扩大了"皇会"的影响,另一方面则使它的民俗味道与认同感减弱,由引开始也使"皇会"慢慢被天津民众遗忘。1903、1904 年的两次"皇会",《大公报》都曾有报道,其活动主持人表明其意图在于从"庚子事变"中恢复老城区的人气。进入民国后"皇会"失去了与北京竞争的意义;再则城市居民结构也发生重大变化,原先由漕运、海运、渔民构成的居民在城市人口的比例大为下降,作为海神的妈祖信仰自然也就有所削弱;而因向商业性转移过快,导致"皇会"的投入和民间表演水准均大幅下降。这些因素的综合作用使"皇会"在进入民国后衰退迅速,数十年间只有三次大规模的举办。如果没有戴愚庵等人的写作,天津正在慢慢忘记"皇会"及其习俗。正如 1936 年双禽馆主在《天津皇会纪念册·书前》里所说:"关于皇会内容,津沽父老尚能道之,四十向下知者鲜矣;而此书亦即因此而著笔焉。不过主要之上的,乃在阐明此次皇会之立意,实为繁荣市面耳。他如作津门当乡之备忘,远方人仕之明瞭皇会内容,则其次要者也。"②出于备忘的整理实在是情非得已,也显示了现代城市变化中风俗的更易之快。

正因为"皇会"在民国之后已然衰落,所以刘云若虽如此熟悉喜欢本地风俗与艺术,却难得在小说里描写"皇会",他的小说多是描写天津的婚嫁或者丧葬风俗,如《小扬州志》中秦虎士与杜雪蓉的婚礼:"(尤大娘)便又暂屈岳母之尊,代行陪房之事,上炕铺好枕衾,从口袋里掏出早已备下的生栗、红枣、荔枝、魁元洒在被上。只见她跪在炕上抖抖被头,就高声唱道:'先拉褥子后拉被,一对新人在里睡。'又拿起栗子和枣儿向上一抛,唱道:'一把栗子一把枣,闺女儿子满炕跑。'再拍拍枕头唱道:'头儿朝外,子孙万代;脚对墙儿,福寿绵长。'"③这些民俗趣味点缀于小说之中,不过要说熟悉,刘云若更

---

① 张焘:《津门杂记》,第 85 页。
② 双禽馆主:《天津皇会纪念册·书前》。
③ 刘云若:《小扬州志》,第 375 页。

了解妓院、烟馆的规矩。像南市的封台仪式，刘云若写得郑重其事："这封台大典，原为结束一年歌舞，并且借着题目，给阎园上下执事人等筹些度岁之资。凡是妓女的客人，都有捧场的义务。照例客人点曲的赏钱，完全归前后台分散，同梨园行搭桌一样，妓女毫无利益，并且除了尽唱义务以外，按规矩还要敬点曲的客人以四盘鲜果、一筒香烟，倒要受一笔小损失。"①《旧巷斜阳》由"老绅董"也引出许多妓院规矩，如"储藏室开在裤上""忌讳关空门"②等，既透露出底层民众对钱财的重视，也揭示出她们如何艰难地求生存。刘云若这些闲笔有时也颇有讽刺意味，只是很难说得清到底是地域关系还是城市原因才产生了这么多稀奇古怪的讲究。

不管将天津的通俗小说命名为"都市地域小说"还是命名为"都市乡土小说"，都是在强调通俗小说家们将"城市"与"地域"相融合，其展开的文化空间是天津在进入现代社会时的暧昧状态，其风俗更是被逼进城市的人们面对现代冲击时的艰难调整，而为什么很难用现代性或者地域性来简单概括，其核心原因就在于与上海、北京都不一样，天津是两岸城市，它有两个核心区域，在现代进程里，它们既分离又共融，通俗小说家们正好跨在了两者之间——工作在租界而生活在老城区，在他们的城市体验中，现代与传统其实并没有那么清晰，就像他们的生活一般，这是他们的优点，也是他们的局限。

四　表现市民生活的贡献与局限

天津通俗小说家们善于抓住读者关心周边故事的传播心理，介入与表现城市市民生活，得到了天津读者的喜欢。《新新外史》能连载十二年之久，一方面得益于《益世报》的长期稳定，另一方面也是因为它受到读者的热烈支持。反观凫公的《人海微澜》，虽然也长期在《大公报》连载，却经常被无故中断，读者反应平平是主要原因。刘云若自《春风回梦记》后，在天津读者里获得较大反响。他的小说连载之后，报纸上就会登出读者的意见，让作者与读者有充分的交流。因刘云若喜欢描写天津市民生活的具体场景，读者也往往会计较其是否"真实"再现了城市空间。如《粉墨筝琶》连载时，一署"高而公"③的读者，就来信表达对刘云若的不满：

> 她（大巧儿）住在河北大街复（昌街七号，原文脱漏）……西广开赵

---

① 刘云若：《小扬州志》，第47页。
② 刘云若：《旧巷斜阳》，第439页，第441页。
③ 高而公：《向云若兄控诉》，《一四七画报》，第13卷第2期。

家窑一带,我熟极了,我敢打赌,绝对没有巴巴胡同。却有一个巴巴胡同,不在天津西大道,而在太原府的南肖墙,中间路北,舍下便是。所以我一看他写到了巴巴胡同,我十分有气,我认为他简直是宣布我的秘密……

刘云若在小说里具体描绘了这个胡同的所处位置,同时借马五之口说"巴巴胡同"地名的起源:"这胡同本来没名字,又脏又臭,附近小孩们都上这里来拉屎,就起名叫巴巴胡同。"①只不过,刘云若写者无心,但读者却看者有意,认为小说"污名"了这个区域,导致他"十分有气",因此写信向他"控诉"。再如《旧巷斜阳》登出时,许多读者被他小说中的人物所牵动,"入戏"很深,有读者评价说:"谢(指女主人公谢璞玉)出身微贱,居然出污泥而不染,能不为利欲所动,洵不失为女侍中典型人物。……然作者必欲使之落溷,置之香闱堂意犹未足,更使其子铁头,以髫龄染痨瘵,吐鲜血,此实卜走(卜走疑为下走)所不忍见。深盼刘君能兜转笔锋,俾谢氏母子得早日出诸水火,则璞玉固未必知感,而一般替他人担忧之读者实感盛情也。"②虽然他记错了女主人公儿子的名字,也知道现实与虚拟世界的分别,但还是想劝作者要从社会感情与人性关怀出发,希望能给女主人公安排个好结局。读者的这种反应显示了刘云若小说在当时受到欢迎与关注的程度。为此,刘云若看似抱怨,实际上是颇为自得地说:

而"旧巷"主角璞玉,竟会引起如许的善心人的惦念,除报端讨论文字不计,居然有些先生、太太生了幻觉,把她当作真的活人,直接间接,对我作拯拔她的交涉。最可笑的是,有几位资产阶级的太太,竟使用贿赂手段,倘然在去岁年底能叫璞玉脱离苦海,我足可以过个很肥的新年,连拙荆也许落一套日月团花袄,山河地理裙。可惜一时掉不转笔头,以致失却发小财的机会。反而因璞玉受了许多委屈。先生、太太、小姐们,把我摈出游宴团体,厉行绝交,宣付惩戒,或是写信斥骂,电话恫吓,以及吃饭合谋灌酒,打牌暗算输钱,又有若干人联名警告,限期救出璞玉,若再逾限,将全体拒看我写小说的报纸。真使我惊讶,璞玉何以人缘如此之佳? 势力如此之大? 她虽在书中受苦,然而能有这样际遇,可谓不虚此生。③

---

① 刘云若:《粉墨筝琶》,第25页。
② 当时报纸讨论文章,署名"榕孙",转引自倪斯霆《一部小说引发的一场妇女命运大讨论——刘云若与他的〈旧巷斜阳〉》,《旧人旧事旧小说》,上海:上海远东出版社,2010年,第145页。
③ 刘云若:《旧巷斜阳·作者原序》,第2页。

在这个自序里,刘云若诉说读者如何诱惑他将女主人公安排好,语气看似无奈,心里其实应暗自受用,而且这种读者反应何尝不是一种很好的自我推销与宣传!此后《旧巷斜阳》在连载与出单行本的过程里,各个报纸依然有读者投书讨论,不过更多的是由小说而引发对当时社会问题的关注,讨论越多自然体现小说的影响力越大。

通俗小说能受读者欢迎,自然也受到读者的限制。天津的读者是一批受过新式教育却带着传统趣味的群体。由此,读者的接受与反应影响了天津通俗小说家们的创作。如宫白羽极力想向新文学靠近,也创作过新文学作品,但他的武侠创作却使用传统小说结构与"说书"式的技巧。刘云若则自觉地以传统结构为其创作的特点。他的文学理想一直偏向于传统,早在《北洋画报》时期,他就说:"吾人曾作过故纸堆中的蠹鱼,习染很深,以后虽大受新潮激陶,仍然不能不恋旧时骸骨,常觉着举世诟病的死文字,固自有它新鲜活泼的精神,精微深妙的运用,足以和新文学并存,不必偏废。"①这种偏向传统文学的趣味,用以创作通俗小说,正好与市民阶层的读者期待相切合。如《春风回梦记》开头取消"说书人"的模式,将主要人物聚集在旅馆这个舞台上,情节的展开很有张力,既交待了各个人物的背景与出处,同时为故事的发展埋下伏笔。但刘云若好像是没有掌握好新式小说的创作技巧,抑或是他认为读者更偏向于传统的小说结构,很快就放弃了小说艺术实验,重回传统小说的套路。在此后小说里,刘云若甚至连每回作品的"且说""话说"、每回结束时的"且听下回分解"这种传统"说书人"口气都模仿保留。刘云若在标题设置上也仿照传统小说,如《春风回梦记》第一节"伉俪江湖闻歌圆破镜 恩冤尔汝语燕定新巢",对仗工整,却无助于提示小说内容。刘云若在创作自述时,说自己运用的诸多小说手法,如"背面敷粉法""横山断云法""獭尾法""草蛇灰线法"等技巧,其实也基本是沿用传统,看不出利用新文学或者西方小说技巧的痕迹。虽然不能以是否采用传统手法来判断小说艺术的优劣,但刘云若确实存在迎合读者的心态,由此也限制了他在结构与艺术手法上的继续探索。

读者的消费使作家们从中获利,但比起"理直气壮"的上海通俗小说家们,天津的通俗小说家受到传统与新文化的双重压力,使他们对自己的创作评价很低。刘云若为什么说"常觉着举世诟病的死文字,固自有它新鲜活泼的精神,精微深妙的运用",就是必须直接回应新文化的批判与冲击,而且背后还是隐隐地透露出些许心虚。张恨水回忆说面对五四新文化的冲击:"这

---

① 刘云若:《"神儿""劲儿"与"味儿"》,《北洋画报》,第 1280 期,1935 年 8 月 8 日。

个阶段,我是两重人格。由于学校和新书给予我的启发,我是个革命青年,我已剪了辫子。由于我所读的小说和词典,引我成了个才子的崇拜者。"①文学趣味与人生经历的不同,使通俗小说家们在面对新文化时往往自觉地退缩。而在面对新文化高举"救亡""图存"的抱负面前,天津的通俗小说家们有时也是理屈词穷。还珠楼主说:"(《蜀山剑侠传》一书是他闻于野老逸民)加以搜辑成书,前应友人沙大风之约,充塞篇幅,所述皆清初剑侠佚闻,俚语荒言,聊供读者酒后茶余谈笑之资而已。"②所谓"俚语荒言"虽是市民读者所需要的,却少了一份光明正当的诉求,还珠楼主的自贬是通俗小说家们的普遍心理。而宫白羽更是对于自己的通俗小说创作痛加批判:"一个人所已经做或正在做的事,未必就是他愿意做的事,这就是环境。环境与饭碗联合起来,逼迫我写了些无聊文字。而这些无聊文字竟能出版,竟有了畅销,这是今日华北文坛的耻辱。"③

  刘云若不像还珠楼主等人那样对于"卖文鬻字"有着如此的反感和对自己作品的不自信。他很肯定自己的写作事业:"未曾提笔,先述牢骚。著者当年束发受书,当然对于读书一事,抱着各式各样的大希望。可怜望来望去,什么希望也不曾实现,却不知怎的,转弯抹角,就进入了这小说行。夫行者,依某种职业为衣食之谓也。大之如官行、军行、商行,小之如勤行(厨司)、脚行、缝穷行、乞丐行,邪而歪之如剪绺行、风流行(妓女)、洒金行(拾粪)。这些等等行行,大约与小说行都同在三百六十行之内。"刘云若把小说创作看成一种只为了谋生的职业,剥离小说教化的崇高任务。既然是职业,那么依靠自己劳动所得也就不必惭愧,更重要的是他由此发展出对通俗小说题材、方法的自我肯定:"凡天下一切众行,当然高低不同,而且人人有向上之心,行行有仰高之望。小说行的人们,自然也妄想抛弃千字几元的苦工,去当什么院长、部长,只须在案卷上批个'阅''照准''不准'等几个字,便可得到千万金钱。这些事当然都是虚想,难成事实,所以无论哪一行的人,就端着那一行的饭碗,低头去吃好了,不必一面因没法高攀,一面却妄抬身份。……于是小说行也跟着自居文章寿世,艺术精华;其实还都是出类拔萃的不要脸。起先鄙人也想不要脸一下,高揭一个主义,叫做小说救国;后来想了八日八夜,终没法把这主义说得,只得收起妄谈,规规矩矩的写我破小说。"④从中可以品味出刘云若对"小说行"夹杂的复杂情绪。如果他真的认定小说创作是一

---

 ① 张恨水:《写作生涯回忆》,北京:人民文学出版社,1982 年,第 9 页。
 ② 还珠楼主:《复燕北愚人》,转引自倪斯霆《旧人旧事旧小说》,第 225 页。
 ③ 白羽:《话柄·自序》,天津:正华学校,1939 年。
 ④ 刘云若:《小扬州志》,第 1—2 页。

个职业,其实不必如此反复强调它与妓女、拾粪等行业的并列,就因他还抱着"大希望",还抱着"想不要脸一下",在潜意识里其实还是觉得小说创作比其他劳动行业来得高尚。只是在这种矛盾心情的背后,是他自己也深觉他的小说跟不上时代变化,特别是没办法写出像新文学那般关心家国的作品,更难的是自己不愿意因新文学的批评而放弃传统文学趣味,所以只好索性将"小说行"一味地贬低,以调和文学期待和现实失望的不平衡。刘云若的想法代表了天津通俗小说家们在面对小说启蒙重任时的心理压力,同时也是他们艰难应对时代革命与救亡思潮时的自我保护与内在调节。

刘云若将通俗小说从"教化""救国"中解放出来,并在《春风回梦记》成功以后越发贴近市民,注意读者的阅读趣味。但这种调整使其小说在内容和结构上不断重复。刘云若也尝试过在自己能力范围内的创新。在《酒眼灯唇录》自序里说:"余既感读者爱护期许之殷,又复以此资生,宁感不敬所业。乃更自课程功,求学养于旧集新编,广阅历乎人情世态,期能功力暗增,如春水日涨一篙,渐臻进境,虽不敢张望章回小说之军,亦庶得稍免纯盗虚声之诮。然数年刻苦至境如何,尚不自知。追撰《酒眼灯唇录》,乃致力以赴之,虽仍日写数百言,杂凑成篇,终难惬意。"①经过较长时间的创作和积累,刘云若自我感觉应有一个较为明显的提高,但一落笔却又是旧俗套。《酒眼灯唇录》还是采用"三角恋"的才子佳人模式。男主人公还是没有摆脱在两个女性之间犹豫不决的境地,但确实可以看出刘云若比其他小说更为精心地设计情节。如从柳莺引出君奇,而由于柳莺步步紧逼,君奇谎称订婚,由此引出孙曼。柳莺的故事与孙曼的故事并行发展,里面只是通过君奇的徘徊不决来穿插勾联,最后三条不同的线索——柳莺因君奇订婚而出走至火车站,孙曼因误会君奇而出走至火车站,君奇因寻找孙曼而追到火车站。三个人同时在天津火车站碰撞在一起,所有事情的误会、冲突、解释其实都可以在这个场景里解决,小说的矛盾冲突到达高潮。应该说这样的构思很精巧,显示了作者控制小说各种线索发展的力量,他通过不遗余力地各种铺陈、暗示,使小说结构达到较大的张力与较强的艺术效果。"火车站"这个场景应该是小说的高潮点与转折点,刘云若显然还没有做好结束故事的准备,更没有笔力将各方人物的心态、动作、冲击整合在一起,导致解决矛盾过于简单——君奇为找孙曼反而上车遇见柳莺、在车上说服柳莺成为妹妹而结束这个前面铺垫许久的矛盾。刘云若在报刊上早早结束故事时,自己也觉不满意:"此书数刊于报端,仅八月有奇,以期限迫近,乃匆匆结束,表现虽若完篇,实有头重脚轻之病,读

---

① 刘云若:《酒眼灯唇录·自序》,第1页。

者多为惋怅。"后来,有机会重新出版,他还续作了三册:"俾使情节人物,发展臻于畅满,以快读者心目。"并且郑重表态要将这本书好好再行修改:"然以季随雅意殷拳,不得不一鼓吾勇,拟尽半载之功,于每日夜静心清时,尽力为之,俾此书成为完璧。纵不能如社会期许成为代表作,或足稍慰垂念之情,余亦微纾心疚也。"①1940 年代前后,确实是刘云若最富于创造力的时候,此阶段创作的《旧巷斜阳》《小扬州志》《红杏出墙记》都各有所突破,而在《酒眼灯唇录》这本他想要好好修改以"完璧"的小说中,从他的表述来看,他很清楚火车站应该是冲突的高潮点,只是他自己也没明白如何处理好。至于为什么没能在"夜静心清"时修改,其中原因繁多,关键问题应该是巨大的生存压力逼得他不得不赶快重新投入到新的小说写作中。

  1939 年刘云若在寄给宫白羽的信里就直白地说:"适接大函,不胜欣快,所属写稿事,既有吾兄雅命,敢不敬承?又况'润例可观,且系先付'耶!贪财好色,为弟一贯本色。近年颓老,好色已成虚话,只余'贪财'一事矣。一笑。"②从中可以看出沦陷后天津生活的诸多难处,以至于友人来信求小说都让他喜出望外。但经济压力并没有随着他的创作增多而得到改善。宫白羽在 1946 年给他的书《湖海香盟》作序时也说:"云若近日渴望发财,发财则可以闭户著书,勒成名作。昔戴南山自谓胸中有一部书,犹未写出;方灵皋亦深信其胸中果有一部书也。我于云若,亦复云云。何日不愁盐米,得泰然括笔,写其所欲写耶?且同贮望,有此一日。为序。"宫白羽的期待自有道理,他很欣赏刘云若的才华,并对他的作品给予较高评价:"云若以雕龙绣虎之才,从事说部,垂十五六年,成书四五十卷。于都市繁华相,洞见表里,剖析很清,不止写到上层,又透视到黑暗的底层。尤难得在写情沁人心脾,状物各具面目,毫无预制脸谱,强打背弓的毛病,也没有过重小动作之处。他所写的故事往往揭破人间的丑恶,使读者吃惊、发笑,可是闭目一想,这样人物犹在面前。"应该说宫白羽还是很了解刘云若,对他小说的题材特点与写作方法总结得很是到位。同时他也很隐讳地批评刘云若:"有时行文琐繁,那是计日选文的通象。"③这是通俗小说家们不可避免的难题,写通俗小说特别是连载小说容易越写越长,因为可以尽量赚取稿费,导致原本可以结束的故事一再延宕,必然会影响到小说的艺术成就。这也是通俗小说家们没办法的事情,既要满足市场,又要在艺术上有所突破,既得面对外部世界山河破碎的大环境,又得面

---

  ① 刘云若:《酒眼灯唇录·自序》,第 2 页。
  ② 《刘云若书信一封——致宫竹心》,原见白羽《话柄》,插页。
  ③ 白羽:《刘云若〈湖海香盟〉·序》,1946 年,引自李坤编选《通俗文学资料选刊——关于刘云若》,《苏州大学学报》,1988 年第 4 期。

对城市里艰难求生存的压力,虽然有朋友期待与自我抱负,但总是无法平心静气地写好小说。刘叶秋回忆说:"云若文思敏捷,才气纵横,曾经同时撰三四部长篇小说,而每部各有机轴,奇情逸想,层出不穷。取稿者此去彼来,轮转无已,他都从容命笔,应付裕如,真非常人所及。"①这个回忆虽然夸赞刘云若确实有才华,但也说明他疲于应付市场需要。跟他交好的杀黄也曾回忆他为了争取更多稿费而不得不应付多方索求,以至于得罪报人:"某位画报社长,为了他的小说稿子一再'言不应典',那么'泡',曾打算通知全体新闻同业,一致不用他的稿子,读者试想当时的情形,有多么严重!"②报馆催逼,读者期待,加上自身经济需要,这导致刘云若在1940年前后创作虽多,但人物形象、情节设置、心理描写等均有所重复,再也没有像《酒眼灯唇录》那样细心构思、精心安排的作品。

刘云若在小说结构上难以再推陈出新,但在市民描写上却越来越得心应手。《粉墨筝琶》是刘云若在1940年代对市民描写较为杰出的作品,特别是将人物重心由男性向女性调整,富有"津味"的市民女性更好地承担起他的设想。男主人公纛青虽然还是那个引起两个女性相争的男主人公,但林大巧的形象更为立体与鲜明。刘云若对她也投入较多感情与笔墨。例如写到她与纛青刚开始谈恋爱时的场景:"(大巧儿说)什么爱情,我不懂。我只觉自己变成贱骨头了。以先我简直没心,现在忽然有了心了,满心是你。一会儿不见你,这两条倒霉腿就把我驮来了。"林大巧对爱如此坦诚,对情如此真挚,这让纛青"百倍心动",正要说些情话回应。大巧儿却突然说:"现在先说要紧的。"纛青不解,大巧儿说:"吃饭要紧。"突然的转变,让纛青觉得:"好似在花香柳媚场里听得一声惊雷。"③情话绵绵时,突然被庸俗的日常需要所打断,这在刘云若之前的小说里未曾有过。这种真切的描写展现了文人气质的男主人公在敢爱敢恨、敢打敢杀的小市民女性面前手足无措的情形。刘云若写出了小市民以生存为第一要义、虽然不懂风情却又真挚勇敢的形象。

刘云若还表现大巧儿的"好斗"的天津品性。大巧儿为了找纛青,跟他前妻陆凤云打了一场"要写成武侠小说了"的架;后来大巧儿为救纛青又与赵正元、景如山两位男子打了一架,打完之后两人对大巧儿说"你们天津人真能打架,到了外乡,还这么厉害,若在天津本地,还不吃了人哪"④。能打架

---

① 刘叶秋:《旧体章回小说家剪影——忆刘云若》,刘叶秋:《古典小说笔记论丛》,天津:南开大学出版社,1985年,第228页。
② 杀黄:《发排前的话》,《一四七画报》,1946年第10期。
③ 刘云若:《粉墨筝琶》,第83页。
④ 同上书,第528页。

的林大巧比起其他整天只会退缩忍让的女性角色来说,更富有生命活力,也更切实地表现了带有人间烟火的市民形象。在小说里,林大巧摆烟摊儿养家糊口,敢冒险"走单帮",到琢州、张家口、唐山、石家庄、徐州,带粮食、布匹、皮革,凡是吃的、用的、能挣钱的,她就敢贩敢带,淋漓尽致地活着、爱着。她有爱国心和责任感,知道霭青试图刺杀伪国民政府主席大汉奸蔡文仲,因而强忍着嫉妒,让他跟前妻复合。刘云若借霭青之口评价她:"她的心思能说是腐旧么?也许有人说她不够新女性的资格,但我却认为比那班把贞操看轻、在外胡乱交际、还抱怨丈夫思想太不开明的女人,似乎有天上地下之别。"①刘云若此前小说里的女性一般是有新知识的职业女性;或者是从事服务业的女招待、歌女;或者是妓女与女伶;虽然也是市民视线里的人物,但基本衣食无忧,更较少在爱情里主动出击。而林大巧正是以普通市民出身,以生存第一为判断,追求私利而能兼及国家大义,在爱情方面大胆表白,在生存方面不仅能自保,而且最后还能拯救霭青,显出天津市民身上既精打细算,又敢于牺牲,能爱能恨的生动形象。

  市民描写的成功得益于视角的下移,但市民趣味也影响了刘云若的创作态度,刘云若在《我写小说》一文中说道:"说到我的写作态度,是不大严肃的,其原因是因为我的幽默感太多,能把一切可惊可惧可怒的事,完全使之'归哏'。"②刘叶秋也回忆说:"他说:'我遇到一切可恨可气之事,都让它归哏。'归哏,天津话,大概是使之化为笑料的意思。把让人愤恨生气的事,当作趣事,付之一笑,确实是个好办法。在云若的小说中,他是常常以辛辣的笔触使他所憎恶或批判的对象归哏的。"③从"沦陷区"抵抗的角度,可以说刘云若用"归哏"来自保和应付恶劣的文化环境,但也可以看出他对人生与世态冷漠的一面。鲁迅曾批评"谴责小说":"辞气浮露,笔无藏锋,甚且过甚其辞,以合时人嗜好。"④这句话同样可以用来描述刘云若后期小说。在他的早期创作《春风回梦记》里,文笔还较收敛,"辞气浮露"的毛病也少。像《小扬州志》讽刺一位先学戏后学话剧的学生,针对的实际上是天津当时颇为流行的"时装新剧"即"文明戏",刘云若如此表现:"于是他就使出勇气,卖弄精神,自己组着个班子演唱,搬出许多新鲜别致的口号来作宣传。什么救国救民等等名词,都给拉上去,好像他唱回戏,便可以使天下太平,国富民安似的。大家震于新奇,自然要去瞻仰,又加他一副驴嗓,一脸牛皮,不怕费力,不怕丢

---

① 刘云若:《粉墨筝琶》,第 100 页。
② 刘云若:《我写小说》,《一四七画报》,1946 年第 8 期。
③ 刘叶秋:《旧体章回小说家剪影——忆刘云若》,第 228 页。
④ 鲁迅:《中国小说史略·清末之谴责小说》,北京:人民文学出版社,2005 年,第 291 页。

人，能够拼命的洒狗血，而且借着改良名义，把原来戏本胡乱放长缩短。变化出奇，令人莫测。观者以为看他的戏，能兼有看韩秉谦大魔术的惊奇，和听万人迷说相声的笑料，很多抱着看热闹的心理去捧场。于是白扬声居然颇有叫座的能力，每唱必然座满。"①这里的讽刺有点低俗，虽然也表现出天津当时"文明戏"的不伦不类，哗众取宠，不过未免过于夸张。

随着对小市民表现增多，创作经验丰富，加上同时写四五部小说，刘云若的"归呓"与讽刺之类的闲笔越来越收不住，冷漠再加上"过甚其辞"，一方面对与他往来的师友不免有失"公平"，另一方面也对小说艺术有所损害。他喜欢用"闲笔"来讽刺周边的师友。吴云心回忆说："又如他用过'任笑予'的名字写一个青年艺术家，写这个人半男不女，笔下刻薄。这个任笑予可能是指当时一位青年画家肖松人。肖在举行画展时，戴一黑色方巾，系红色穗，著绿缎袍，装束奇异，其画亦诡奇。当时《北洋画报》称他为绿袍画家。又如王小隐平日嗔嗔怪怪，表现名士派头，刘颇厌恶，曾于其小说中以王为模特，写一名士，语言行动，俨然是王的风度，字里行间大肆嘲讽。王伯龙书法之特点是横细而竖粗，刘指为'材头体'或曰'鸭蹼篆'。"②在《北洋画报》里作为编辑的刘云若曾表彰画报怎样帮助全国的艺术家们，然而作为小说家的刘云若在小说里对这些艺术家们的人品、作品的评价却如此不堪，难免有"逞才使气"的无节制感。而从外部的人际关系来说，如王小隐曾被他尊为"隐师"；王伯龙对他小说发表颇有助力，即使可以理解刘云若讨厌故作姿态的"名士"，但小说里充斥着如此多而且较为低俗不堪的影射，会让人觉得背后有着恶意的嘲笑。当然，小说里的人物是虚构的，不能将其做具体的"对号入座"式的指认，不过小说里冷漠的调侃与小市民的恶趣味却显露无疑。此外，从小说艺术性来看，早期的闲笔还有助于理解天津，加深对故事发展背景的理解，但到了《酒眼灯唇录》中，有些闲笔就在干扰故事的发展，像表现舞场的"八宝"与情节发展并无关系，揭露舞场里办小报编辑的"黑幕"也无助于故事发展，作者显然在利用这些"闲笔"有意卖弄自己的见识。虽然读者会欢迎这些"爆料"但却无助于小说艺术的提高。到了《粉墨筝琶》，这种闲笔多而且杂，有些纯粹就是为了应付而作，干扰了人物的正常活动，也损害了情节的推进。刘云若在行文时自己也觉得对不起读者："喘汗执笔，头大如瓮，脑融成塘，不知要写成什么东西。如其不像人话，请罪天而原谅我，幸甚幸甚。"③被催得实在没办法，对自己写出来的文字很不放心，又怕失去读者，

---

① 刘云若:《小扬州志》，第 403 页。
② 吴云心:《天津报海钩沉》,《吴云心文集》，天津：天津古籍出版社，1990 年，第 593 页。
③ 刘云若:《粉墨筝琶》，第 164 页。

只好怪罪到天气原因,这是通俗小说家们共同的无奈。

市民阶层支撑着通俗小说家们,也影响着他们的创作。平津的市民阶层消费能力始终不足以支撑起一个群体性的作家群,这也是为什么所谓的"北派"通俗小说家在不同时期都是以单个作家身份出现,而突出的只有张恨水、刘云若,像凫公、董郁青、董荫狐、戴愚庵、李燃犀、李山野等人,都是各自在不同时间出现,而且在组织上也不如上海那般有意识地组成社团,在理论与创作上互相砥砺。同时,天津的通俗小说家们为了迎合本地读者,乐于表现天津,眼光始终未能有所超脱,反而自我限制了表现题材,影响力也大为减弱。张恨水能得到普遍肯定,一方面是其自身不断向时尚潮流靠拢,另一方面是虽身在北平,作品却同时在上海发表,既增加了销量也扩大了影响。刘云若在影响上不及张恨水,没有及时介入上海市场也是一个重要原因。天津的通俗小说家们没能产生更大影响,其中既有个人原因,更是城市和时代的限制,因此"布不成阵"也是可以理解的。

第五章 "双城记"里的文人与天津的文化定位

在华北城市里,天津与北京关系最紧密。古代天津的建城与发展都依赖北京,到了近代以后"双城"的关系有所调整,但两者间互补多于对抗的关系也保留下来,提倡"双城"视野颇有价值,正如陈平原所说:"之所以需要'平津'这样的'双城记',一是当初本就多有合作与互补,二是便于互相发现。在天津阅读北京,在北京观看天津,当然更包括将平津视为一体做综合论述,这都是拓展学术视野的绝佳途径。"①平津一体对于理解天津有特别的意义,特别是在北京变成北平之后,天津文人群体的心态有较大变化,他们更关心天津的现实与资源,更强调天津的自主性,由此也更深入地思考天津的未来文化定位。本章主要描述整体性的文化心理,试图呈现从"京津"到"平津"变化过程里文人群体与城市是如何实现适应性调整的。

一 面目模糊背后的"畿辅心态"

"面目模糊"②这个判断适用于从古至今的天津。在传统文人眼里,"天津"只是仰望帝都的畿辅。虽然清朝盐商巨富崛起后,培养了一批本地文人,但不管是"遂闲堂"还是"水西庄"的文人们,都是热切地希冀得到北京的认可。到了"梅花诗社"为主的天津文人,开始产生本地认同,营造了像"赛江南""小扬州""小金阊"等意象,然而细究其内心,可能是有心对抗北京的帝都气象,也有可能是以"异类"来引起北京的注意。然而,不管是积极向帝京表示"春风望幸心"③,还是故意在北方城市里自我标明"二分烟月小扬州"④,这些

---

① 陈平原:《另一种"双城记"》,《天津日报》,2010 年 12 月 17 日。
② 陈平原:《作为文化双城的京津》,《北京观察》,2012 年第 2 期。
③ 崔旭:《津门百咏》,《梓里联珠集》,第 32 页。
④ [清]张船山:《怀天津旧游》,《津门杂记》,第 118 页。

略有不同的城市意象背后其实都潜藏着不自觉的"畿辅心态"——一方面是承认地处北京旁边,享受着政治上的优越感和经济上的便利,意识里为自己是北京的"卫"而自豪;另一方面由于本地认同的形成,力图摆脱北京影响,但又无法明确天津如何定位,离开北京,天津又能在帝国版图里占什么位置。这种左右为难的"畿辅心态"长期影响着城市的各个阶层。

进入近代以后,天津在经济、政治上显示出其重要性:"如果说19世纪末和20世纪初天津在清政府支持和封疆大吏主持下,政治地位迅速上升,在全国鹤立鸡群的话,那么20世纪以后天津城市的经济功能得到充分的发挥,迅速发展成为中国北方的经济中心。"①但是应该看到经济地位的提升并没有迅速使传统文人改变对城市的态度。严修等人的核心理念基本还是受北京及主流思想的影响,虽有自己的创新,但无法形成系统的论述。前面章节已有分析过形成这种困境的原因。严修等人的"畿辅心态"也可以从一些具体事例略见一斑。如严修对待五四运动:"在开始阶段,曾同情学生的爱国行动。他任由严氏女中学生出宅参加罢课和示威游行。其后,则又认为学生不该采取'过激行动',致使局势扩大化。迨至反动当局残酷镇压爱国学生,则又深表不满。"严修对学生运动既秉承着"实用"观念:"因势利导,等于此水夫。使泄之得其道,则泽物矣。"②他支持学生运动,一方面可能是基于对学生爱国心态的理解,另一方面也可能是这个运动始发于北京大学,因此存在着观望并试图理解的态度。否则,如果从传统儒家观念或者从学校办学者、管理者的角度来看,严修都不太可能对学生运动持默认支持态度。当五四运动波及天津时,严修就支持张伯苓限制南开学生的参与。实际上,由于"畿辅"的自我定位,传统文人虽看到天津地位的上升,但远未能自觉寻找、思考并形成对天津独特性的共识,更无意去推动天津形成清晰的文化定位。

"畿辅心态"在普通市民心中表现得更为直接。天津地名许多就因皇帝游历而留存,如挂甲寺跟隋炀帝和唐太宗联系起来③,如杨柳青镇传说是清代乾隆皇帝命名④。城市里的特色小吃、标志建筑往往都会跟皇帝搭上关系。这些都反映了普通市民对于"皇权"的崇拜,甚至期盼"畿辅"有机会变成帝都的心理。这种心态还影响到了天津风俗的形成与变化。比如,遍布沿

---

① 张利民:《从军事卫所到经济中心——天津城市主要功能的演变》,《城市史研究》,2004年第22辑。
② 以上引文引自严仁庚《严修与周恩来》,梁吉生主编:《南开逸事》,沈阳:辽海出版社,1998年,第7—8页。
③ 孙继荣、娄淑兰:《雄风重振挂甲寺》,《求知》,1996年第2期。
④ 《旅游胜地的民俗与传说》编写组编:《旅游胜地的民俗与传说:江之北》,北京:中国旅游出版社,2005年,第18—20页。

海的妈祖信仰与皇权联系较少,唯独在天津,因为与皇帝出巡联系起来,因为祭祀与皇帝联系起来,庙会成为"皇会"。这种变化反映了天津普通市民既有对"皇家气派"的羡慕和向往,也有与北京各种庙会一较高低的心理。进入近代以后,北京的皇权光环在民众那里逐渐变淡,"皇会"的"皇"家色彩变淡,"会"里的商业利用成为首要考虑。"皇会"的前后变化里可以看出"畿辅心态"的弱化。到了民国之后,"皇会"就越来越难开展,虽然其原因复杂,但天津民众渐渐寻找到城市自信是其重要的一方面。

"畿辅心态"在一些新文化社团也有所体现。天津成长起来的一些新文化社团,稍闯出点名气后,往往就移师北京。如南开大学虽然自成体系培养了一批人才,但只要学校师生成长起来,有机会即转到北京的各大学,较少长期留在天津,南开新剧团的张彭春、曹禺以及著名演员金焰等均是如此。张彭春虽然是张伯苓的弟弟,本身也出自南开学校,并曾任南开学校专门主任兼代理校长,但在1922年获哥伦比亚学位后,即转到清华大学任教授兼教务长①。天津1920年代较出名的新文化团体"绿波社",发起人有赵景深、焦菊隐、于赓虞等。刊物有《诗坛》《小说》《绿波旬报》《绿波周报》等,由于依托天津《新民意报》副刊,因此"绿波社"在早期取得不错的成绩。不过它坚持的时间并不长,1923年秋赵景深离开天津,社团实力下降。1924年秋,焦菊隐、于赓虞先后到北京,"绿波社"在天津的活动基本瓦解。新文化人的本地意识与城市认同较淡,积极向"中心"靠拢也是正常现象。

"京津"关系随着经济变化而调整,两城地位在政治上也不断调整,特别是迁都之后,两者处于平等的政治地位上,天津成为华北地区的经济中心,而北京则成为"故都",天津的文人开始改变"畿辅心态"。对于"迁都"议题,天津人的心态颇为复杂。1928年,《大公报》在知道迁都已成无法更改的事实后,曾刊发社论《五百零七年之北京》,认为迁都是国家基于要摆脱"北京"已成为国人心目中腐败的意象而做出的"大兴革"。但它也认为只要努力革新政治,首都放在哪里并不重要:"无论何地,外交束缚皆应求解脱,积习腐败,皆应力予刷新,岂仅北京一域,则又何必小之乎专以北京为虑哉。"②此后,还陆续登出不支持迁都的言论,像署名方天啸的读者来信,其眼光颇有见地:

> 闻国府建都,有舍北图南之议,窃以为惑,首都为政治集中之地,当

---

① 张彭春到清华的原因较为复杂,有张伯苓与曹云祥关系密切,也有张彭春留学时曾受清华庚款资助,还有清华的工资待遇明显较好等。但离开渊源深而且新成立的南开大学,可能是因为在张彭春眼里,"文化中心"北京更有吸引力。
② 《五百零七年之北京》,《大公报》,1928年6月8日。

相度世界情势,以为建设,今后世界政治之远东部分,以中日俄三国共当其冲,而北京适为三国间之集中地点,率尔易部,自损远东政局上之主力地位,与前史东迁南渡之覆辙无异,就国防政策而言,以首都当北部之前线,平时可以杜狡焉思逞之心,有事足以作一致敌忾之气,当关设险,所系尤巨,倘因行将撤废之条约关系,与锁港时代藩离堂奥之成见,不战而先自弃都,内损东北与西北之控制力,外使黄渤海权满蒙领土并受影响,在国防上深为失计。①

这个读者从世界政治与地缘战略的角度思考"迁都",特别指出"南渡"之后,北方往往被放弃,导致国家分裂;而从东亚争战来看,京津是远东具有较高战略地位的城市,外可以挡俄日的侵犯之心,同时有利于控制"黄渤海权",凸显天津在华北的重要性。然而,这一家之言并没有获得重视,事后北方形势的发展也印证了读者的担心。除了政治担心外,天津经济是否会受北京迁都影响也是当时人们关心的话题。天津总商会会长张品题、王君直说:"京都南迁,天津商业并不受多大影响,惟北边疆域辽阔,地旷人稀,若迁都南京,恐有鞭长莫及之虞。"②实际上,商人们清楚"迁都"必然对天津经济产生冲击,只是他们放眼北方,即使经济受损也只能隐晦地反对迁都。当然,《大公报》也看出迁都可能是天津发展的一个绝好机会:"天津之改造乃益为亟务。何则,其地在商业上既有不可否认之价值,而北都新废,此地益有促进其发达之必要。否则北方在新中国之改造上,不将失其地位乎?"③俨然将天津看成华北城市里的领头羊,甚至可以起到取代北平的作用。

与北京舆论强烈反对"迁都"相比,天津的报人平静与理性得多。而且从事后的发展来看,北京变成北平确实给天津带来巨大的历史机遇与寻找自我的机会。但可惜也正如《大公报》所担忧的,由于国都南迁,国防重点转移,导致天津从一个靠近核心地带的城市变成边关,直接面对着日本的全面渗透。《大公报》的一系列言论,看起来像是为北京抱不平,实际上也是在从天津角度来看问题,表现了天津报人们对于失去"畿辅"位置既担心又抱希望的纠结心理。

"畿辅心态"的转变直接影响的是天津戏曲艺术的发展。在开埠前至民国初期,北京戏曲艺术一直是"正统""高雅"的代表。在天津传播的河北梆子、昆曲、高腔、皮簧腔等声腔、剧种,虽然流行,但基本不能进入娱乐中上层主流之中,这一点特别明显地表现在京剧上。在1920年代以前,天津京剧戏

---

① 方天啸:《关于国都问题之讨论》,《大公报》,1928年6月15日。
② 《首都问题》,《大公报》,1928年6月26日。
③ 《天津之新市制与新市民》,《大公报》,1928年6月30日。

班大体水平不高,关键原因是城市经济还无法支撑高水平的戏班,所以很难留得住人才。如著名演员余三胜、名丑刘赶三、孙菊仙都是天津人,但他们均要在得到北京京剧圈的认同后,才能获得更多的称赞。孙菊仙的经历尤为典型,孙菊仙在艺术上存在许多争议:"看过孙菊仙演的《三娘教子》《朱砂痣》等戏,觉得他在台上吊儿郎当,不卖力,对这种唱法,我也不感兴趣。"①但孙菊仙从天津学艺后,进京拜程长庚为师,从而敲开北京演艺圈的大门,进而成为"宫廷供奉",他充分利用自身优势、诙谐的性格与天津人的"哏"味,在谈吐中颇能得慈禧的喜欢。② 因此很快孙菊仙便在北京立足、扬名,再到各个城市演出就颇受欢迎。晚年回到天津之后,他贡献力量于天津的教育、文化等各项事业,获得天津人的尊重,被亲切地称为"老乡亲",即使年老力衰,"以八十九岁之高龄……兴之所至,辄登场高歌以自娱悦"③。而且天津人始终对他支持有加,许姬传回忆说:"大家热烈鼓掌,要求再唱。孙菊仙提高了调门说:'我再唱一段……'没有腔,但硕大声宏,气势雄伟,唱到末句'学一个奇男子万古留名',有如石破天惊,震动全场。"④像孙菊仙这样天津出身,到北京学戏、出名,再返回天津争取市场的成功模式不断为后来人所模仿。即使到了1920年代,像余叔岩、孟小冬、章遏云等也均是走整合平津优势这条路。1930年代之后,随着经济的独立,天津才慢慢利用报纸来影响北京,像张篴子对梅兰芳的艺术点评,叶庸方利用《商报》推崇马艳云、马艳芬等坤伶,《北洋画报》对章遏云的评点与宣传,《天风报》沙大风对孟小冬、荀慧生等演员的推崇,虽然一再被京派讥笑为"外江",有时"捧"的手段也过于粗俗,但毕竟影响了一时舆论,特别是改变了京剧里对坤伶的普遍看法。

应该说1920年代的迁都,对天津各方面都产生了较大影响,特别有助于它摆脱"畿辅心态",确立起城市的独立品格。只是历史所给予的时间太短,随着1937年日本的全面侵略,天津文人也就失去了帮助城市重新定位的可能。而新中国建立后,北平重新成为北京,"畿辅心态"又重新以各种面目出现并影响着天津。最典型的如确认天津建城时间,不管是官方还是民间,都对建城时间争议纷纷,但最后在"赐名说"上达到了一致,由此确认了"天津"的历史起源。实际上,单从西方城市定义来看,如以人口普查为标准:"威尔

---

① 许姬传:《许姬传七十年见闻录》,北京:中华书局,2007年,第127页。
② 甄光俊:《好花自古千秋艳(二)京剧大家孙菊仙小传》,《中国戏剧》,2010年第1期。
③ 记者:《孙菊仙君之逸兴》,《北洋画报》,1929年9月14日。
④ 许姬传:《许姬传七十年见闻录》,第128页。

柯克斯认为,(确定城市)的标准是每平方英里1000人。"①那么,金代所设的"直沽寨",时立"都统"一职,单从兵员上讲就达4800人②,加上随军人员及百姓,很有可能已超过这个标准。天津建城可以远至800年前。如果按韦伯对"城市"定义来看:"只有在地方上的人民可从当地市场中满足其日常需求中经济上相当重要的一部分,并且,可从市场上购得的物品中,相当大的一部分是由当地人民(或邻近腹地的人民)特别为了市场销售而生产(或从他处取得)的条件下,我们才能用'城市'一词——就其经济层面而言。故此,城市永远是个市场中心……"③在元代的"海津镇"俨然就是一个大型的商品集散地,"天津"城市模型也已完成。在民间也有多种争论:"关于天津的得名,大体有四种说法:一是'星座'说,二曰'缘河'说,三系'关口'说,四为'赐名'说。此外,还有什么'哪吒闹海'说,'精卫填海'说等等。"④在诸多选择里,选择其他时间段或者民间传说为建城伊始未尝不可,但天津的"建城"还是选择了以明朝为开始,与其说是符合了某种客观标准,不如说符合了观念中"成城"的标准,其中也略可窥见"畿辅心态"在起着说不清道不明的重要作用。

二 "雷雨"天津与"故都"北平

1928年的迁都对京津的政治、经济影响非常显著,两城都因此受到损害,不过相对于北京变为北平来说,天津的政治地位有所上升,经济上则由于初步树立了"华北商业中心"的地位与民族工业的发展,影响较小。在这两者地位发生变化与调整时,两城的关系开始有所调整,人们观念里的"京卫"开始向"平津"变化,虽然并不像经济上那么迅速,但也渐渐影响到文人群体对北平的看法。1930年之后,北平依靠着众多的高等学府和悠久的历史,发展起较自由的学术文化气息。在北平的高校学者们开始将北平塑造为"文化古都",宣扬北平才是"文化"的象征,是民族的"文化中心"。而天津文人群体虽然还是向往北平的"文化古都",但不再是早期"首都"之下的"畿辅"那种不自信的心态。天津不同的文人群体因不同的理想与自我定位,

---

① Louis Wirth, *Urbanism As a Way of Life*, Chicago: Chicago University Press, pp.60-83.
② "三十人为谋克,五谋克为一千户,四千户为一万户,四万户为一副都统,两副都统为一都统。"《金史·兵志·禁军条》,第1004页。由此可推断天津当时的人数。
③ 〔德〕韦伯:《韦伯作品集Ⅱ——经济与历史支配的类型》,康乐等译,桂林:广西师范大学出版社,2004年,第199页。
④ 郭凤岐:《天津建城六百年由来》,《天津经济》,2004年第1期。

与北平有着不同层次的交流。平津文人群体间出现多层次的互动,发展出与此前不太相同的合作方式。可惜随着日本加速入侵,动荡不安的华北气氛,使平津两地文人都很难建构起稳定的交往模式。天津也失去在与北平对话中从容寻找自我定位的历史机遇。因此,本节不关注1937年之后的平津关系,重点集中在北洋时期到1937年左右两城关系调整时的文人群体如何适应这种变化,揭示天津文人在与北平文人交往过程中如何对天津进行重新定位。

北洋政府时期,天津由于有租界存在,许多北京的政治人物喜欢将家安在租界,这为天津赢得诸如"后院""后台"的称谓。1926年,《大公报》发现虽然北方军阀混战,天津的租界反而得到较快发展,"自从北方战事,连年不息,天津租界,一天比一天发达",使天津变成了所谓的"政治活动的后台"。不过,对于"后台"的定位,报人们很是不满意,他们期待天津能利用租界便利与经济发展,改变这种附属的政治地位。报人们提出的设想是:"将来时局变化,思想进步,天津必然成为改造北方政治最有关系的地方。"①设想虽与当时的城市政治地位并不相符,但隐约可以体会报人们试图摆脱"畿辅"积极"上位"的心态。1928年6月13日,天津正式易帜,标志着形式上合并到中国的城市体系里。这种改变对敏感的报人们震动较大。他们意识到天津有可能在华北政治生态里发挥重要作用,因此,《大公报》加重了对天津的报道,而且在情感上慢慢培养出一定的认同。特别是1928年后,《大公报》的转变尤为明显。如1928年,《大公报》登出广告,要征求"天津二十年社会的变迁流传的逸闻",声称:"本报为增加读者兴味起见,刻拟征求关于天津二十年来社会的变迁,凡地方事业之革兴,地方政治之变迁,以及社会习尚,民间娱乐,凡有流传之逸闻,皆是需要之资料。体例不拘文言白话,纪述务希确切翔实。"②《大公报》贴近天津,却对其他城市加大批判,比如批评上海,记者写道印象最深的是"跳舞场与赛狗会",并坚定地认为:"现在全国人苦于无最小限度之衣食,而上海士女,每一夜狗场中掷金钱二十万,这是何等奇异的对照,又听说赛狗场还想到天津来办,我相信天津当局在今日河北灾鸿遍地之时,必不肯准许此种营业。"③此后多则新闻报道称上海处"江淮昏热中"④。再如,新首都南京,记者往往记录"首都住宅之恐慌"⑤,或者报道"浊

---

① 《天津之上海化》,《大公报》,1926年11月19日。
② 《大公报》,1928年9月6日,9月16日。
③ 《京沪杂记》,《大公报》,1928年8月30日。
④ 《大公报》,1931年9月18日。
⑤ 《大公报》,1928年8月31日。

流浸润中"①。至于其他城市如"柔靡的苏州"②,或者"常熟不患贫"③都经常见诸报端。

天津的报人们对南京、上海等地无例外地批评,而对于北平,则仿佛抱有某种"哀矜勿喜"的态度。如《西风落叶下的古都》文学化地表达了这种情绪:"西风落叶,是多么萧瑟的境况!今日的古都,是为西风落叶所吹遍了。……北平是政治的中心,不是繁盛的商埠,十余万的市民,在昔日,则丐帝王百官的余沥,在民国,则赖官僚政客以维持。自从国都南迁后,市民的生计维艰,就充分的表现了。"一"丐"一"赖"两字反思了北平经济依附于政治所带来的无奈。作者并没有因为天津商业地位的提升而对北平有所看轻,反而是充分肯定了北平拥有的文化位置:"在文化上,北平今日还是文化的中心。古都得以自慰的,就是可以继续努力保留文化中心的地位。"④作者还大声呼吁青年参与并保护"文化中心"。这类报道在 1930 年达到高峰,从《冷冷清清的妙峰山》⑤《北京问题 北平商人因营业冷落,拟请阎冯恢复旧称呼》⑥《故都风味》⑦《中秋北平》等几个题目就可以看出,北平在无可奈何地衰落,但《大公报》与《益世报》等各大报纸却还是抱着同情的心态肯定其"文化古都"的定位。

对于北平的衰落与变化,天津报人们的态度很是百味杂陈,但反过来看天津,它在迁都后反而呈现蒸蒸日上的感觉,要么是《中山公园昨行开工典礼》⑧,要么就是《星光耀津门》⑨,或者多篇连续报道市政建设的推进,两者相对比可以明显感觉到两城的一起一落。只是报人们在有些"得意"之余却又总是提到天津还存在许多"不足"。1929 年,报人曾写道:"讲到天津市的内容,更令人苦闷得很,市屋鳞列,颓废的样子,简直不配说'物质文明',要是从精神方面说,那更是没有舒适的安慰。夏季火炎炎的太阳,炙着那墙屋,蒸笼般的闷人;秋季配着那零落的市景,比田景更觉凋零;冬季虽然不甚凛列,而如嚼蜡一般的生活,更觉得枯槁和无味!"⑩这种心态颇可玩味,不屑于提及天津的物质文明,同时极力宣扬天津精神的"无味",但具体在哪些地方

---

① 《大公报》,1931 年 9 月 21 日。
② 《大公报》,1931 年 7 月 21 日。
③ 《大公报》,1931 年 8 月 2 日。
④ 竞平:《西风落叶下的古都》,《大公报》,1929 年 11 月 15 日。
⑤ 《大公报》,1930 年 4 月 29 日。
⑥ 《大公报》,1930 年 5 月 6 日。
⑦ 《大公报》,1930 年 8 月 9 日。
⑧ 《大公报》,1929 年 7 月 21 日。
⑨ 《大公报》,1929 年 12 月 31 日。
⑩ 全意:《津市的春光在那里》,《大公报》,1929 年 3 月 19 日。

"不足"却又避而不谈。不过,毕竟"物质文明"上升后,有人也开始非常乐观地表现天津市面的繁华:

> 果然天黑走在街上,四旁的电灯闪烁,底确兴味了多了;左耳听得"北京都一处饭馆"里面,炒杓声音,右边看见"饮冰室"贡冰激凌铺子楼上的,鬓光钗影。走来劝业场里面,滩子上,物件辉光,犹其照在五十烛电灯下的化学红绿假钻石,光辉反折,往往来来买物台闲游的人,女子的服装,特别照眼奇新,我的朋友,引我到了劝业场的楼顶,在电梯上在半空,耳朵里早灌入锣鼓的喧声,到了"天外天"游艺场里的楼顶,撞见了几个贵族家女儿装的女招待,殷勤问叙,引得男子们的面孔,东倒西歪,我很见不惯,或者不懂?便想走到中原公司楼顶,看看上午不开门的大商店。
>
> 这时梨栈大街,已然比较白日还光明,走到中原公司里面,一层一层杂货,或者称得起大百货店,但是物格,自然专供资本家消耗。百尺楼顶的清风,很是凉爽,不过娱乐的"大鼓""喊好",似乎叫得太吵了!在楼顶我往下俯瞰灯光连市,一片富丽景色,都煊染得明明白白……是认识了天津!①

1930年后,《大公报》的诸君往往在描写了天津如何物质"繁华"后,笔锋一转就开始讨论天津的精神如何堕落。将物质繁华的天津与北平相比,报人们又觉得文化的缺失好像比经济衰落更不能让人容忍,所以报人们笔下的天津是"枯槁和无味"。在1930年发表的《春初拾零》里,这种情绪特别显眼,开篇即说:"在北平有些寂寞,在天津有些不耐烦。"②作者并没有解释为什么两城会分别给予人们寂寞和不耐烦的感觉,也有记者直白地说:"离开残旧美妙的北平到繁华罪恶的天津。"③但他也没有解释为什么北平虽残旧却"美妙",而天津"繁华"却"罪恶"。可见,作为"文化古都"的北平意象已得到众人的接受,但繁华、富丽的天津却还在"苦闷"之中,何去何从,报人们也无法解答。

生活在天津、学习于北京的曹禺,虽然未必对天津有认同,但他的两个代表话剧,却典型地隐喻了1930年代平津的城市状态。曹禺在话剧《雷雨》里,用许多舞台说明来描绘空间,引人注目的是对周家的描绘:

> 壁龛的帷幔还是深掩着,里面放着艳丽的盆花。中间的门开着,隔一层铁纱门,从纱门望出去,花园的树木绿荫荫地,并且听见蝉在叫。右

---

① 兆鹏:《认识了天津》(二)系列连载,《大公报》,1930年9月26日。
② 《大公报》,1930年3月16日。
③ 《大公报》,1932年12月3日。

边的衣服柜,铺上一张黄桌布,上面放着许多小巧的摆饰,最显明的是一张旧相片,很不调和地和这些精致东西放在一起。柜前面狭长的矮几,放着华贵的烟具同一些零碎物件。右边炉上有一个钟同鲜花盆,墙上,挂一张油画。炉前有两个圈椅,背朝着墙。中间靠左的玻璃柜放满了古玩,前面的小矮凳有绿花的椅垫,左角的长沙发还不旧,上面放着三四个缎制的厚垫子。沙发前的矮几排置烟具等物,台中两个小沙发同圆桌都很华丽,圆桌上放着吕宋烟盒和扇子。

所有的帷幕都是崭新的,一切都是兴旺的气象,屋里家俱非常洁净,有金属的地方都放着光彩。屋中很气闷,郁热逼人,空气低压着。外面没有阳光,天空灰暗,是将要落暴雨的神气。①

曹禺以周朴园的家居布置隐喻了当时人们对天津的印象。周家新旧杂陈,精致而华丽,但整体格调不协调:既有中国传统文化的矮几、古玩,也有来自海外样式的沙发和烟盒,看得出主人受过西式教育,却又顽固保守。同时,"雷雨"不仅是话剧里的一个隐喻,同时也是天津在 1930 年代的隐喻,"郁热逼人""将要落暴雨"的氛围衬托着天津处于历史转折期的躁动。在《日出》里,曹禺同样写出了对天津的感受:"不安"与"杂乱","日出"前的黑暗与希望。《日出》里旅馆是这样布置的:"屋内一切陈设俱是畸形的现代式的生硬而肤浅,刺激人的好奇心,但并不给人舒适之感。正中立着烟几,围着它横的竖的摆着方的、圆的、立体的、圆锥形的小凳和沙发。上面凌乱地放些颜色杂乱的座垫。沿着那不见棱角的窗户是一条水浪纹的沙发。在左边有立柜,食物柜,和一张小几,上面放着些女人临时用的化妆品;墙上悬挂着几张很荒唐的裸体画片,月份牌,和旅馆章程。"②"凌乱""不适"但又充满活力,这些从剧本的解说里隐约透露出来的意思是曹禺对天津氛围的准确把握。

不管是《雷雨》的家庭布置还是《日出》的旅馆设施,都透露出与《大公报》文章一致的感受:"闷""无聊""繁华";有冲破平时约束的不正常冲动;中西杂处,各处都显得不和谐,对于未来有着深深的恐惧和迷茫。应该说曹禺非常独特地描绘出了天津在 1930 年前后的城市氛围——这个城市想独立有冲劲,但被各种因素束缚着、压制着,试图挣扎出一片新天地时的燥热正在积蓄,但未来要向何处走、结果会怎么样却无人知晓。相比之下,曹禺在《北京人》③里塑造的北平意象就来得"沉稳",以房屋布置为例,《北京人》里的

---

① 曹禺:《雷雨》,《文学季刊》,1934 年第 3 期,第 166 页。
② 曹禺:《日出》,《文季月刊》,1936 年,第 1—3 号,第 33 页。
③ 虽然与《雷雨》《日出》并不是同一时期创作,但《北京人》可以鲜明地反映出,即使离开北方,曹禺还是始终保留着对北平"文化故都"的强烈印象。

舞台说明是这样的:

> 靠方桌有两三把椅子和一只矮凳,擦得都很洁净。左墙边上倚一张半月式的紫檀木桌,放在姑奶奶房门上首。桌上有一盆佛手,几只绿绢包好的鼻烟瓶,两三本古书。当中一只透明的琉璃缸,有金鱼在水藻里悠然游漾。桌前有两三把小沙发,和一个矮几,大约是留学生江泰出的主意,摆的较为别致。这面墙上悬挂一张董其昌的行书条幅,装裱颇古。近养心斋的墙角处,倒悬一张素锦套着的七弦琴,橙黄的丝穗重重的垂下来。……
>
> 屋内静悄悄的,天空有断断续续的鸽哨响。外面长胡同里仿佛有一个人很吃力地缓缓推着北平独有的单轮水车,在磷磷不平石铺的狭道上一直是单调地"孜妞妞,孜妞妞"地呻嘶着。这郁塞的轮轴声,由远而近,又由近而远,中间偶尔夹杂了挑担子的剃头师傅打着"唤头"(一种熟铁做成巨镊似的东西,以一巨钉自镊隙中打出,便发出"ㄘㄤㄦ、ㄘㄤㄦ"①的金属音)如同巨蜂鸣唱一般嗡嗡的声响。间或又有磨刀剪的人吹起烂旧的喇叭"唔呃哈哈"地吼叫,冲破了单调的沉闷。②

从家庭布置来看,周家和曾家都有西式的设施,但在周家就是"不协调",曾家则是"摆的较为别致"。甚至北平的叫卖声是"冲破单调的沉闷"的市声,在天津则是:"这是在第三天的夜晚,约莫有十二点钟的光景,在各种叫卖、喧嚣、诟骂,女人打情卖笑的声浪沸油似地煮成一锅地狱的宝和下处。"③曹禺通过舞台说明,隐喻地描写出天津文人面对北平与天津时心态上的差异,他们努力塑造"颓废"而美丽的"故都",却对天津抱着复杂的迷茫态度。

"平津"不同的城市意象,反映的是两城文人对城市的不同认知与定位,同时也反映了两个群体间关系的调整。《大公报》文学副刊的编辑调整变化可略见一斑。1927 年 12 月,《大公报》创办《文学副刊》,请吴宓当主编,这里面既有《大公报》有心利用北平文化力量的意图,可能也有同乡互相照顾的味道:"我父亲与季鸾先生是同乡知友,他 1911 年还在北京清华学堂(辛亥革命后改称学校)就读时,即与季鸾先生相识。"④从《文学副刊》的趣味来看,其来稿选择面极窄,知识非常具有针对性。在开办时副刊宣称将会设置四大类:"一曰通论及书评,二曰中西新书介绍,三曰文学创造。诗词小说等

---

① 注音字母,音"cang 儿、cang 儿"。
② 曹禺:《北京人》,上海:文化生活出版社,1941 年,第 12—13 页。
③ 曹禺:《日出》,《文季月刊》,1936 年第 1—3 号,第 564 页。
④ 吴学昭:《吴宓与〈大公报〉》,引自王芝琛、刘自立编《1949 年以前的大公报》,济南:山东画报出版社,2002 年,第 89 页。

择尤登录,笔记谈丛类亦附此中。四曰读者之通信、问答、及辩难。"①应该说这样的设计还是较为面向大众,至少面向有一定知识的读者。但在实际编辑过程中,吴宓将大量版面留给评论和古体诗词,基本没有登载其他文学创作,读者通信也太过于专业而难以普及。纵观吴宓所写通论,倾向性与专业性非常明显。他主要以介绍外国文学或者外国哲学为主,像《最近逝世之西班牙著名小说家易班乃士评传》②;讨论"斯宾格勒"等,应该说这些论文不仅一般读者接受不来,那些没有留过洋的文学爱好者估计也很难接受。报纸毕竟不是"同人刊物",不可能对此长期无视。1931年吴宓也预感到自己不被《大公报》所喜欢,编辑位置可能会被替换,但他将原因归于文言与白话之争:"晚归,阅《大公报》万号特刊,见胡适文,讥《大公报》不用白话,犹尚文言;而报中季鸾撰文,已用白话,且约胡之友撰特篇,于以见《大公报》又将为胡辈所夺。且读者评《文学副刊》,是非兼有;宓在国外,未为《文副》尽力,恐《大公报》中人,不满于宓,而《文副》将不成宓之所主持矣。"③白话因素应为一部分,吴宓出国难以照顾每周编辑事务也是一部分原因,但更重要的可能是吴宓所编的内容无法让报人一方满意。《大公报》编辑群体"不满于宓",应该是从报纸的发行与读者接受方面来考虑,而不是因文言与白话之争。因为即便在万号特刊上张季鸾声称报纸将由文言改白话,但此后《大公报》依然留存大量的文言报道,许多记者的写作习惯也不是那么容易说改就改的。吴宓很有预感性的担心很快就被证实,1933年9月,《大公报》的文学副刊编辑转由沈从文担任。

沈从文在主持《文学副刊》期间团结了一大批在北平的文人,使副刊的稿源与接受者范围大为拓展,在沈从文之后,萧乾接手副刊,更为充分地利用了京派文人群体。比起吴宓来,沈、萧两人更善于制造各种"话题",如挑起"京海"话题、"大众语"讨论、"反差不多"等系列争论。比起沈从文,更像一个记者的萧乾,主要利用《大公报》对文学作品进行"炒作",如《财狂》《日出》的演出报道与深入讨论,既是"京派"对话剧艺术的评价,也是话剧的深度"广告"。1936年,《大公报》还设立了"文艺奖金"评选活动;邀请林徽因编《大公报文艺丛刊小说选》。这些活动为《大公报》争取到了文坛的关注并培养起良好的名誉,这应该是沈、萧能在《大公报》坚持更久、获得更多支持的重要原因。

可以看出,平津两地的文人群体间合作并不是一成不变的,而是经过多

---

① 《本副刊之宗旨与体例》,《大公报》,1928年1月2日。
② 《大公报》,1928年2月13日。
③ 吴宓:《吴宓日记》,第5册,第332页。

种调适。早期天津报人为了争取北平资源,可能更为放任编辑权力,北平文人有时将其当成"同人"杂志来对待。当天津报纸逐步有全国性影响时,报人更多考虑到读者接受程度,期待北平文人能适应这种变化。可以发现,通过调整,北平文人也确实在逐渐适应报纸的要求,当然天津报人也给予北平文人以相当自由的创作与编辑空间。萧乾在回忆得知自己要编辑《小公园》时,心里非常不安,胡霖社长对他说:"你就放手干吧,照你的理想去编。报馆内外的闲言闲语你都别管,反正我完全支持你。"有这种保证,使他非常感激:"多么幸运,刚刚走上社会就碰上一位对我如此信任的老板。"①对一个青年编辑敢于如此放权,需要有相当的承担。《大公报》确实履行了这种承诺。萧乾回忆他想离开《大公报》,老板劝他不要辞职:"我对你总算放手吧!南京下警告,工部局来传票,我都没埋怨过你。可那编新闻版的人,他们眼睛得望着点南京那些大官儿。不望不成啊!要不的话,报纸一出租界他就可以扣你。"②里面透出办报人的辛酸与委屈,同时也可以从中体会他们对北平文人的宽容与支持。双方只有这样互相调整,才有可能达到完美的合作。这种合作方式意味着两城间的不同文人群体在摆脱"故都"与"畿辅"阴影后,在互相妥协中实现共赢。

平津文人的合作模式在《益世报》上也有体现。与《大公报》不同,《益世报》早期寻找的智力资源是从青岛等外地挖掘。早期《益智粽》《语林》均是发表一些幽默小品文,思想格调不高。1932年《益世报》邀请梁实秋编辑《文学周刊》,显然就是试图从"雅"方面进行提高,梁实秋大量引入了外国文学,并且发表了许多论点鲜明并有一定争议的小品文,整体提升了《益世报》的副刊水平。不过,如果从读者接受来看,这些文章面向的并不是一般读者,其反应可能与吴宓编辑的副刊应该相差不远。梁实秋之后,由柳无忌接手,风格上延续了梁实秋的路子,有大量的译作和诗歌,这估计也不能让《益世报》满意。柳无忌之后,由北平的李长之接手,他改变了梁、柳的编辑风格,主要力推文学批评,像《鲁迅批判》等作品就是在他任编辑时发表,其"吸引"话题的效果应该不错。《益世报》还将这种模式运用到整合外地文学资源上,如与徐中玉等文学青年合作推出《益世小品》与《文艺周》。《益世报》将编辑权力下放到青岛的这批文学青年,使他们发挥出锐利的批评与富有冲劲的文学才能。青年作家们也利用编辑关系接触并进入到北平的文化圈里。徐中玉

---

① 萧乾:《我当过文学保姆——七年报纸文艺副刊编辑的甘与苦》,《新文学史料》,1991年第3期。
② 萧乾:《鱼饵·论坛·阵地——记〈大公报·文艺〉1935—1939》,《新文学史料》,1979年第2期。

对此也颇为感激："通过师生关系,我就可能为报纸求到洪深、老舍、王统照、吴伯箫、臧克家和山大同学们的稿子,但这对我毕竟是一大鼓励与信任。后来,我果然欣然邀编起来,也找来了他们希望有的稿子。"①相比《大公报》只开放给"京派"作家,《益世报》在对待青年作家与学者方面较为宽容。不过这时已是1936年5月了,这种合作方式没能得到进一步的推广。

文人群体的合作关系由于城市变化而发生调整,不过北平的"文化中心"魅力依存,天津的畿辅心态虽然有所减弱,但城市文化吸引力不是一朝一夕就可以建立起来。在这一阶段中,天津文人的心理应该颇为矛盾,一方面北平还是十分令人向往,但缺少必要的发展空间;另一方面天津虽有种种不足,但提供给各个文人群体自由发展的机会却越来越多。这点在天津左翼的发展上特别明显。1920年,左翼较少在天津发展,其原因是天津看似有租界,更有政治"自由",但实际上警察控制较为严格。1929年4月30日,符号与蒋晓海编辑的《星星》半月刊,较偏向于左翼,但该刊仅出版一期便被查禁。同年蒋晓海、韩麟符、王芸生等人发起的"夜鹰文艺社",出版《夜鹰》半月刊,第二期就被查禁。1930年前后,天津成立了天津左翼社会学家联盟、戏剧家联盟、美术家联盟等筹委会及天津青年社、社会科学研究会等组织,会员有张香山、潘漠华、王士钟、吴砚农、曹世瑛、张秀岩、连志仪等数十人,张香山曾任书记②。但这时左翼文艺团体各自独立,并没有形成较强的联合。而且1931年2月韩麟符等十余名文学青年在天津裕中饭店被捕③,使左翼活动受到较大损失。直到1932年,天津左联才成立。"1930年底,天津出现了具有左联性质的学生组织;1932年,天津左联正式成立。"④

左联成立后,在天津的文学活动成绩主要是于1934年推出的《当代文学》。对于《当代文学》,上海方面颇为期待,宋之的以为:"左翼稿子登不出去,天津不比上海,天津还没被反动派注意,可能开辟一处阵地。"而北方左联对它也较为关心:"主持北方左联的孙席珍就告诉我,我也被吸收为左联成员。交给我的任务就是继续办好《当代文学》。这样《当代文学》也就成了

---

① 徐中玉:《回忆我的大学时代》,《学术界》,2001年第3期。
② 中共北京市委党史研究室、中共天津市委党史资料征集委员会编:《北方左翼文化运动资料汇编》,北京:北京出版社,1991年。
③ 平津两地的左翼联系很紧密,罗章龙回忆说:"五四运动时期,韩麟符是天津学生联合会的负责人,我是北京大学学生会的负责人,天津和北京学生会之间颇有来往,我到天津学生联合会去过,韩麟符也到北京来找过我。"中共河北省委党史研究室编:《党史人物二》,北京:中共党史出版社,1997年,第129页。另见张百奇《韩麟符全传》,呼和浩特:内蒙古人民出版社,2006年。
④ 鲍国华:《天津左翼作家联盟成立时间考辨》,《二十世纪天津文学期刊史论》,济南:山东画报出版社,2012年,第178页。

北方左联在天津的机关刊物了。"①由于有两地支持,《当代文学》稿源也较为多样,如创刊号上启明老人的《再论吃茶》,第 3 期郁达夫《故都的秋》,上海则有宋之的、叶紫等人的投稿。这些作品使《当代文学》短暂地在现代文学史上占有一席之地。主编王余杞②也较好地利用了《当代文学》左右逢源的优势,特别是在《通讯》一栏,主动塑造天津为北方左翼运动的"中心"。如第 2 期的北平通讯,篇首即大胆判断说:"北平,沙漠之城,文化之都。"如此奇怪而矛盾的论调应是基于左翼对北平的文化氛围的不满。他列举了数个"老夫子",像周作人,暗讽他"要参加日本的笔会";说废名"除了写他的小说外,还写点神秘的诗";至于评价新人,用漫不经心的笔调写着:"这之外,北平新出了不少的大学生的诗人,作家……还有批评家。他们的大本营,仿佛是在清华园。"最后点评北平文坛:"一般的表现,仿佛都能苟安于现状了。'明日之北平'怎样,是不大有人注意的。"③这种漫不经心的随笔式批评在后面几期里均可以发现。第 3 期"南京通讯"里直言"南京的文化是底落的",依据是:"'作家',南京是有的,而且大半都做了官,除了做官之外,则以中央大学为作家产生之大本营,至于金陵大学,常在报纸出锋头的则只有章伯雨。南京没有什么可讲的文化,如有,上面已说了大半。"④而广州"一切文化机关……都像中了热毒,弄得身体像疲倦至了不得的,终天只赶着这些拒热的事情,否则却睡觉去了。"⑤说镇江"这座古老的城市中,文学书籍的被禁,是太容易的了,比较平津,恐怕要多出一倍来。"⑥第 5 期"济南通讯"说:"在这

---

① 以上均引自王余杞《记〈当代文学〉》,《新文学史料》,1979 年第 5 期。
② 王余杞(1905—1989),四川自贡人。1921 年入北京励志中学。1924 年入北京交通大学运输系。求学期间,积极从事文学创作。1929 年出版小说集《惜分飞》,郁达夫亲为作序,称之为"力的文学"。1930 年毕业后,到天津北宁铁路局工作。业余常与曹禺、柳无忌、罗皑岚、王芸生、姜公伟等以聚餐会形式组织文学活动。1931 年出版长篇小说《沉浮》,同期短篇集《朋友与敌人》问世。1933 年协助北平地下党组织创办妇女周刊《异军》。翌年,在津创办大型文学月刊《当代文学》,为北方左联机关刊物,后被查禁。1935 年 3 月,主编《益世报》副刊《嘘》。后应《青岛民报》之邀与老舍、洪深、王统照、孟超、臧克家、吴伯箫、王亚平等合作创办同人周刊《避暑录话》。1937 年,积极支持和参加了天津文学团体海风社的活动。在此期间发表和出版《急湍》《自流井》《海河汩汩流》等长篇小说,另有小说集《落花时节》《将军》等。天津沦陷后,于南京参加上海救亡演剧一队,后到武汉与刘白羽合写《八路军七将军》。1938 年入川,任自贡市《新运日报》主笔。1946 年返津从事话剧活动,主持出版《天津文化》。新中国成立后,先后任北京铁道学院经济研究所副研究员、人民铁道出版社编审。曾编写《中国铁路史》等。
③ 余异:《北平通讯》,《当代文学》,第 2 期,1934 年 8 月 1 日,第 106—107 页。
④ 爽仁:《南京通讯》,《当代文学》,第 3 期,1934 年 9 月 1 日,第 120 页。
⑤ 欧露罗:《通讯两则 来自广州的消息》,《当代文学》,第 4 期,1934 年 10 月 1 日,第 121 页。
⑥ 古明:《镇江的文学》,《当代文学》,第 4 期,1934 年 10 月 1 日,第 121—122 页。

山青水秀的古城里谈不到文化,谈到文化,除了消沉,只有消沉。"①批评这些城市文化氛围不好,却唯独少了对天津的评论,编者的态度值得玩味。

《当代文学》虽然能左右逢源,受到沪平左联的期待,但主编王余杞其实明白刊物地处天津的短处与困难。在发刊词里,他说:"一个刊物,虽然得选择读者,但也不能失掉读者,故其内容,应当以广大的读者为对象,应当合乎广大的读者的需求,之后,这刊物才可以在社会上生存,生存得较有意义。这事做起来并不太难,只要能够公开地寻求作者于广大的读者之群中。"②其实这是正常办刊的方法,广开来稿范围,适应读者需要,进而实现经济上能独立支持。不过左联却并不这么认为,1933年《文学》③上登出署名"惕若"的文章,直接批评《当代文学》的这种提法是"被动的客观",将导致它成为"莫名其妙的杂货铺"④。这种无视读者反应与刊物经济来源的批评,使《当代文学》的长期生存出现问题。王余杞回忆说:"这可是一件烫手货,天津的确不比上海,当然天津没有书刊检查,不比上海;可天津也没有大书店,也不比上海。"⑤王余杞觉得"烫手"不外两个原因:天津"没有大书店"就不可能找到能长期无偿支持的商人;再则,天津的政治氛围与市场销售并不乐观,虽然没有"书刊检查",但却有更为致命的"邮电检查"——即使刊物可以出版,但如果在邮政渠道被禁止的话,天津自身的消费能力是没办法支持这个期刊的。稿源受左联限制,城市消费又不足支持刊物,外地销售也不理想,因此《当代文学》虽然可以正式出版,但编辑5期之后,刊物就终止了。

北方左联虽然在天津办刊,但他们很少介入到天津的城市变化里,而希望利用天津租界的出版便利的想法也因各种原因而无法落实。1920—1930年代的确是天津政治管理比较混乱的时代,市长基本上一年一换,但这并不意味着政府对左翼警惕性的减弱,更重要的是那些过于概念化的文章无法得到天津市场的认同,使得经济方面无法支持刊物的长期发展。虽然在《大公报》《益世报》《庸报》等各大报纸上,还能不断地登载左翼作品,不过对于自

---

① 露石:《济南通讯》,《当代文学》,第5期,1934年11月1日,第119页。
② 《发刊词》,《当代文学》,第1期,1934年7月1日。
③ 《文学》在《小说月报》停刊、"左联"机关刊物屡遭查禁的情况下,于1933年7月1日在上海创刊,由文学社创办、上海生活书店出版。是左翼作家、进步作家发表创作的阵地。第1卷编辑者署文学社,第2卷至第9卷先后由傅东华、郑振铎、王统照主编。郑振铎、茅盾是《文学》的主要发起人。编辑委员会成员为郁达夫、茅盾、胡愈之、洪深、陈望道、徐调孚、傅东华、叶绍钧、郑振铎。创刊之初鲁迅曾是编辑委员会成员之一。办刊的宗旨"在于集中全国作家的力量,期以内容充实而代表最新倾向的读物,供给一般文学读者的需求"。
④ 惕若:《两本新刊的文艺杂志》,《文学》,1933年第3期,第769页。
⑤ 王余杞:《记〈当代文学〉》,《新文学史料》,1979年第5期。

己的"机关刊物"而言,天津左联的经营并不成功。北方左联的重心还是落在北平上,也导致天津左联极力向北平靠拢,这也是试图挤入"文化中心"的正常现象。

平津之间还存在一种文人群体的交往模式,即天津模仿北平的社团经验,进而试图形成平津的文人联合体,这主要表现在新文化人组建的社团方面。1935年春,天津组织了草原诗歌会,编辑出版会刊《诗歌月报》,该刊主要发表了周行、王亚平、黄裳、田畴、邵冠祥、袁勃、曼晴、史轮、白莹、邱野等人的作品。这个组成里有平津两地的青年诗人,两城合作的方式为这些青年诗人冲击诗坛提供便利。随后天津诗人也意识到团结合作的重要性:

> 几年来我回顾天津的文坛,谁都会为这荒芜而感叹的,虽然也有一些文艺刊物出现过,终因着孤单,渐渐地成为乌有了。这不能说天津的文艺工作者不努力,更不是带有神的迷信说"天津向来是出不成文艺刊物的"。其中最大的原因,是"天津的文艺工作者,彼此间没有连系",形成了自我的散漫状态,于是力量不能集中,所以文艺的空气永远只会凄哑地响不起来。
>
> ……
>
> 因为要联络全天津的文艺工作者,首先当然必须有一个团体,而这团体,也便是彼此间的连系。①

出于加强团结的目的,天津诗人们组成了"海风社",并推出《诗歌小品》。由于"海风社"较偏向左翼,在关注农村问题时,自然也注意到天津的工人情况,像刘西蒙《这所大都市》、王博习《都市的夜曲》、邵冠祥《白河》都开始力图表现天津,展现天津工人生活的困难与都市罪恶②。不过这个刊物生命很短,先后只出版了六期③。据回忆,"海风社"确实起到团结天津诗人、作家的作用:"座谈会经过反复讨论决议,巩固和扩大海风社,作为将来新组织的基础,选举白莹、曹镇华、余秋阳、简戎、邵冠祥等五人为筹备委员。"④1937年7月,邵冠祥、曹镇华被杀害,再加上天津沦陷,使"海风社"没有进一步发展的可能。"雷雨"最终落下,天津失去了一次塑造自己文化影响力的重要历史机遇。

---

① 邵冠祥:《我们为什么要举行这次座谈会》,《庸报》,1937年6月2日。中共北京市委党史研究室,中共天津市委党史资料征集委员会编:《北方左翼文化运动资料汇编》,第267—268页。
② 以上作品均见于《诗歌小品》,第2期,1936年11月10日。
③ 第四期起改名为《海风》,五、六两期为合刊。
④ 郭武群:《海风社》,《新文学史料》,1995年第4期。

三 "田园城市":"物质建设方案"里的精神内涵

1928年,随着国家的形式上统一,中国各大城市集体发力进行城市建设,南京①、上海②、武汉等纷纷推出自己的市政计划。天津在成为特别市之后,政治地位上升,同时为了应对城市人口与面积急剧扩大,天津市政府和民间团体开始关注市政问题,其中必然牵扯到迁都后天津的定位。在本节里并不考察天津的市政是如何具体规划、实施与最终是否实现,而是关注在这场讨论与设想中,围绕在《大公报》《益世报》周围的文人群体是如何去设想一个"新天津",特别会关注到由梁思成③、张锐④合作制定的《城市设计实用手册——天津特别市物质建设方案》⑤(以下简称《方案》)里蕴含的"田园城市"的"大天津"规划设计——这种思想是同北平、南京、上海等地进行对话后的新设想。在《方案》之后,天津市政府还推出"李吟秋的城市设计"⑥、《新市区建

---

① 1927年民国政府定都南京后设立"国都设计技术专员办事处",1928年南京市公务局组织进行的"首都大计划"和由国都建设委员会于1929年主持编制著名的《首都计划》。
② "1929年7月,在上海特别市政府第123次会议上,通过了一个空前宏大的构想,跳出旧城的藩篱,把今江湾五角场地区约7000亩地划为大上海市中心区域,将其建设成为上海新的都市中心。上海市政府组织了上海市市中心区域讨论委员会和上海市市中心区域建设委员会,开始了这一宏伟计划的编制和实施。1930年5月开始,上海市市中心区域建设委员会正式开始编制《大上海计划》。雄心勃勃的《大上海计划》试图以新城的发展,带动上海的城市结构和城市空间的重组,形成以华界为主导的城市格局和体现民族文化的空间形态。"魏枢:《"大上海计划"启示录——近代上海市中心区域的规划变迁与空间演进》,南京:东南大学出版社,2011年,第1页。
③ 梁思成(1901—1972),广东新会人。1915年入北京清华学校读书,1924年赴美国留学。1927年获建筑学硕士学位,并转入哈佛大学研究院,继续深造建筑和美术。1928年秋回国,在东北大学创建建筑系,任教授兼系主任。1931年"九一八事变"后于北京加入中国营造社,任研究员、法式部主任。从事对古建筑的调查、研究、绘制和著述工作。主要著作有《中国建筑史》《宋"营造法式"注释》《中国雕塑史》等。有关调查报告、论文编纂成《梁思成文集》4卷。
④ 张锐(生卒年不详),美国密西根大学市政学士,哥伦比亚大学毕业院研究生,历任纽约市政府总务、工务、公安、卫生、财务各局实习技师。曾任东北大学市政专任教授、天津特别市政府秘书、市政传习所训练主任、南开大学市政讲师。在制定《方案》前,《益世报》上曾多次发表过张锐的计划:《市政建设初步业经正式通过克期成立》,1930年10月31日;《张锐提议规划津市道路系统》,1930年12月27日。里面内容与方案里完全一致。张锐既有实际操作经验又任职于市政府,对方案的成型应该有较大贡献。
⑤ 梁思成、张锐:《天津特别市物质建设方案》,《梁思成全集》,第1卷,北京:中国建筑工业出版社,2001年。
⑥ 《李吟秋君之城市设计谈》,《李吟秋拟定大纲》,《大公报》,1930年12月16日,24日。

设计划》①《天津市政建设三年计划》②,但这些计划均无详细规划,更无《方案》那般丰富而科学的设想,甚至只是发表于报纸而未制成草图。所以本节主要集中讨论《方案》与之前零散的天津城市计划,这些计划虽然有许多设想远超当时的现实,但却都充分地探讨了"平津"两城的定位,启发天津寻找自己的独特面目与城市品位。

  1928年前的天津市政建设较为混乱,老城区继承了传统的空间城市布局,除了被八国联军的"天津都统衙门"强行拆除四面城墙,改建为马路之外,由于既缺少资金又缺乏空间和强力的行政,在民国时期并无多大改变。而自1860年设英、法、美三国租界后,市政建设在新城实施,"九国租界"的出现使天津成为典型的"两岸城市"。租界的市政建设虽然现代却很混乱,各个租界依据自己经济实力、审美习惯各行其是,造成租界地区道路大小不一、建筑风格各异,充斥着各种流派的建筑思潮,诸如哥特式、罗曼式、古典式、摩登式、折衷式等楼房杂乱林立。这些市政设施与建筑虽然为天津获得"万国建筑展览馆"的称号,但背后也映射出杂乱无章的城市规划。1902年袁世凯接收天津之后展开了一系列的"新政"建设。1903年建成天津北站,开辟从直隶总督衙门至北站的大经路马路,以大经路为干线,两旁迅速兴起了商业店面;以此为中线,又拓宽改造了9条马路,纬路以天、地、元、黄、宇、宙、日、月、辰、宿、律、吕等命名,并在马路旁植树,改善了新区的交通环境。袁世凯充分借鉴了租界的市政经验,在新区较为中心点的原张氏问津园旧址上建起公园;此外还推动了设立卫生局,建公共厕所与垃圾站,改造桥梁,推广电灯照明等一系列现代市政建设。但袁世凯并没有提出系统的城市规划,他只关注于如何使新区成为与租界相抗衡的"样板",张扬他的政绩,而缺少对天津的整体关注与设想,更没有对天津未来的发展有所筹划,因此天津呈现出租界、新区、老城三种截然不同的城市面貌,它们各自围绕着不同的中心点运行,导致后来的市政建设也极为混乱。北洋政府时期,城市混乱再加上市政管理单位行政级别一降再降,导致市政建设并无多大推进。1929年工务局在总结天津市政管理时就提出必须重视市政,推出统一的管理机关与计划:

> 津埠自关岸通商以来,商务振兴,即有一日千里之势,然其初尚无市政可言,迨庚子后,经联军占据,拆除城垣,辟建围城马路,创立市政,及辛丑和议告成,始设置工程总局,购地筑路,直属省府,甫立市政基础,其各项工款,均由省府指拨海关捐税,及工巡捐等款,作为常年经费,当创

---

① 《大公报》,1934年10月15日。
② 《大公报》,1935年2月8日。

办伊始,地方狭小,措施较易,彼时公款亦颇充裕,嗣后路务逐渐开展,用费日增,惟借资官产租价及房照各费等收入,酌为抵补,迨至民国初年,将工程总局改为工程处,隶属警察厅,范围缩小,省府指拨各款,移作别用,故一切设施不得不因陋就简,以致各处路政,日见废驰,至民八改为工程科,仍隶警厅,职权更复缩小,与各省都市办理市政,设有专理机关者,确有不同,但近来津埠地方扩展,人民增多,较昔日情形,大有天渊之别,而市政诸端,不特不能发展,反迭经改变,日趋狭小,更因连年军事迭兴,公款无着,官产又尽数处分,其应兴各工,既属无法筹修,即旧有马路沟渠桥梁,亦未能及时修补,残损破坏情形,未可讳言。迨至民国十七年七月,工务局成立以来,对于桥梁马路,择要工作,已成者须随时修补,未成者须积极建设。……是以全市工作计划,早已具有成书,工作计划,计分八期,四年完成,但因种种关系,未克按照计划实施,一因财政关系……二因石料关系……①

正如报告里所说,天津市政无法有效推进,有政治、经济等方面的原因,而多年的分头管理造成了天津城市的内在分裂,使其政治地位虽然提升,市政面貌却依然如故。当政局稍微稳定后,天津就迫切需要进行整体性规划,以利于更好发展。民间比政府更早关注这类民生问题,其中以《益世报》和《大公报》两大报较为集中,不过两个报纸的侧重点各有不同。

早期的《大公报》对天津"脚行""戏剧""风俗"无一不持批判态度,较赞扬的主要就是天津市政,像赞扬天津警察制度,像在《天津第一次劝业展览公纪盛》②里全力宣扬天津公园的先进,赞赏天津自来水、路灯等现代市政设施的铺设。1926年"新记"《大公报》成立后,由于政治立场与编写主体的变化,对天津报道较为中立。不过与前期《大公报》相反,这时天津的市政反而成为批判的主要对象:"那路上的浮土和雨水化合,变为了干了水的池溏,深则没胫,浅亦污鞋。而马路的胡同,尤非一两日可能干燥,这样的道路,真令人有'行不得也哥哥'之叹。路政如此,怎能闭目置之。"③作为编辑与记者的何心冷说得更幽默:"每一个地方所表现出来的,当然是市政了。而最容易使人看得出来的,自然是路政了。有人说:'在天津坐车,闭着眼就知道到那里。'这种话固然太挖苦,但是也不能说不是事实。"④1928年天津被设为特别市,6月30日《大公报》发表社论《天津之新市制与新市民》,强调:"天津

---

① 《工务局工作概况报告》,《益世报》,1929年6月27日。
② 《大公报》,1906年11月25日。
③ 葛天:《一位新客眼中的天津》,《大公报》,1928年5月7日。
④ 心冷:《泥浆里的天津》,《大公报》,1928年11月17日。

为华北大埠,海陆交通,商务荟萃之所。国民政府重视之,故作为特别市……受国民政府直辖,与河北省政府立于对等地位,非复从前直隶省之一属县可比,此种行政区划之变更,凡住天津者,均应明白了解,应如何顾名思义,努力与负有创造新天津责任之南君相关合作,使吾人理想中之新天津、大天津早日实现,尤一般天津市民所应共勉者也。"①正是基于"华北大埠"的现实基础,《大公报》设想天津应该成为"新天津、大天津"。因此,《大公报》非常有预见性地指出:"破坏由本年而终,建设由今年而始也。吾人敢以放告国民曰,勿忘旧岁,努力新年。"② 1929 年 1 月 12 日,《大公报》就率先推出《市政周刊》。《市政周刊》每周星期六推出一期,它的起因是设想:"市仿佛是一个国家的缩影。"所以,其宗旨定为:"一方在讨究市政建设之计划,凡是有利于市民,有益于国家的,务竭全力促其成功。一方报告一切关系市政的法令规程于市民,遇必要时,更加以浅显的说明,使市民了解市政当局的措施,然后市政建设才能顺利进行。"③不过《大公报》其实并没做到沟通市民与政府的作用,而是偏向于学理化的讨论,陆续推出如《城市之发展概要》《文化与都市》《公安行政与人民之关系》等长篇连载论文,中间多有报道上海、南京、武汉等地的市政建设计划,其对象显然不是给普通市民,而是直接面向政府官员或者关心市政的知识群体,也反映了《大公报》在天津市政建设上自己的独特设想。

《益世报》较少登出学理化论文,更多的是对于具体市政的建议与监督。如早期市政建设的混乱,《益世报》许多报道均呼吁市政府关注道路修建、桥梁维护。1929 年,《益世报》也加大了对市政现实情况的调查与报道,陆续推出如《工务局建设计划》《天津市政调查汇志》《比租界收回后繁荣计划》《市区调查公用事业》等长篇调查报告,力图通过记者的亲身经历与亲眼所见来呈现天津短期市政建设中应注重的首要问题与未来发展重点。特别是像《天津市政调查汇志》这样的长篇连载,通过 9 则报告,对当时天津各区的道路、公园、河道、卫生状况与人口构成都作了简略的描述,为当局的设想提供了相应的参考。而且它还热衷于报道市民的参与热情,经常会有类似《市民踊跃出资修路》④《各区民众争先修路》⑤等报道。天津工务局的设想与计划也基本都发表在《益世报》上。时任天津特别市政府秘书、市政传习所训练

---

① 《天津之新市制与新市民》,《大公报》,1928 年 6 月 30 日。
② 《送民国十七年》,社评,《大公报》,1928 年 12 月 31 日。
③ 《本刊的旨趣》,《大公报》,1929 年 1 月 12 日。
④ 《益世报》,1929 年 9 月 4 日。
⑤ 《益世报》,1929 年 9 月 11 日。

主任的张锐所作的一系列计划也是首先发表于《益世报》。在密切关注现实市政问题之外，《益世报》还很关心市政计划中的体系建设与未来定位。它呼吁"近代城市之发展与各项建设，必有相当计划，方能次第进展，考之东西各国，莫不如是，故决拟组织城市设计委员会，聘请中西技术专家，从事通盘设计，以便进展市政"①。这种想法可能是当时天津民众的普遍看法。有两大报的共同呼吁与积极探讨，天津市政府也登报希望各界设计"物质建设方案"，因此才有梁思成、张锐合作推出的《天津特别市物质建设方案》，后续也陆续不断有新系列规划推出。

在这些规划里，首先涉及的问题是如何给天津定位？通过两大报的报道可以发现《益世报》对天津的定位："天津为华北商业交通枢纽，中外观瞻所系，为维持商务繁荣及交通便利计，认为市政是惟一急务。"②这个看法与定位较为各方所认可。梁思成、张锐的《方案》里主要就是基于"华北商业中心"来考虑，具体而清晰地指出天津未来的发展定位："天津为华北第一巨埠……本埠为西北一带唯一出路……而国外工艺品之来源，亦以此为堆栈。故商况之盛，列为国内四大商埠之一，执华北国内外贸易之牛耳。"不仅天津未来应成为"华北中心"，而且他们更期待天津未来战略地位有较大提升："天津因其特殊的位置，以往的历史，可独自树立，不必依附北平政治上的关系以作其盛衰的标准。"③在他们的设想里，独立自主而有特色的天津才是这个城市所能达到的最好目标，同时也是使天津得以全面系统发展的最终目标。

虽然各方都赞同甚至支持"华北商业中心"的"大天津"设想，但对于具体行政区域如何划分却有各自打算。《益世报》报道早期的市政设想是："天津市政筹备处鉴于本埠商业日臻繁盛，拟推广市政，以旧城基为中心点，向四方各推广十五华里。已经警察厅工程科，向四方勘测完竣。勘定推广特别市政三四里，东至东局子（即现在之法国兵营），西至大稍直口，南至黑牛城，北至北仓。已经绘图，不日呈市政厅核阅云。"④显然在这个规划里考虑的只是河北新区与老城区的整合。换言之，这时的行政区域虽"大"，但却是以政府能有效"收益"的地区为主，至于是否能成为"中心"、是否符合科学则完全没有考虑。设立特别市后，政府也感觉到天津县、天津市、河北省之间行政与管理重叠导致的不方便。1928 年 12 月，刘孟扬等人就提出应考虑"天津地位之重要及发展之关系，本市区域实有扩大之必要"，提出废除天津县，提出新

---

① 《市政建设初步业经正式通过克期成立》，《益世报》，1930 年 10 月 31 日。
② 《修理津市马路计划》，《益世报》，1929 年 4 月 3 日。
③ 梁思成、张锐：《天津特别市物质建设方案》，第 56 页。
④ 《推广天津市政之计划》，《益世报》，1924 年 4 月 3 日。

划区计划:"但就目前事实而论,其最小限度,亦应将天津县全境,东至大沽塘沽及宁河县境平奉铁路以南一段,均划为本市区域,并应将天津县制废除,以谋行政之统一。"①他的计划里将天津的行政区域进一步扩大,注意到铁路的重要性,但对于如何整合各个区域间关系并没有提出详细建议,只是从行政统一角度强调"大天津"的重要性。天津特别市政府成立后也有相应的计划,只是市政府出发点是发展商业的同时必须加强检疫、禁烟、查毒等行政控制,所以提出的区域是从控制海河出发,希望能将"北塘海港""新开河""青龙湾河""属于宁河县南部及宝坻南一部分者,应划归本特市区域"②。显然这样的设想触犯了周边的利益,并未安排好各个区域间的关系,使得"省市划界,迭次交涉,迄未解决"③,甚至引起相关团体的反弹,所谓的"农工商学各界代表一百九十余人"提出建议"请取消特别市",理由是"市制之成立,实基于自治团体,由市民组合,以自治行政,兼受国家行政之委托,与旧制所称京兆及热察绥各特别区者不同,普通市受治于省,固不待言,即特别市直接中央,然市长究非国家行政区域之行政首领,断不能脱离国有行政区域,而与省之行政区域绝对划分"④,其中意思很明显,这些团体考虑的是如果能取消特别市,就可以减少行政控制。因为天津县可以直属于河北省,而设置特别市后,所在区域既要属河北省控制又要属天津特别市管理,当然使这些区域的民众产生诸多不满。这些反对意见虽然有其合理成分,但就整个"大天津"的发展而言,并不符合天津整合的发展趋势,所以在后来的规划里并没有获得更多重视。

在梁、张《方案》里不仅落实了"大天津"的设想,而且其前瞻性是前面所提各种计划所未曾有的,其在处理各区域间的关系时颇有自己独到的见解:"近代各国较大都市繁荣发展之时,其吸引力往往可使近郊各地作共同的发展。结果本市有如北辰而环市各地则成为拱卫北辰之众星。存亡利害,休戚相关。因此,本市工作故不能只限于本市。诸如修筑道路,建设公园,设计交通利器,组织各种公用事业等等均应有通盘的筹划,权利义务亦应有公平的分配。大市有如蛛网,本市则赫然盘据网中蜘蛛也。苟无此网,蜘蛛之生活固感困难,苟无蜘蛛,网又何自而起。故天津市与其近郊之关系,实至密切,不容漠视者也。"⑤这一方案理想里的"大天津"比起前面所提及的各个规划

---

① 《废除天津县》,《大公报》,1928 年 12 月 6 日。
② 《省市划办交涉中——天津市之主张与理由》,《大公报》《市政周刊》,1929 年 1 月 26 日。
③ 《废除天津县之理由》,1929 年 2 月 16 日。
④ 《竟有请取消特别市者》,《大公报》,1929 年 1 月 28 日。
⑤ 梁思成、张锐:《天津特别市物质建设方案》,第 19 页。

里的设想更为广大,也为以后天津城市发展极好借鉴。在它的"大天津"设想里,还第一次将租界归纳其内。可能因为现实原因或者由于整合难度太大,除了《方案》外,其他市计划基本未设想租界如果回归后如何整合到城市。其实1917年就因第一次世界大战收回了德租界,1919年收回奥租界,1920—1924年期间也陆续收回了俄租界。然而,在1924年推出的市政计划里并没有看到将这些租界纳入到"天津"的计划。1929年收回比租界,这时特别市政府才匆匆提出"修筑马路、改建码头、开辟公园、设立医院"①等计划,但也未对回归后的租界进行整体性设计。或许在市政当局眼里,这些租界的收回与改造可能面临着麻烦与棘手的问题,加上行政长官频繁换届,愿意考虑与处理这个问题的人就更少。梁、张《方案》注意到这个问题,认为"天津物质建设方案之先决问题,至少应有六项",最后一项即是租界问题。梁、张在方案里提出:"唤起民众,打倒帝国主义,一致努力誓归租界。"认为如果没有将租界问题列入考虑的话,那么物质建设也无从做起:"最重要者,租界存在,大规模之设计方案,因事权不能统一,决难见诸实施。作者等此项方案,并各租界地亦加设计,非敢好高骛远,实因非此不可。"②这种前瞻性与强烈的民族意识在其他计划书里是缺少的。基于这种对未来的设想,《方案》提出了"大天津"所应包含的区域,"主张将天津县全部及宁河、宝坻、静海、沧县四县之一部分,划归天津市",只是他们也知道这其中牵涉利益太多,所以建议分成三步走,首先是"调查",其次是"废县",最后才是"正式扩充地域范围"。梁、张也感慨:"作者等设计之时,只能限于现存区域而此项计划应如何而可适应将来环境之处,尤为作者等所念念不已或忘者也。"③这种设想在民国时期无法完成,但在1949年新中国成立后,特别是改革开放之后,慢慢成为了现实,1985天津市提出《天津市城市总体规划方案》,就是规划以海河干流为轴线,南北各20公里左右、东西约75公里的地区,实际上印证了梁、张《方案》里的基本设想。

梁、张《方案》里对天津的未来定位最值得关注,也是集中体现了这一阶段这些文人群体在面对"平津"两城时的心态。如果能按其设想发展,天津的城市面貌将发生重大改变,并将会塑造起极富个性的天津城市意象。可能受限于城市的经济情况,也有可能是梁、张两人对于市政的认识专业且务实,可以发现《方案》的设计思路是充分利用现在建筑,讲究实用而不讲究华丽,

---

① 《收回比租界后预定建设计划》,《大公报》,1929年3月8日。《比租界收回后繁荣计划》,《益世报》,1929年9月20日。
② 梁思成、张锐:《天津特别市物质建设方案》,第18页。
③ 同上书,第20页。

很符合天津的经济条件与文化追求。像南京、上海的计划书无一例外都力图追求夸张的城市空间系列和视觉效果。《首都计划》里强调空间布局是以"同心圆式四面平均开展,渐成圆形之势",并逐步建立起象征威权的中央政治区中轴线①。而《大上海计划》同样突出市中心区域特别是行政中心地位:"具有强烈轴线、构图严整的市中心区域与略显松散、有机形态的租界遥相呼应,构筑了大上海双核心的城市结构模式。"②虽然《方案》里同样重视行政中心的建设,但认为应该充分利用已有建筑,在河北新区大经路靠金钢桥附近设立行政中心,因为这里符合几个条件:"邻近复多官署衙门,将来较易改建,且此项地段距繁盛商业区域如大胡同一带虽甚近便,而地价则较廉。"其次,这里是袁世凯所设直隶总督府所在,所以"一经改善,益可增其尊严"。最后,这里较易沟通政府与市民,因为该地"交通便利,与主要干道接近而不致成为车马必经之孔道,以免发生莫须有的拥挤"③。至于道路建设也是如此,"美市道路系统,多采棋盘式。国内都市,以为此项计划,简单易行,故争先效法。殊不知只用棋盘式而不参以他种式样,并非良策"。因此,他们从天津老城厢、河北新区、租界等三个不同的道路系统出发,认为道路设计必须"首顾及本市地势之特殊情形,对于原有道路充分利用,务期免生吞活剥之讥,而市民在建设进行期间,亦不致有莫须有之不便。道路系统,并不拘拘于一式,以便得各式之长而无其短"④。而且对于建设时间,他们也不像南京、上海那般计划七至十年就可全部完成建成,而是设想通过四十年左右的时间来长期建设:"计在民国七十年以前,所拟道路计划必可完全实施。准以天津特别市之财力,每期中负担,实不为重也。"⑤这种既有展望式的预设又充分实用可行的思想贯穿在整个《方案》里,诸如路面建设时提议住宅区道路应采用沥青麦坎达路面和二层砖基渣石路,在内街则采用单层砖基渣石路,不一样的材质以应对不同的需要;对道旁树木的选用也颇为讲究,要求以易于生长、有益卫生、粗壮美丽而不影响他物为标准,如银杏、白杨、垂柳、泽胡桃、榆树、槐树、臭椿树等;其他诸如路灯与电线、下水与垃圾、公共建筑等无一不渗透着充分利用现有条件与天津实际能力来建设的思想痕迹。

说《方案》从实用角度出发,并不是指它会抛弃对美的追求,最为明显的是《方案》提出了对美的整体设计,即将公园、市区、海河沿岸开发统一起来,

---

① 国都设计技术专员办事处编:《首都计划》,1929 年,王宇新、王明发点校,南京:南京出版社,2006 年。
② 魏枢:《"大上海计划"启示录——近代上海市中心区域的规划变迁与空间演进》,第 62 页。
③ 梁思成、张锐:《天津特别市物质建设方案》,第 33 页。
④ 同上书,第 20—21 页。
⑤ 同上书,第 22 页。

力图使天津展现出城市空间与海河两者美的结合。对城市用地功能分区布局，梁、张认为非常重要："分区问题，非如本市现存之警区然，可以随意划分也。分区云者，非无意义的地理上的区分，乃为一种职业上的分区。……近年来谈市政建设者，均以此为城市设计这首要问题；盖种种设计，多待分区而后可以决定。分区主要义即在使各部分自成一区域：居家者既无机声（应为机械声）煤烟之苦，而工厂商店等亦可免左右掣肘之患，全市土地亦可利用得宜。"①所以在《方案》里将天津规划为公园区、住宅区、工业区和商业区。由于天津城市混乱的管理与建筑，使得合理性分区成为较难实现的理想，所以梁、张《方案》里充分考虑现有状态，其中第一住宅区即独立住宅区，第二住宅区即连排住宅区。商业区则包括银行、事务所、餐馆、零售商店等，第二商业区则分布如剧园、影剧院、公众公堂、医院、发行商店、仓库、商店等。工业区里分成铸造厂、建材厂、电力厂、车辆厂、造船厂等，第二工业区则为酒厂、屠宰场、造纸厂、军火制造厂等有特殊气味及噪声的工业。虽然还未能习系统性地总结与表达，但是从梁、张《方案》里可以清晰看到"田园城市"的设想，强调各区间有明确边界，邻里间有归属感，有公园、绿带为分隔，形成区域性的发展网络。这种超前而富有美感的设计是现代城市发展的一个趋势。梁、张方案并未能摆脱西方城市建设的影响，但他们在寻找一种可以融合商业、工业、居住协调发展的城市空间与模式，这在现实中未必可能实现，但他们毕竟对未来城市分区提出了初步的解决办法。

除了分区的美学意味外，《方案》还特别关注到海河的建设。与过去文人群体对海河的认识不同，梁、张从市政角度出发，强调其两种不可忽略的作用：

> 其一，近代都市，大抵为工商业都市，邻近河川，航运必繁。河岸两旁之码头建筑，实为一大问题，其设计之良否，往往影响于全市发展者至巨，不可不细加考虑也。其二，河岸附近地带，如为住宅区，甲第连云。多喜滨河而居，空气既佳，风景亦好。此种地带，苟能加意培植，地价之得以增高，意中事也。其三，欧美都市，多采河岸地带善加修饰，辟为河旁公园，备游人休憩游玩之用。都市美化工作，此其一也。②

依照这种理念，《方案》强调了将纷乱管理的码头从交通便利的角度重新加以整合，撤掉一些路线较长又影响美观的码头，加强一些能沟通内外的地点。《方案》还特别希望能加强海河东岸的林荫大道的建立，认为应该在河东、河

---

① 梁思成、张锐：《天津特别市物质建设方案》，第38—39页。
② 同上书，第31页。

西的临河一带都要多加保护,使这一带成为"绝妙"的住宅区,认为这是一举多得的措施:"如此不特地价可以增高,且河岸亦可得保护,全市美观,亦可得以增进。"①从他们对海河的建议可以看出梁、张对城市美的追求。

通过几种计划与设想,可以看出梁、张方案是当时最为全面的设想,《方案》充分利用原有条件,衔接巧妙,合理分区,为日后的现代化城市建设打下了基础,还对海河两岸码头设置、城市建筑风格、城市行政中心以及各项市政、公共事业都作了规划安排,并提出了相应的财政计划。《方案》既反映了国外最先进的规划思想,又不脱离天津的具体条件。梁、张希望通过这些物质改变"鼓励生产培植工商业促进本市的繁荣",更重要的是"提倡市政公民教育培养开明的市民以树地方自治之基","改善现有组织以得经济的与能率的行政",最后还能"唤起民众打倒帝国主义一致努力誓归租界"②。总而言之,就是通过物质建设影响到城市文化,改变天津城市精神,只可惜外部环境与当时政府都未能提供这样的机会,直到今天,天津的城市建设脉络里还可以看出梁、张《方案》的许多合理性与建设性。

四 "津味"的余韵流传

随着中华人民共和国的建立与北京重新成为首都,北京再次成为了国家的政治、文化中心,天津则回归到"卫"的位置。文学创作上,由于题材的选择与意识形态的引导,城市文学创作处于停滞状态。虽然出现如《上海的早晨》这样的作品,但总体而言,进入当代以后,作家对城市的书写远不如农村。新时期以后,随着思想解放与经济发展,城市重新开始引起作家们的注意,北京、上海因为文人聚集,又因其为政治、经济中心而得到较多关注,其他城市的书写也陆续展开。

天津能重新走向人们的视野得益于它涌现出一批杰出的小说家,因与北京邻近的关系,天津作家往往能迅速反应,及时跟进时代潮流,因此占领着思想解放的潮头,像冯骥才的"伤痕小说"与蒋子龙的"改革文学"都引起了许多争论。然而这些作家们却很少展现小说发生地"天津",后来被称为"津派"代表的林希、肖克凡等人开始进入文坛也并不是因"天津"而出名。有意思的是,当这些作家重新书写"天津"时,却不约而同地选择了"晚清民国"时期的天津,林希的津沽大家族系列小说,专门以侯家后大家族为表现对象。

---

① 梁思成、张锐:《天津特别市物质建设方案》,第 32 页。
② 同上书,第 17—18 页。

肖克凡的码头天津,则在旧城与租界里展开"天津"故事。由此可见晚清民国时期天津在新时期作家眼里的超凡地位。本节以较早重视"天津"、书写天津并积极介入天津老城保护的冯骥才为中心,试图展示他是如何理解"天津"并以其书写"重现"其想象中的"天津"。

冯骥才以《义和拳》初登文坛,就与天津结下不解之缘,从《神灯》开始,形成一套书写现代天津传奇的笔墨,陆续推出《神鞭》《三寸金莲》和《阴阳八卦》三部中篇小说。随后,冯骥才由于转向文化保护,小说创作渐少,但"津味"人物却总会在他心里"闹腾起来"①。自1994年发表了《苏七块》之后,陆续推出系列短篇小说,2005年结集为《俗世奇人》,至2015年加入新增18篇,合成"津味"系列短篇小说集。这些小说塑造了天津独特的"神"与"味",而作家、小说与城市之间的互动同样值得重视。

对冯骥才"津味"小说的评论,关注者众多,但往往从地域文化角度进行解读,较少从城市空间与文化特质来分析。而现有的城市文学研究,存在两种范式,要么追问文学如何再现、想象城市,要么展示城市物质、文化空间如何决定文学生产,两者共同的问题就是将城市与作家的关系"固定化"。城市变成一个"布景",而作家则只能被动地"呼应""书写"与"想象"城市。实际上,作家与城市之间存在着复杂的互动关系。正如文化地理学家克朗所说:"城市不只是行动或故事的背景,对都市地景的描绘,也表达了社会与生活的信仰。"②城市确实决定了作家书写,提供了物质空间与想象空间,然而文学的作用不仅是"表达""想象"城市。作家们通过塑造意象,影响人们对城市的印象,进而影响城市的物质空间与文化空间。在当代作家中,很少有人像冯骥才这样既书写了城市的"传奇",又如此深入地介入到城市的物质空间变化中。对于这样一个长期活跃的作家,观察其"津味"小说创作的历程与特点,可以较为近距离地呈现他的创作特质,同时有助于重新思考作家、小说、城市之间的复杂互动,为城市文学创作与批评提供借鉴。

1.重现"天津":新时期天津城市文学的重新出发

冯骥才与天津的相遇较早,其文学活动与天津的内在关联也较为紧密。冯骥才能进入文坛并迅速取得较大影响得益于天津的滋养。在1970年代末1980年代初,天津对冯骥才的影响主要体现为两方面:一是为他提供了历史资源,二是带给他区位优势。冯骥才第一部正式发表的作品为1977年与李

---

① 冯骥才:《又冒出一群人——俗世奇人新篇·序》,《收获》,2015年4期。
② 〔英〕迈克·克朗:《文化地理学》,杨淑华、宋慧敏译,南京:南京大学出版社,2003年,第66页。

定兴合著的长篇历史小说《义和拳》。他在创作回忆里说:"六十年代末,几个画画的朋友拉我去为天津美术出版社的连环画组写脚本,与资深编辑李定兴结识为友,闲话时聊起了都感兴趣的义和团。天津曾是义和团翻天覆地的中心,当时距义和团事件不过六十多年,一些亲历者还活着,义和团那股子气儿还热乎乎在他们的记忆里。我俩决定用小说方式写义和团,经过几年努力,写成之后已到了'文革'终结的1976年。"①《义和拳》能顺利写作与天津有着深刻联系。晚清时期,天津风起云涌,各种思潮与运动在天津交织、冲突,形成富有传奇色彩的历史想象空间。义和团在天津这个舞台上产生了多重含义:它首先是农民运动,与城市市民的身份阶层明显不同;它蕴含着反抗西方文化的动因,天津的教堂与租界为其提供直接冲突的对象;它的构成主体是涌入天津的华北农民,因而带着民间传奇与迷信色彩。这些因素只有在天津这个城市里,才能非常集中而尖锐地冲突、交织,进而演化成一个个传奇的故事。冯骥才非常敏感地把握住了天津的历史特性,利用了义和团的农民身份、革命行动与传奇色彩,顺利地将历史、农民、城市相结合,创作出了《义和拳》,在当时获得关注并出版,这在1970年代末显得较为难得。

天津对冯骥才另一个直观的影响是区位优势。《义和拳》寄出后,受到人民文学出版社的关注,对于这样符合当时历史观的小说题材,人民文学出版社非常重视,韦君宜、李景峰亲自拜访,并利用当时特有的"借调式写作"将冯骥才请到北京。冯骥才说韦君宜对他多有指导:"一次,她给我一个书单,叫我到人文社资料室去借这几本书,有李伯元的《庚子国变弹词》、刘孟扬的《天津拳匪变乱纪事》,还有马克里希的《天津租界被围记》等等。"②李景峰则从编辑角度对他小说有多帮助。这种"借调式写作"与编辑指导,使冯骥才形成了史料收集的习惯,到了创作《神鞭》时,他不无得意地说:"如果允许吹点牛的话,我在描写晚清时代风貌和天津地方的习俗人情上,使了点真功夫。所写衣食住行、用品器具,无不有根有据。'老天津卫'的喜好与忌讳,情怀与讲究,不敢有半点胡诌。这也是我多年对地方史、风俗学、乡土艺术史等爱好的有意或无意间的积累。"③正是因为天津靠近北京,使冯骥才能既在北京写作,同时又容易返津收集资料,两者结合使其小说创作较为顺利。而正因为离北京近,与北京往来中,冯骥才迅速接触、吸收1970年代末思想解放的最前沿信息,为其从历史小说转变到"伤痕"创作提供了思想支持。

---

① 冯骥才:《凌汛·朝内大街166号》,北京:人民文学出版社,2014年,第16—17页。
② 同上书,第43页。
③ 冯骥才:《对你说点实的——给夏康达同志的信》,《我心中的文学》,上海:上海文艺出版社,1986年,第150页。

正如吴云心指出,天津的人才往往被北京所吸引,即使居住于天津,也往往眺望北京而放眼全国。冯骥才、蒋子龙等在早期小说创作里,对天津也基本无视。冯骥才进京后,受到思想解放的影响,迅速创作出本名为"创伤"的《铺花的歧路》。这部小说以"文革"为背景,描写知青的遭遇,揭露人们在十年浩劫中所受到的伤害。《铺花的歧路》创作时间早于卢新华的《伤痕》,小说捕捉知青在运动中所遭遇到的政治与道德双重困境,展现了白慧的得意与失意、内心挣扎与自我辩论,呈现出较深的思考与别致的心理揭示。小说发表后立刻引起人们的关注,冯骥才因此受人关注,并以"创伤"为主题陆续推出系列小说。《啊!》是以自己的亲身经历,写出在"文革"时期小人物所面临的巨大精神压力。《雕花烟斗》通过描绘艺术所遭受的摧残以及新时期面临的现实挑战。《我这个笨蛋》来自于冯骥才分房时的亲身体验。《像章》里小说主人公收集像章的经历结合了冯骥才当业务推销员的经历和在天津的生活。《高女人和她的矮丈夫》则直接源于现实生活中妻子为他撑伞而来的灵感。这么多小说都因亲身经历或者耳闻目睹而书写,这些故事也基本发生于天津,然而却看不出对"天津"的描绘与城市特质的展现,甚至连基本的"布景"式描写也很少。

"伤痕"写作时期,冯骥才受益于天津,其目光却是放眼于全国,这在当时也属正常现象,但很快冯骥才有所调整,促使他重新关注天津,得益于两个契机。一是与蒋子龙不同,冯骥才关注现实的同时,并没有放弃其感兴趣的历史资源。他在创作《义和拳》时积累了相当多的天津历史材料,触摸到现代化进程中的"另一个"天津。这些资料成为他割舍不得的重要思想资源。在陆续推出《铺花的歧路》《啊!》《雕花烟斗》后,1981年冯骥才重新书写天津,推出长篇小说《神灯》。他自述"我便抓紧这个时间,给写了近一半的长篇小说《神灯》一个暂时的了结,说实话我还是很喜欢自己这部长篇的,不像《义和拳》写于七十年代,总要受'文革'思想的种种影响与扼制。写《神灯》时这种外在束缚没有了,我对红灯照的历史观可以任由自己,积淀心中的地域的生活文化也自然而然被焕发出来。"①冯骥才开始形成对"天津""天津人"较为自觉的认同。第二个契机是冯骥才对"伤痕"文学之后小说创作应走向哪里的问题探索。1981年,他提出"下一步踏向何处"的问题,这其中包括两个方面的思考,一是对伤痕文学过于喜欢议论,而导致艺术手法与创新缺乏的不满;二是由于许多作家从经历出发,导致视野过于狭窄,偏向于现实摹写而缺少纵深的历史反思。1983年冯骥才在给李陀的信《小说观念要变》

---

① 冯骥才:《凌汛:朝内大街166号》,第121页。

中提出:"原先那些驾轻就熟的写法都不适用,现成的题材也没有可供发挥的。"所以他开始采用"既写实又荒诞,既通俗又脱俗的小说来。"按他的设想,如果小说贴得现实就较少荒诞,而太虚无又跟现实相脱离,于是他寻找到另一条道路:"我还在这杂拌汤里加进去过去文学中很少写过的'天津味'。把地方特色升华为具有审美价值的艺术内容。"①在《神鞭》之后,冯骥才很明确了这种创作方向:"我就是想写出这样一种在明确的现代意识把握下,以历史的生活为内容,充分表达我在古今对照下那些思想感受的小说。"②

城市与作家由此才得以相遇。新时期以来,作家大多贴近时代,急于以文学介入现实,关心民族、国家问题,而对城市特质有所忽视。当然,由于社会主义建设,大部分的城市虽然历史不一,但物质空间渐趋向于一致,"同质化"也是作家们不愿意书写城市的一个重要原因,反而是那些地理特性、人文风俗差异较大的地域文学大放光彩。随着改革开放深入,1980年代作家开始各自"突围",才与城市再次相遇。北京、上海都陆续涌现一批描绘城市特质的作家,而在天津,冯骥才从初期积累的材料入手,与"天津"相遇,召唤起的既不是蒋子龙的"工业天津",也不是租界记忆,而是以"俗"为底色的天津特质。他的小说对当代"津派"小说起到良好的示范作用,天津也因此得以重新在当代文坛上亮相。

2. "再造"天津文化空间的努力

有论者评价冯骥才时指出:"我以为他其实是在以'五大道'的天津来看'老城里'的天津。"③但他并未深入论述为什么冯骥才对同一个城市有如此不同的视野。其实,冯骥才的"津味"小说深受天津这种城市格局的影响。他明显对租界较为无感,其原因在于:"往深处说,天津的近代文化,无论海关、城建、邮政、电报、媒体,还是火车、电车、自来水、电力,乃至教会带进来的乒乓球、羽毛球、风琴,以及博物馆艺术馆等等,只有生活文化形态,但无思想文化形态。"④而对于以老城为代表的传统文化、民间文化,他看重其活力与自信心,而且这种跨"双城"的视野,还让他因此有了别样的观察视角。正如他在《指指点点说津门》所说:"评说一个地方,最好的位置是站在门槛上,一只脚踏在里边,一只脚踏在外边。倘若两只脚都在外边,隔着墙说三道四,难

---

① 冯骥才:《小说观念要变》,《我心中的文学》,第62—65页。
② 冯骥才:《辫子的象征和寓意》,《我心中的文学》,第183页。
③ 藏策:《"津味"到底什么味?》,《小说评论》,2008年第4期。
④ 冯骥才:《指指点点说津门》,《手下留情——现代都市文化的忧患》,上海:学林出版社,2000年,第179页。

免信口胡说;倘若两只脚都在里边,往往身陷其中,既不能看到全貌,也不能道出个中的要害。用个现代词儿说,便是要有一个距离感。"①显然,正是因为天津城市的这种特殊性,使他能站在租界看老城,而同时又有"距离感"而更为清晰辨析两者不同。

冯骥才脚跨"双城",从其小说创作来看,可以分成这么两个层次,一层指他不喜欢写租界而专注于老城,另一层则指他站在租界为代表的现代化立场来看老城为代表的中国传统文化、民间文化。因此,他的小说因创作观念的改变而发生变化。早期"津味"小说中,冯骥才主要抓住天津"中西冲突"的城市特质,大体以现代化进程为标准,来看老城区的文化。因此,小说里往往表现了对科学理性的赞同。冯骥才谈《义和拳》创作时说:"一次关于义和团的话题使我与李定兴交谈甚笃。义和团运动的发生地和高潮都在天津,它带着强烈的天津地域气质,中西精神文化在天津这里的冲突极具思辨的价值,此外还有众多历史人物与历史事件,以及宗教意义上的神秘色彩,都叫我们的谈兴愈来愈浓。"②虽然"极具思辨"价值,但他采用的是"历史唯物主义"的指导思想,对民间的"传奇"并不重视。在《神灯前传》"小引"里,他说天津"这是一座拜神的城",指出"神"在天津都带着中西文化冲突的意味,但笔锋一转,认为不管是中西宗教,"神是人治服人的法宝",中西宗教文化里的神秘因素均被他批判,显然他还是更认同西方的现代理性判断。

到了创作《神鞭》时,冯骥才坚持表现"中西冲突",不过对以老城为代表的中国传统文化表现得较为温情。《神鞭》故事发生于20世纪初叶的天津码头,开头就是天津特色民俗"皇会":"人都说,人管不了的事,全归神仙管。天津卫这里的'三界,四生,六道,十方',都接在娘娘的手心里。可是娘娘也有偷懒的耍滑时刻,又把一些扎手的事推回到人间来。原来神仙也会推活船。人不尽天职,天不从人愿,于是就生出今年皇会上这桩稀奇古怪的事来。"③在这部小说里,冯骥才以天津码头为中心,以辫子的留与除来隐喻中西文明冲突中人们的态度,讲述"稀奇古怪的事"时,也不再一味批评辫子的落后,而是强调天津码头文化影响下人们所蕴含的强大生命力与自我更新的能力。冯骥才认为码头文化才是天津的代表,他说:"码头脾气是天津人性格的骨架。码头上的生存原则是硬碰硬,其优胜劣汰,有点像大自然的规律。

---

① 冯骥才:《指指点点说津门》,《手下留情——现代都市文化的忧患》,第 182 页
② 冯骥才:《无路可逃——1966—1976 自我口述史》,北京:人民文学出版社,2016 年,第 197 页。
③ 冯骥才:《神鞭》,《小说月报》,1984 年第 11 期。

天津人钦佩有真本事的能人,对没能耐立刻喝倒彩。"①确实,古代天津以漕运为主,因此在城外三岔口的运河码头,成为商人、盐商聚集地,老城的东、北门的地带聚集各式居民:"商旅辐辏,屋瓦鳞次,津门外第一繁华区也。"②商人们在这里陆续开辟了侯家后中街、估衣街、锅店街、单街子等,由于各色人群对餐饮、沐浴、休闲的需要,在城外侯家后地区逐渐发展起各式娱乐,如茶楼、酒肆、落子馆、书场、妓院。这里的天津人本来就是眼观四路、耳听八方的精明人,再加上租界文化的渗透,他们早早就见识了西方文化,使民众有从容应对西方文化冲击的底气。冯骥才较好地把握了这点,立场与思想也由此偏向老城。可以发现《神鞭》小说中人物所说的话很多具有"多重意味",如傻二说:"祖宗的东西再好,该割的时候就得割。我把'鞭'剪了,'神'却留着。"③这篇小说体现了冯骥才试图以老城民众元气淋漓的自信气质来应对西方挑战的意图。

《神鞭》显然受1980年代思潮的巨大影响,冯骥才此后创作了《三寸金莲》与《阴阳八卦》,被认为与当时的"寻根文学"类似,但在他看来"寻根文学"并不是文化反思,他以为:"文化反思是带有强烈社会性和现实性的,是对社会问题开掘的再深入,绝不是回避疏离逃跑。"④因此,在《三寸金莲》与《阴阳八卦》中,依然可以看出他强烈的社会现实感。《三寸金莲》寓意是:"不裹脚,还能裹手、裹眼、裹耳朵、裹脑袋、裹舌头,照样有哭有笑要死要活、缠缠放放放缠缠、放放缠缠缠缠放放。"⑤《阴阳八卦》则试图通过家族史,表达对中华民族文化特征的理解:"于是我用了三样东西揭示文化的这三个层面,象征也好,寓意也好,它们是神奇的辫子、诡奇难忍的小脚和包容万象的八卦。"⑥冯骥才以"津味"风土小说介入现实的创作实践,一方面成就了《神鞭》等作品在1980年初轰动的社会效应,另一方面也造成小说文本的内部撕裂,特别是《三寸金莲》引发了持续的争论⑦,其关键原因就在于这种现实关怀、作者意图与文本呈现、读者接受产生了较大的偏离。

可以看出,冯骥才在这三个中篇小说里,努力想摆脱那种将老城固定化为"中国传统文化"、把租界看作"西方文明"代表的对峙场景,试图寻找"内

---

① 冯骥才:《指指点点说津门》,《手下留情——现代都市文化的忧患》,第173页
② 《北门外图说五》,《津门保甲图说》,道光丙午年(1846年),天津市地方志编修委员会编:《天津通志·旧志点校卷》(下),第439页。
③ 冯骥才:《神鞭》,《小说月报》,1984年第11期。
④ 冯骥才:《传统文化的惰力和魅力》,《我是冯骥才 冯骥才自白》,北京:团结出版社,1996年,第209页。
⑤ 冯骥才:《我为什么写三寸金莲》,《文艺报》,1987年第19期。
⑥ 冯骥才:《关于〈阴阳八卦〉的附件》,《中篇小说选刊》,1988年第5期。
⑦ 陈墨:《失败的文本——评小说〈三寸金莲〉》,《文学自由谈》,1988年第2期。

双城"冲突中融合的可能。但在小说展开时却往往对老城文化着墨过多,陈述太细,而西方文化的"代表"又较生硬。因此,虽然对传统文化、民间文化抱着温情的批判,但"温情"多过了"批评",而与西方文化的融合也显得过于理念化。这种观念具体到人物身上,主人公的性格会因作家的这种理念而发生突然的转折,容易造成人物形象与创作意图脱节。如在《神鞭》中,主人公"傻二"前半生十分重视辫子,它带来了成功的事业和美好的家庭。毅然剪掉的关键在于他意识到辫子无力面对枪炮冲击。但"傻二"在放弃辫子时内心的痛苦与纠结、不舍与重生,却未能在一向重视和善于表现心灵世界的冯骥才笔下得到体现,从而造成了情节发展看似合理,但内在转变毫无痕迹,让人感觉较为生硬。在《三寸金莲》中,主人公的转折更是难以承载他的创作寄托。小说中,冯骥才的创作初衷是为了表现传统与现代的纠缠。但文本所呈现的却是对"金莲"的细节展示。主人公香莲通过"小脚"努力争取到地位与权势,小说在不厌其烦地介绍"金莲"文化之后,把她与失散多年、成长于上海的女儿"赛脚"作为全书的高潮,从而体现了中西文化的缠绕和碰撞的意旨。然而,香莲的转变让人疑惑:为什么一个通过"小脚"不断获益的人、一个从来没有自我反思的人,却为了让女儿不受缠足之苦而愿意忍受骨肉分离?从文本所塑造的人物前后变化、性格特征、文化修养来看,香莲都不太可能做出此等行为。相比之下,张爱玲的《金锁记》中,掌权的母亲只会让女儿"走进没有光的所在",显然更符合人物性格的内在逻辑。可以说,这种不合理性削弱了《三寸金莲》的艺术效果,也成为人们批评的主要依据。但在冯骥才看来,论者的批评是因为他们没有充分理解小说的思想内涵。双方各持己见,冯骥才因此逐渐放弃创作原本准备推出的"津味"系列中长篇小说。

　　城市具有共性,比如一样有舞厅、电影院、工厂,但城市会因为人群结构、历史沉淀不同,产生不一样的个性,如北京的帝都气派、上海的商业气息。天津拥有着码头文化、租界文化、传统儒家文化、盐商文化、华北底层农民文化,这些文化交织在这个城市里。冯骥才有意选择了以码头文化为核心,注重表现中西文化的交融、冲突,这是他对天津"文化空间"的重新塑造。在他的笔下,租界指向西方文化、科学理性等,老城则成为民间文化、传统力量的代表。虽然现实空间里,租界也有"遗老",老城也有新文化人,在他笔下却很少出现类似人物。天津的城市空间在他的笔下被重新赋予了意义,开辟了"津派"小说的想象空间。后来者如林希"家族小说"系列,围绕"津沽侯氏大家庭",肖克凡同样落笔于华洋两界的码头天津,都是将"码头文化"与现代城市相结合,成为当代"津味"小说着力书写的重点。

3. 重新"锚定""津味"

冯骥才自称天津是他"灵魂的巢",他坦言:"我虽为浙江人,却长于津门,此地风习,挚爱殊深,众生性情,刻骨铭心。"①显然,他更重视的是"风习",从中也可以看出他对天津传统风俗的有意继承。对他影响较大的既有租界的西方文化,也有自幼的传统文化熏陶,较容易被人忽视的,是冯骥才也受到民国时期天津通俗小说家们的影响。他在谈及"津味"时,强调"津味"是一种气质,就将小说与通俗小说家们相比较:"津味小说这提法的'味'字很重要。味是味道,指一种审美内涵。由生活到艺术,由人物原型到艺术形象,由口头语言到艺术语言,是一个艺术的升华和飞跃,是一种质变。过去有过专意用天津地方生活和口语写的小说,代表作品是《沽上英雄谱》和《津门艳迹》,但它们都未能成功。"②戴愚庵创作于 1926 年的《沽上英雄谱》与李燃犀 1940 年出版的《津门艳迹》正是民国时期"津味"小说的重要代表作。它们以天津的"混混"为对象,津津乐道于天津的能人闻人,穿插了许多民间暗语、风土习俗等天津色彩。冯骥才虽然批评它们创作未能成功,但显然吸收了传统"津味"小说的优点:对天津奇人奇事的赞赏、对码头文化的沉醉,使其能出手就显示与"寻根"小说不一样的写作方式与自我定位。

冯骥才既然认为民国时期通俗小说"未能成功",那么他要如何在其小说里落实自己所理解的"津味"?将其与民国通俗小说相对比,可观察到冯骥才对其的继承与批判。可以发现,冯骥才充分利用了民国通俗小说家们所提供的素材,如《神鞭》在开头就化用了戴愚庵的《抬阁会晒死西王母》。冯骥才笔下人物的主要活动空间与民国通俗小说大体一致,集中在天后宫为中心的老城地带。早期创作的《鹰拳》,人物虽活跃在"民国球场(英租界)",主人公却是会传统武术的老人。《神鞭》中的人物主要活跃于天后宫及侯家后一带。《三寸金莲》开头的"天津卫犯邪",展现的全部老城风俗、佟家的铺子则在"宫北大街"。《阴阳八卦》的主角是"北城户部街东边乡祠东街黄家"。《俗世奇人》系列短篇小说里,小说人物基本活动于老城区与租界之间的地带。"刷子李"出现于河北大街,偶尔才去"英租界南道"。冯五爷开的店是在"马家口的闹市里",酒婆走在首善街上,"蓝眼"的活动范围不超过锅店街与针市街,青云楼就在"大胡同东口"。在短篇小说里还出现"小费家胡同口""天福茶园""玉皇阁""清虚阁""鼓楼北聚合成饭庄""南门外喜福来"等地标,这些地方也是戴愚庵、刘云若等喜欢书写的空间。

---

① 冯骥才:《关于关于乡土小说》,《文学自由谈》,1995 年第 1 期。
② 冯骥才:《发扬津味小说》,《天津文学》,1988 年第 4 期。

但是冯骥才也自有其变化，最明显的表现就是对"混混"小说形象的塑造。"混混"是天津通俗小说的代表。戴愚庵视"混混"为"英雄"，描写了"王五""于小榭""吴七达子"等"混混"形象，他们为争夺地盘"下油锅"，为争面子血腥斗狠。冯骥才在《神鞭》里塑造的"混混"玻璃花形象，直接继承了民国通俗小说里"混混"所表现的斗狠自虐的奇观。"玻璃花"为在大妓馆香桃店"拿一份"，任凭人家打得死去活来。"只要耐得过这顿死揍，掌柜就得把他抬进店，给他养伤，伤好了便在店里拿一份钱。"还如《神灯》里"混星子"黄三秃、田小辫子敢于斗狠。《三寸金莲》"混星子"小尊王五，对抗官府砍伤自己的头，反赖捕头砍他。这些事迹与形象都可以看出通俗小说影响下"混混"的身影。戴愚庵说："袍带混混者，举动风雅，行侠尚义；非袍带混混者，秉性勇敢，爱群喜事。"①李燃犀专门写"混混"们的日常生活，写他们如何为人排忧解难、调停冲突。刘云若则这样认识"混混"："原来天津这地方，自从前清便以混混出名。混混，在当初有一种游侠的风味，好像是业余的消遣，以后渐渐成为职业化。有的人便以此为生。例如包庇娼赌，或是横施讹诈。但也以下等地方为限。只是抢劫妓女勒赎或是到赌局炸酱，以至霸占码头、脚行行业而已。决不和普通商民发生关系。及至天津成为商埠，有了租界，交通便利，码头脚行的营业日渐兴盛。而租界的繁华又发生许多邪恶的生涯，于是混混也增加了生财之道。"②在刘云若看来，"侠"而"义"是"混混"们的主要特点，有些时候还起到保护市民的作用。可以看出，冯骥才早期对"混混"是批评的，而后才向刘云若笔下的"混混"靠拢，特别是有意减少描写他们斗狠与残暴，突出"侠义"特点。正如学者指出："他们在救火、皇会以及团练诸方面所扮演的多重角色，为这些下层市民提供了制度的基础，以架构一种他们自己的——即使名声不佳，与国家赞同的正统相区别的多棱的城市文化和特性。"③在冯骥才的《阴阳八卦》里，"混混"开始表现其热心助人的一面。在"俗世奇人"系列里，"混混"不再是主角，仅有的刘道元、李金鏊等"混混"也不再凸显粗鄙与好斗。刘道元是个大"混混"，喜欢出风头，突发奇想给自己出大殡，小说不再写他"无聊""奢侈""帮会"这些背景，而是写出其出殡时的内心荒谬感与世态炎凉，颇有讽刺意味。李金鏊也是个"混混"，毫不起眼，但却能帮小杨月楼渡过难关，而且未收分毫，颇有刘云若笔下"混混"们的气概，当码头兄弟在寒冬里有难时，他又挺身而出，请小杨月楼义

---

① 戴愚庵：《沽上游侠传·作者自序》，第1页。
② 刘云若：《粉墨筝琶》，第440页。
③ 关文斌：《乱世：天津混混儿与近代中国城市特性》，刘海岩译，《城市史研究》，第17—18辑。

唱,给码头工人一份饭食,表现出他民间侠士的一面。冯骥才塑造了一批有冯氏特点的"混混"形象。

除了"混混"外,冯骥才还着力推出有独特"神气"的"津味"人物,体现了他对于"津味"进一步建构。早期的"津味"小说结集时,冯骥才将《神鞭》《三寸金莲》命名为"怪世奇谈",而短篇小说结集时则命名为"俗世奇人"。从"怪"到"俗"、从"奇谈"到"奇人",这两个变化,表现了他通过小说人物形象重新锚定"津味"的设想。天津是军事卫所,重武轻文,很早就被诟病"好斗",又因码头文化与盐商文化,引发奢侈风气。正如《天津卫志》所说:"迩来五方杂处,逐末者众,讼狱繁兴,习尚奢靡。"①冯骥才试图以其小说人物改变人们对天津的这种印象:"世人印象中的'天津人'有个很大的误会。一提天津人,好像就是那种说着天津话的市井粗人,横着走路的混混儿,心直口快的愣汉子,热心眼的傻大姑,做小买卖的市井油子,贩盐的大老爷,以及成群成伙的老少爷们。朋友们对我说,这正是你那些乡土小说的文化导向'导'出来的问题,谁叫你不写租界生活的小说呢!我听了笑而不答,不争不辩,赶到机会再说。"②

而这个机会就是在其成系列的短篇小说里,推出冯氏"津味"人物。冯骥才1994年在《收获》上发表了《苏七块》等7篇短篇小说,2000年以《俗世奇人》在作家出版社出版,2015年又在《收获》推出18篇小说,2016年人民文学出版社出版了"足本",收36篇短篇小说。冯骥才在这些篇目里,开始有意识地重塑"天津人"的面貌与气象。在2000年推出的18篇目里,每个都形象鲜明,特别是手工艺者开始成为主体。如《刷子李》,他点评说:"各行各业,全有几个本领齐天的活神仙,刻砖刘、泥人张、风筝魏、机器王、刷子李等等。天津人好把这种人的姓,和他们拿手擅长的行当连在一起称呼。叫长了,名字反没人知道。只有这一个绰号,在码头上响当当和当当响。"再如苏七块的医术,刷子李不沾一个白点的"黑衣",好嘴杨巴随机应变,华大夫认牙不认人,泥人张神乎其神的塑像,大回的"绝钓"技术,这六个人各有一身本事,各成一色。在这部小说集里,也有一些有缺点却传奇的能人,像"绝盗"、刘道元与李金鏊,突出他们的生存艰难与人生困境。2015年新推出的18篇目里,可以更清晰地发现冯骥才对"津味"建构的尝试。《神医王十二》《黄金指》《四十八样》《狗不理》《鼓一张》中的小说人物均以各自绝技让人信服。如《黄金指》中,绰号"黄金指"的画家以手作画,毫不逊色于拿笔作画;钱二爷作画时必有一条一丈二长线,一笔画出,均匀流畅,状似游丝;唐四

---

① 《天津卫志·卷二·风俗》,《天津卫志》,康熙十四年(1675年),第26页。
② 冯骥才:《指指点点说津门》,《手下留情——现代都市文化的忧患》,第174页。

爷以舌作画,口中含墨,吐舌作画。冯骥才还有意突出了手工艺者要在天津立足的不容易,在他看来:"在天津做手艺人,不单要技艺高超,产品质量上等,还要能招徕顾客。"①所以俞六虽然药糖好,但最后还得学会天津人的"几句嘎啦话"才得以在天津立足,《皮大嘴》里皮大嘴以单口相声作广告,效果非凡。在他看来,这些有绝技、能说会唱、脑子活络的手艺人才代表了天津的真正气质与精神。

  冯骥才对于"津味"的贡献还在于对幽默与讽刺尺度的精准把握以及在此基础上对天津"哏味"的再现。"哏"是天津小说的一大特色,但其尺度却很难掌握得好。民国通俗小说家们也喜欢表现天津的"哏"。戴愚庵写出"混混"的"有趣"举动。如《记东城游侠儿》里记述了"混混",但"混混"们的"有趣"实际上是弱肉强食的生存准则,迎合了市民一窥"黑社会"的组织与生活的欲望,夹带着文人想象中底层民众的强悍、无知、勇于斗狠。另一个通俗小说家刘云若提出天津小说中的"哏味"。他在《我写小说》一文中说道:"说到我的写作态度,是不大严肃的,其原因是因为我的幽默感太多,能把一切可惊可惧可怒的事,完全使之'归哏'。"②他的"归哏"有"沦陷区"为了应付恶劣的文化环境而自保的策略,但其讽刺带着冷漠的调侃与小市民的恶趣味。天津这种"哏"味,冯骥才也曾在小说里有所表现,如《绝盗》最后,他评点:"偷盗的居然做了人家的'爹';被盗的损失财物不说,反当了'儿子',而且还叫人哑巴吃黄连——有苦说不出来。若是忍不住跟人说了,招不来同情,反叫人取笑,更倒霉。"当然,他并不赞同这种判断,而是巧妙地揭示了天津市民的趣味与立场,避免了恶趣味倾向,讽刺有力却有所节制。如讽刺穷人,也不会如民国通俗小说那般,他主要以同情而怜悯的态度来对待穷人。像《龙袍郑》,讲述了郑老汉与皇帝相遇却被流言逼走他乡,郑三窃取了"龙袍郑"的旗号反而成就天津名小吃。最后冯骥才以一句"真龙袍郑亡命天涯,假龙袍郑日进斗金"来评点,有对郑老汉的可惜,也有对郑三精明的夸赞,其中带着嘲笑也带着可怜。对官场、商场的人,冯骥才往往报以尖锐而辛辣的嘲讽。如《死鸟》说贺道台赛猪崽,《陈四送礼》中遇官则傻的陈四,还借《燕子李三》里的人们说:"官印?李三爷能拿却不拿,就是告诉你,那破东西只有你当宝贝,谁要那个!"综观他的《俗世奇人》系列,这些讽刺与幽默都带着一种强烈的现实意义与人文关怀,而且比起中篇小说的刻意植入,在短篇小说里作家意图往往更为隐秘,但也因此显得合理而有说服力,其含义显得悠长而耐人寻味。这是他短篇小说在表现"津味"与表达思想方法上的新

---

① 冯骥才:《俗世奇人》,北京:作家出版社,2015 年,第 51 页。
② 刘云若:《我写小说》,《一四七画报》,1946 年第 8 期。

突破。

此外,冯骥才的"津味"小说还创造性地使用了天津方言,有关这方面的研究较多,值得注意的是他并不是全盘使用天津方言,他一边考虑如何在更广泛的层面让读者无障碍地接受方言,另一方面还考虑如何"审美化"地使用它。因此,他的小说里方言并不明显,但总能在关键环节显出其独特的艺术效果。如评价苏七块脾气,以方言"各色"为总结,起到点睛的作用,李金鏊的"死千一个"、王十二救人后的"好赛嘛事没有过"均各有特点。这样使用方言,与人物特点相呼应,丰富了人物的性格,加深了读者对人物的印象。

凯文·林奇在《城市意象》一书里认为"人"的感觉会对城市产生重要影响,他提出:"自古以来,感知并构造我们的周围环境十分必要,这种意象对于个体来说,无论在实践上还是情感上都非常重要。"①冯骥才从史实收集出发,"重新"感知城市,认识到"另一个"天津,挖掘并书写它的历史,"重塑"它的空间,使其文化特质为世人所知,因此在天津受到人们的赞同。而这种个人感知被群体所接受,就会对城市产生重要影响。传统天津是"好斗""奢侈"与"面目模糊"的,经过民国文人的努力,"混混"与"哏味"成为城市新意象。1980年代早期,"津派"的小说家们纷纷书写码头天津,突出了天津的特质,但不免落到民国通俗小说家们所使用的套路里。冯骥才的"津味"小说,继续了传统意象,但有意识地减少"斗狠""怪世"一面,强化天津"俗"的底色,突出见多识广的天津人对世事的嘲讽与讥笑。而"俗"中有"奇",把以"混混"为代表的天津人物形象转变成以手工业者为代表的民间"奇人",挖掘出他们身上充分的文化自信与强劲精神。而且这些"能人"以其各自不同的绝技,比"神鞭""三寸金莲"更能说服人——他们身上技艺虽"神"却并不脱离实际,为人虽"奇"却符合传统道义与现代理性,因此显得更令人信服。冯骥才通过塑造这些"奇人"寻找到了"真实"与"传奇"、"中国传统"与"西方文化"的平衡点,不但保留了城市特质,还提纯了城市文化,可以说锚定了"津味",为以后书写天津提供了很好借鉴。

再则,冯骥才的实际行动其实也是对"津味"的另一种"锚定"。在《阴阳八卦》后,他不再写作"津味"小说,一个重要原因是他意识到书写不能拯救现实中的物质空间,所以更多地投入到现实抢救中。他坦承:"近五年来(指2000年以前),我十分关注文化上的事。友人们以为,此乃我写作外一种兼顾。其实不然,我于此中倾注之力,唯有自知。比方,1996年为了挽救津门老城,1997年为了抵制对原租界建筑毁灭性的冲击,1999年为了抢救毁于旦

---

① 〔美〕凯文·林奇:《城市意象》,方益萍、何晓军译,北京:华夏出版社,2001年,第3页。

夕的估衣街,一次次组织各界人士进行考察,并大规模地拍摄文化遗存,继而编辑成大型图册。这些用民间方式进行的庞大繁复的工作有如一项项工程,愈是担心有所失漏,就愈是需要付出精力。所有花费,都靠卖画鬻字所得。然而辛苦的反面自然是收获。我终究将历史消失前的一瞬,形象地锁定为永久。而且,我在重视这些收获的同时,同样看重行动过程中所发生的广泛的社会效应。事实上,它的作用远比单纯的文字上的呼吁更为有效。我喜欢把思想转变为一种行动,因为只有行动才有实在的成果。"①他并没有因此就认为文学没有意义,只是面对着推土机,显然现实行动更为迫切。在他的努力下,城市建设者意识到老城保护的重要性。虽然许多老城区、老街以及租界的建筑还是不可避免被推平、改造,但在天津确实形成了一批有心保护传统文化、民间文化的民众,也才有天津天后宫附近物质空间的留存。书写与实践相结合,这是冯骥才城市书写的另一个重要特点,也值得后来者积极参考。

最后,评价冯骥才锚定"津味",除了要看到他正面启发城市文学创作外,也不应忽视他提供一些可供超越的地方。如他的小说在使用"津味"题材时出现的重复现象。突出的像《阴阳八卦》中钓鲤鱼的故事,在短篇小说《大回》里又被再次使用。冯骥才往往只落笔于他熟悉、了解的文化空间与题材,其实"津味"小说完全可以有更丰富的拓展。天津老城不止有鱼龙混杂的码头,还有文人雅集的园林,娱乐空间也不止有"侯家后",还有"南市"与"三不管"。人物不止有手工业者,还有新文化人、杰出女性、独善其身的寓公等。事实上,冯骥才并非没有注意到这些文化空间,比如他非常熟悉租界的建筑、文化,也曾谈到天津传统文人的活动场所"问津园""一亩园"和查氏的"芥园"②,只是这些文化空间被一笔带过。问题的关键不在于冯骥才没有注意,而在于他对这些区域兴趣不大。近年来,一些小说家如葛亮的《北鸢》书写了天津租界的"寓公"与南开学校,就是一种很好的尝试。

综观冯骥才的"津味"小说系列,可以说他已示范性地开启了老城的文化空间,其以扎实史料为基础的小说创作方法也颇具指导性,这些都对"津味"小说后续创作有着重要意义。他对民国天津文化空间的书写,对"哏味"的重构与方言的改造都显示他在小说艺术方面的不断探索,由此,也对新"津味"小说乃至整个城市文学创作都有着丰富的启迪。

---

① 冯骥才:《手下留情—现代都市文化的忧患》,上海:学林出版社,2000年。
② 冯骥才:《阴阳八卦》,天津:百花文艺出版社,1988年,第107页。

结　语

　　以上五章内容以文人群体和现代天津为中心,分别考察传统士绅文人、南开新文化人、报纸编辑、通俗小说家四种不同文人群体在天津展开的文学、生活、社会交往等活动,揭示四种文人在塑造现代天津与影响城市文化中所运用的策略与方法。在具体时间段的选择上,主要以1920—1937年为主,开埠至民国初年虽然也列入,但由于本地文人的集结较不明显,所以仅考察了南开学校师生的戏剧活动。而1928年之后,城市经济、政治地位的上升,增强了天津的文化吸引力,使更多文人参与到天津的建设中,因此才引发一系列对天津重新定位与塑造的行动。1937年7月29日,日本炸毁南开、占领天津,此后陆续实施了诸如"治安强化运动""报刊查禁、焚烧书籍"、设立"影片戏曲检查委员会"①等文化政策,导致天津的文化力量大幅削弱,即便通俗小说家们在租界获得一丝空间,但其生活也步步维艰。文人群体难以大规模集结并影响城市进程。可以说1920—1930年代是天津历史上比较辉煌而重要的时代,不同城区整合加速,文化自信心不断增加,文人群体间既竞争又合作,使城市文化呈现出多元而繁富的色彩,未来的发展既令人迷茫不安,却又让人十分期待。曹禺的"雷雨""日出"两词是对这段时间天津整体氛围的最好隐喻。

　　从整体上看,城市的历史与地理、华北传统文化、商业中心背景、开埠后西方文化等因素,决定着文人群体应对现代化城市进程的方式。没有老城区"庄重、快乐"的诗词雅集传统,"城市诗社"就很难在城市里拓展出一片空间,而因受商业风气与盐商传统的影响,传统士绅才能平滑地从乡土认同转向城市认同,以实用性的观念来对待时代变革,积极参与教育、市政等现代化改革。天津对各地戏剧艺术的宽容态度也影响到了新式教育机构,作为校长的张伯苓敢于上台表演、师生通力合作创作表演话剧,都是天津人喜爱戏剧的宽容氛围所决定的。1920年代随着城市经济与新阶层的形成,京剧成为

---

①　周俊旗:《民国天津社会史》,第十章"日本占领时期的天津社会生活",第238—244页。

区分身份的象征。大戏院与"票房"出现，带动了城市娱乐业的分化，《北洋画报》等报纸适应这种需要，服务并引导这种新的城市消费动向。大量移居天津的华北农民，形成富有华北特点的底层民众，在挣扎求生存之外也奠定了天津丰富多彩的城市文化。这种文化底蕴使置身其中的通俗小说家们，创作出富于"津味"的"北派"通俗小说。

因此，从组织、创作、影响来看，四个群体都带着浓重的"天津性"。他们对天津的地理、历史、文化等方面的知识都非常熟悉，十分了解近现代天津实际情况，这很有助于形成文化认同。但是各个文人群体"天津性"的形成与表现方式是各自不同的。有些群体是因其他社会身份而关联在一起，本身就形成一个人与人之间相互关怀的社会交往网络。像"城南诗社"诸君，他们在未建立诗社之前就聚集在严修、李金藻身边，传统诗文唱和只是他们共同感兴趣的对象，有时也被当成一种文人间的高雅娱乐。但对"诗社"和"水西庄"等"雅集"传统的追认与怀念，使原本松散的社交网络逐步形成一定的组织与价值共识，由此也使自身力量与影响力大为增加，最终在现代城市里形成传统的文化空间。如果没有本地交往网络与本地传统的"复兴"，容易因为人事的变动而导致共同体解散。像早期的"觉悟社"与后期的"绿波社"，都是因为本地社会网络的脆弱而导致群体迅速解散。与"城南诗社"因本地社交网络而形成认同不一样，南开新剧团能形成"天津性"，主要导源于新文化人对国家、民族与个人未来的关心与敏感而产生的对城市的批判。他们基于对国家主权的敏感，表演出租界肆意扩张带给中国民众的痛苦，以启蒙的姿态来看待城市的现代化，因此会关注天津人情世态的变化；以自身遭遇与困惑来看天津的知识者，才会塑造出"用非所学"的留学生形象。而南开师生也正是因为热衷于表现天津生活，使他们对这座城市产生"爱之深，恨之切"的感情与认同。《北洋画报》诸君的"天津性"导源于平津之间对京剧的不同理解与城市阶层群体分化的要求。商业影响与阶层欣赏习惯的改变，在天津形成与传统范式不太一样的京剧表演，在与北平的对话过程中，《北洋画报》编辑意识到天津京剧所蕴含的合理性与适应时代的因素，加深了对天津京剧的支持与宣传，由此也使人们更为深入地理解了这个城市的特点。通俗小说家们曾经长期生活于天津底层，听到的是华北各地混杂的口音，看到的是底层各种杂乱的"地摊"式表演，亲身体验了底层为求生存而闪现的种种狡黠。这些都让他们为之着迷，以至于丝毫不介意"三不管"等贫民窟的恶臭。能与底层民众贴近、同化是通俗小说家们的特点，是他们产生"天津性"的重要原因。而从平津的角度来看，四个群体都受"畿辅"心态的困惑与约束，平津的合作与竞争都使天津文人更清晰地意识到自己的位置，这种大背景也是"天津性"产生的重要原因。

在"天津性"的共识之下,这四个群体虽然有竞争和差异,但也互相支援。以严修为代表的传统文人,带着回报故乡的文人传统,介入到新式教育的建设里,没有他们对于南开学校的大胆放手,张伯苓很难将学校经营得有声有色。而如果没有严修家族在财力、物力上的支持,南开新剧团不可能持续不断地坚持下来。严修等人对京剧艺术也多有赞助与点评。北平剧评家徐凌霄在严修去世时撰文说:"(严修)于鄙人谈剧之文多所奖掖,复谆属汇刊专书刊行。"①当然,报纸文人也经常关注"城南诗社"的活动,没有他们的介绍与传播,"城南诗社"的影响会较小,而"水西庄"的复建则会更为艰难。报人也与南开师生保持良好关系,《北洋画报》在吴秋尘主编阶段曾大量报道了南开学校的演出,使更多市民了解并关注南开学校。由此还带动了《大公报》《益世报》增加对南开话剧的介绍。像两报均有对南开演出《财狂》的宣传报道,演出后还组织改编者、剧评家们从舞台设置、演员表演、布景艺术、观众反应等各个方面进行点评,显示两个群体间的合作与互动。通俗小说家们本身大多是报纸编辑,小说也通常先在报纸上连载,因此自然与报人关系紧密。租界的各类报纸赞助了通俗小说家们,提供给他们以发表的园地,带动他们探索天津通俗小说的新类型。四个群体较少互相攻击,可能也跟天津城市区域分割有关,各群体各自坚守着不同城区,保留着一份自己主导的文化空间,像严修等人向来不介入新式教育机构,而南开新剧团只在学校范围内表演,很少跟京剧等戏曲艺术争夺市场。《北洋画报》编辑与通俗小说家们定位的消费群体是租界的中产阶层与带传统趣味的"寓公"们,他们都在努力争取新文化人与传统文人群体的支持,因而与各个群体间也很少发生正面冲突。

通过对这四个群体的分析,本书试图在揭示文人群体与城市互动的深度与广度上有所拓展。正是因为城市的特殊性决定了文人群体的特殊性,而文人群体则利用塑造意象,介入城市文化,直至设计思考城市的未来文化定位来影响城市发展。两者的互动与变动并不能简单概括,相互影响也不是直截了当的,但就是在这种模糊之中体现了历史的复杂与多义,展现出1920—1930年代天津的独特面目,展示了天津文人在逐渐调整中寻找并摆脱"畿辅"的途径,并逐渐发展起与北平文人共赢的良好模式。注意城市之间的差异性同时也强调城市之间与内部阶层的"和而不同",这种观点应对城市研究有所启发。

---

① 霄汉:《记严范孙先生语》,《大公报》,1929年3月29日。

城市与文人关系研究是可多维度探索的研究方向，近现代天津还有许多值得进一步挖掘的地方。像清末民初在吕碧城带动下天津的妇女活动，其与报纸、政府关系都值得进一步探讨。河北新区的众多教育机构，虽然以理工科为主，但其文艺方面的成就也值得进一步挖掘，他们如何想象与塑造河北新区，是否会对天津的整合产生影响，都是我所关心的问题。而在老城区里，像源自于福建的妈祖文化在天津城市史里扮演何种角色，是非常值得注意的问题。其在民国时期的复兴与衰落都是城市变动的一种象征，但根本原因到底是城市的现代转变还是宗教文化的衰落，这些问题我将长久关注。至于较少关注的还有1930年代"南市"与"三不管"等"不明"地带的各种艺术形式，它们如何进入天津并由"俗"向"雅"的转变，其影响城市意象与普遍市民生活的关系都需进一步清理。至于沦陷时期舞厅、电影等洋娱乐在租界的发展与变化，它们又同天津发生了哪些关系，都值得进一步去寻找与探讨。

1930年代的天津文人其实已为天津的未来走向描绘了大致的蓝图，后来由于战争直接中断了这些文化设想。将梁思成、张锐的《城市设计实用手册——天津特别市物质建设方案》与天津当代发展的现状对照起来就可以发现当年文人群体所设想的东西在当代不断被摧毁又不断被兴建。当代重建"水西庄"与"城南诗社"都引起天津人的关注，却因都市化而未有空间实施；像梁、张提出的"田园城市"与合理的分区设计，早期因工业发展而被忽略，现在则因过度和无序的商业开发而沦为千城一面。当代城市不合理的设置，从侧面证明了现代文人群体当初在设想天津方面发挥的重要作用，虽然因为各种因素未能实现，但其借鉴与警告的意味却依然十分重要。如果当代人能充分吸收他们的看法，天津的文化定位可能会更清晰，城市建设也不用走那么多弯路。

附录一

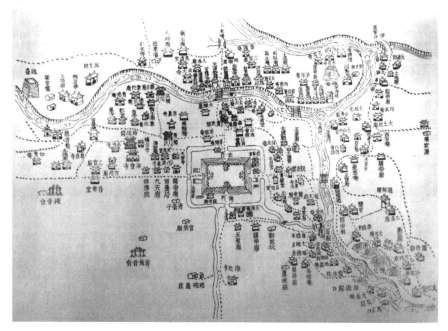

《津门保甲图》,刊行于1846年,"总说"所附之图,图中所绘天津的官署、寺庙、会馆、居民点、盐索地和道路密集情况,反映了城厢地区——主要建成区的状况。

《天津城至紫竹林图》,1888年在署于理海关道刘含芳的主持下,由旅顺绘事教习、候选县丞陈文琪带领学生,用西法测量,绘制了此图,图中标示近百处,均历历可见。是迄今为止搜集到的中国测绘人员使用近代测量技术绘制的第一幅天津地图。[①]

---

① 《天津城市历史地图集》,第46页、第64页。

附录二 城南诗社成员概况(底注已有的在此省略)

姓 名	主要经历
王人文(1854—1939),云南太和(今大理)人,字采臣,又作采丞。	白族,光绪进士。历任贵州、广西等省知县、知府,广东按察使,陕西、四川布政使。1910年末代赵尔巽暂护四川总督。四川保路运动兴起,曾据情呈文清廷,请予宽免,遭严旨申斥旋署川滇边务大臣。民国成立,任四川宣抚使。1913年被选为参议院参议员。抗日战争期间,拒绝出任伪职,寓居天津。①
胡宗楙(1867—1935),字季桩,号岘山行,浙江永康人。	1893年分试中副元,任奉化县教谕。29后任上海阜丰公司工艺总局提调,又相继在中国银行、货币交换总所供职。1917年,筑颐园于天津,其后即家居不出,专事收藏、校刊古籍以终。②
方尔谦(1871—1936),字地山,又字无隅,别署大方,江苏扬州人。	清末举人。与弟尔咸(泽山)文坛齐名,世称"二方",早年为袁世凯推荐,做过一任海关监督。长期在津寓公。工诗善书,书法挺峭。③
姚彤章(1874—1940),字品侯,号研曾,天津人。	曾任河北省第一博物院院长,工诗文、善书法,与李叔同皆出于近代津门"四大书法家"之一的赵元礼门下,对金石字画也颇有研究。
陈宝泉(1874—1937),字筱庄,天津人。	清附生。1903年经严修派赴日本留学,入弘文学院师范科。1910年任实业司司长。辛亥革命后,1912年奉派接办原优级师范学堂,创办北京高等师范学校(后改称国立北京师范大学),任校长共九年。1920年调任教育部普通司司长。1929任天津特别市政府参事、教育部名誉编审、天津市贫民救济院院长、市立通俗教育会会长、北京通俗教育会会长。1930年任整理海河委员会总务处处长,旋升任河北省政府委员兼教育厅厅长。改组河北大学,分设医、农学院于保定,而将其他科系并入天津河北省立法商、工业等学院,并提倡义务教育与生计教育。1934年任南开大学文学部教授。④

---

① 廖盖隆等主编:《中国人名大词典》(历史人物卷),上海:上海辞书出版社,1990年,第44页。
② 来新夏主编:《清代目录提要》,济南:齐鲁书社,1997年,第436页。
③ 《天津近代人物录》,第49页。
④ 《天津近代人物录》,第200页。刘国铭主编:《中国国民党百年人物全书》(下),北京:团结出版社,2005年,第1362页。

续 表

姓 名	主要经历
张同书（1878年—?），字玉裁,河北雄县人	1915年起寓居天津,曾在周学熙家任教,与严修等人有诗酒来往。"北人能诗者少,有之则往往意直词显,而笔气却不靡弱。雄县张玉裁同书,大学文科毕业,充陆军大学教员。喜为诗,笔势轩爽,但时作悲慨语,十首以上,词意多相近。"①
邢之襄（1881—?），字赞庭,直隶（今河北）南宫人。	日本东京帝国大学法科毕业。回国后,任直隶优级师范学堂校长,司法部参事,全国烟酒事务署总务厅厅长。1931年张学铭任天津市长时任天津市政府秘书长。1937年任冀察政务委员会法制委员。平生收藏书籍甚多,为当时著名的藏书家之一。②
郭则沄（1881—1947），字啸麓。号蛰云、蛰园,别号遯圃老迂等。福建闽侯人。	生于台湾,长于北京。1903进士。清末历任温州、处州兵备道道员。民国后,历任北洋政府总统府秘书长等职。1922年退职后寓居天津,组织参加文学团体须社。③
郭春畲,不详。	据："当经职局饬令考工厂管理员郭春畲等,约同高等工业学堂机器教员何贤棵,并洋工师克弍利,前往考验去后。"④推论他应该与周学熙等人有业务上的交往。

---

① 陈衍:《石遗室诗话》(2),沈阳:辽宁教育出版社,1998年,第265页。
② 《天津近代人物录》,第72页。
③ 梁淑安主编:《中国文学家大辞典》(近代卷),第375页。福州市地方志编纂委员会编,张天禄主编:《福州人名志》,福州:海潮摄影艺术出版社,2007年,第402页。
④ 虞和平、夏良才编:《周学熙集》,武汉:华中师范大学出版社,1999年,第162页。

参考文献

连续出版物

《大公报》,1902—1937 年。
《安徽俗话报》,1904 年。
《月月小说》,1907 年。
《天津竹园报》,1908 年。
《申报》,1911—1925 年。
《庸言》,1913 年。
《游戏杂志》,1914 年。
《春柳》,1918—1919 年。
《每周评论》,1918 年。
《北京大学日刊》,1919 年。
《新潮》,1919 年。
《新青年》,1919 年。
《北京大学学生周刊》,1920 年。
《清华周刊》,1921 年。
《益世报》,1926—1937 年。
《北洋画报》,1926—1937 年。
《古城周刊》,1927 年。
《语丝》,1927 年。
《戏剧月刊》, 1928—1930 年。
《河北第一博物院画刊》,1931 年。
《河北省第一博物院半月刊》,1931 年。
《十日》,1931 年。
《戏剧与文艺》,1929 年。
《剧学月刊》,1932 年。

《广智星期报》,1937 年。

《天津商报图画周刊》,1936 年。

《人生与文学》,1935—1936 年。

《十日戏剧》,1937—1939 年。

《万象》,1941—1944 年。

《一四七画报》,1946 年。

基本文献

北京市政协文史资料委员会选编:《梨园往事》,北京:北京出版社,2000 年。

曹禺:《曹禺全集》,田本相、刘一军编,石家庄:花山文艺出版社,1996 年。

陈宝泉编:《严范孙先生手札》,北平:文化学社,1930 年。

陈明章编:《国立南开大学》,台北:南京出版有限公司,1981 年。

陈平原、夏晓虹编:《二十世纪中国小说理论资料》,第一卷,北京:北京大学出版社,1997 年。

陈守义主编,宁波市政协文史委编:《宁波帮在天津》,北京:中国文史出版社,2006 年。

陈学恂主编:《中国近代教育文选》,北京:人民教育出版社,2001 年。

陈元晖主编,璩鑫圭、童富勇编:《中国近代教育史资料汇编 教育思想》,上海:上海教育出版社,2007 年。

陈中岳:《蟬香馆别记》,1933 年,铅印本。

崔国良、夏家善、李丽中编:《南开话剧运动史料 1923—1949》,天津:南开大学出版社,1993 年。

崔国良编:《张伯苓教育论著选》,北京:人民教育出版社,1997 年。

崔国良主编:《南开话剧史料丛编》(三卷),天津:南开大学出版社,2009 年。

戴愚庵:《沽上游侠传》,天津:天津诚文信书局,1940 年。

戴愚庵:《沽水旧闻》(1934 年),天津:古籍出版社,1986 年。

丁秉鐩:《菊坛旧闻录》,北京:中国戏剧出版社,1993 年。

方豪编录:《英敛之先生日记遗稿》,沈云龙主编:《近代中国史料丛刊续编》(第三辑),台北:文海出版社,1979 年。

古蒨孙:《天津指南》,天津:新华书局,1922 年。

关文蔚:《女扮男装戏剧人生》,台北:畅流出版社,1986 年。

灌缨:《新新外史》(1920 年),长春:吉林文史出版社,1987 年。

国家清史编纂委员会:《水道寻往——天津图书馆藏清代舆选》,北京:中国人民大学,2007 年。

洪钤编:《洪深文抄》,北京:人民文学出版社,2005年。

胡适:《胡适日记全编(2) 1915—1917》,曹伯言整理,合肥:安徽教育出版社,2001年。

郑振铎:《郑振铎文集》,北京:人民文学出版社,1985年。

华鼎元辑:《梓里联珠集》(1897年),天津:天津古籍出版社,1986年。

槛外人:《京剧见闻录》,北京:宝文堂书店,1987年。

李正中、宋安娜主编,天津理工学院、政协天津市和平区委员会经济与文化研究所编:《南市文化风情》,天津:天津人民出版社,2003年。

李忠诚主编,天津市津南区地方志编修委员会编:《津南区志》,天津:天津社会科学院出版社,1999年。

梁启超:《饮冰室专集之一》,《饮冰室合集》,北京:中华书局,1989年。

刘云若:《粉墨筝琶》(1946年),天津:百花文艺出版社,1987年。

刘云若:《酒眼灯唇录》(1941年),天津:百花文艺出版社,2010年。

刘云若:《旧巷斜阳》(1940年),北京:团结出版社,2007年。

刘云若:《刘云若代表作》,北京:华夏出版社,1999年。

刘云若:《小扬州志》(1939年),天津:百花文艺出版社,1987年。

鲁迅:《鲁迅全集》,北京:人民文学出版社,2005年。

冯骥才:《冯骥才分类文集》,郑州:中州古籍出版社,2005年。

冯骥才:《凌汛:朝内大街166号》,北京:人民文学出版社,2014年。

么书仪等主编:《中国文学通典:戏剧通典》,北京:解放军文艺出版社,1999年。

梅成栋纂:《津门诗钞》(1832年),天津:天津古籍出版社,1993年。

缪志明编注:《天津文史丛刊》,天津:天津市文史研究馆,1985年。

璩鑫圭、唐良炎编:《学制演变》,上海:上海教育出版社,1991年。

日本中国驻屯军司令部编:《二十世纪初的天津概况》(1909年),侯振彤译,天津市地方史志编修委员会总编辑室,1986年。

尚洁主编:《天津民俗》,兰州:甘肃人民出版社,2004年。

沈家本、荣铨等修,徐宗亮、蔡启盛纂:《重修天津府志》(1899年),天津:南开大学出版社,1999年。

双禽馆主:《天津皇会纪念册》,1936年,未标明版权与出版社。

天津历史博物馆等编:《天津近代图志》,天津:天津古籍出版社,1992年。

天津历史博物馆等编:《五四运动在天津——历史资料选辑》,天津:天津人民出版社,1979年。

天津市规划和国土资源局编:《天津城市历史地图集》,天津:天津古籍出版社,2004年。

天津市教育局《教育志》编修办公室编:《天津教育大事记1840—1948》(上册),1987年。

《文史资料选辑》编辑部:《文史资料精选》,北京:中国文史出版社,1990年。

王守恂:《天津政俗沿革记》(1931年),天津:南开大学出版社,1999年。

王文玉、安迅、刘金泉:《劝业史话》,天津:百花文艺出版社,1997年。

吴惠元总修,蒋玉虹、俞樾编辑:《续修天津县志》(1870年),天津:南开大学出版社,1999年。

吴云心:《吴云心文集》,天津:天津古籍出版社,1990年。

夏家善等编:《南开话剧运动史料1909—1922》,天津:南开大学出版社,1984年。

徐半梅:《话剧创始期回忆录》,北京:中国戏剧出版社,1957年。

徐城北:《中国京剧》,广州:广东旅游出版社,2004年。

徐世昌:《大清畿辅先哲传》,北京:北京古籍出版社,1993年。

徐肇琼:《天津皇会考》,1936年,未标明版权与出版社。

严修:《严范孙先生古近体诗存稿》,陈诵洛编校,天津:协成印刷局,1933年。

严修自订,高凌雯补,严仁曾增编:《严修年谱》,济南:齐鲁书社,1990年。

《严修日记》编辑委员会编:《严修日记》,天津:南开大学出版社,2001年。

查礼:《铜鼓书堂遗稿》(1788年),《续修四库全书》(1431册),上海:上海古籍出版社,2002年。

查为仁:《莲坡诗话》(1741年),北京:中华书局,1985年。

张建星主编,天津日报报业集团编:《城市细节与言行——天津600年》,天津:天津古籍出版社,2004年。

崔国良、崔红编,董秀桦英文编译:《张彭春论教育与戏剧艺术》,天津:南开大学出版社,2003年。

张焘:《津门杂记》(1884年),天津:天津古籍出版社,1986年。

章遏云:《章遏云自传》,北京:中国戏剧出版社,1991年。

章用秀:《天津的园林古迹》,天津:天津古籍出版社,2004年。

赵宝琪、张凤民主编:《天津教育史》,天津:天津人民出版社,2002年。

赵家璧主编:《中国新文学大系》,上海:良友图书印刷公司,1935年。

政协天津市河北区委员会文史资料书画艺术委员会:《天津河北文史》,1998年。

政协天津市河西区委员会文史资料委员会编:《河西文史资料选辑》,天津:天津人民出版社,2002年。

政协天津市红桥区委员会、天津博物馆编:《水西余韵》,天津:天津古籍出版社,2008年。

政协天津市红桥区文史委员会编:《红桥文史资料选辑》,2001年。

政协天津市文史资料委员会编:《近代天津名人丛书》,天津:天津人民出版社,2002年。

政协天津市文史资料委员会编:《近代天津十二大教育家》,天津:天津人民出版社,1999年。

政协天津市文史资料委员会编:《京剧艺术在天津》,天津:天津人民出版社,1995年。

政协天津市文史资料委员会编:《天津近代人物录》,天津市地方史志编修委员会总编辑室,1987年。

政协天津市文史资料委员会编:《天津文史资料选辑》,天津:天津人民出版社,1978—2002年。

中国教育报刊社组编:《南开大学》,重庆:重庆大学出版社,2007年。

中国戏曲志编辑委员会编:《中国戏曲志 天津卷》,北京:文化艺术出版社,1990年。

周俊旗主编:《民国天津社会史》,天津:天津社会科学院,2002年。

周利成、周雅男编:《天津老戏园》,天津:天津人民出版社,2005年。

周利成编:《天津老画报》,天津:天津古籍出版社,2011年。

研究专著

阿英:《晚清小说史》,北京:人民文学出版社,1980年。

柏彬:《中国话剧史稿》,上海:上海翻译出版公司,1991年。

北京市艺术研究所、上海艺术研究所组织编:《中国京剧史》,北京:中国戏剧出版社,2005年。

陈白尘、董健主编:《中国现代戏剧史稿:1899—1949》,北京:中国戏剧出版社,2008年。

陈平原、王德威编:《北京:都市想像与文化记忆》,北京:北京大学出版社,2005年。

陈平原:《触摸历史与进入五四》,北京:北京大学出版社,2005年。

陈平原:《千古文人侠客梦——武侠小说类型研究》,北京:人民文学出版社,1992年。

陈平原:《中国小说叙事模式的转变》,北京:北京大学出版社,2003年。

陈平原编:《晚明与晚清:历史传承与文化创新》,武汉:湖北教育出版社,2002年。

陈艳:《〈北洋画报〉研究》,北京大学2010博士论文,未刊稿。
程光炜:《都市文化与中国现当代文学》,北京:人民文学出版社,2005年。
董健、马俊山:《戏剧艺术十五讲》,北京:北京大学出版社,2004年。
〔英〕达比:《风景与认同——英国民族与阶级地理》,张箭飞、赵红英译,南京:译林出版社,2011年。
〔英〕E.霍布斯鲍姆、T.兰格:《传统的发明》,顾杭、庞冠群译,南京:译林出版社,2004年。
范伯群:《中国近现代通俗文学史》,南京:凤凰出版传媒集团,2010年。
方汉奇:《中国近代报刊史》,太原:山西人民出版社,1981年。
方汉奇主编:《大公报百年史》,北京:中国人民大学出版社,2004年。
傅谨:《中国戏剧艺术论》,太原:山西教育出版社,2003年。
戈公振:《中国报学史》(1926年),北京:中国新闻出版社,1985年。
葛一虹主编:《中国话剧通史》,北京:文化艺术出版社,1990年。
郭晓丽:《南开早期话剧研究》,南开大学2011年硕士学位论文,未刊稿。
何大进主编:《近代广州城市文学与文化资源》,天津:天津古籍出版社,2009年。
〔日〕河竹登志夫:《戏剧概论》,陈秋峰等译,北京:中国戏剧出版社,1983年。
黄殿祺编:《话剧在北方奠基人之一——张彭春》,北京:中国戏剧出版社,1995年。
孔庆东:《超越雅俗——抗战时期的通俗小说》,重庆:重庆出版社,2008年。
李军:《近代武汉城市空间形态的演变》,武汉:长江出版社,2005年。
〔美〕李欧梵:《上海摩登:一种新都市文化在中国1930—1945》,毛尖译,北京:北京大学出版社,2001年。
刘尚恒:《天津查氏水西庄研究文录》,天津:天津社会科学院出版社,2008年。
鲁迅:《中国小说史略》,北京:人民文学出版社,2005年。
欧阳予倩:《欧阳予倩戏剧论文集》,《欧阳予倩戏剧论文集》,上海:上海文艺出版社,1984年
〔美〕R.E.帕克等:《城市社会学》,宋俊岭等译,北京:华夏出版社,1987年。
苏基郎主编:《中国近代城市文化的动态发展》,杭州:浙江大学出版社,2012年。
田本相、董健主编:《中国话剧研究》,北京:中国传媒大学,2008年。
汪民安等主编:《城市文化读本》,北京:北京大学出版社,2008年。
王汎森:《中国近代思想与学术的系谱》,北京:吉林出版集团,2011年。

吴果中:《〈良友〉画报与上海都市文化》,长沙:湖南大学出版社,2007年。
〔法〕谢和耐:《蒙元入侵前夜的中国日常生活 1250—1276》,刘东译,北京:北京大学出版社,2008年。
徐幸捷、蔡世成主编:《上海京剧志》,上海:上海文化出版社,1999年。
许慧琦:《迁都后到抗战前的北平城市消费(1928—1927)》,台北:台湾学生书局,2008年。
严家炎:《20世纪中国文学与地域文化丛书》,长沙:湖南教育出版社,1995年。
严家炎主编:《二十世纪中国文学史》(中),北京:高等教育出版社,2010年。
阎哲吾编:《学校戏剧概论》,上海:中央书店,1931年。
杨爱芹:《益世报与中国现代文学》,北京:中国文史出版社,2009年。
杨剑龙:《上海文化与上海文学》,上海:上海人民出版社,2007年。
杨新宇:《复旦剧社与中国现代话剧运动》,桂林:广西师范大学出版社,2006年。
叶长海:《戏剧:发生与生态》,上海:百家出版社,2010年。
袁国兴:《中国话剧的孕育与生成》,北京:中国戏剧出版社,2000年。
袁国兴主编:《清末民初新潮演剧研究》,广州:广东人民出版社,2011年。
张赣生:《民国通俗小说论稿》,重庆:重庆出版社,1991年。
张晓唯:《旧时的大学和学人》,北京:中国工人出版社,2006年。
张英进:《中国现代文学与电影中的城市》,秦立彦译,南京:江苏人民出版社,2007年。
张元卿、王振良主编:《津门论剑录》,上海:上海远东出版社,2011年。
张元卿:《民国北派通俗小说论丛》,太原:山西古籍出版社,2001年。
张登林:《上海市民文化与现代通俗小说论》,上海师范大学2008年博士论文,未刊稿。
赵稀方:《小说香港》,北京:三联书店,2003年。
周宁:《比较戏剧学——中西戏剧话语模式研究》,上海:上海社会科学院出版社,1993年。

研究论文

《城市史研究》,天津:天津社会科学院出版社,1989—2009年。
陈平原:《中国戏剧研究的三种路向》,《中山大学学报》,2010年第3期。
陈艳:《〈北洋画报〉与"津派"通俗小说新类型》,《中国现代文学研究丛刊》,2012年第2期。

郭武群:《引进　扶植　辉煌———论天津早期的话剧演出活动》,《天津大学学报》,2005 年第 3 期。

韩红星:《民国天津市民消费文化空间的建构——基于〈北洋画报〉的研究》,《历史教学》,2011 年第 14 期。

韩俊兴:《近代天津行政区划沿革》,《天津史志》,1986 年第 3 期。

李从娜:《从〈北洋画报〉看民国时期都市交际舞业》,《中州学刊》,2010 年第 1 期。

林净:《梁启超的现代都市经验与构想》,《汉语言文学研究》,2011 年第 4 期。

刘海岩:《近代华北自然灾害与天津边缘化的贫民阶层》,《天津师范大学学报》,2004 年第 2 期。

刘海岩:《租界、社会变革与近代天津城市空间的演变》,《天津师范大学学报》,2006 年第 3 期。

罗志田:《"六个月乐观"的幻灭:五四前夕士人心态与政治》,《历史研究》,2006 年第 4 期。

彭兆荣、吴兴帜:《作为认知图式的"地方"》,《北方民族大学学报》,2009 年第 2 期。

沈卫威:《文学的古典主义的复活——以中央大学为中心的文人禊集雅聚》,《文艺争鸣》,2008 年第 5 期。

孙爱霞:《嘉道津沽第一人——梅成栋研究》,《社会科学论坛》,2010 年 11 期。

汤哲声:《20 世纪中国通俗小说的海派、津派和港派》,《上海师范大学学报》,2007 年第 2 期。

王彤:《第二次国内革命战争时期天津报刊概况》,《图书馆工作与研究》,2004 年第 2 期。

叶凯蒂:《从十九世纪上海地图看对城市未来定义的争夺战》,《中国学术》,2000 年第 3 辑。

张路西、辛磊:《上海近代观演建筑研究》,《建筑技艺》,2012 年第 4 期。

张元卿:《读图时代的绅商、大众读物与文学——解读〈北洋画报〉》,《天津社会科学》,2002 年第 4 期。

甄光俊:《梨园百花艳 敢为天下先》,《艺术研究》,2011 年第 1 期。

甄光俊:《天津历史上的彩头戏》,《中国戏曲学院学报》,2008 年第 4 期。

郑师渠:《"五四"后关于"新文化运动"的讨论》,《北京师范大学学报》,2010 年第 4 期。

都市想象与文化记忆丛书

北京:都市想象与文化记忆　　　　　　　　陈平原　王德威　编
西安:都市想象与文化记忆　　　　　陈平原　王德威　陈学超　编
香港:都市想象与文化记忆　　　　　陈平原　陈国球　王德威　编
开封:都市想象与文化记忆　　　　　陈平原　王德威　关爱和　编
戏剧、革命与都市漩涡:1930年代左翼剧运、剧人在上海　　葛　飞　著
清末民初北京舆论环境与新文化的登场　　　　　　　　　杨　早　著
士林交游与风气变迁:19世纪宣南的文人群体研究　　　　魏　泉　著
北京的舆论环境与文人团体:1920—1928　　　　　　　　颜　浩　著
五四前后湖南的文化氛围和新文学　　　　　　　　　　　凌云岚　著
北平的大学教育与文学生产:1928—1937　　　　　　　　季剑青　著